Yvonne Westphal

Du und ich und dieser Herbst

Was als stürmische Jugendliebe begann, hat genauso heftig geendet, aber nie wirklich aufgehört.

Damals war Valeria die kleine Schwester von Raphaels bestem Freund, fünf Jahre später ist sie immer noch die Frau, die er nie vergessen hat. Plötzlich steht sie wieder vor ihm und die Anziehung zwischen den beiden ist ungebrochen. Bis heute ahnt Raphael nur, warum Valeria damals Schluss gemacht hat. Doch er weiß, dass er es nicht noch einmal ertragen könnte …

Auch Valeria hat ihre erste große Liebe und den Sommer, in dem sie alles hatten, nie vergessen. Doch die Enttäuschung über Raphaels Betrug sitzt immer noch tief. Gibt es überhaupt eine zweite Chance für die erste Liebe?

YVONNE WESTPHAL wurde im April 1989 als waschechter Widder geboren und hat die zwei großen Lieben ihres Lebens bereits in ihrer Jugend gefunden: Schreiben und ihren Ehemann, mit dem sie in der Nähe von Köln lebt und als Filmproduzentin arbeitet. Sie könnte ohne Urlaub, Schlaf und Zucker leben, aber nicht ohne ihre Familie, ihr Macbook und die Farbe rosa.

Ihre Romane sind perfekt für alle, die an die große Liebe glauben und das laute, bunte Leben lieben. Mal verspielt, mal dramatisch, mal sexy – und (fast) immer über Bad Boys mit Herz und classy Girls mit Biss.

Yvonne Westphal

Du und ich und dieser Herbst

Roman

FOREVER

Forever by Ullstein
forever.ullstein.de

MIX
Papier
FSC® C083411

Originalausgabe bei Forever
Forever ist ein Verlag der Ullstein Buchverlage GmbH, Berlin Juni 2020 (1)

Umschlaggestaltung:
zero-media.net, München
Titelabbildung: © FinePic®
Innengestaltung: deblik Berlin
Gesetzt aus der Quadraat Pro powered by pepyrus.com
Druck- und Bindearbeiten: CPI books GmbH, Leck

ISBN 978-3-95818-573-9

Für alle, die im Herzen immer 17 bleiben
und die erste große Liebe nie vergessen werden.
Und für meine überhaupt nicht mehr kleine Schwester.

Playlist

First Time – Kygo & Ellie Goulding
Me Too – Meghan Trainor
Strip That Down – Liam Payne feat. Quavo
Dangerous Woman – Ariana Grande
Shot By My Own Gun – Sam Feldt & The Federal Empire
Closer – The Chainsmokers feat. Halsey
2002 – Anne-Marie
Fire Bomb – Rihanna
Only Girl – Dyson
What If I Never Get Over You – Lady Antebellum
One Thing Right – Marshmello & Kane Brown
First Kiss – Kid Rock
South of the Border – Ed Sheeran feat. Camila Cabello

https://bit.ly/duundich-Herbst-Playlist

1 Good Girl Gone Bad

❖

Valeria

heute

Raphael war nicht mein erster Freund.

Aber wenn ich ihn jetzt so ansehe, spüre ich immer noch dasselbe Herzklopfen wie damals. Dasselbe Verlangen. Ich fühle mich wieder wie sechzehn, zurückversetzt in den Sommer meines Lebens, in dem es nur seine unwiderstehlichen Lippen, sein selbstgefälliges Grinsen und seinen schonungslos ehrlichen Humor gab, der mich selbst jetzt noch lächeln lässt. Ich betrachte sein kantiges Gesicht, versinke eine Sekunde in seinen blauen Augen, und ich weiß: Nichts hat sich geändert. Raphael war vielleicht nicht mein erster Freund, aber er wird für immer meine erste große Liebe sein.

Doch seine gnadenlosen Worte fressen sich wie glühendes Eisen durch meine Eingeweide, reißen längst verheilt geglaubte Wunden wieder auf und stürzen mich in ein bodenloses Loch.

Alles hat sich geändert. Weil sich nichts geändert hat.

Er ist immer noch derselbe anbetungswürdige, arrogante Arsch von damals. Typen wie er wachsen mit der Gewissheit auf, dass ihnen die Welt zu Füßen liegt und sie sich bloß zwischen den Körbchengrößen entscheiden müssen. Raphael Thomas konnte jede haben. *Hatte* fast jede.

Und gemeinsam hatten wir alles. Einen glorreichen Sommer lang lebten wir den perfekten *Teenage Dream*. Scheiße, wir *waren* der verdammte Traum. Aber wir waren zu jung und zu blind, um es zu schätzen. Und dumm genug, um alles zu zerstören.

Während der Garten um uns herum, die Party und alle Geburtstagsgäste meines großen Bruders in das Loch der Leere gesaugt werden, klammere ich mich an einer einzigen Frage fest:

Gibt es eine zweite Chance für die erste Liebe?

Natürlich ist das albern. Fast jeder hier, der meinen großen Bruder kennt, kennt auch Raphaels und meine Geschichte. Aber kaum jemand weiß die Wahrheit.

Nicht einmal ich wollte die Wahrheit sehen, selbst als es längst zu spät war. Ich hätte es einfach wissen sollen. Man kann einen Bad Boy nicht zähmen, und jede Story, die es uns vorgaukelt, lügt. Ein Kerl kann ein braves Mädchen verderben, aber ein Mädchen kann einen Bad Boy nicht bekehren – auch wenn ich das früher dachte. Früher, als ich mich für stark und rebellisch hielt und meine Unsicherheit hinter Übermut versteckte. Klar, viel mehr war mir auch nicht übrig geblieben als kleiner Schwester des beliebtesten Jungen der Schule, die ihr Leben lang immer nur in seinem Schatten gestanden hatte und die ewige Nummer zwei blieb, egal, was sie tat.

Na ja, man kann sich selbst bemitleiden, oder man kann sein Glück in die eigene Hand nehmen und für seine Ziele kämpfen. Ungefähr das tue ich, seit ich sechzehn bin.

Ich erinnere mich noch genau an den Tag, an dem alles anfing. Und in diesem Augenblick, in dem ich am liebsten vor Raphael und allen anderen in Tränen ausbrechen würde, wünsche ich mir, ich könnte noch einmal dorthin zurück und ganz von vorne anfangen. Ganz bewusst erleben. Und vielleicht einige Fehler nicht wiederholen.

Valeria

fünf Jahre früher

Atemlos kam ich in unserem Klassenraum an. Mein Herz klopfte hart in meiner Brust, aber das lag nur zum Teil an dem Sprint, den ich hingelegt hatte, um vor dem Klingeln auf meinem Platz zu sitzen. Zum deutlich größeren Teil lag es an der Tatsache, dass ich die Nummer von Riccardo Marcovicz hatte, dem gefürchtetsten Typen der Schule.

Schon in der Tür umfing mich herrisches Geschnatter: »Bitches, wir haben eine Mission. Ich will am Samstag auf die Party von –«

»YES!«, unterbrach Leon diese Kampfansprache von Diana, die in einem superknappen Minirock auf dem Pult saß und ihre drei Barbies um sich geschart hatte. Leon sah begeistert von seinem Handgelenk zu mir und hob dann die Hand seinem besten Freund Mats entgegen. »Ich hab gewonnen! Valeria ist schon wieder zu spät.«

Mats' graugrüne Augen wanderten ebenfalls zu mir, glitten über meinen Körper und ließen meine Haut prickeln. Er war definitiv der heißeste Typ in meiner Stufe, und zwischen uns knisterte es schon seit Wochen gewaltig.

»Das zählt nicht«, widersprach er Leon, ohne den Blick von mir zu nehmen. »Valeria kommt immer zu spät.« Sein zweideutiger Tonfall und intensiver Blick ließen mich blinzeln. Nur eine Sekunde lang, dann fing ich mich und stolzierte in den Klassenraum, als wäre er ein Catwalk, vorbei an den Barbie-Bitches, die mich mit offenem Mund anstarrten.

»Weißt du, es ist immer besser, zu spät zu kommen als zu früh«, antwortete ich im selben Tonfall und sah dem Klassenschwarm dabei so tief in die Augen, dass Leon neben ihm lachen musste.

Jetzt war es Mats, der blinzelte und sich auf seinem Stuhl zurücklehnte. Seine Erscheinung war genauso nordisch wie sein Vorname, groß und blond, mit scharfen Zügen und elektrisierendem Blick. Keine

Frage, ich fand ihn attraktiv und er mich wahrscheinlich auch, aber ich war nicht naiv genug zu glauben, dass er wirklich etwas für mich empfand. Also genoss ich einfach die Spannung zwischen uns und das gute Gefühl, von einem tollen Jungen bewundert zu werden – so erbärmlich das auch klingen mag. Ich war eben ein bisschen verkorkst, aber sind wir das nicht alle irgendwie?

Das Klingeln unterbrach unser Kopfkino und Mats sah ebenfalls auf die Uhr. »Außerdem habe ich gewonnen«, teilte er seinem Freund mit, »denn es hat erst jetzt geklingelt.«

»Sorry, Jungs«, ging ich erneut dazwischen und legte mein Handy so zwischen ihnen auf den Tisch, dass sie den neu angelegten Kontakt sehen konnten. »Aber ich fürchte, ich habe gewonnen. Hier ist die Nummer.«

Beide glotzten mich fassungslos an.

»Die hast du dir doch ausgedacht!«, rief Leon, aber ich zuckte bloß mit den Schultern und antwortete, er könne Riccardo ja mal anrufen. »Spinnst du? Typen wie der killen Typen wie mich!«

»Tja, das ist ja nicht mein Problem«, sagte ich und hielt die Hand auf, um meinen Gewinn einzufordern. Murrend legten beide zehn Euro hinein, während jetzt auch die Mädels dazukamen.

»Du hast Riccardo Marcovicz' Nummer?!«, platzte es aus Diana heraus.

»Mit Kuss-Emoji«, ergänzte Leon, während Mats' Blick sich erneut an mir festsaugte.

»Hast du dich ausgezogen?«, fragte er mit zuckenden Mundwinkeln.

Ich warf ihm bloß ein vielsagendes Lächeln zu, ohne ihn aus seinen Gedankenspielen zu erlösen, und genoss seinen Blick.

Hinter uns räusperte sich Diana vernehmlich, und ich wandte schnell den Blick von Mats ab. Die zwei waren nicht mehr zusammen, trotzdem waren sie so etwas wie die ungekrönten Herrscher unserer Stufe, und obwohl ich Diana nicht wirklich meine Freundin nennen würde, wollte ich mich nicht mit ihr und ihrem bissigen Girls Club anlegen.

Zumal ich in den Augen aller irgendwie dazugehörte, zu diesen Girls, die an jeder Schule das Sagen haben, mit denen jedes Mädchen befreundet und jeder Junge zusammen sein will. Aber ich gehörte nicht dazu, weil ich meine Brüste bis unters Kinn pushte oder zentimeterdickes Make-up trug. Im Grunde genommen war das nicht mal mein Verdienst, denn vermutlich wäre ich eher irgendwo zwischen Draufgänger und Hippie gelandet: Free Climbing an steilen Amazonasklippen, Motorradrennen in verlassenen Industriegebieten und nachts heimlich über den Zaun zum Schwimmbad klettern – das war eher die Art Leben, die mich reizte. Nicht, dass ich irgendetwas davon jemals getan hätte, aber wenn ich die Wahl hatte, sah ich lieber die *Fast & Furious*-Reihe als *High School Musical*.

»Apropos ausziehen«, wechselte Mats jetzt das Thema, »Bist du morgen Abend auch auf der Party im *Delphi*?«

Ich überspielte das Bauchkribbeln mit einem Glucksen. »Falls ich da sein werde, werde ich mich bestimmt nicht aus–«

»Apropos Party«, fiel Diana uns beiden ärgerlich ins Wort und schleifte mich am Arm mit zu unserem Tisch am Ende des Raums. Ich wappnete mich innerlich gegen eine Schimpftirade, weil ich mit ihrem Ex-Freund flirtete, aber sie fragte bloß zuckersüß: »Hast du heute schon mit deinem Bruder geredet?«

Ich stöhnte.

Ja, ich gehörte zu dieser selbst glorifizierenden Gruppe der vergötterten Tussis, weil mein zwei Jahre älterer Bruder Milias Schwarzer war und so ziemlich jedes Mädchen, das ich kannte, mindestens einmal in ihn verknallt gewesen war. Darüber, was so ein Vorzeigebruder mit dem Selbstwertgefühl einer kleinen Schwester anstellt, reden wir besser gar nicht.

Ich liebte meinen großen Bruder, aber manchmal verfluchte ich ihn auch dafür, dass er so perfekt war und ich nicht. Bescheuert, oder? Zugegeben: Milias sah verdammt gut aus, hatte das unfair charmante Lächeln unseres Dads geerbt und war der liebevollste Mensch, den ich kannte – wenn er mich nicht gerade unendlich nervte, aber das gehörte einfach zum Geschwisterleben dazu. Fakt blieb, Milias war der Sonnenschein und ich das schwarze Schaf. All diese Abstimmungen zum Abi: »Bester Schwiegersohn«, »Schönstes Lächeln«, »Traumpaar« – ungefähr in jeder dritten davon würde sein Name am Ende dieses Schuljahres vertreten sein. Und wer würde in zwei Jahren meinen Namen irgendwo hinschreiben? Wer würde überhaupt jemals etwas anderes in mir sehen als *Milias' kleine Schwester*? Ich verdrängte den Gedanken schnell und konzentrierte mich auf das Hier und Jetzt.

»Vergiss es, er hat gerade erst eine andere kennengelernt«, teilte ich Diana mit und ließ mich auf meinen Platz sinken, weil der hereinströmende Schülerpulk die Ankunft von Herrn Blumberg ankündigte, unseres Lehrers für Geschichte. Ich war es leid, abwechselnd Mäuschen und Vermittlerin zwischen meinen angeblichen Freundinnen und meinem vergötterten Bruder zu spielen.

Sabrina und Julia legten interessiert den Kopf schief, aber Diana schnitt eine Grimasse, während wir alle Haltung annahmen, um Herrn Blumberg zu begrüßen.

»Nichts gegen Milias, aber ich steh mehr auf böse Jungs«, wisperte sie, während allgemeines Stühlerücken und Taschenkramen einsetzte. Ich verkniff mir jeden Kommentar über Mats. »Ich will auf Raphael Thomas' Party übermorgen!«, endete sie dann.

Ich stützte den Ellenbogen auf meinen Tisch, angenehm überrascht, dass es ausnahmsweise nicht um meinen ätzend perfekten Bruder ging. Ja, Milias wäre wirklich der ideale Schwiegersohn ...

... wenn sein bester Freund nicht Raphael Thomas wäre. Raphael war so etwas wie sein böser Zwilling. Verboten attraktiv, hinreißend intelligent und zum Niederknien selbstbewusst. Je mehr ich darüber nachdachte, eigentlich genau mein Typ. Wieso fiel mir das erst jetzt auf?

»Was gibt's denn da zu grinsen?«, zischte Diana ärgerlich, während Herr Blumberg in seinem heiteren Tonfall begann, eine Geschichte zur Geschichte zu weben, derzeit: die Französische Revolution. Sein Lieblingssatz dazu: »Ab mit dem Kopf.«

»Sorry«, überspielte ich meine Gedanken und schlug mein Buch auf. »Dafür brauchst du ’nen Personalausweis. Da kommt niemand rein, der nicht mindestens in seiner Stufe ist.«

»Ach ja? Und wie kommst du dann rein?«, fragte Diana spitz. Ich hielt inne. Richtig, ich hatte irgendwann mal im Höhenflug erwähnt, dass ich auf Raphaels nächste Party gehen würde. Schnell überschlug ich die Chancen dafür, das auf legalem Wege – sprich: Milias zu fragen – zu erreichen, und verwarf den Gedanken sofort.

Milias sorgte nämlich mit übertriebenem Aufpasserdrang dafür, dass ich auch ja nicht mit seinen Freunden, Alkohol oder sonstigen Lastern in Kontakt kam – ganz besonders nicht mit Raphael, aus den allgemein bekannten Gründen. Nicht, dass dieses Verhalten meinen ersten Vollrausch verhindert oder meine Jungfräulichkeit bewahrt hätte, aber das wusste Milias nicht. Tatsächlich hatte es aber dazu geführt, dass ich niemals auch nur annähernd so intensiv über seinen besten Freund nachgedacht hatte wie in den letzten fünf Minuten. Mir wurde sogar heiß bei dem Gedanken. Ich stellte mir vor, wie ich ihn anflirtete. Würde er darauf eingehen? Hatte er überhaupt schon einmal eine Freundin gehabt? Also, eine *echte* Freundin?

»Ich wette, sie ist gar nicht eingeladen«, flüsterte Diana bewusst so laut, dass ich es hören konnte.

»Klar bin ich –« Ich fuhr aus der Haut, bevor mir klar wurde, dass wir mitten im Unterricht saßen.

»Valeria?«, fragte Herr Blumberg mit Nachdruck.

Ich schenkte ihm mein strahlendstes Lächeln und winkte entschuldigend ab, versprach ihm stumm, nicht mehr zu quatschen. Diana wartete gerade lange genug, bis er die Ausführungen über Napoleon wiederaufgenommen hatte, und fragte dann ihre Barbies zweifelnd: »Hat er jemals jemanden unter achtzehn eingeladen?«

»Tja, mich zufällig schon.« Die Worte waren aus meinem Mund, bevor ich mich daran hindern konnte. Wenigstens verfehlte der Satz seine Wirkung nicht: Allen dreien klappte die Kinnlade herunter.

Raphael hatte eine *Adults Only*-Politik, seit er letztes Jahr selbst volljährig geworden war. Natürlich gab es Ausnahmen, weil viele in seiner Stufe erst siebzehn waren – einschließlich Milias, der erst nächsten Monat, im August, Geburtstag hatte. Aber ich hatte nie gehört, dass Raphael jemanden, der nicht mindestens in der Abschlussklasse war, eingeladen geschweige denn gedatet hatte. Andererseits hatten mein Bruder und er ein Talent dafür, die Regeln ... zu *biegen*.

»Valeria«, wiederholte Herr Blumberg ungeduldig, und ich entschuldigte mich erneut inbrünstig, wissend, dass er mir wie die meisten Leute verzieh, wenn ich sie mit meinem perfektionierten Hundeblick reumütig ansah. Wenigstens eine Sache, die Milias und ich teilten: unseren charismatischen Charme.

Aber heute klappte es nicht. Heute schüttelte Herr Blumberg ärgerlich den Kopf. »Nein! Du kannst nicht einfach die ganze Stunde lang quatschen und dann dein sonniges italienisches Grinsen aufsetzen und darauf hoffen, dass sich alles in Wohlgefallen auflöst.« Die Klasse lachte und auch mein Grinsen wurde breiter. Das war ein Kompliment, oder? »Wenn du wenigstens halb so gut in der Schule wärst wie dein Bruder, könnte ich sogar über dein ewiges Gequatsche hinwegsehen, Valeria.«

Das Grinsen gefror auf meinem Gesicht, die vereisten Splitter der Zurückweisung bohrten sich in meine Brust. Da war er wieder, der ständige Vergleich, die ewige Erinnerung an meine Unzulänglichkeit. Ich war so überrumpelt, nein, so *verletzt*, dass ich nicht einmal einen klaren Gedanken fassen konnte, während sich die Hälfte der Klasse an ihrem Lachen verschluckte und die andere nach Luft schnappte.

Um mir meinen Schmerz nicht anmerken zu lassen, zwang ich ein Lächeln auf meine Lippen. »War das jetzt rassistisch, frauenfeindlich oder beides?«

Herr Blumberg sah mich eine Sekunde lang an, in der ich mich fragte, ob ich eigentlich noch ganz bei Trost war. Wieso konnte ich meine Zunge eigentlich nicht im Zaum halten? Das machte es doch nur noch schlimmer! Aber dann war es zu spät für eine Entschuldigung, also schüttelte ich bloß den Kopf und verschränkte die Arme vor der Brust. »Vergessen Sie's.«

Es war einen Augenblick lang still im Klassenraum, während mich alle anstarrten und Herr Blumberg sich sammelte. Ich schüttelte den Frust mit einem tiefen Atemzug ab und schlug mein Buch auf.

»Wartest du bitte draußen?«

Er sprach ruhig, trotzdem zuckte ich hoch wie vom Blitz getroffen. »Was?«

»Warte bitte draußen, Valeria.«

Diesmal war ich diejenige, die ihn verständnislos anstarrte. War das sein Ernst?!

Als er keine Anstalten machte, den Verweis zurückzunehmen, packte ich wortlos mein Buch wieder ein, griff nach meiner Tasche und verließ den Raum. Draußen konnte ich mich gerade noch beherrschen, nicht die Tür zuzuknallen, während ich verbissen Tränen der Wut und Zurückweisung unterdrückte. Es war eine Sache, hinter Dianas aufgetakeltem Rampenlicht zurückzustecken. Aber ständig im Schatten meines großen Bruders zu stehen, war unerträglich.

Die restlichen Schulstunden verbrachte ich damit, mir Tausende Beschimpfungen auszudenken, die ich Milias auf dem Nachhauseweg an den Kopf werfen konnte. Aber als ich nach der Schule vor dem Tor ankam, kam mir alles davon lächerlich vor. Ich wollte erwachsen sein, also würde ich mich auch wie eine Erwachsene benehmen. Daher begnügte ich mich damit, ihm einen vernichtenden Blick zuzuwerfen und zur Begrüßung mit aller Kraft gegen die Schulter zu boxen.

»Aua!«, rief Milias, während Raphael neben ihm in Lachen ausbrach. »Wofür war das denn?!« Für einen Sekundenbruchteil sah ich unser beider Temperament in seinen dunklen Augen aufblitzen wie in einem Spiegel. Trotzdem musste ich gegen meinen Willen lachen.

»Hast du heute vielleicht irgendwie Herrn Blumberg geärgert?«

Augenblicklich hellte sich sein Gesicht auf. Er wechselte einen schelmischen Blick mit Raphael, dann prusteten sie beide los.

»Na ja, *geärgert*«, dehnte Raphael das Wort und kniff die Augen zusammen, während er an seiner Zigarette zog. Ich beobachtete, wie sich sein kantiges Gesicht zu einer heiteren Grimasse verzog und er den Kopf schief legte. Im Sommer wurden seine sandblonden Haare eine Spur heller und ließen seine unfassbar blauen Augen geradezu strahlen. Ich konnte gut verstehen, warum Diana und die Mädels so sehr auf ihn standen.

Um ehrlich zu sein, fiel mir in diesem Moment zum ersten Mal wirklich auf, wie *heiß* er aussah. Ich meine, ich hatte mich schon immer der einhelligen Meinung angeschlossen, dass er attraktiv war. Aber ... irgendwie hatte ich nie wirklich über ihn nachgedacht. Als jahrelang bester Freund meines großen Bruders war er auch für mich wie eine Art großer Bruder, ein Cousin vielleicht – über den ich besser nicht so intensiv nachdachte!

»Warum?«, fragte Milias, ließ mich blinzeln und den Blick von Raphaels blauen Augen nehmen.

»Hä?« Ich hatte total den Faden verloren und musste noch ein bisschen länger suchen, als Raphaels intensiver Blick zu mir wanderte. Himmel, ein Blick aus seinen Augen konnte den gesamten Sauerstoff aus der Umgebung saugen. »Weil Herr Blumberg mich heute rausgeworfen hat!«, fiel es mir wieder ein und ich boxte Milias gleich noch mal.

Raphael lachte erneut, woraufhin meine Faust auch gegen seinen Oberarm flog. Wow, er war deutlich trainierter, obwohl mein Bruder jetzt nicht gerade ein Hänfling war.

»Er hat was?!«, fragte Milias nach, während er sich den Arm rieb. »Wirklich?«

»Ja!«, beharrte ich, konnte mir aber das Grinsen kaum noch verkneifen. »Ich hoffe, ihr fühlt euch scheiße!«

Raphael drückte die Zigarette auf dem Mülleimer aus und legte einen Arm über meine Schulter wie ein Bruder um seine Schwester. Trotzdem wurde mir heiß. »Wir fühlen uns schrecklich«, beteuerte er scheinheilig und blies den Rauch zur anderen Seite. Zum ersten Mal nahm ich sein sportlich-herbes Parfüm bewusst wahr, und es ließ meinen Bauch ungebeten intensiv kribbeln. Schnell tauchte ich unter seinem Arm hindurch und forderte:

»Dafür will ich am Samstag auf deine Party.«

»Lass mich überlegen – nein?!«, antwortete Milias augenblicklich, während Raphael mein Gesicht aufmerksam studierte, die blauen Augen erneut leicht verengt. Er ließ so lange mit einer Reaktion auf sich warten, dass ich unsicher wurde. Schließlich zuckten seine Mundwinkel. »Hast du 'ne Wette verloren?«

Die beiden wechselten einen kurzen Blick – vermutlich wegen irgendeiner Wette, die sie selbst gerade wieder am Laufen hatten. Doch als Raphaels Augen zu mir zurückkehrten, konnte ich ein Grinsen nicht unterdrücken: »Um ehrlich zu sein, will ich eher eine gewinnen.«

Mit einem Mal hatte ich seine volle Aufmerksamkeit. »Ich kann dir helfen, jede Wette zu gewinnen«, versprach er eine Oktave tiefer.

Ich hatte diese raue Tonlage von Raphael schon tausendmal gehört, dieses süffisante, sich selbst nicht ganz ernst nehmende Grinsen schon hundertmal gesehen. Aber jetzt, wo er mir dabei direkt in die Augen sah, spürte ich ganz deutlich, wie mein Herz für einen Sekundenbruchteil ins Stolpern geriet und dann einen Hitzeball in meinen Bauch hustete.

»Äh ... nein?!«, ging Milias erneut dazwischen, scheinbar genauso überrumpelt wie ich.

Ich hingegen spürte meinen Kampfgeist erwachen und nutzte den Hitzeball als Energiequelle. Lasset die Spiele beginnen!

Raphael

»Glaub mir, Raphaels Partys sind total überbewertet«, gluckste Milias jetzt und warf mir einen ironischen Blick zu. »Die Leute sind ätzend, die Musik ist mittelmäßig und das Bier lauwarm.«

Ich zuckte wenig beeindruckt mit den Schultern. »Dann bleib halt zu Hause. Mehr Platz für andere.«

Beim letzten Wort warf ich einen vielsagenden Blick zu Valeria, die er offenbar hatte beschwichtigen wollen, aber das genaue Gegenteil bewirkt hatte: Abenteuerlust blitzte in den schokoladenbraunen Augen seiner kleinen Schwester. Na ja, korrigierte ich mich bei genauerer Überlegung, so klein war die auch nicht mehr.

Sie war im April sechzehn geworden, wirkte aber um einiges reifer, sowohl dank ihres draufgängerischen und ziemlich dickköpfigen Charakters – als auch dank ihres wohlproportionierten Körpers. Nicht so dürr wie die meisten zwischen vierzehn und siebzehn, sondern eher wie die früheren Hollywood-Diven, mit anständigen Hüften, schöner Taille und beeindruckender Oberweite. Ich kannte nur ein Mädchen, das mal eine ähnlich attraktive Figur gehabt hatte. Bevor sie sich vollkommen heruntergemagert hatte. Aber ich schob den Gedanken beiseite –

Und ertappte mich dabei, wie ich Milias' Schwester eine Spur zu intensiv ansah, ihre vollen Lippen und hohen Wangenknochen zu lange betrachtete. Entschieden trat ich einen Schritt zurück. Ich würde nichts mit der kleinen Schwester meines besten Freunds anfangen.

»Also?« Ihre blitzenden Augen bohrten sich derart herausfordernd in meine, dass ich mich für einen Moment in der Vorstellung verlor, Valeria im Halbdunkel gegen die Wand zu pressen. Eine ziemlich lange Pause entstand, in der ich meine Gedanken hinter einer überlegenen Miene verbarg und schließlich erneut mit den Schultern zuckte, zumal in diesem Augenblick Angelina dazukam, Milias' beste und eine meiner engsten Freundinnen.

»Ich überleg's mir.« Damit schob ich mir einen Kaugummi in den Mund und hielt das Thema für beendet, aber Valeria nicht:

»Kann ich dir dabei irgendwie helfen?«, raunte sie, als Milias Angelina umarmte. Ich blinzelte ungläubig, fragte mich, ob sie gerade wirklich vorschlug, was ich interpretierte.

»Du kannst morgen Abend im *Delphi* deine Partytauglichkeit beweisen«, antwortete ich, indem ich mich wie zufällig zu ihr lehnte, dabei aber unbeteiligt den Blick schweifen ließ. Sie duftete nach einer aufregenden Mischung aus Rose, Zimt und etwas anderem, Schwerem. Und ihr Augenaufschlag konnte Polkappen zum Schmelzen bringen.

»Hey! Na, alles klar?«, drängte sich Angelinas sprudelnde Fröhlichkeit zwischen uns und löste das Knistern auf.

Valeria verabschiedete sich gut gelaunt, aber ihr intensiver Blick über die Schulter brannte sich in meine Gedanken.

Wann war Milias' kleine Schwester erwachsen geworden? Klar, sie war schon lange nicht mehr das Kind, das ich quasi aufwachsen sehen hatte. Aber irgendwie hatte ich völlig übersehen, wie sehr sie ... War ja auch egal, oder?

Ich schob alle Gedanken entschieden beiseite und ließ den Blick schweifen. Ich würde nichts mit der kleinen Schwester meines besten Freundes anfangen. Nicht nach dem, was ich im Januar getan hatte ...

Meine Mimik gefror, als mein Blick auf einem anderen Körper hängen blieb, der sich geradezu aus meinen Gedanken manifestiert zu haben schien. Lange Beine steckten in weißen Hotpants unter einem rosa Top, in dessen üppiges Dekolleté hellblonde Haarspitzen fielen.

Das Mädchen zu diesem Körper hieß Vanessa Kaiser und war die Kategorie Frau, die bei *Germany's Next Topmodel* den ersten Platz belegte. Ihre rehbraunen Augen wechselten von Heiterkeit über Wut zu Schmerz, als sie erst mich und dann Milias sah. Vanessa war meine Nachbarin – und Milias' Ex-Freundin, die er vor fünf Monaten und zwölf Tagen endlich nach viel Quälerei und noch mehr Frustration verlassen hatte. Es war besser so, für alle Beteiligten. Es hatte nur ein bisschen gedauert, den beiden das klarzumachen. Und meine Entscheidungen auf dem Weg dahin hätten fast meine engste Freundschaft zerstört.

Ich grüßte nicht zurück, als sie zaghaft eine Hand hob. Und ohne den ausdruckslosen Blick von ihr zu nehmen, legte ich einen Arm um Milias' Schulter, drehte mich weg und zog ihn mit mir.

Jetzt war nicht die Zeit, über Vanessa nachzudenken.

Oder über Valeria.

2 Spiel mit dem Feuer

Raphael

Am nächsten Morgen war Milias noch nicht fertig, als ich vor seiner Haustür ankam. Das passierte ungefähr an vier von fünf Tagen, deswegen drehte ich ungeniert den Schlüssel um, der tagsüber immer in der Haustür der Schwarzers steckte, und spazierte in die Küche.

»Einen wunderschönen guten Morgen«, begrüßte mich Barbara, seine Mutter. »Kaffee?«

Ich grüßte fröhlich zurück, schüttelte den Kopf und ließ mich auf einen Küchenstuhl fallen. Mein Blick blieb an einem knallgelben Stoffhaufen hängen – ein ziemlich kurzes Oberteil mit gerafftem Saum und Ausschnitt. Wenn Valeria vorhatte, das heute anzuziehen, würde sie gleich im BH in die Küche kommen.

»Banane?«

Es dauerte einen Moment, bis ich meine Gedanken von dem geistigen Bild lösen konnte. Ich blinzelte die gelbe Frucht an, die Barbara auf die Anrichte legte, und verzog das Gesicht.

»Ich geh lieber was für meine Gesundheit tun«, beschloss ich und stand auf, um meinen Kaugummi im Mülleimer zu entsorgen, meine Zigarettenpackung schon in der Hand.

Barbara schürzte ihre Lippen, die schmalen Augenbrauen tadelnd zusammengezogen. Sie sah Valeria verdammt ähnlich. Besser gesagt, Valeria ihr, mit den großen, dunklen Augen umrahmt von natürlich dicken, dunklen Wimpern und der schmalen Nase in dem ovalen Gesicht.

Sie war der italienische Anteil von Milias' Eltern, aber in Deutschland geboren und aufgewachsen, und führte einen kleinen Beautysalon in der Stadt.

»Du weißt, dass ich es besser fände, wenn ihr damit aufhört«, sagte sie irgendwo zwischen Tadel und Resignation – mehr wie eine Freundin als eine Mutter – und meinte damit, dass Milias und ich rauchten, wozu ich ihn zugegebenermaßen angestiftet hatte.

Ich hob die Arme. »Was soll ich machen, ich kann nicht überall perfekt sein.«

Jetzt lachte sie. »Du wirst es verstehen, wenn du Kinder hast.«

Ich gluckste nur, bevor ich die Haustür hinter mir zuzog. *Das würde sicher nicht passieren*, zumindest nicht in den nächsten zwanzig Jahren. Aber erfahrungsgemäß reagierten Eltern nicht so gut auf diese Antwort, deswegen sprach ich sie gar nicht erst aus.

Es dauerte noch fast zehn Minuten, bevor die Tür hinter mir wieder aufging.

Ich drehte mich um, das Handy noch in der Hand und einen feixenden Spruch auf den Lippen – der allerdings verpuffte, als ich nicht Milias, sondern Valeria gegenüberstand.

Sie war eine winzige Sekunde lang genauso perplex wie ich, fasste sich aber schneller und hob eine Augenbraue.

»Hat Mama dich ausgesperrt?«

Jetzt musste ich gegen ein Grinsen ankämpfen. Die Kleine hatte wirklich Feuer! Ich nahm noch einen letzten Zug von der Zigarette, bevor ich sie im Aschenbecher ausdrückte, der eigens für mich auf der Fensterbank stand, und steckte mir einen neuen Kaugummi in den Mund. Dabei nahm ich nicht eine Sekunde den Blick von Valeria. Sie trug nicht das gelbe luftige Top, sondern ein schwarzes, eng anliegendes Shirt, das ihre Kurven nachmalte wie eine zweite Haut und dessen Ausschnitt zwar nicht wirklich tief war, aber dafür umso mehr zu Gedankenspielen einlud. Dazu ausgefranste Jeansshorts und weiße Sneaker. Das Outfit war erstaunlich unaufregend, aber irgendwie ... sexy.

Reizvoll. Reif. Kurz verlor ich mich in der Vorstellung, wie sie wohl erst heute Abend im *Delphi* aussehen würde.

»Was machst du da?«, fragte sie.

Shit! Ich setzte schnell ein Pokerface auf und gerade zu einer themenfremden Antwort an, als ich erkannte, dass sie gar nicht meine Gedankenlosigkeit meinte, sondern nach meinem Handy griff.

»Hey!«, stieß ich aus, aber sie war schneller. Ich beobachtete gebannt, wie ihr Gesichtsausdruck von triumphal zu entgeistert wechselte. Ihr Temperament spiegelte ihre Gefühle so ungefiltert auf ihr Gesicht wie Sonnenlicht auf bewegten Wellen, aber ihr Seelenleben war ein schier unergründlicher See. Vielleicht war es dieser Gegensatz, der mich so faszinierte, vielleicht das fröhliche Blitzen in ihren Augen. Vielleicht auch nur die unerschrockene Art, wie sie mich anflirtete.

»Du liest Nachrichten?!«

Enttäuscht gab sie mir das Handy zurück und schälte ihre Banane.

»Was dachtest du?«, fragte ich und setzte meinen selbstgefälligen Blick auf, von dem ich wusste, dass die Mädchen ihn unwiderstehlich fanden. »Pornos?«

Der Blick, den sie mir daraufhin zuwarf, löste ein Prickeln auf meiner Haut aus: gleichzeitig wissend, wagemutig und unendlich verheißungsvoll. Die ganze Welt in ihrem Blick, während sie – in die Banane biss.

Das geschah jetzt nicht wirklich, oder? Spielte sie gerade mit mir? War das ihr Ernst? Ich starrte sie an wie ein kaputtes Auto.

Dann fiel ihr scheinbar auf, was sie da tat und wie das aussah, und sie verschluckte sich, hielt sich die Hand vor den Mund und musste lachend husten.

»Vergiss es, Raphael!« Sie rempelte in voller Absicht ihre Schulter gegen meine, als sie sich an mir vorbeidrängte.

Ich versteckte mein Erstaunen hinter einem vielsagenden Grinsen. »Was denn? *Ich* hab nicht in die Banane gebissen.«

Ihre kaffeebraunen Haarsträhnen umspielten ihr Gesicht, als sie sich noch mal umdrehte und mir lachend den Mittelfinger zeigte, ihr unbeschwertes Lachen steckte mich an. Dann ließ sie mich stehen. Mit diesem Bild im Kopf und ihrem Duft in der Nase.

Der Augenblick war vorbei, aber die Begeisterung blieb. Für die kleine Schwester meines besten Freundes.

Fuck.

Valeria

Mir war immer noch heiß, mein ganzer Körper kribbelte. Von seiner Nähe? Der komischen Situation? Meinem Stolz auf meine souveräne Reaktion?

Nein. Es war sein Blick. Nicht dieser Macho-Blick, den er hin und wieder aufsetzte, sondern dieser andere, tiefe. Dieser »Du weißt es noch nicht, aber du gehörst mir«-Blick, unterlegt mit dem fruchtig-frischen Geruch von Cassis-Kaugummi. Das war das erste Mal, dass Raphael mich so angesehen hatte, und ich wusste, dass ich mehr davon wollte. Alles wurde unwichtig im Vergleich zu Raphaels Reaktion auf mich. Auf mich! Nicht auf Diana, nicht auf meinen Bruder, nicht auf irgendwen sonst. Selbst die Tatsache, dass er immer auch Milias' Freund bleiben würde, machte mir nichts aus. Denn Milias würde er niemals so ansehen, wie er mich gerade angesehen hatte.

Ich wollte mehr. Ich wollte alles! Deswegen nutzte ich die Party im *Delphi*, um alles an Flirtkünsten aufzufahren, was ich bisher an besonderen Härtefällen wie meinem Ex David, Mats und allen Riccardo Marcoviczes dieser Welt ausgetestet hatte.

Unglücklicherweise war Raphael zwar genau dieselbe Art Kerl, der allein an diesem Abend mit drei unterschiedlichen Tussis tanzte, aber nicht halb so unkontrolliert schwanzgesteuert war wie die Jungs in meinem Alter. Ich spürte den ganzen Abend seinen intensiven Blick auf mir, aber er kam mir – bis auf die Umarmung zur Begrüßung – nicht ein einziges Mal nah genug, dass ich ihn davon hätte überzeugen können, morgen zu seiner Party zu dürfen. Was wohl auch daran lag, dass er den ganzen Abend mit Milias verbrachte und ich mit den Leuten aus meiner Stufe. Wo mich Dianas höhnisches Lächeln zunehmend daran erinnerte, dass ich kurz davor stand, das Gesicht zu verlieren.

Also nahm ich das Ruder einfach selbst in die Hand: Ich wartete, bis Milias auf die Toilette oder wo auch immer hinging, leerte den Rest meines Glases und drängte mich einfach durch die dicht tanzende Menge zu ihm in die Raucher-Lounge, wo er gerade Blondine Nummer vier eine Zigarette anzündete.

»Entschuldige bitte kurz«, schob ich sie zur Seite, legte die Hände auf seine Brust – und küsste Raphael einfach.

Seine Lippen schmeckten nach Rum, Rauch und Cassis-Kaugummi. Drei wilde Herzschläge lang berauschte ich mich an meinem eigenen Wagemut und der Vorstellung, wie den Barbie-Bitches gerade die Augen herausfielen. Noch einen weiteren Herzschlag lang prägte ich mir das Gefühl seiner weichen Lippen ein und den sportlich-herben Duft seiner Haut, dann löste ich den Kuss und sah ihn herausfordernd an.

»Also, was ist mit morgen Abend?«, fragte ich gewinnend.

In diesem Moment waren seine Augen so tiefblau und unbezähmbar wie das Meer, und ich musste gegen die Versuchung ankämpfen, mich Hals über Kopf in diese Fluten zu stürzen. Dann hob er einen Mundwinkel und ließ den Blick so eindeutig über meinen Körper gleiten, dass ich buchstäblich fürchtete, auf der Stelle in Flammen aufzugehen. Auf dem Rückweg zu meinem Gesicht blieben seine Augen einen Moment länger auf meinen Lippen hängen, bevor er betont distanziert wegsah und sogar einen Schritt zurücktrat. Sein Blick fixierte sich auf einen Punkt hinter mir, und er setzte sich wie beiläufig in Bewegung, nicht ohne neben mir noch einmal anzuhalten, so nah, dass sein Atem ein Kribbeln auf meinem Hals hinterließ.

»Um neun geht's los, aber auf eigene Gefahr, denn was auf meinen Partys passiert, bleibt auf meinen Partys. Verbrenn dir nicht die Finger, kleine Valeria.«

Er warf mir noch einen langen Blick zu, der mich fast um den Verstand brachte, dann ließ er mich stehen und ging auf Milias zu, der gerade zurückkam. Ich hingegen vibrierte geradezu. Von seiner elektrisierenden Nähe und dem überwältigenden Gefühl des Triumphs.

Am nächsten Abend brauchte ich fast zwei Stunden im Bad, in denen ich die viel zu freizügigen Outfits im aufgeregten WhatsApp-Chat unserer Mädelsgruppe kommentierte, meine Haare zu Locken drehte und dann wieder glättete, mich besonders aufreizend schminkte und das meiste dann doch wieder abnahm. Das Ergebnis war, dass ich genauso aussah wie an jedem anderen Tag auch, aber ich fühlte mich wenigstens wie ich selbst und nicht wie eines dieser Püppchen, die Diana und ihre Mädels in ihren knappen Röckchen und engen Tops mimten.

Als Milias mein Outfit sah, das trotz des bauchfreien One-Shoulder-Tops und der schwarzen High-Heel-Sandalen relativ bodenständig war, wirkte er erleichtert und lächelte sogar. Raphael hatte ihm natürlich gesagt, dass er mich eingeladen hatte, und als Tarnung hatte er gleich auch die Mädels mit eingeladen. Diana stand also nicht nur in meiner Schuld, sie konnte mir auch gleich dabei zusehen, wie *ich* zur Abwechslung mal den Typen abschleppte, auf den *sie* stand.

»Du schuldest mir ein Date.«

Ich blinzelte, als ich Raphaels tiefe Stimme fast zwei Stunden später direkt neben mir hörte, und kämpfte augenblicklich gegen das Herzrasen. Fragte er mich gerade, ob ich mit ihm ausgehen wollte?

Bei der Lautstärke im riesigen Wohnzimmer seiner Eltern war es ein Wunder, dass ich ihn überhaupt hören konnte – und dass die Polizei noch nie da gewesen war. Der großzügige Raum mit der teuren Couchgarnitur und dem vollverglasten Wintergarten hatte sich in ein Party-Treibhaus verwandelt, dessen basslastige Musik in der Brust vibrierte und holziger Raumduft von Alkohol, Rauch und einem Dutzend Parfüms geschwängert war. Das Wohn-Esszimmer maß gut fünfzig Quadratmeter, trotzdem war es so voll, dass man kaum stehen konnte – geschweige denn einen Sitzplatz ergattern. Weswegen ich mit ein paar anderen am massiven Esstisch lehnte.

Raphael lehnte sich wie zufällig neben mich.

»Johanna von gestern Abend hast du ja höchst eindrucksvoll in die Flucht geschlagen«, ergänzte er jetzt und sah mich direkt an. Ich unterdrückte das stolze Blubbern in meinem Bauch und musste gleich darauf grinsen bei der Erinnerung an gestern Abend.

»Die hat sowieso nicht zu dir gepasst«, erwiderte ich gelassener, als ich in Wahrheit war, und nahm einen großen Schluck aus meinem Glas, das weit weniger Alkoholanteil enthielt, als ich selbst eingefüllt hätte. Milias nahm seine Aufpasserpflicht wirklich sehr ernst.

Ich hielt es ganze drei Sekunden aus, Raphael nicht anzusehen, bevor ich einen kurzen Blick zur Seite warf. Er sagte nichts, sah mich bloß mit diesem süffisanten Zug um die Mundwinkel an. Gott, er war so verdammt sexy!

»Ich werde dich das nächste Mal um Rat fragen, bevor ich jemanden anflirte«, beschloss er, und seine raue Stimme war voller Schalk, gleichzeitig ironisch und ... warm?

Ich spürte, wie sich das Blubbern in meinem Bauch in prickelndes Hochgefühl verwandelte, und grinste breit. Raphael erwiderte meinen Blick und spiegelte mein Grinsen, so lange und so intensiv, dass alles andere verblasste. Der Raum, die Musik, sogar mein eigener Atem. Er schien diese Anziehungskraft im selben Moment zu spüren wie ich, löste den Blickkontakt und schaltete wieder auf Distanz, geradezu Ignoranz. Die Abwesenheit seines Blickes hinterließ überraschende Kälte, sein erneutes Desinteresse schmerzte beinahe physisch. Plötzlich konnte ich es nicht mehr ertragen, dass er mich weiterhin wie Luft behandelte.

Er war ziemlich gut darin, Frauen zu ignorieren, die er für zu jung hielt – weswegen Sabrina und Julia längst aufgegeben hatten und sich jetzt an den Sonnyboy René ranmachten, während Diana mit irgendeinem Typen auf der Couch knutschte.

»Ey, Pascal!«, rief Raphael über die Menge hinweg. »Wenn das Sofa morgen Flecken hat, kannst du putzen kommen!«

Pascal, der zwischen fünf anderen Leuten mehr auf Diana lag als saß, hob lachend den Kopf, aber Raphaels Miene ließ keinen Zweifel daran, dass er es ernst meinte.

»Das also ist *auf eigene Gefahr*«, kommentierte ich, bloß um etwas zu sagen. Raphael gluckste. Ich spürte, wie er mir wieder das Gesicht zuwandte, und freute mich über seine erneute Aufmerksamkeit. Als mir auffiel, dass ich mich über etwas so Banales, so Bescheuertes und Armseliges freute, schüttelte ich den Kopf über mich selbst. Es war ja nicht so, dass meine Eltern mich mein Leben lang vernachlässigt hätten oder so – ganz im Gegenteil. Ich wusste, dass sie uns beide gleichermaßen liebten. Wieso hatte ich dann geradezu krankhafte Angst davor, nicht wahrgenommen zu werden?

Unwillkürlich glitt mein Blick zu meinem Bruder, der mit seinem ansteckenden Grinsen auf der Couch saß und wie immer von einer Traube Menschen umgeben war, die förmlich an seinen Lippen klebte. Egal ob Mann oder Frau, Checker oder Nerd, Anführer oder Mäuschen: Menschen mochten ihn einfach. Ganz anders als mich, die ich irgendwie immer aneckte.

Entschieden schüttelte ich nochmals den Kopf, leerte den Rest meiner Cola-Mischung und stieß mich vom Tisch ab, fest entschlossen, mir das nächste Glas selbst zu mischen.

»Valeria.«

Raphaels Stimme ließ mich herumfahren. Irgendwie schaffte ich es, eine fragende Augenbraue zu heben, spürte aber selbst, wie steif mein Gesichtsausdruck dabei war.

»Ich glaube nicht, dass du dich betrinken solltest, nur weil dein großer Bruder ein soziales Phänomen ist.«

Jemand stieß ein überraschtes Keuchen aus, und mir fiel erst einen Sekundenbruchteil später auf, dass ich es war. Fassungslos starrte ich Raphael an. Konnte er Gedanken lesen oder so was? In jedem Fall hatte er eine messerscharfe Beobachtungsgabe.

»Tue ich gar nicht!«, protestierte ich im Affekt, korrigierte dann: »Ist er gar nicht!« Verzog das Gesicht. Ich machte es nur noch schlimmer. Raphaels Blick war so entwaffnend, dass ich mich geschlagen gab und mich wieder neben ihm gegen die Tischkante lehnte. »Wie kommst du darauf?«, fragte ich entmutigt. »Hat er was gesagt?«

Kaum ausgesprochen, hätte ich mich am liebsten selbst geohrfeigt. Ich öffnete mich ausgerechnet Raphael, dem oberflächlichsten Typen, den ich kannte? Vermutlich würde er jeden Moment in Lachen ausbrechen.

Aber als ich ihn vorsichtig ansah, schüttelte er bloß den Kopf und gluckste leicht. Scheinbar verbarg sich hinter dieser selbstgefälligen Fassade mehr Charakter und Gefühl, als die meisten Leute Raphael zuschreiben würden.

»Mein bester Freund in allen Ehren«, stellte er klar, wurde dann seltsam ernst und sah mir direkt in die Augen. »Aber ich glaube nicht, dass er dasselbe sieht wie ich, wenn ich dich ansehe.«

Ich spürte, wie sich meine Augen weiteten, als mein Herz in meinen Hals hüpfte und dort wie ein junger Vogel flatterte. Das waren völlig rationale Worte, aber ich wünschte mir, sie enthielten eine romantische Liebeserklärung. Gott, wie albern ich war.

Raphael beobachtete meine ungewohnte Stummheit, verengte leicht die Augen, und ich konnte förmlich sehen, wie sein Verstand arbeitete. Er war nicht nur sexy, er war auch einfühlsam, und ich war nur noch Millimeter von der Klippe entfernt, die mich Hals über Kopf ins Gefühlschaos der naiven Schwärmerei stürzen würde. Der Schwärmerei für einen berüchtigten Bad Boy und für die Vorstellung, dass nur ich seine harte Schale knacken konnte. Der Stoff, aus dem Frauenträume sind.

Ich konnte nichts sagen, aufgewühlt von meinen Empfindungen und Fantasien, während er mich bloß weiterhin ansah, so intensiv, dass ich das Gefühl hatte, in seinen blauen Augen zu versinken. Und so tief, als würde er durch meine Fassade hindurch direkt in meine Seele blicken und die Wahrheit sehen. Ich fragte mich kurz, was diese Wahrheit war. Dass ich ihn attraktiv fand? Keine Frage. Dass ich seine Gesellschaft, seine Nähe und sein Interesse genoss? Seine ungeteilte Aufmerksamkeit wollte, sie vielleicht sogar brauchte?

Nein. Ich schüttelte den Kopf und sah wieder geradeaus.

»Wenn das ein Anmachspruch war, dann ein schlechter«, teilte ich ihm mit und war einigermaßen stolz darauf, wie souverän sich meine Stimme anhörte.

Raphael verzog einen Mundwinkel und schickte damit einen heißen Schauer durch meinen Körper. »Wenn das ein Anmachspruch gewesen wäre, hättest du es mitbekommen«, entgegnete er mit tiefer Stimme, die noch mehr Hitze in mir auslöste.

Täuschte ich mich, oder war er mir plötzlich näher als vorher? Auf einmal war das Verlangen, ihn zu küssen, übermächtig. Mein Blick fiel auf seine Lippen, mein Körper wurde geradezu magnetisch von ihm angezogen. Plötzlich war mein gesamtes Blickfeld auf sein Gesicht fokussiert. Auf seine gerade Nase, die kantige Kieferlinie und die unwiderstehlichen Bartstoppeln auf seinen Wangen. Seine Lippen teilten sich.

»Tu nichts, was du später bereuen könntest.«

Raphaels Stimme war rau, beinahe heiser, und sein Blick versetzte meinen ganzen Körper in Aufruhr. Es dauerte einen Moment, bis ich meinen Puls wieder unter Kontrolle hatte und auf Abstand gehen konnte. Und noch einen, bis ich begriff, dass ich gar keinen Abstand wollte.

Angetrieben von meinem Wagemut und der elektrisierenden Vorstellung, ihn für mich zu gewinnen, schenkte ich ihm einen langen Augenaufschlag. »Das Einzige, was ich später bereuen werde, ist das, was ich nicht getan habe.«

Er blinzelte überrascht, hielt meinen Blick einen schier endlosen Moment lang fest. Seine Augen wanderten zu meinen Lippen, und für einen Sekundenbruchteil hätte ich schwören können, dass er im Begriff war, sich vorzulehnen.

»Jo, Raph!«, rief irgendjemand von irgendwoher, und er straffte sich wieder, ließ den Blick schweifen und die Flasche in seiner Hand kreisen. Kurz schien es, als wollte er noch etwas sagen, dann schüttelte er den Kopf und stieß sich vom Tisch ab, um weiterhin ein Auge auf seine Party zu haben.

Ich brauchte jetzt wirklich etwas zu trinken. Etwas Starkes.

3 Tausend Mal berührt

Valeria

»Eine Runde Wally?«, grinste René, Milias' immer gut gelaunter zweitbester Freund mit dem blonden Ziegenbärtchen, der sich mittlerweile von Sabrina und Julia hatte befreien können. Er klemmte sich seine Zigarette zwischen die Lippen, um mir ein Tablett voller giftgrüner Shotgläser zu präsentieren, das schon seit Stunden die Runde machte.

»Selbst gemachter Waldmeister-Kräuterschnaps«, ergänzte Chris, der Vierte im Bunde der besten Freunde. Er war ein großer Teddybär mit Brille und Einstein-IQ, der seit Ewigkeiten mit Milias' bester Freundin Angelina zusammen war.

Entgegen der Befürchtungen meines großen Bruders fügte ich mich ganz hervorragend in seinen Freundeskreis ein, der mich mit der respektvollen Distanz behandelte, die Jungs gegenüber der Freundin eines Kumpels hegen. Oder eben gegenüber seiner kleinen Schwester, selbst wenn Milias nicht bei uns stand und Aufpasser spielte. Ich trank mit Chris, lachte mit René, tanzte mit Lukas und hatte die beste Party meines Lebens – auch ohne Raphael, den ich seit Stunden nicht mehr gesehen hatte. Wer brauchte schon selbstgefällige Machos, die einen Rückzieher machten, wenn es ernst wurde?

»Also gut!«, gab ich Renés Grinsen nach, griff nach einem Glas und stieß mit den Jungs an, bevor ich es herunterstürzte. »Bah!«, war meine erste Reaktion und ich schüttelte mich. Das Zeug war das Ekligste, was ich jemals getrunken hatte.

René, Chris und Lukas lachten, aber ich sah an ihren Augen, dass sie mit mir lachten und nicht über mich. Im Wohnzimmer war es mittlerweile ruhiger geworden, das letzte Dutzend Gäste lag entweder schlafend verstreut oder unterhielt sich leise, die Musik war wieder eher Zimmerlautstärke als Disco-Bass.

»Da hilft nur eins ...«, lachte René und zog eine weitere Flasche hervor.

»Tequila!«, jubelte ich, während er die leeren Shotgläser füllte. Die Hälfte ging daneben, weil er mindestens genauso betrunken war wie der Rest von uns. Es war längst drei Uhr durch.

Gerade als ich nach einem der Gläser greifen wollte, schlang jemand seinen Arm um meine Taille und zog mich zurück. Cassis und sportlich-herbes Parfüm ließen meine Brust vibrieren. Raphael.

»Ich glaube, da hat jemand genug für heute.« Seine Stimme klang weitaus intimer als noch vor ein paar Stunden und ließ mich kurz taumeln. Das oder mein Alkoholspiegel.

»Hey, Mister!« Spielerisch stieß ich den Zeigefinger gegen seine Brust. »Tun Sie nichts, was Sie bereuen könnten.«

Er antwortete nichts, erwiderte bloß meinen Blick und entfachte erneut den unwiderstehlichen Impuls, meine Lippen auf seine zu drücken. Einen Moment lang schien er denselben Gedanken zu haben. Dann schüttelte er den Kopf, kniff die Augen zusammen und ließ den Blick schweifen.

»Dafür bist du schon viel zu betrunken und ich noch viel zu nüchtern«, antwortete er und ich war nicht ganz sicher, ob das auf meine letzte Aussage bezogen war oder auf etwas anderes.

Lachend protestierte ich: »Gar nicht, ich bin noch ganz normal.« Er legte den Kopf schief, und sein Blick sagte alles. Oh Gott, dieser Blick!

»Ehrlich!«, beharrte ich und strich mir die Haare aus dem Gesicht, suchte auf dem makellos gefliesten Boden nach einer gerade verlaufenden Fuge und erklärte: »Wenn ich nachts auf der Straße betrunken bin, teste ich immer auf der Kante des Bürgersteigs, ob –«

»Warte, was?«, unterbrach René, der den Faden verloren hatte.

»Nachts auf der Straße …«, wiederholte Milias indes – wie war der denn hierhergekommen? Ah, offenbar hatte er sich an den Resten des Buffets bedient, denn gerade kaute er auf einer Salzstange. »Betrunken?! Hab ich irgendwas nicht mitgekriegt?«

Ich setzte mein scheinheiligstes Lächeln auf und zog den Kopf zwischen die Schultern. Als sein Blick unbeeindruckt blieb, änderte ich meine Taktik und hängte einen Arm über seine Schulter. »Ach, Bruderherz! Dachtest du wirklich, ich hätte noch nie …«

Er sprang zurück. »Ich will das gar nicht wissen, Valeria!«

Ich grinste ihn an, musste mir ein Prusten verkneifen. »… 'nen Vollrausch gehabt?«, beendete ich den Satz in der keuschen Version und brachte auch alle anderen zum Lachen. Die Freunde meines Bruders zum Lachen zu bringen, wie es sonst nur er konnte, ließ die Begeisterung in meinem Bauch vor Glück überlaufen.

Milias hob kapitulierend die Hände und ging zurück ins Wohnzimmer, um sich neben Angelina auf die Couch fallen zu lassen, die jetzt deutlich leerer war. Die Party war so gut wie vorbei.

»Du testest also auf der Bordsteinkante, ob du noch gerade gehen kannst?«, nahm René den Faden wieder auf.

Ich nickte, doch als ich aufsprang, gab er mir einen sanften Schubs, der mich taumeln ließ. Kichernd rempelte ich ihn ebenfalls an, bevor ich tadellos auf der Fuge balancierte.

»Das ist alles andere als gerade«, kommentierte Raphael und stellte seine Bierflasche auf die von Chips und Baguette krümelige Anrichte, um eine vage Geste mit beiden Händen zu machen, die eine Sanduhr darstellen könnte.

Schlagartig wurde mir heiß. Nicht, weil er mich beleidigte, sondern ganz im Gegenteil, weil ich mir ganz sicher war, dass das ein unterschwelliges Kompliment war. Ein stummes »Du bist heiß, aber ich kann es nicht laut sagen«. Also spielte ich mit, schnappte übertrieben nach Luft und boxte ihn spielerisch gegen den Oberarm, einfach um eine Ausrede zu haben, ihm nah zu sein.

»Hast du mich gerade fett genannt?«

Er wehrte lachend meine Hände ab. »Das würde ich niemals tun.«

Also stimmte es! Meine Begeisterung wuchs mit jeder Sekunde, genauso wie der heiße Knoten in meinem Bauch. Ich wandte mich den anderen zu. »Hat er mich fett genannt?«

Die Jungs lachten peinlich berührt und zuckten mit den Schultern, senkten den Blick, als hätten sie damit nichts zu tun. Chris fragte René irgendwas mit Technik und der Gesprächsmittelpunkt verlagerte sich.

Ich wandte mich zufrieden wieder Raphael zu. Die Anerkennung in seinem Blick war unbezahlbar. Dieser Abend war unbezahlbar, und ich wollte auf keinen Fall, dass er endete. Mein Blick fiel auf die Gläser.

»Und wer trinkt jetzt den Tequila?«

Raphaels Augen wanderten weiter, während er mich von der Anrichte wegschob. »Jedenfalls nicht du.«

Ein kleiner Stich der Zurückweisung, der mich nur weiter anspornte und ihm mit tollkühn gerecktem Kinn ins Gesicht blicken ließ. Er sah mich an, sah beinahe auf mich herab, ohne den Kopf zu senken. Als würde das irgendeine Distanz zwischen uns wahren.

»Warum nicht?«, fragte ich genauso mehrdeutig wie er zuvor.

Sein Gesicht regte sich immer noch nicht, nur seine Augen wanderten wieder umher. »Weil du die Schwester meines besten Freundes bist.«

Ich war überrascht. Von seiner Ehrlichkeit, von dieser schlichten Antwort. Aber vor allem von dem rauen Unterton in seiner Stimme, der den Feuerball in meinem Innersten nährte wie eine stetige Flamme.

»Milias muss es ja nicht wissen«, schlug ich vor, obwohl ich mir selbst nicht sicher war, wie das gehen sollte.

Raphael gluckste und trat einen Schritt zurück, zog seine Zigaretten aus der Hosentasche, überlegte es sich dann anders. Steckte sich einen Kaugummi in den Mund. Er fand den Vorschlag genauso absurd wie ich.

Plötzlich hatte ich einen faden Geschmack im Mund, von Zurückweisung, zu viel Alkohol und diesem ekligen Kräuterschnaps.

»Gibst du mir auch einen Kaugummi?«, fragte ich.

»Gehst du dann?«, fragte er zurück.

Der Feuerball schrumpfte zu einem glimmenden Punkt zusammen. Schade. Damit war die Party wohl vorbei. Ich seufzte erneut und gab mich geschlagen – vorerst. »Wenn du willst.«

Ich hörte Raphael beherrscht ausatmen. »Falsche Antwort.«

Die Glut loderte wieder hoch, während ich den Satz neu formulierte: »Wenn ich muss.«

Raphael sah mich an. Nickte.

Ich nickte auch. Dann rief ich meinen großen Bruder zum Gehen.

Raphael brachte mich zur Haustür, wo wir noch gefühlte zehn Minuten auf Milias warten mussten.

»Braucht der immer so lang?«, fragte ich genervt.

Raphael rollte mit den Augen. »Ständig. Immer diese Südländer.«

»Ey!«, spielte ich die Empörte. »Ich komme voll selten zu spät.«

Moment mal ... Ausgesprochen klang das ein bisschen anders. Scheinbar nicht nur für mich, dem intensiven Blick nach zu urteilen, mit dem Raphael mich jetzt fixierte. Ich blinzelte, dann musste ich lachen. Er grinste. Cassis und Zitrus-Sandelholz. Da fiel mir etwas ein: »Du hast mir einen Kaugummi versprochen.«

Er richtete sich zustimmend auf und klopfte seine Hosentaschen ab, förderte eine Kaugummipackung zutage – die leer war.

»Wow«, kommentierte ich.

»Sorry.«

»Gib mir deinen«, forderte ich.

»Was?! Nein!«

»Was denn?«, fragte ich schulterzuckend, »Julia und ich teilen uns ständig unsere Kaugummis.« Er schnaubte belustigt, schüttelte aber nur kauend den Kopf. Da stellte ich ihn ungeduldig vor die Wahl: »Euer Schnaps ist echt eklig, also entweder gibst du mir jetzt einen Kaugummi oder eine Zigarette.«

Raphael stieß einen ungläubigen Laut aus, hielt das für absurd. Erkannte, dass ich es ernst meinte. Schüttelte wieder den Kopf, sah sich nach Milias um. Keine Spur.

Ein Muskel zuckte in seinem kantigen Gesicht.

Dann, ohne Vorwarnung, griff er in meinen Nacken und – küsste mich!

Nein, halt! Seine geschickte Zunge umspielte nicht meine, sondern ... schob ihr den Kaugummi zu!

Sprachlos starrte ich ihn an, als er sich von mir löste. Mir war ein bisschen schwindelig. Er grinste, und in diesem Augenblick war seine Selbstgefälligkeit das größte Aphrodisiakum der Welt. Die, und der Geschmack seiner Lippen auf meinen.

Als Milias einen Moment später dazukam, fiel es mir so schwer, das elektrisierende Gefühl zu unterdrücken, dass ich den Blick senken musste, um mein Grinsen und meine Gedanken zu verbergen.

Valeria

heute

»Was schenkst du Milias?«

Es dauert ein bisschen, bis ich reagiere. Erst als Vanessa ihr Glas auf dem Wohnzimmertisch abstellt und mich mit schief gelegtem Kopf ansieht, kehre ich vollends in die Gegenwart zurück.

»Hm?« Ich schüttle leicht den Kopf, um die Erinnerungen zu vertreiben, die mittlerweile fünf Jahre her sind. Keine Ahnung, wo die hergekommen sind. Tja, was schenkt man jemandem zum dreiundzwanzigsten Geburtstag? Über dieser Frage habe ich im letzten Monat auch viel gegrübelt. Jetzt zucke ich mit den Schultern.

»Ich dachte, wir machen mal wieder was zusammen, deswegen schenke ich ihm einen Tag im Kletterpark.«

Klettern ist zu einer meiner Leidenschaften geworden. Ich liebe es, wenn ich dabei ein ums andere Mal meine Angst überwinden kann, wenn meine Arme vor Anstrengung zittern und ich trotzdem den nächsten Stein erreiche, die nächste Plattform. Wenn ich am Abend vollkommen erschöpft, aber unendlich zufrieden ins Bett falle. Fast so wie früher, wenn ich erschöpft, aber zufrieden in Raphaels Bett eingeschlafen bin. Nur ohne Raphael.

»Das ist ja mega!«, ruft Vanessa begeistert und holt mich damit dankenswerterweise aus der Erinnerung, die mich seit einem Monat umkreist und mir in den letzten Tagen regelrecht die Luft abschnürt. Seit Milias' Geburtstagseinladung kam und ich wusste, dass ich Raphael wiedersehen würde. Morgen Abend.

»Ich wusste gar nicht, dass Milias klettert.«

Ich gluckse. »Tut er auch nicht. Noch nicht.«

Sie lacht über mein selbstsicheres Grinsen, schüttelt bewundernd den Kopf und zieht die langen Beine in einen Schneidersitz. Ich beneide einen Moment lang ihre schlanken Glieder und ihre Beweglichkeit. Aufgezwungenes Ballett seit dem vierten Lebensjahr zahlt sich scheinbar ein Leben lang aus.

»Ich lege mit den anderen zusammen für einen Grill«, hält sie das Gespräch am Laufen. Sie ist besser in so was als ich.

»Cool!«, entfährt es jetzt mir. Ich wusste gar nicht, dass Milias so gerne selbst grillt, aber dann wiederum ... ich weiß gar nicht mehr so viel über ihn. Wir haben uns auseinandergelebt, seit ich vor drei Jahren nach meinem Abi nach Mailand gezogen bin, um Abstand von allem zu bekommen. Und das, obwohl wir als Kinder fast unzertrennlich waren.

Vanessa zuckt beiläufig mit den Schultern, als wäre ihr Geschenk nichts Besonderes, und ich versuche mir vorzustellen, wie ihr Leben und das der anderen jetzt so ist. Wie Raphaels Leben jetzt ist. Drei Jahre sind eine lange Zeit.

Fast wehmütig blicke ich mich in dem Wohnzimmer um, in dem ich aufgewachsen bin. Es ist immer noch mein Zuhause, mit dem gemütlichen Kamin und den warmen Terrakottafliesen, aber ein bisschen hat es sich schon verändert. Moderner, aufgeräumter. Der Flur ist neu gefliest und die Treppe anders gestrichen. Draußen steht ein kleines Cabrio und meine Eltern haben einen neuen Kühlschrank, so einen amerikanischen mit Ice Crusher.

Was Eltern halt so machen, wenn die Kinder aus dem Haus sind.

»Ist seltsam, oder? Nach so langer Zeit. Wie lange warst du nicht mehr hier?«, fragt Vanessa leise, als hätte sie meine Gedanken gelesen.

Ich überschlage die Zeit, aber ich bin zu schlecht im Kopfrechnen. »Vorletzten Sommer zu Mamas Fünfzigstem«, sage ich stattdessen.

Weihnachten feiern wir traditionell bei unseren Großeltern in Italien, also haben die anderen quasi einmal im Jahr mich besucht. Und sonst gab es einfach keinen Grund für mich, aus Mailand zurückzukommen.

Vanessa nickt bedächtig, ihre rehbraunen Augen starren ins Leere. Sie ist genauso in Gedanken wie ich.

»Und was machen die anderen so?« Jetzt kann ich es doch nicht mehr zurückhalten. »René? Chris? Angelina?«

Vanessas Blick heftet sich wissend auf mich, sie hebt eine schmale Augenbraue. »Raphael?«, führt sie meine Aufzählung fort.

Ich rolle mit den Augen und nehme einen großen Schluck Hugo. »Ja, der von mir aus auch.«

Vanessa grinst und richtet sich begeistert auf, angelt nach ihrem Glas auf dem Couchtisch. »Also …«

In dem Moment hören wir den Schlüssel in der Haustür und kurz darauf ein fröhlich geflötetes »Hallooo! Ich bin's!«.

Das ist Nicole, Milias' Freundin! Ich bewundere immer wieder, wie lange die beiden schon ein Paar sind. Bewundere sie, und bin gleichzeitig neidisch. Raphael und ich sind am selben Tag zusammengekommen wie die beiden …

Ich bin auf den Beinen, bevor Nicole den Kopf hereinschiebt und in Freudengeschrei ausbricht: »Valeriaaa!«

Wir fallen uns um den Hals, ihr hellblonder Scheitel an meiner Wange. Nicole ist ein kleiner süßer Sonnenschein-Generator, ein zierlicher hellblonder Engel, den man einfach gernhaben muss. Und genau die richtige Freundin für meinen Bruder, der manchmal dasselbe hitzige Temperament hat wie ich und es liebt, jemanden beschützen zu können. Nachdem das bei mir so überhaupt nicht geklappt hat.

»Oh mein Gott, Val!«, fiept sie neben meinem Ohr, während wir uns gegenseitig fast ersticken. »Wie toll, dich zu sehen, ich freu mich so! Ich wusste gar nicht, dass du schon da bist, wann bist du angekommen?«

Die Worte sprudeln geradezu aus ihr heraus. Ich gestikuliere zu Vanessa auf der Couch. »Erst vor zwanzig Minuten oder so. Vany hat mich vom Flughafen abgeholt, und ich hab sie auf ein Glas Hugo eingeladen.« Ich grinse scheinheilig und sie grinst mit, während Vany sich ebenfalls von der Couch erhebt – und Nicole umarmt?

Es war schon schräg genug, dass Vanessa und ich uns nach jahrelangem leidenschaftlichem Hass meinerseits angefreundet haben, aber Milias' Ex-Freundin und seine aktuelle Freundin? Dass das gut geht ... Andererseits: Wie gesagt, man kann Nicole nicht *nicht* mögen.

»Wo sind Oma und Opa?«, fragt Nicole aufgeregt weiter, wobei sie natürlich *meine* Großeltern meint und nicht ihre eigenen. Sie ist wie ein kleiner Flummi, ein lebendiger Wirbelwind, der überall gute Laune verbreitet.

»Direkt ins Hotel gefahren«, antworte ich mit liebevollem Kopfschütteln. Wie immer. Meine Großeltern wollen meinen Eltern so wenig wie möglich zur Last fallen, wenn sie hier sind, deswegen buchen sie immer ein Hotelzimmer, anstatt hier im Gästezimmer zu schlafen.

Nicole zieht die süße Stupsnase kraus und hebt grinsend die Schultern. Sie kennt die *nonni* eben auch – mittlerweile schon ganze fünf Jahre. Oh Gott, so eine lange Zeit!

4 Regeln sind zum Brechen da

Raphael

früher

Die nächsten Wochen waren ein bittersüßer Albtraum. Valeria war quasi omnipräsent, seit auf meiner Party alle festgestellt hatten, dass sie nicht nur hübsch war, sondern auch witzig, klug, schlagfertig – und wie! Sie verbreitete einfach gute Laune, genau wie ihr Bruder.

Das einzige Problem war: Irgendwo hatten Valeria und ich die »Nur Freunde«-Abzweigung verpasst und rasten mit dreihundert Sachen auf den hitzeflimmernden Horizont zu. Geradewegs auf eine Katastrophe. Mittlerweile hatten wir es nahezu perfektioniert, beiläufige Blicke und flüchtige Berührungen auszutauschen, ohne dass es irgendjemand mitbekam – was hauptsächlich daran lag, dass jeder mit seinen eigenen Flirts beschäftigt war: Chris mit Angelina, Milias mit der kleinen Süßen namens Nicole, und René mit deren bester Freundin Lucy.

Was mich am meisten anzog, war Valerias Wagemut, ihre Unerschrockenheit. Sie war die Erste auf dem Fünf-Meter-Brett, das selbst mir jedes Mal eine Sekunde Ehrfurcht abrang, und die Letzte, die beim Pokern ausstieg. Die Erste, die glotzende Jungs anblaffte, und die Letzte, die ihr Bikini-Oberteil schloss, bevor sie sich zurück auf den Rücken drehte. Valeria liebte es nicht nur, mit dem Feuer zu spielen. Sie *war* das Feuer. Und ich war kurz davor, mich bei dem Versuch zu verbrennen, es kontrollieren zu wollen. Man kann Feuer nicht kontrollieren.

Wir veranstalteten gerade ein Wettschwimmen zum Beckenrand, an dem Angelina auf uns wartete, die Arme fest vor der Brust verschränkt, wie um sich selbst zu wärmen. Bei dreißig Grad!

»Nein!«, rief Valeria hinter mir. »Stopp! Das war unfair!«

Ich lachte. Ganz eventuell hatte ich schon zu schwimmen begonnen, als sie noch oben auf der Sprungplattform gewesen war.

»Wenn du nicht sofort anhältst, wirst du es so was von bereuen!«, rief sie mir nach. Sie lachte, aber ich kannte die Nuancen in ihrer Stimme mittlerweile gut genug, um zu wissen, dass sie es ernst meinte. Valeria war kein Mädchen, das halbe Sachen machte. Sie war ungestüm und willensstark, und ich ließ mich nur zu gerne von ihrer Lebendigkeit mitreißen.

Ich hielt an und ruderte mit den Armen, um mich an der Oberfläche zu halten, bis sie zu mir aufschloss. Nass waren ihre dunklen Haare wie ein schwarzer Vorhang, den sie meist mit einem festen Dutt zurückband. Ihre dunklen Brauen waren grimmig zusammengezogen, ihre Lippen missbilligend geschürzt. Ihre komplette Haltung war abweisend, aber in diesem Augenblick gab es für mich nichts Anziehenderes.

Sie kam näher. Und näher. So nah, dass ich die Tropfenperlen in ihren dichten Wimpern sehen konnte, die vereinzelten Sommersprossen auf ihrer Nase. Ihr Finger war tadelnd erhoben und es kostete mich eine Menge Selbstbeherrschung, nicht danach zu greifen, um sie an mich zu ziehen und zu küssen.

»Ich schwöre dir«, drohte sie jetzt mit zusammengekniffenen Augen, »alles, was du tust, kriegst du tausendfach zurück.«

Oh ja, bitte!, wollte mein sexueller Autopilot übernehmen, aber nein. Nicht bei Valeria. Also erwiderte ich nichts, grinste bloß und ließ sie meine Gedanken erraten. Sie kam noch näher, drückte den Arm gegen meine Brust und navigierte mich schwimmend zur Seite.

»Von jetzt an Fair Play!«, forderte sie. »Hier ist die Linie.«

Ihre Hand wanderte zu meiner Schulter, hielt mich zurück. Ich wartete, ruderte mit dem Arm, streifte dabei ihre Rippen und das Bändchen, das ihr Bikini-Oberteil im Rücken zusammenhielt.

»Bei drei«, beschloss sie. Ich ließ sie immer noch nicht aus den Augen. »Eins ...«

Sie erwiderte meinen Blick und ich sah die Begeisterung darin aufflammen.

»Zwei ...«

Valeria stieß sich von mir ab und schwamm los.

So viel zu Fair Play.

Ich setzte ihr nach, holte sie binnen drei Zügen ein und zog sie am Fuß zurück. Sie schrie auf und ging kurz unter. Ehe ich michs versah, war sie unter mir, zog mich nach unten, sodass das Wasser auch über mir zusammenschlug. Sie strampelte an mir vorbei und stieß sich mit beiden Füßen an meinen Schultern ab, wodurch ich noch weiter nach unten gedrückt wurde und sie einen Schub nach vorn erhielt.

Ich schnellte vor und bekam ihren Arm zu fassen, zog sie erneut zurück. Sie stieß einen lachenden Schwall Luftblasen aus und drehte sich um, um sich mit der anderen Hand an meiner Brust abzustoßen. Ich ließ sie nicht los, umfasste auch ihr anderes Armgelenk. Spürte, wie mir die Luft ausging, und zog uns an die Oberfläche.

Wir schnappten beide nach Luft, Valeria hustete kurz und wischte sich das Wasser aus den Augen.

»Fair Play, hm?«, raunte ich überlegen, dicht vor ihrem Gesicht. Ich spürte ihren Atem auf meiner Haut, sah ihren Pulsschlag an ihrem Hals, schnell von der Anstrengung. Erregt von meiner Nähe?

»Du hast angefangen«, gab sie atemlos zurück, bemühte sich aber um einen selbstsicheren Tonfall und reckte stolz das Kinn.

Ich wollte ihren Hals küssen.

Valeria sah mir tief in die Augen, beinahe herausfordernd, ließ den Blick zu meinen Lippen fallen. Ihre Hände drehten sich aus meinem Griff und ich gab sie widerstrebend frei, bloß um ihre Finger kurz darauf an meiner Mitte zu spüren, an meinen Hüften. Ich sah ihr warnend in die Augen, wollte den Kopf schütteln, konnte aber keinen klaren Gedanken fassen.

Ihre Lippen verzogen sich zu einem Grinsen. Dann zog sie mit einem Ruck an meinen Badeshorts –

Die glücklicherweise eng genug geschnürt waren, sodass sie blieben, wo sie hingehörten. Dieses kleine Biest! Sie wollte spielen, dann würden wir spielen. Binnen eines Sekundenbruchteils streckte ich die Hand aus und tauchte Valeria am Scheitel unter Wasser.

Ihr Schrei ging in einem Gurgeln unter. Und während sie wieder an die Oberfläche strampelte, fanden meine Finger die Verschnürung ihres Bikini-Oberteils und zogen daran.

»Raphael!«, schrie sie zwischen Empörung und Unglauben.

Ich breitete bloß grinsend die Arme aus, bevor ich gemächlich die letzten Meter zum Beckenrand schwamm. Ich ließ mir Zeit, denn das würde sie eine Weile außer Gefecht setzen.

Bis sie wenige Augenblicke später an mir vorbeischoss.

Valeria erreichte den Beckenrand vor mir, berührte die blauen Fliesen demonstrativ und warf mir dabei einen flammenden Blick über die Schulter zu. Erst dann tauchte sie bis zum Hals unter, um ihr Bikini-Oberteil zuzuschnüren.

Ich war vollkommen überrumpelt, konnte es einfach nicht glauben. Als Valeria sich auf den Beckenrand setzte und einen letzten Kontrollblick auf ihr Dekolleté warf, ruderte ich immer noch wie ein Schiffbrüchiger im Wasser. Ihre Stimme grollte, aber ihre Lippen grinsten vergnügt, als sie den Finger ausstreckte und auf mich zeigte.

»Das kriegst du zurück.«

Ich gluckste. »Wieso? Du hast doch gewonnen.«

Valeria lachte. »Ich habe noch nicht mal angefangen!«

Dann stand sie auf und ging triefend nass davon.

Ich fuhr mir mit beiden Händen übers Gesicht. Shit.

In diesem Moment wurde mir klar, dass sich das Blatt gewendet hatte. Ich war dabei, die Kontrolle zu verlieren. Nein, ich war dabei zu begreifen, dass ich sie nie gehabt hatte. Und es wurde nur noch schlimmer, weil sich meine Freunde von nun an quasi abwechselten, sie tagsüber zu uns ins Schwimmbad einzuladen und abends auf unsere Treffen zum Chillen, Zocken oder einfach nur Abhängen.

Am Anfang hatte ich noch triumphiert, dass nicht ich es war, der sie ins Spiel brachte. Seit ein paar Tagen war ich nur noch gequält und zunehmend gereizt, weil ich sie jeden verdammten Tag beinahe von morgens bis abends sah und nicht mal offen anschauen, geschweige denn anfassen konnte, während sie mich mit ihren Blicken förmlich auszog.

So wie zwei Tage später im Freibad, als sie grinsend ihre Karten aufdeckte. Wir spielten Poker in der Nachmittagssonne, und Valeria hatte einfach ein verdammt gutes Pokerface. Und lächerlich viel Glück. Schnaubend warf ich meine Karten ab und stand auf.

»Ich geh mir 'n Eis kaufen.«

»Jo, bring mir 'ne Cola mit«, bestellte René. Ich wollte eine glucksende Antwort geben, dass er sich die Cola sonst wo hinstecken könne, als sich plötzlich alle mit Bestellungen überlagerten.

»Ey, bin ich ein scheiß Lieferdienst?«, fluchte ich. »Das war keine Einladung, das war bloß eine Bekanntmachung. Bis später, ich setze ein paar Spiele aus.«

Und mit erhobener Hand ließ ich die Runde zurück. Ich brauchte Abstand.

Die Schlange zum Kiosk war gefühlte zwanzig Meter lang. Stöhnend holte ich meine Zigaretten heraus und steckte mir eine an, inhalierte tief und blinzelte zur Sonne hinauf, die es scheinbar darauf angelegt hatte, uns den Sommer unseres Lebens zu bescheren.

Ich hatte zugegebenermaßen Bock auf den Sommer meines Lebens. Aber das involvierte unweigerlich Valeria. Und das würde vermutlich meine älteste Freundschaft auf die Probe stellen, schon wieder. Ich wollte sie nicht nochmal riskieren.

Es roch nach Sonnencreme, Pommes und warmem Gras – überlagert von einem betörend süßen Parfüm, das ich nur zu gut kannte. Ich setzte eine gleichgültige Miene auf, aber das hielt Vanessa nicht davon ab, mich anzusprechen.

»Hey.«

Ich warf einen kurzen Kontrollblick in die Umgebung – keiner meiner Freunde sah herüber, von Milias keine Spur.

»Was willst du?«, fragte ich, ohne sie anzusehen, gab mich abweisender, als fair war. Aber in meiner augenblicklichen Verfassung fiel mir das nicht allzu schwer.

Sie schnaubte. »Sorry, ich hab nicht gesehen, dass diese Schlange nur für Arschlöcher ist«, zischte sie.

Ich konnte förmlich sehen, wie sie dabei die dünnen Arme verschränkte und die Lippen schürzte, und drehte mich um, nur um dieses Bild bestätigt zu sehen. Vanessa trug eine überdimensionale Sonnenbrille, die sie jetzt in die blonden Haare schob, um mich ernst anzusehen.

»Was wird das mit Valeria?«

Ich zog die Brauen zusammen, nahm den Blick von ihrem Dekolleté in dem türkisen Bikini. »Ich weiß nicht, was du meinst«, behauptete ich und ließ den Blick schweifen.

Sie kniff die Augen zusammen. »Milias und die Jungs kannst du vielleicht verarschen, aber mich nicht.«

Ach so, hätte ich beinahe erwidert, *ich dachte, du wärst diejenige, die gut darin ist, Milias zu verarschen*. Aber nur weil ich mein Gewissen reingewaschen hatte, war ich nicht weniger schuldig. Also sagte ich einfach gar nichts, woraufhin sie fortfuhr:

»Ich dachte zuerst, ich bilde mir das ein, aber ich kenne diesen Blick einfach zu gut, Raphael.«

Ohne dass ich es wollte, wanderte meine Aufmerksamkeit zurück zu ihrem Gesicht, und ich verengte interessiert die Augen, während ich einen weiteren Zug von der Zigarette nahm.

Sie hob eine schmale Augenbraue, wie sie es immer tat, wenn sie wusste, dass sie recht hatte. »Genau diesen Blick«, bestätigte sie. »Ich glaube nicht, dass dieser One-Night-Stand das wert ist.«

Jetzt konnte ich es mir nicht mehr verkneifen: »Sprichst du da aus Erfahrung? Willst du mir vielleicht noch Beziehungstipps geben?«

Ihre Nasenflügel blähten sich, sie schüttelte ohnmächtig den Kopf. »Du bist so ein Arschloch. Ich kann gar nicht verstehen, warum wir jemals Freunde waren.«

Ich war an der Reihe, bestellte ein Erdnuss-Eis und bezahlte.

»Wir waren nie wirklich Freunde, Vanessa«, belehrte ich sie dann, obwohl das eine glatte Lüge war. »Wir waren schon immer Feuerzeug und Kerosin. Irgendwann musste es einfach knallen. Deswegen waren wir auch nie zusammen.«

Starke, selbstbewusste Frauen wie sie und Typen wie ich konnten einfach nicht »nur Freunde« sein. Genauso wenig wie Valeria und ich, begriff ich plötzlich, und dieser Gedanke verstörte mich eine Sekunde lang genauso sehr wie meine Worte Vanessa. Dann schnaubte sie überheblich.

»Wir waren nie zusammen, weil ich nie was von dir –« Sie unterbrach sich selbst, bevor sie sich ins eigene Knie schießen konnte. Gut so, denn ich hatte schon zu einer gnadenlosen Erwiderung angesetzt, die Brauen so hoch erhoben, dass ich Falten auf der Stirn spürte. Hätte sie nichts für mich empfunden, wären wir sicherlich nicht im Bett gelandet.

»Merkste selber, ne?«, war das Einzige, das von meiner Erwiderung übrig blieb.

Sie schüttelte bloß den Kopf und stieß mich barsch mit der Schulter zur Seite, um zu bestellen.

Ich ging zu den anderen zurück und beschloss, dass ich diese Hassliebe zwischen Freundschaft und Sex nicht für Valeria wollte. Dass ich das für *mich* nicht wollte. Es gab nur eine Sache, die ich noch weniger wollte: eine feste Freundin.

Valeria

»Das ist bescheuert, Val.«

Ich grinste breit. »Ich weiß«, gab ich zu.

»Wir sprechen hier von Raphael Thomas?«, vergewisserte sich Angelina, Milias' sommersprossige beste Freundin, mit der ich mir heute Nacht ein Zelt teilen würde. Weil ich zum ersten Mal mit Milias und seinen Freunden zelten durfte. Mit Raphael.

»Jap«, bestätigte ich stolz.

Angelinas warme Augen sahen mich mitleidig an, aber sie war zu intelligent, um mir Vorhaltungen oder gar Belehrungen zu machen. Trotzdem war sie fürsorglich genug, um zu einer vorsichtigen Warnung anzusetzen: »Also, ich will nicht schlecht über meine Freunde reden. Aber Raphael ...« Sie zuckte machtlos mit den Schultern. »Er kommt mir manchmal vor wie ein Jäger. Für ihn gibt es nur freilaufende Beute und erlegte Beute. Und Letztere ist für ihn halt ... langweilig.« Sie zog eine Schnute, aber ich lächelte bloß.

»Mag sein, aber ich bin keine Beute.«

Julia gluckste, Angelina hob erneut die Schultern. »Tja, ich sag's nur. Ich habe schon mal zugesehen, wie er eine Freundin danach behandelt hat und ... Na ja, pass einfach auf.«

Eine Freundin von ihr? Ich wurde hellhörig. »Wen?«

Sie schüttelte den Kopf. Weil ich es nicht wissen wollte oder weil sie es mir nicht sagen würde? Scheinbar beides.

»Wie gesagt«, antwortete ich und gab mich selbstsicherer, als ich war. »Ich bin nicht einfach nur eine Affäre.«

Angelinas Augen waren voller Sorge, Mitgefühl und einem Funken dessen, was ich als Hoffnung bezeichnen würde. Sie nickte.

»Hatte der überhaupt schon mal eine Freundin?«, fragte Julia, die ich mitgenommen hatte, weil sie der besten Freundin, die ich nicht hatte, am nächsten kam.

»Frag nicht«, ächzte Angelina und machte Anstalten, das Fliegengitter unseres Zelts zu öffnen, das wir eigentlich nur kurz einräumen hatten wollen, uns aber verquatscht hatten. Über Jungs, über Raphael ... und, na ja, weil Angelina nichts entging, auch über meine Pläne, mit ihm zusammenzukommen. »Und sprecht ihn auf gar keinen Fall darauf an!«, schärfte sie uns ein.

»Was, wieso?«, fragte ich erschrocken und versuchte das eifersüchtige Blubbern in meinem Bauch zu ersticken. Wie albern! Ich war hundertprozentig sicher, dass Raphael keine Freundin hatte, und ziemlich sicher, dass er auch bisher keine gehabt hatte. Zumindest keine, die wirklich zählte. Kein Typ, der so drauf war, war schon mal wirklich verliebt gewesen.

Angelina schüttelte den Kopf. »Tut es einfach nicht. Er hasst das Thema.« Sie war schon halb aus dem Zelt heraus, drehte sich dann aber noch mal um: »Ich meine, ich würde dir auch empfehlen, deinen Plan komplett aufzugeben, aber ich fürchte, ich kann dir das nicht wirklich ausreden, hm?«

Mein Grinsen wurde noch breiter, woraufhin sie seufzte und ganz aus dem Zelt kletterte.

Der Tag ging so weiter wie die letzten Wochen: Wenn alle dabei waren, taten Raphael und ich so, als wäre nichts. Ja, manchmal machte es mich sogar so wütend, wie sehr er mich ignorierte, dass ich ihm meinerseits die kalte Schulter zeigte und ihn stundenlang nicht einmal ansah. Ein Wunder, dass Angelina überhaupt etwas gemerkt hatte!

Und dann wiederum ... Manchmal, wenn ich glaubte, mein Herz würde an seiner Ignoranz ersticken, und einen kleinen Seitenblick riskierte, sah er mich mit diesem Blick an, der mich schier wahnsinnig machte. Verlangend und brennend, aber gleichzeitig unendlich gefühlvoll. Innerlich zerrissen. In diesen Momenten wollte ich meinen Stolz über Bord werfen und mich willig in die Fluten seines Sturms stürzen, meinen Körper und meine Seele völlig ihm überlassen.

Dann erwiderte ich seinen Blick offen, und in dem Sekundenbruchteil, bevor er wegsah, erkannte ich, dass es ihm ganz genauso erging. Wir spielten beide in diesem Ozean der wilden Gefühle, und wenn wir nicht bald an Land – oder aufeinander zu – schwammen, würden wir beide darin ertrinken.

Bis dahin ertränkte ich diese Gedanken in Orangensaft mit Tequila und Pokerrunden mit den Jungs. Aus denen Raphael sich raushielt. Weil er eben nicht nur verboten sexy war, sondern vor allem verdammt intelligent.

Nach dem Abendessen, als sich alle um das Lagerfeuer versammelten, ließ sich jemand neben mir nieder. Mein Bauch erkannte Zitrus und Sandelholz vor meinem Kopf und ballte sich zu einem heißen Knoten zusammen, während ich Raphael fassungslos anstarrte. Plötzlich war die Wärme des Lagerfeuers viel zu heiß auf meinem Gesicht.

Er bot mir seinen Tetrapak an, lässig, beinahe beiläufig. Wie ein Friedensangebot. Ich beäugte ihn und die Packung skeptisch, akzeptierte sein Angebot dann jedoch und hob sie an die Lippen, ohne den Blick von seinem Gesicht zu nehmen. Von den kantigen Konturen und der geraden Nase, der markanten Kieferpartie und den geschwungenen Lippen. Den unfassbar blauen Augen, über die sich dieser unwiderstehliche Schatten legte, als er mich beobachtete.

Ich spürte beinahe körperlich, wie sein Blick auf meine Lippen fiel, als ich die Packung absetzte, und musste herunterschlucken, um atmen zu können, paralysiert von seiner Nähe und seinem Blick.

»Wollen wir was spielen?«, fragte Lukas in die Runde. »Strip-Poker?«

Ich schnaubte. Aber Raphael war es, der mir zuvorkam:

»Träum weiter!«

Wieder trafen sich unsere Blicke. Ich schluckte trocken, konnte den Blick nicht von ihm nehmen, wusste aber, dass ich mich nicht länger beherrschen könnte. Ich wollte nicht mehr gegen die Wellen anschwimmen, ich konnte nicht mehr. Ich brauchte Abstand.

Plötzlich war ich auf den Beinen. Alle starrten mich an.

»Ich gehe schlafen«, verkündete ich, auch wenn ich überhaupt nicht müde war.

Dann drückte ich Raphael die Packung in die Hand – und musste mich kurz an seiner Schulter abstützen, um nicht das Gleichgewicht zu verlieren. Wow, so viel hatte ich doch gar nicht getrunken! Musste mein Kreislauf sein. Dennoch machte ich mich auf den Weg in Richtung der Zelte, hinter denen der See lag. Vielleicht würde ich eine nächtliche Schwimmsession einlegen?

Je weiter ich mich vom hellen Schein und den geselligen Stimmen des Feuers entfernte, desto gedämpfter und dunkler wurde es, bis ich mir mit beiden Händen die Haare aus dem Gesicht halten musste, um den Boden nach Stolperfallen abzusuchen, und dabei wie eine benebelte Ballerina umhertänzelte.

»Kann man dir helfen?«, gluckste eine tiefe Stimme hinter mir.

Ich erstarrte augenblicklich, traute meinen Ohren kaum und musste mich umdrehen. »Raphael?«

Er kam näher, aber ich konnte ihn immer noch kaum erkennen. »Wartest du auf jemand anders?«, fragte seine Stimme.

Ich konnte es immer noch nicht glauben. Mein Herz war mir in den Hals gehüpft, meine Fingerspitzen kribbelten. »Du kannst doch nicht einfach aufstehen und mir nachgehen?!«

Die Silhouette vor mir breitete die Arme aus. »Scheinbar schon.« Ich hörte den selbstzufriedenen Schalk in seiner Stimme, sah ihn förmlich grinsen, als er näher kam. Unwillkürlich machte ich einen Schritt zurück.

»Und was sollen jetzt die anderen denken?«

Raphaels Stimme war tief, als er antwortete: »Um ehrlich zu sein, ist mir das völlig egal.«

Noch ein Schritt, und ich spürte seine Hände an meiner Taille. Zwei heiße Pole, die magnetische Hitzewellen durch meinen Körper schickten. Plötzlich konnte ich nicht mehr klar denken. Nicht nur wegen seiner allumfassenden Nähe, sondern vor allem wegen seiner Stimme, die jetzt so viel rauer war als sonst. So viel ... geerdeter.

Bevor mein inneres Warnsystem losgehen konnte, hatte ich die Arme um seinen Hals gelegt und betastete beinahe vorsichtig seinen Hinterkopf, strich über seine Haare, die sich widerspenstig unter meinen Fingern bogen. Beinahe so unnachgiebig wie sein Körper, als er mich an sich zog, bis seine Nähe und sein Duft meine Sinne ganz einhüllten. Mein Herz schlug heftig in meiner Brust, als ich ihm das Gesicht entgegenhob.

Wenn ich ihn jetzt küsste, würde es kein Zurück mehr geben. Wenn ich ihn jetzt küsste, würde ich vom Ozean verschluckt werden. Und entweder würde ich ins Paradies gespült werden – oder bei dem Versuch ertrinken.

Ich hielt die Luft an und stürzte mich in die Fluten.

5 Verloren im Paradies

Valeria

Es war wahr, was alle sagten: Raphael küsste wie ein Gott. Seine Lippen waren weich und verheißungsvoll, seine Zunge war heiß und fordernd. Und seine Hände! Seine Hände waren stark und besitzergreifend, wie sie mich enger an ihn zogen und gegen seinen Körper pressten, wie sie begehrlich über meine Seiten strichen und eine feurige Spur hinterließen, die mein Innerstes entflammte.

Ich drängte mich stärker gegen ihn, vergrub meine Finger in seinen Haaren und konnte nicht genug bekommen. Von seinen Lippen, von seinen Küssen. Von seinen Händen auf meinem Körper.

Seine Finger strichen meine Seiten hinauf und schickten Hitzewellen der Vorfreude durch meine Glieder, glitten weiter aufwärts über mein Schlüsselbein zu meinem Hals, zu meinem Gesicht, hielten es fest – damit er sich von mir lösen konnte.

Nein!

Ich konnte noch nicht aufhören. Verlangend schnappte ich nach seinen Lippen, aber er zog sich zurück, lehnte die Stirn gegen meine. Ich hörte das Blut in meinen Ohren rauschen und das Herz in meiner Brust pochen, überlagert von unser beider Atem.

»Das ist keine gute Idee«, raunte er, ohne dabei mein Gesicht loszulassen oder seine Stirn wegzunehmen.

Ich schluckte trocken, befeuchtete meine Lippen. »Ich sage auch nicht, dass es eine gute Idee ist«, wisperte ich und hob das Gesicht um wenige Millimeter, um mit der Nase an seiner entlangzustreichen. Drückte mich beinahe verzweifelt gegen ihn.

Der heiße Adrenalinschub war überwältigend, als er den Griff in meinem Nacken verstärkte und mich wieder an sich zog. Augenblicklich fiel ich über seine Lippen her wie eine Verhungernde, presste mich gegen ihn und ließ keinen Millimeter Raum zwischen uns.

»Wo ist euer Zelt?«, raunte er atemlos zwischen zwei Küssen.

»Keine Ahnung«, antwortete ich gegen seine Lippen.

Als er den Kopf hob, um sich zu orientieren, küsste ich stattdessen seinen Hals, strich mit der Nase über die Muskelstränge, biss sanft hinein.

»Valeria ...«, stöhnte er beinahe kapitulierend. Ich musste kichern und machte weiter.

Plötzlich löste er sich von mir, nahm meine Hand und führte mich durch die Dunkelheit. Mein Herzschlag beschleunigte sich nochmals, als wir das Fliegengitter des großen Zelts öffneten, das er und Milias sich teilten. Oh Gott, Milias! Ich zwang mich dazu, nicht an meinen Bruder zu denken.

Und als Raphael mich im Zeltinneren erneut küsste, dachte ich an überhaupt nichts mehr. Schon verlagerte ich mein Gewicht nach vorne, bis er auf dem Rücken lag und ich über ihm war. Ich weiß nicht warum, aber ich wollte ausgerechnet ihm zeigen, dass ich kein passives Püppchen war.

Raphaels Lippen wurden forscher, seine Küsse härter, während seine Hände erneut an meinen Seiten entlangstrichen, den Saum meines Tops fanden und es nach oben schoben. Seine Hände auf meiner nackten Haut waren beinahe unerträglich elektrisierend, zwangen mich heftig auszuatmen. Seine Finger schoben das Top noch ein Stück weiter hoch, streiften meine Rippen. Ich unterbrach unseren Kuss und setzte mich auf, um es auszuziehen. Als ich die Haare ausschüttelte, hatte sich Raphael ebenfalls aufgesetzt und nahm sich einen quälend süßen Moment, um mich anzusehen. Kurz darauf wirkte es beinahe zärtlich, wie er mir die Haare aus dem Gesicht strich und meinen Kopf umfasste, bevor er mich erneut küsste.

Wieder fielen wir zurück, vollkommen in diesen neuen Kuss versunken. Gefühlvoll, beinahe vertraut. Meine Leidenschaft mischte sich mit überschwemmendem Glück.

Raphael drehte sich mit mir, bettete mich in seinen Arm, um erneut meinen Körper mit einer Hand zu erkunden. Die Linie meiner Hüfte in den Jeansshorts. Meine nackte Taille. Den Ansatz meiner Brust in dem Bikini-Oberteil. Ich stöhnte leise in unseren Kuss hinein, als er sie umschloss, die aufgerichtete Spitze durch den dünnen Stoff liebkoste.

Ich musste ihn ebenfalls spüren, seine harte Brust unter meinen Fingern, seine heiße Haut auf meiner. Ungeduldig zog ich an seinem T-Shirt. Er tat mir den Gefallen, es auszuziehen, aber meinem Drängen gab er nicht nach, sondern drückte mich mit sanfter Gewalt zurück auf den kühlen, raschelnden Schlafsack. Er nahm sich viel Zeit, um mein Kinn, meinen Hals und mein Schlüsselbein mit Lippen und Händen zu erforschen, bis ich glaubte, ich würde vor Ungeduld sterben.

Jedes Mal, wenn ich mich aufrichten wollte, drückte er mich zurück, was mich nur noch mehr elektrisierte. Jede seiner Berührungen schickte neue süße Qualen durch meinen Körper, jedes Kreisen und Streicheln seiner Finger war verzückende Folter. Sein beherrschtes Keuchen in meinem Ohr brachte mich fast um den Verstand.

Ich würde sterben, jetzt und hier, und zwar an unerfülltem Verlangen. Raphael wusste, wie er es stillen konnte, bloß um es gleich darauf wieder anzufachen. Ich konnte nicht anders, ich musste aufstöhnen.

»Ssshhht.« Es war mehr ein Lachen als ein Zischen, mit dem er erst die Hand auf meinen Mund legte und gleich darauf seine Lippen.

Ich griff nach seinem Kopf, küsste ihn leidenschaftlich und ließ meine Hände tiefer wandern. Über seine harten Schultern, seinen muskulösen Rücken, bis zum Saum seiner Jeans. Nestelte an seinem Gürtel. Er lächelte in unseren Kuss, biss sanft in meine Unterlippe.

»Bist du sicher?«

Ich war mir noch sie so verflucht sicher gewesen wie in diesem

Augenblick. Zur Antwort schnappte ich nach seinen Lippen, aber er machte sich leise lachend von mir los, während er sich seiner Jeans und Shorts entledigte und ein Kondom hervorzog.

Ich nahm mir fest vor, nicht zu stöhnen. Aber als er in mich eindrang, war seine Nähe und Härte so überwältigend, dass ich mich an seinen Schultern festhalten musste. Er ließ sich Zeit, mich ganz einzunehmen, viel Zeit. Ließ mich in bittersüßer Qual erschaudern und dabei keine Sekunde aus den Augen. Ich erwiderte seinen Blick, solange ich konnte, ohne den Verstand zu verlieren. Ich bin ziemlich sicher, dass ich in dieser Nacht nicht gebettelt habe. In dieser Nacht war ich einfach nur atemlos betrunken von unserer Leidenschaft und berauscht von der Vorstellung, dass es mehr war.

Jede Bewegung seiner Hüften war pure Lust, jedes Streichen seiner Finger heiße Verführung und jede Berührung seiner Lippen feurige Leidenschaft, bis wir es beide nicht mehr aushielten. Ich bog ihm die Hüften entgegen und er stieß härter zu, entfesselte prickelnde Hitze in meinem Körper, ließ mich mehr wollen. Ich stöhnte so laut, dass Raphael mir den Mund zuhielt und umso heftiger meinen Hals küsste. Das ließ mich nur noch atemloser nach Luft schnappen.

Ich ließ mich völlig fallen, gab mich dem Augenblick hin, der sich zu einer paradiesischen Ewigkeit ausdehnte.

Wenn ich in dieser Nacht ertrank, dann in Glück. Und wenn ich meine Seele für diesen One-Night-Stand hergeben müsste: So sei es. Aber vorher würde ich wie eine Löwin dafür kämpfen, dass es nicht dabei blieb.

Raphael

Ich war so richtig im Arsch.

Das war das Einzige, woran ich denken konnte. Und alles, woran ich dachte, war Valeria. Die kleine Schwester meines besten Freundes. Fuck.

Verärgert klemmte ich mir die Morgenzigarette zwischen die Zähne und hob einen flachen Stein auf, schleuderte ihn über die Wasseroberfläche, spiegelglatt und unergründlich im Morgengrauen.

Außer mir war noch niemand wach, zumindest nicht auf den Beinen. Es war kühl im Freien, aber es versprach erneut ein heißer Tag zu werden. Der Stein titschte nicht ab, sondern versank augenblicklich, genauso wie meine Chance darauf, den Tag ohne blaues Auge zu überstehen. Ich stieß den Rauch aus und beobachtete unzufrieden die kreisförmigen Wellen. In dem Augenblick nahm mir jemand die Zigarette aus den Fingern. Ich roch Rose und Zimt, noch bevor ich den Kopf drehte. Valeria. Na großartig.

»Was willst du hier?«

Sie schnaubte ob meiner offenkundigen Feindseligkeit, sagte aber nichts. Denn ihrem finsteren Blick nach zu urteilen, bemerkte sie meine Strategie: Ich wollte auf abweisend schalten, wie immer, wenn ich keine Lust auf ernste Gespräche – oder Gefühle – hatte. Aber jetzt konnte ich bloß ihr Profil anstarren, wie sie stoisch auf den See hinausblickte und einen tiefen Zug von meiner Zigarette nahm. Ich ertrug ihre passive Aggressivität nicht. Was wollte sie von mir?!

»Weiß Milias, dass du rauchst?«, suchte ich stattdessen einen neuen Angriffspunkt.

Wieder wanderten ihre Augen zu mir, schossen beinahe Blitze auf mich ab, während sie mir die Zigarette zurückgab. »Muss Milias alles wissen?«

»Manche Dinge schon«, antwortete ich.

Sie blähte die Nasenflügel, starrte mich finster an. Ich blickte so teilnahmslos zurück, wie ich konnte, war mir aber nicht sicher, wie gut das gelang.

So war es also jetzt zwischen uns. War es das wert gewesen?

»Hör zu«, explodierte sie dann. »Es ist mir scheißegal, wenn du jetzt auf Arschloch schalten willst. Ehrlich, *non mi importa un bel niente!* Aber hör auf, ständig Milias vorzuschieben, bloß weil du selbst nicht mit dir klarkommst!«

Ich blinzelte, völlig aus dem Konzept gebracht. Ich hatte schon einige One-Night-Stands mit kühlem Morgen-danach-Gespräch gehabt, aber noch keines davon hatte mich so tief getroffen. Schob ich wirklich Milias vor? Vielleicht tat ich das … Aber ich konnte nicht weiter darüber nachdenken, als mir auffiel, dass mich noch keine Frau so angefahren hatte wie Valeria. Und dass es mir bei keiner Frau so nahe gegangen wäre. Hatte sie gerade auf Italienisch geflucht? Es klang unfassbar sexy.

Und während sie mich immer noch mit diesem feurigen Temperament in den Augen und den italienischen Flüchen auf den Lippen anfunkelte, brach gegen meinen Willen ein Grinsen durch meinen Ärger:

»Kannst du noch mal auf Italienisch fluchen?«

Jetzt war sie es, die mich anstarrte. »Willst du mich verarschen?!«

Sie zog die dunklen Brauen zusammen, musste jedoch ebenfalls gegen ihren Willen lachen. Mein Grinsen wurde noch breiter, füllte meine Brust mit diebischer Freude, während ich sie einfach nur ansah, ihren Stolz und ihre impulsive Leidenschaft bewunderte – und mich gleich darauf in der Erinnerung an die letzte Nacht verlor. Valeria holte tief Luft.

»Was ich nur sagen will«, stellte sie klar, »ich bin nicht nur die kleine Schwester deines besten Freundes, okay? Ich bin ein eigener Mensch, vielleicht nicht so beliebt wie Milias, aber …« Ich beobachtete, wie sie zwischen Ärger und Frust den Kopf schüttelte und abbrach. »Weißt du, nach deiner Party dachte ich wirklich, du wärst der Erste, der das bemerkt hätte, aber da hatte ich mich wohl –«

»Valeria«, unterbrach ich sie ruhig. »Glaub mir, das *habe* ich bemerkt. Mehr noch, ich finde, du hast genau dieselbe Wirkung auf andere wie er – sogar noch stärker.« *Interessanter*, dachte ich, aber das sprach ich nicht aus, zumal ihre Augen nun kugelrund vor Überraschung wurden. Ich liebte meinen besten Freund, aber im Vergleich zu Valeria war er beinahe langweilig. »Du hast Ecken und Kanten, Valeria. Du hast Charakter. Du bist lebendig. Mit dir fühle *ich* mich lebendig, in jeder einzelnen Sekunde.«

Shit, hatte ich den letzten Satz jetzt laut ausgesprochen? Ich wollte zurückrudern, aber der bewegte Ausdruck purer Glückseligkeit in ihren Augen ließ mich innehalten.

»Wirklich?«, fragte sie. »Das sagst du nicht nur, um mich zu besänftigen?«

Ich gluckste. Normalerweise tat ich alles, um solche Gespräche zu vermeiden, und breitete erst recht nicht meine Gefühle aus, aber bei Valeria war das irgendwie anders. Bei Valeria waren meine Gedanken frei. Und mein Herz war gefangen. Shit.

Ich realisierte meine veränderten Gefühle noch vor dem Moment, in dem sich Valeria mit einem Augenaufschlag gegen mich lehnte, der garantiert nicht jugendfrei war.

»Also ... gehen wir zurück ins Zelt?«, fragte sie.

Ihre Hände brannten heiß auf meiner Brust, ihre süßen Lippen waren nur wenige Zentimeter von meinen entfernt. Ich war versucht, diese Zentimeter zu überwinden. Aber ich konnte nicht.

Unvermittelt trat ich einen Schritt zurück. »Hör zu, Valeria ... Ich kann das nicht. Ich *will* das nicht«, korrigierte ich schnell.

Sie seufzte. »Wegen Milias?« Ich sah, wie in schneller Abfolge Frustration, Schmerz und Kampfgeist in ihre Augen traten. Wieder lehnte sie sich gegen mich, schlang sogar die Arme um meinen Hals. Ich kämpfte gegen den Drang an, die Hände an ihre Taille zu legen, während sie nah vor meinem Gesicht raunte: »Er muss es ja nicht erfahren.«

Ich schnaubte. Ich wusste nicht, wie das bei Mädchen war, aber ich hatte keine Geheimnisse vor meinem besten Freund. Kein einziges. Und ich würde mein Gewissen nicht ausgerechnet mit Valeria beladen. Aber ich wollte sie auch nicht aus meinem Leben streichen.

»Nein. Wegen dir!«, rief ich aus und sah sie eindringlich an, beschwor sie geradezu. »Ich will nicht, dass wir jetzt auf ewig in dieser scheiß Situation zwischen Freundschaft und Gefühlen feststecken und uns nie mehr treffen können, ohne uns anzufeinden.«

Valeria blinzelte, und für einen Sekundenbruchteil sah ich, wie der toughe Panzer von ihr abfiel und leuchtende Mädchenaugen zum Vorschein brachte. Sie lächelte, vergrub die Finger in meinem Nackenhaar und brachte mich damit fast um den Verstand. »Wir können ja mal schauen, wie lange ›Freundschaft plus‹ gut geht?«, schlug sie vor.

Ich löste beherrscht ihre Arme von meinem Hals. »Nein«, bestimmte ich. Es gab nur zwei Wege. »Entweder wir beenden das genau jetzt ...«

Sie schlug die Augen auf. Gott, diese Augen! »Oder?«

Oder wir beginnen eine Beziehung, dachte ich. Aber ich konnte es nicht aussprechen. Ich wollte das gar nicht! Ich wollte nichts anderes als das.

Valerias schokoladenbraune Augen fixierten mich immer noch, sie blinzelte nicht einmal. Ihre Wimpern waren dicht und geschwungen, ihr gebräuntes Gesicht eine einzige Symphonie. Ich war immer noch wie paralysiert, als sich ihre Lippen ganz allmählich zu einem Lächeln verzogen.

»Ja!«, nahm sie mir jede Antwort ab. »Ja, ich will.«

Ich stutzte. Sie grinste. Dann schlang sie die Arme wieder um meinen Hals und küsste mich. Und ich ließ es einfach geschehen.

»Ihr seid *was*?!«, brach es aus meinem besten Freund heraus.

Ich ließ die Karten sinken und legte den Kopf in den Nacken, bereitete mich auf das Jüngste Gericht vor. René blickte wachsam zwischen seinen Karten, mir und Milias' Gesicht hin und her, als überlegte er, sich hinter seiner Kartenhand zu verstecken.

»Wir sind zusammen«, wiederholte ich. Der Satz klang völlig bescheuert. Das *war* völlig bescheuert!

»Milias ...«, begann Valeria, aber er schüttelte den Kopf in ihre Richtung, den Blick so eisern auf mich gerichtet, dass ich besser aufstand. Vorsorglich legte ich meine Karten mit dem Gesicht nach unten ab.

»Ich bin gleich wieder da«, sagte ich den anderen.

»Soll ich 'nen Krankenwagen rufen?«, fragte René, aber ich zeigte ihm bloß den Mittelfinger, als ich auf die Beine kam und Milias ein paar Meter von den anderen wegzog, um ihm die Situation zu erklären.

Seine dunklen Augen blickten genauso unerbittlich wie die seiner Schwester, während ich seinen unterkühlten Fragenhagel so aufrichtig wie möglich beantwortete, aber gewisse Themen umschiffte. Trotzdem hoffte ich zum wiederholten Mal, dass sein Herz größer war als sein Argwohn.

»Ich bring dich um, wenn du ihr das Herz brichst«, war alles, was er sagte, nachdem ich geendet hatte. Mir entwich ein Schnauben, gleichzeitig war ich unendlich erleichtert. Milias war einfach der beste Mensch, den ich kannte.

»Danke! Ich freu mich auch für dich und Nicole.«

Das zwang ihm unwillkürlich ein Grinsen aufs Gesicht. Die zwei hatten heute nämlich auch im selben Zelt geschlafen! Ich konnte nicht anders, als mich für ihn zu freuen. Nicole war hübsch, süß und genauso warmherzig wie er. Und zusammen waren sie das perfekte Paar. Wir beäugten uns und behaupteten noch ganze fünf Sekunden, es einander übel zu nehmen, dann mussten wir beide lachen.

»Ha! Er hat 'nen Drilling!«, jubelte Julia, die gerade unter meine Karten lugte, als ich zurückkam. Meine Miene verdüsterte sich, als René grinsend aus dem Spiel ausstieg und das Gesicht der Sonne entgegenstreckte, während Valeria erhöhte.

Ich lebte noch. Und Milias musste sich wohl oder übel damit abfinden, dass Valeria und ich jetzt ein Paar waren. Genauso wie ich mich jetzt daran gewöhnen musste. Das hieß aber nicht, dass ich mich irgendwie verbiegen würde. Ich würde keine dieser Beziehungen führen, in denen der eine dem anderen irgendwann vorwarf, dass man sich ja so verändert hätte – obwohl man noch genau derselbe war, die andere Person bloß die rosarote Brille der ersten Verliebtheit abgelegt hatte.

Kurzerhand stand ich auf, packte Julia um die Taille und lud sie mir auf die Schulter – wohl wissend, dass sie Single war, auf mich stand und dass meine neue *Freundin* direkt danebensaß.

Julias Geschrei und Gestrampel ignorierend, trug ich sie die zwanzig Meter auf den Steg und ließ sie mitsamt ihrer Kleidung in den See plumpsen. Ihr Geschrei wurde jäh vom Wasser erstickt.

Als ich mich zurück in die Runde setzte, lachten die Jungs. Inklusive

Valeria. Wow! Positiv überrascht widmete ich mich wieder dem Spiel, bloß um festzustellen, dass Valeria mit einem lächerlichen Pärchen den Jackpot eingeheimst hatte.

»Hey!«

»Du bist ausgestiegen«, erklärte sie grinsend.

»'nen Scheiß bin ich!«

Sie hob besserwisserisch die Augenbrauen, während sie die Karten mit geschickten Fingern mischte. Finger, die auch anderweitig geschickt waren. Mein Blick wanderte zurück zu ihrem Gesicht, fiel auf ihre Lippen, während meine Gedanken bei der letzten Nacht waren.

»Dann solltest du vielleicht deine Prioritäten neu sortieren«, belehrte sie mich und streckte mir die Zunge heraus, bevor sie die Karten austeilte.

Das reichte. Ich griff in ihr Haar und zog sie zu mir, küsste sie ungestüm. Ihre Lippen formten unter meinen ein triumphierendes Lächeln, bevor sie sich gegen mich sinken ließ und meinen Kuss erwiderte. Eine Sekunde später saß sie auf meinem Schoß.

»Oh bitte, nehmt euch ein Zimmer«, stöhnte René. Oder Lukas, keine Ahnung. Mir auch egal. Ich zeigte ihm den Mittelfinger, ohne mich auch nur eine Sekunde von Valeria zu lösen.

Glorreiche fünfeinhalb Wochen konnten wir kaum voneinander lassen. Tagsüber presste ich ihre nackte Haut an mich, heiß in der Sonne und nass im Wasser. Nachts küsste ich jeden Zentimeter ihres Körpers und berauschte mich an ihrem Stöhnen.

Ich hätte es nie für möglich gehalten, aber es war unfassbar *einfach*, mit Valeria zusammen zu sein. Unkompliziert. Ebenbürtig. Und als die Schule wieder anfing, gestand ich mir endlich ein, dass ich glücklich war. Dass ich nicht mehr so glücklich gewesen war seit ...

Ich brach den Gedanken ab. Ich hatte es ihr nicht gesagt. Und es spielte keine Rolle.

Wir lebten im Jetzt.

Zumindest bis zum nächsten Morgen, als die Schule wieder anfing. An jenem Morgen brach der Monsunregen über das Paradies herein.

6 Sündenfall

Valeria

heute

Draußen im Flur hievt jemand etwas Schweres auf den Boden, Flaschen klirren leise gegeneinander. »Kein Problem, Nicole! Ich brauch keine Hilfe!«, ruft eine tiefe Stimme.

Meine erste Reaktion auf eine unerwartete männliche Stimme ist Panik, aber dann erinnere ich mich, dass Raphaels Stimme anders klingt.

Und während Nicole schuldbewusst den Kopf zwischen die Schultern zieht und uns ein Grinsen zuwirft, schiebt sich auch ein vage bekanntes Gesicht in den Türrahmen.

»Wenn das nicht unser Topmodel ist!«, grinst es pausbäckig.

»Chris!!!« Ich springe auf und werfe die Arme um seinen Hals – wofür ich mich fast auf die Zehenspitzen stellen muss, woraufhin er mich hochhebt und ich fröhlich quietsche.

Chris war schon immer ein dunkelhaariger Riese mit süßen Hamsterbäckchen und Brille. Nerd, Teddy und der härteste Trinker der Clique. Aber er war nicht immer so ... dick. Unter dem Holzfällerhemd sieht man einen deutlichen Bauchansatz, und sein Gesicht ist noch ein bisschen breiter geworden. Außerdem geht sein Haaransatz schon zurück. Er sieht aus wie dreißig – und das mit vierundzwanzig.

»Du bist ... bärtig!«, rufe ich erstaunt, während ich seinen dichten schwarzen Vollbart mit beiden Händen betaste, denn ich will ihn nicht beleidigen. Er schiebt lachend das Kinn vor, halb stolz, halb verlegen.

»Wie geht's dir? Wie geht's Angeli?«, frage ich sofort weiter.

Chris und Angelina waren das längste Paar der Clique, damals schon fast vier Jahre zusammen. Wie lange ist das jetzt her, neun Jahre?! Fast die Hälfte ihres Lebens! Ein kleiner Stich eifersüchtiger Bewunderung durchfährt mich, während Chris sich am Hinterkopf kratzt.

»Mir: gut. Angie: auch gut, denke ich.«

Die schillernde Seifenblase zerplatzt. »Sag nicht, ihr seid nicht mehr zusammen!«

Chris zuckt mit den Schultern und legt freundschaftlich den Arm um mich. »Ach weißt du, Valeria. Nichts ist für die Ewigkeit, schon gar nicht die erste Beziehung. Aber wem erzähle ich das!«

Na toll, danke für die Blumen. Ich bin kurz davor, schlechte Laune zu kriegen, da mischt sich Nicole mit einem empörten »Hey!« ein und veranlasst Chris dazu, zurückzurudern und statt meiner den Arm um ihre Schulter zu legen.

»Okay, mit Ausnahme von Nicole und Milias«, korrigiert er.

»Mit Ausnahme von *Nicole*«, korrigiert Vanessa ihrerseits. Nüchtern und mit halbem Lächeln, aber ich sehe den Schimmer von verblasstem Schmerz in ihrem Blick. *Sie* war Milias' erste Beziehung.

»Okay.« Das wird langsam zu schräg hier. Was sind wir, eine verdammte Soap? »Wie wär's, wenn wir die Vergangenheit einfach Vergangenheit sein lassen und uns auf die Zukunft konzentrieren?«, gehe ich dazwischen, bevor noch jemand ein Auge verliert.

»Amen«, pflichtet Chris mir bei. »Hilfst du mir mit den restlichen Kisten, Nicole?«

»Ach, wir können doch alle helfen«, bietet sich Vany an und ist schon im Flur.

»Steigt die Party morgen hier?«, frage ich Nicole, mit der ich allein im Wohnzimmer meiner Eltern zurückbleibe.

Sie nickt überschwänglich. »Oh ja. Ich hätte keine Ahnung, wie ich sechzig Leute in unsere Wohnung kriegen sollte.«

»Sechzig!«, wiederhole ich schockiert. Das ist ja fast eine ganze Familienfeier. Milias wird doch bloß dreiundzwanzig, kein besonderes Alter.

»Ja, total!«, pflichtet sie mir bei. »Er hat einfach jeden eingeladen, sogar meine Eltern kommen. Und Lucy, ich freu mich so!«, gerät sie ins Schwärmen und lässt mich stutzen.

»Ist die etwa immer noch in Australien?« Oder wo auch immer sie ihr Sabbatical-Jahr nach der Schule verbracht hat, ich habe das nicht so ganz mitverfolgt. Nicoles beste Freundin war schon immer ein esoterischer Freigeist mit Weltverbesserungs- und Entdeckerdrang.

»Nee, aber sie studiert jetzt in Stockholm.«

Zum zweiten Mal reiße ich die Augen auf. Wow!

»Na ja, auch nicht so anders als du«, stupst Nicole mich grinsend an. »Mailand und Modelkarriere.«

»Ach ...« Ich tue das verlegen ab. Ja, ich modele neben dem Eventmanagement-Studium, für das ich nach Mailand gezogen bin, nur eine Stunde von meinen Großeltern entfernt. Aber meine kleinen Jobs sind keinesfalls vergleichbar mit dem, was Heidi Klum im Fernsehen proklamiert. Meistens werde ich für Social Media-Kollaborationen gebucht, weil mein Instagram-Kanal ganz passabel läuft, und wenn ich Glück habe, mal für eine Online-Foto-Kampagne. Einmal hatte ich sogar eine lokale Plakatkampagne für ein Mailänder Modegeschäft. Es war der Hammer, mein eigenes Gesicht an der Bushaltestelle zu sehen.

»Was sagt denn René dazu?«, nehme ich unseren Gesprächsfaden wieder auf, um von mir abzulenken. »Dass Lucy so weit weg ist?«

Nicole atmet tief durch. »Tja, René ...« Sie zieht die Lippen ein, was ihr herzförmiges Gesicht noch niedlicher erscheinen lässt. »René ist seit letztem Jahr Papa.«

»Bitte – was?!«

Die Nachricht trifft mich völlig unvorbereitet, reißt mir geradezu den Boden unter den Füßen weg. René, der unkomplizierte Charmeur, der immer für einen Lacher gut war und keine Party ausgelassen hat, ist *Vater*?! Das sind zu viele radikale Veränderungen auf einen Schlag für mich: Chris und Angeli getrennt, René Vater – und Raphael ist verheiratet, oder was? Bei dem Gedanken dreht sich mir kurz der Magen um, deswegen mache ich lieber einen großen Bogen um das Thema.

»Ja, total krass, oder?«, reißt mich Nicole aus der Horrorvorstellung. »Maike, also die Mama zum Baby, ist voll die Liebe, und die drei sind einfach supersüß zusammen. Trotzdem gehört er für mich irgendwie immer noch zu Lucy.« Sie schüttelt beschämt den blonden Kopf. »Das ist bescheuert, oder? Aber ehrlich, ich muss so wahnsinnig oft an früher zurückdenken. Wir alle am See. Jede Woche eine andere Party. Wir waren alle pleite, fühlten uns aber trotzdem wie die Könige. Unbesiegbar, unbeschwert.« Sie zieht ihre Stupsnase kraus. »Geht das nur mir so?«

Für einen Moment habe ich das Gefühl zu ersticken, so eng zieht sich meine Brust zusammen. Ihre grünen Augen spiegeln meine eigene Melancholie. Meine Sehnsucht nach der Zeit, in der noch alles gut war. Obwohl es nie gut war. Na ja, zumindest nicht, seit »die Katze« in unser Leben kam.

»Wird *sie* auch kommen?« Ich werde mich für diese Frage hassen, weil ich die Antwort gar nicht wissen will. Aber morgen Abend werde ich Raphael so oder so sehen, also will ich vorbereitet sein.

»Wer?«, fragt Nicole. »Cat?«

Ich erschaudere vor Ekel.

Valeria

früher

Ich spürte sofort, dass Raphael anders war, als ich ihn und Milias am ersten Schultag vor dem Schultor überraschte. In seinen Augen flackerte dieselbe Begeisterung wie gestern noch, aber irgendwie gedämpft, wie hinter einem Vorhang. Seine Lippen waren nicht so nachgiebig wie sonst und sein intensiver Blick wanderte rasch weiter.

Was ich an Raphael liebte – abgesehen von seinem Körper, seiner

Stimme, seinem Duft und allem anderen –, war die Art, wie er mich ansah. Als wäre ich das einzige Mädchen auf der Welt. Rihannas Song war nichts gegen diesen Blick von Raphael.

Aber heute war ich nicht das einzige Mädchen.

»Ist alles okay?«

Milias' angespannte Miene machte mich fast nervöser als Raphaels distanzierte Selbstbeherrschung, während er einen tiefen Zug von seiner Zigarette nahm, dann noch einen kurzen, bevor er sie in dem Aschenbecher ausdrückte.

»Ja«, antwortete er knapp und sah mich wieder an, drückte erneut seine Lippen auf meine. Der unruhige Bienenschwarm in meiner Brust war ein wenig besänftigt, aber das angespannte Summen blieb.

»Sehen wir uns heute?«, fragte ich und versuchte dabei, meiner Stimme unbeschwerte Leichtigkeit zu verleihen.

»Ich weiß noch nicht.«

Milias und ich wechselten einen winzigen Blick, aber ich konnte nicht klar in den Augen meines Bruders lesen. Er war innerlich zerrissen. Zwischen mir und Raphael? Was war passiert?

»Okay«, zwang ich ein Lächeln auf meine Lippen. »Ruf mich einfach an.«

Dann machte ich mich auf den Weg nach Hause. Alleine. Gequält von tausend Szenarien. Nahm meine Tasche von der Schulter und band mir die Haare zu einem hohen Dutt zusammen, um Luft an meinen verschwitzten Nacken zu lassen. Fächelte mir mit der offenen Hand Luft zu. Es war drückend heiß, die Luft war schwer wie vor einem Gewitter. Und die Ungewissheit atmete heiß und feucht in meinen Nacken.

»Hey, Valeria!«

Ich sah mich suchend um, fand kurz darauf Barbie in einem mintgrünen Opel Adam.

»Oh Gott«, stöhnte ich. *Du fährst nicht ernsthaft dieses Auto, Tussi!*

»Soll ich dich nach Hause fahren?«, bot Vanessa an.

Ich starrte sie an, schwer damit beschäftigt, ihr nicht eine der zahlreichen Beleidigungen zuzuwerfen, die mir auf der Zunge lagen.

Ich hasste Vanessa Kaiser leidenschaftlich. Zuerst, weil sie mir vor zwei Jahren meinen großen Bruder gestohlen und mich damit quasi zu einem Einzelkind gemacht hatte. Und dann, weil sie ihm das Herz gebrochen hatte. Wenn mir damals jemand gesagt hätte, dass wir einmal so etwas wie beste Freundinnen werden würden, hätte ich ihn vermutlich in die Geschlossene einweisen lassen.

»Danke, ich laufe«, antwortete ich.

Das Puppenauto fuhr im Schritttempo neben mir her. »Sei nicht albern, Val.« Ich explodierte innerlich darüber, dass sie mich so nannte. Dieser Spitzname war nur befreundeten Personen vorbehalten, und sie gehörte definitiv nicht dazu. »Es ist viel zu heiß, und es macht mir echt nichts aus, ehrlich.«

Versuchte sie jetzt nett zu sein, oder was? Wollte sie sich über mich wieder an Milias ranmachen? Da kam sie leider zu spät. Der war nämlich seit einem Monat und neunzehn Tagen im siebten Himmel vergeben. Das wusste ich so genau, weil die beiden am selben Tag wie Raphael und ich zusammengekommen waren. Und alleine um ihr das unter die Nase zu reiben, stieg ich ein. Wenn sie ihren Sprit verballern wollte, sollte sie doch!

»Du weißt ja, wohin«, schnaubte ich, als ich die Beifahrertür zuzog.

Sie lächelte und legte den Gang ein. Mir wehte ein Hauch von Himbeer-Vanille in die Nase, als der Wagen anfuhr, und ich lehnte mich vor, um das Duftsäckchen zu berühren, das auf der Armatur klebte.

»Das ist cool, oder?«, fragte sie. »Hat mir mein Dad geschenkt. Zusammen mit dem Auto.«

Guck mal, ich bin nicht nur superhübsch, sondern auch superreich und hab ein Auto zum Geburtstag geschenkt bekommen, äffte eine Stimme in meinem Kopf sie nach.

»Aha«, machte ich bloß.

Sie warf mir einen Seitenblick zu, wobei ihre langen Haare perfekt gestylt über ihre Schulter flossen. Gab es irgendwas an dieser Tussi, das nicht perfekt war?

»Schlecht drauf?«

Ich schnaubte. »Ich wüsste nicht, was dich das angeht.«

»Raphael kann manchmal schwierig sein«, seufzte sie dann. »Mach dir nix draus.«

Ich zog eine derartig heftige Grimasse, dass meine Stirn schmerzte. »Willst du mir jetzt Beziehungstipps geben, oder was?«, höhnte ich.

Jeder wusste, dass Milias mit ihr Schluss gemacht hatte, weil sie fremdgegangen war. Und *ich* wusste, dass ein weiterer Grund gewesen war, dass sie einfach nur unfassbar nervig und anhänglich war. Ich hatte das am ersten Tag bemerkt, Milias hatte dafür mehr als ein Jahr gebraucht.

Sie schüttelte kaum merklich den Kopf, ihre Lippen verzogen sich leicht. Dann sah sie mich wieder an und ich war eine Sekunde lang gefesselt von ihren schönen haselnussbraunen Augen, zwei Nuancen heller als meine, fast golden.

»Ich sage nur, dass Raphael manchmal ziemlich anstrengend ist. Wäre er eine Frau, würde man ihm PMS bescheinigen.«

Jetzt musste ich gegen meinen Willen prusten. Wenn ich es mir recht überlegte, konnte Raphael schon manchmal eine kleine Zicke sein. Nicht zu mir, aber ... Ja. Je mehr ich darüber nachdachte, desto mehr musste ich Vanessa recht geben. Und hey, wer war ich schon? Ich kannte ihn seit fünf Jahren durch meinen großen Bruder, sie wohnte seit mehr als zehn Jahren neben ihm.

Trotzdem war ich fest entschlossen, meinen Freund zu verteidigen.

»Und? Wir haben alle mal 'nen schlechten Tag.«

»Ich wollt's nur sagen«, beschwichtigte sie mich. »Ich glaube auch nicht, dass das was mit Cat zu tun hat.«

»Cat?«, echote ich alarmiert, »Ist das seine Katze?!«

Vanessa lachte leise, während sie den Blinker setzte. Als sie abgebogen war, sah sie mich wieder an. »Er hat es dir also nicht gesagt?«

Ich hasste sie in diesem Augenblick so sehr, dass ich ihr am liebsten in das mitleidige Gesicht geschlagen hätte. Aber weil sie das Auto fuhr, in dem ich saß, beschränkte ich mich darauf, höhnisch zu lächeln.

»Wir haben keine Geheimnisse, falls du das meinst.«

»Ach so?« Sie zog die schmalen Brauen hoch, und ich wusste nicht, ob sie ehrlich beeindruckt oder abfällig überheblich war. »Dann hat er dir auch von uns erzählt?« Sie sah nicht, wie ich erneut die Zähne fletschte, weil sie kopfschüttelnd wieder nach vorne sah, um in unsere Straße einzubiegen: »War ja klar.«

Ich hielt es nicht mehr aus. »Danke fürs Fahren«, sagte ich kühl und legte meine Hand an den Türgriff, obwohl unser Haus noch ein paar Hausnummern weiter lag. »Du kannst mich hier rauslassen.«

Vielleicht spürte sie, dass ich die Tür auch aufgerissen hätte, wenn sie weitergefahren wäre, jedenfalls hielt sie an. Ich stieg wortlos aus.

»Valeria«, rief sie noch und lehnte sich vor, um mich über den Beifahrersitz hinweg anzusehen. Ich konnte ihr makelloses Gesicht nicht ertragen. »Es war nicht Raphaels Schuld.«

Ich schlug ihr die Tür vor der Nase zu.

7 Katze aus dem Sack

Valeria

Ich saß auf heißen Kohlen, bis Milias endlich nach Hause kam.

»Seid ihr über Rom nach Hause gelaufen?«, pflaumte ich ihn zur Begrüßung an.

Er zog unwillig die Brauen zusammen, seufzte dann aber tief und setzte seinen Rucksack auf die dritte Treppenstufe zum Obergeschoss, auf der auch schon meine Tasche lag.

»Hey, Val!«

Seine Stimme war sanft, aber ich blieb, wo ich war, mit verschränkten Armen im Schneidersitz auf der Couch, die Folge *Suits* pausiert. Von hier aus starrte ich ihn trotzig an, bis er sich neben mich fallen ließ und eine Hand auf mein Knie legte.

»Wie geht's dir?«

»Keine Ahnung«, fuhr ich auf. »Sag du es mir! Habe ich noch einen Freund?«

Milias' Kopf ruckte nach vorne, während er mich verstört ansah. Manchmal hatte ich das Gefühl, dass wir uns gar nicht ähnlich sahen, aber unsere Augenpartie war die gleiche, und ich hob unwillkürlich meine eigenen Brauen, als sich seine zusammenzogen.

»Hat Raphael etwa Schluss gemacht?«

Die Frage war wie ein Schlag in meine Magengrube. »Hat er das angedeutet?«

Milias strich sich durch die dichten Haare und streckte dann beide

Hände aus. »Okay, langsam«, beruhigte er uns beide. »Raphael hat überhaupt nichts gesagt. Er hat einfach nur 'nen schlechten Tag, aber das hat rein gar nichts mit dir zu tun.«

Er drehte mir den Kopf zu und ich sah das Flehen in seinen Augen, ihn nicht weiter auszufragen. Er wollte diese Situation genauso wenig wie ich. Und das bedeutete, dass da etwas war.

»Hat es was mit dieser Cat zu tun?«, schoss ich ins Blaue.

Milias keuchte. »Hat er dir von ihr erzählt?«

Ich atmete tief durch, bemühte mich, nicht zu schreien oder in Tränen auszubrechen. Vanessa hatte also recht gehabt.

»Wer ist sie?«, wollte ich wissen, starrte geradezu brennende Löcher in das eingefrorene TV-Bild des attraktiven Anwalts Harvey Specter, während Milias an meiner Seite tief durchatmete.

»Das muss Raphael dir selber sagen.«

Statt auf Harvey schoss ich meine Blitze jetzt auf meinen Bruder ab. »Du weißt es also?«

Milias hob entschuldigend die Hände. »Noch mal: Das ist keine Allianz gegen dich oder so. Ich glaube, es gibt nichts, was Raphael und ich uns nicht sagen.«

»Ach wirklich?«, fragte ich und richtete mich auf. Ich musste jetzt einfach etwas zerstören, und es war gerade kein Porzellan da. »Auch die Geschichte mit Vanessa?«

Seine Miene gefror. »*Das* hat er dir erzählt?«

Ich warf fassungslos die Arme in die Luft. »Ernsthaft?!«, fuhr ich auf. »Vanessa ist dir mit *Raphael* fremdgegangen?! Wie könnt ihr überhaupt noch befreundet sein?«

Milias holte tief Luft, wartete, bis ich mich beruhigt hatte, und antwortete dann ruhig: »Das ist Raphaels und meine Sache. Klar hätte ich ihm um ein Haar eine reingehauen, und klar war ich sauer. Aber am Ende ...« Er machte ein undefinierbares Geräusch, zuckte mit den Schultern, »Wenn du die Wahrheit wissen willst: Ein Teil von mir ist ihm dankbar. Ohne das alles hätte ich vermutlich niemals Schluss gemacht. Und dann hätte ich nie Nicole kennengelernt.«

Ich schnaubte verächtlich, hatte die Arme wieder vor der Brust verschränkt. Milias zog sanft daran, um mich zu umarmen.

»Aber das ändert nichts an eurer Beziehung, Valeria.« Er gluckste leise, amüsierte sich über etwas, das nur er sah, und schüttelte leicht den Kopf. »Ich kann nicht glauben, dass ich gerade für eure Beziehung kämpfe. Vielleicht verstehst du jetzt besser, warum ich nicht gerade begeistert war, als das mit euch angefangen hat.« Ich schnaubte erneut, aber Milias sprach schon weiter, drehte meinen Kopf zu sich und sah mir ernst in die Augen. »Aber ich schwöre dir, Val ...« Wieder schüttelte er den Kopf, als wäre das alles hier absurd. »... noch vor zwei Monaten hätte ich jeden Eid geschworen, dass er nie wieder eine Beziehung anfängt, und jetzt seid ihr ein verdammtes Traumpaar!«

Ich konnte seinem Blick kaum standhalten. Meine Lider flackerten, während in meinem Innersten ein Sturm tobte. »Traumpaar« – das Wort füllte meine Brust mit so viel Stolz und Glück, dass ich fast platzte. Aber der andere Satzteil schnürte mir die Luft ab. »Nie wieder« – das hieß, es gab eine Ex-Freundin. Ich war also nur die Nummer zwei.

Raphael

»Valeria weiß von Cat.«

Ich starrte Milias fassungslos an, als er ein paar Stunden später vor meiner Haustür stand. »Du hast es ihr nicht ernsthaft gesagt.«

»Ich dachte, *du* hättest es ihr gesagt!«, antwortete er irritiert und schob sich an mir vorbei in den Hausflur. Schlecht gelaunt drückte ich die Tür ins Schloss.

»Und übrigens auch von Vanessa«, ergänzte er beiläufig, während er seine Jacke auszog und auf den Bügel hängte, den wir auch gleich mit der Aufschrift »Milias« versehen konnten, so oft, wie er hier war.

»Willst du mich verarschen?!«, fuhr ich auf. »Woher?«

»Keine Ahnung. Ich dachte ehrlich, du hättest ihr das erzählt.«

»Ich bin doch nicht lebensmüde! Deine Schwester ist eine ausgewachsene Raubkatze, Mann!«

Milias hob die Hände, während er vor mir die Treppe zu meinem Zimmer hinabeilte, das im Souterrain unseres Hauses lag. »Ich will das nicht hören, Raphael.«

Jetzt musste ich mir ein Lachen verkneifen. So war das zwar nicht gemeint gewesen, aber *das* stimmte auch.

»Und was hast du jetzt vor?«, fragte er, als wir uns auf mein Sofa fallen ließen.

Ich rutschte nach vorne und stemmte die Fußsohlen gegen den Couchtisch. Diese Scheißfrage hatte ich mir den ganzen beschissenen Tag lang gestellt. Mit dem neuen Schuljahr war meine Ex-Freundin zurückgekommen, genauso überraschend, wie sie vor einem Jahr verschwunden war, drei Tage nach Beginn der Sommerferien. Einfach so, ohne mir was zu sagen. Oder vorher Schluss zu machen.

Ich erinnerte mich noch genau, wie ich einen Tag lang Angstzustände hatte, weil ich gedacht hatte, ihr wäre etwas passiert. Wie ihre Mom mir dann erzählt hatte, sie sei auf unbestimmte Zeit zu ihrem Onkel nach Malaysia gezogen, und ich eine Woche lang zwischen Wut und Trauer herumgetitscht war und dann bis zum Ende der Sommerferien zum Zombie wurde, bis ich mit dem neuen Schuljahr einen Schlussstrich gezogen hatte. Scheiß auf Cat.

»Wie kann man eigentlich mitten im Abi wieder einsteigen?«, fluchte ich – zum wiederholten Male an diesem Tag.

Milias sah mich bloß finster von der Seite an. »Empfindest du noch was für sie?«

Ich riss die Arme vor. »Jetzt gerade? Geht sie mir so was von am Arsch vorbei!«

»Klar.« Milias schnaubte. »Hört sich auch total danach an.«

»Ja, was soll ich denn machen? Ich hatte im Gegensatz zu dir nicht den Luxus, mich monatelang aufs Schlussmachen vorbereiten zu können.«

»Ey«, warnte er, aber ich winkte schon ab. Cat war nicht annähernd mit Vanessa zu vergleichen. Rastlos sprang ich auf, tigerte aufgewühlt in meinem Zimmer herum. Dachte an Valeria. Setzte mich wieder. Wippte schlecht gelaunt mit dem Bein.

»Ich ruf Valeria an«, beschloss ich und zog mein Handy aus der Hosentasche. Ich musste es ihr erklären, sie verdiente es einfach.

»Wenn du jetzt mit ihr Schluss machst, während ich neben dir sitze, bringe ich dich um«, erklärte Milias tonlos.

Ich sah ihn verständnislos an, während ich mir das Handy zwischen Schulter und Ohr klemmte, um meine Zigarettenschachtel aus der Hose zu fischen. »Komm mal klar, ich bin doch nicht lebensmüde.«

Mit dem Tuten am Ohr ging ich zum Fenster und zündete mir eine an. Wieso dauerte das so lange?

»Ist sie zu Hause?«, fragte ich Milias.

Er zog die Brauen zusammen, nickte, zuckte mit den Schultern. Tolle Antwort. Der Anruf landete auf ihrer Mailbox.

»*Hi, hier ist Valeria. Entweder bin ich gerade zu beschäftigt, oder du bist gerade nicht wichtig genug. Hinterlass eine Nachricht, und wenn ich Lust habe, ruf ich zurück. Ciao!*«

»Ey«, schnaubte ich und legte auf, bevor das Tonband anspringen konnte. Wenn du mich jetzt ignorierst, Fräulein ...

Ich wählte noch mal, nahm einen langen Zug von der Zigarette und aschte auf die Kieselsteine vor dem Fenster, die den kurzen Schacht auskleideten, der zum Garten hochführte. Sie nahm ab. Danke!

»Hi«, sagte sie tonlos und ich konnte nicht anders: Ich musste angesichts der kühlen Strenge in ihrer Stimme grinsen. Ich war vielleicht manchmal kopflos und jähzornig, aber irgendetwas an Valeria ersetzte alle negativen Gedanken durch ein Grinsen. Weil sie den ganzen Stress einfach wert war, und vor allem, weil sie wusste, dass sie es wert war.

»Hey, Süße!« Ich nahm noch einen Zug und ignorierte Milias' finsteren Gesichtsausdruck von der Couch, der vermutlich ziemlich genauso aussah wie Valerias am anderen Ende der Leitung.

»Was willst du?« Ihre Stimme war immer noch kühl.

»Mit meiner umwerfenden Freundin reden?«, flirtete ich immer noch. »Darf ich das nicht?«

»Ach, bist du sicher, dass sie noch deine Freundin ist?«, fragte Valeria. Autsch, das tat weh! Allein ihr süffisanter Tonfall hinderte meine Brust daran, sich zusammenzuziehen. Spielerisch, herausfordernd, selbstbewusst. So, wie ich ihn liebte.

»Warte, lass mich mal nachschauen ...« Ich tat, als würde ich etwas überprüfen. »Ja. Ja, ich kann bestätigen, das ist sie.« Als ich sie leise lachen hörte, wechselte ich das Handy ans andere Ohr, senkte die Stimme. »Wann sehen wir uns?«

»Hmmm ...« Sie ließ mich lange zappeln. Gott, diese Teufelin! »Um acht?«

Ich hob den Arm, warf einen Blick auf meine Uhr. Drei Stunden. »Überlebe ich nicht«, erklärte ich nüchtern.

Sinnliches Kichern an meinem Ohr. »Dann muss ich wohl Wiederbelebungsmaßnahmen vornehmen.«

Wieder grinste ich, ergötzte mich einen Moment lang an den Bildern in meinem Kopf. »Bis später«, sagte ich leise. »Ich freu mich auf dich.«

Milias sah mich misstrauisch an, als ich mich höchst zufrieden wieder neben ihn auf die Couch fallen ließ. »Was?«, fragte ich vergnügt.

Er schüttelte bloß den Kopf. »Ich werd dich trotzdem umbringen, wenn du ihr das Herz brichst.«

»Ja, ja«, machte ich und platzierte einen Controller in seinem Schoß. »Erst mal kannst du mich virtuell umbringen. Beziehungsweise du kannst es versuchen.«

Ich lachte über meinen eigenen Witz. Im Augenblick fühlte ich mich einfach unbesiegbar. Mit Valeria war ich immer unbesiegbar.

Scheiß auf Cat.

Valeria

heute

»Habt ihr noch mal geredet?« Nicoles Stimme ist mitfühlend, und ich weiß, dass sie von Raphael spricht. Gerade so, als hätte sie meine Gedanken gelesen.

Ich schüttle den Kopf, schnaube leicht. »Du meinst in den letzten drei Jahren?«

So lange ist es her, dass ich nach dem Abi zum Studieren nach Italien gegangen bin. Weil ich es einfach nicht mehr in Raphaels Nähe ertragen habe.

Wieder presst Nicole die Lippen aufeinander, sieht mich so traurig an, dass ich fast anfange zu weinen. Entschieden fahre ich mir mit der Linken durch die Haare. »Ist auch egal. Mir geht's gut! Ich bin happy.«

Ihr Blick folgt meiner Hand und ihre grünen Augen weiten sich in freudiger Erregung. »Oh mein Gott, Val!«, kreischt sie und reißt meine Hand zu sich, betrachtet den Ring mit dem einzelnen Stein in der Mitte. »Bist du etwa verlobt? Wie schön ist das denn, warum hast du denn nichts gesagt? Oh mein Gott, ich freu mich so für –«

»Stopp, stopp!«, rufe ich lachend und ziehe meine Hand zurück. »Nein, bin ich nicht. Um Himmels willen!« Verlegen drehe ich an dem Ring, betrachte ihn einsam an meinem Mittelfinger. Mir ist noch nie aufgefallen, dass er wirklich ein bisschen aussieht wie ein Verlobungsring. Vielleicht weil ich normalerweise einen Haufen Ringe trage, aber in den letzten Wochen so irritierte Haut habe und deswegen nur noch den hier tragen kann – den einzigen aus echtem Gold.

»Das war ein Geschenk von meinem Opa«, kläre ich Nicole auf.

Sie fasst sich an die Brust, stöhnt erleichtert auf. »Oh Gott, ich dachte schon! Also, ich meine, ich hätte mich echt für dich gefreut! Wo ist denn dein Freund eigentlich? Ich habe dich doch ›plus eins‹ auf der Einladungsliste gesehen, oder?«

Wieder seufze ich. Aber bevor ich antworten kann, klirrt ein weiterer Kasten bedrohlich im Flur.

»Wir gehen da wirklich mal besser helfen«, sage ich.

Nicole nickt schuldbewusst und gemeinsam schleppen wir Kiste um Kiste Bier, Wein und Softdrinks in unser kleines Gartenhäuschen, danach ganze Kartons voller Spirituosen.

»Oh Gott, wer soll das denn alles trinken?«, ächze ich.

»Die Frage ist eher, wer morgen Abend nüchtern bleiben will«, lacht Chris. Ich schüttle belustigt den Kopf. Es ist irgendwie tröstlich, dass er sich überhaupt nicht verändert hat. Das erzeugt die Illusion, dass wir alle immer noch jung und voll verrückter Flausen, großer Träume und naiver Pläne sind. Dass wir nie erwachsen geworden sind.

»Wie gut, dass wir alle viel aushalten«, gluckst Chris, »Okay, außer Leonie vielleicht.«

»Leonie?«, frage ich alarmiert, kehre unsanft in die Wirklichkeit zurück. Ist das Raphaels neue Freundin? Warte mal, was ist überhaupt mit Raphael und Cat? Nicole hat meine Frage gar nicht beantwortet, irgendwie sind wir vom Thema abgekommen.

»Renés Kleine«, antwortet Vanessa warm und ich entspanne mich augenblicklich, obwohl ein feiner Schnitt die perfekte Illusion von damals zerreißt. René hat ein Kind. Wir sind keine Jugendlichen mehr, sondern Anfang bis Mitte zwanzig. Wir sind erwachsen.

Zumindest sollte man das meinen.

8 Kindisch erwachsen

Valeria

Knapp vierundzwanzig Stunden später würde ich am liebsten die erste Flasche Tequila exen, bevor es überhaupt losgeht.

Von meiner Vorfreude keine Spur mehr, mir wird sogar regelrecht schlecht, wenn ich an die Party in ein paar Stunden denke. Den ganzen Tag über habe ich bei den Vorbereitungen geholfen und ein bisschen hat es sich wieder angefühlt wie früher, als Milias und ich noch zu Hause gewohnt haben: nachmittags würden wir mit unseren Eltern grillen, und abends würden wir uns in unsere Zimmer im ersten Stock zurückziehen – die mittlerweile zu Bibliothek und Gästezimmer umfunktioniert wurden, was die Illusion ein wenig zerstört. In Letzterem schlafe ich, also schlafe ich quasi in meinem eigenen Zimmer. Aber es ist nicht mehr mein Zimmer.

Trotzdem ist es ein schönes Gefühl, zusammen mit meiner Mama, Oma und Nicole in der Küche Salate vorzubereiten – wie damals Weihnachtskekse zu backen. Wieder kann ich mir beinahe vorstellen, draußen im Garten Milias, meinen Dad und meinen Opa zu hören. Fehlt wirklich nur, dass jeden Augenblick Raphael reinkommt, ein lachendes Blitzen in den blauen Augen und kühle Süße auf den Lippen, wenn er mir einen Kuss stehlen würde. Einen langen Kuss, den Mama gespielt auseinanderscheuchen würde.

Aber natürlich passiert das nicht. Denn wir sind nicht mehr sechzehn und die Welt ist kein Ponyhof. Die Sorglosigkeit ist Uni und erstem

Job gewichen, die rosaroten Wolken einem grauen Himmel mit drohenden Rechnungen statt Taschengeld am Monatsende.

Und Raphael gehört nicht mehr zu mir.

Raphael, der gleich vor der Tür stehen wird.

Ich glaube, ich muss mich übergeben.

Ich schaffe es, das nervöse Bauchkribbeln im Zaum zu halten, selbst als die Party offiziell losgeht. Ich ertränke die Schmetterlinge einfach in Tequila, während immer mehr Gäste ankommen – unter denen sich nicht Raphael befindet.

Dafür aber René mit seiner kleinen Tochter und Frau.

»Oh mein Gott!«, rufe ich aus und kann gar nicht anders, als den pausbäckigen Sonnenschein auf dem Arm unseres alten Freundes anzustrahlen. Es gibt kein Leugnen mehr, dass die alten Zeiten vorbei sind: René hat ein Kind. Und dieses Baby sieht ihm so verdammt ähnlich, dass ich es kaum glauben kann. »Ja, hallo! Wer bist du denn? Ich bin –«

»Valeria!«, erkennt mich René und übergibt das Engelchen der jungen Frau neben ihm, um mich so fest in den Arm zu nehmen, dass ich kaum noch Luft kriege. Es tut gut, ihn zu sehen.

»Oh Mann«, ruft er und hält mich auf Armeslänge von sich, um mich anzusehen. »Live, in Farbe und ohne Filter!«

»Ich benutze gar keine Filter«, beschwere ich mich lachend und boxe ihn spielerisch gegen die Schulter. Auch er hat ein paar Kilos zugelegt und sein früher kantiges Gesicht mit dem gestutzten Ziegenbärtchen ist von undefinierbaren blonden Flusen bedeckt. In seinen Augen blitzt eine Müdigkeit jenseits seiner Jahre, aber auch unendlich viel Glück.

»Wie geht's dir?«, frage ich überwältigt, wende mich dann seiner Frau – Freundin? – zu, »Wie geht's euch?! Oh Gott, ich kann's gar nicht glauben. Hi, ich bin Valeria, Milias' kleine Schwester.«

»Na ja, so klein auch wieder nicht«, feixt René und reißt damit ungewollt ein Loch in meine Seele. Raphael war es, der diesen Spruch geprägt hat, weil »kleine Schwester« für ihn immer nach Kind klang.

»Ich weiß«, holt mich die junge Frau lächelnd aus meiner Melancholie und streckt mir die Hand hin. Sie hat sanfte braune Augen und hellbraune Haare, die zu einem einfachen Pferdeschwanz gebunden sind. »Ich bin Maike. Ich folge dir auf Instagram. Freut mich sehr, dich persönlich kennenzulernen.«

»Oh, wie lieb von dir, danke! Ich freue mich auch sehr – und herzlichen Glückwunsch euch beiden!« Ich erwidere strahlend ihren Händedruck, feucht und schlaff, aber warmherzig. Kein Vergleich zu Lucy. Apropos!

Ich blicke mich suchend um. »Hat jemand Nicole gesehen?«

René reckt den Kopf. »Wahrscheinlich beim Nachtisch?«, tippt er und wir lachen alle.

»Gute Idee, ich geh mal gucken.« Ich winke der Kleinen noch mal und fliehe aus dem Babyglück. So viel Liebe kann ich gerade nicht ertragen.

Auf dem Weg zum Buffet erkenne ich unendlich viele Gesichter wieder und umarme unzählige alte Freunde, die ich mehr vermisst habe, als ich mir in Mailand eingestehen wollte.

»Angeli!«, kreische ich überwältigt, als eine kleine Gestalt auf mich zuwuselt. Angelina ist seit Kindesbeinen Milias' beste Freundin, ein sommersprossiges Wunder an Gesangskraft und Intelligenz. Sie und Chris waren einfach perfekt füreinander. Plötzlich überfällt mich bodenlose Trauer bei dem Gedanken daran, dass die beiden nicht mehr zusammen sind. Teil zwei des Realitätsschocks des Erwachsenseins. »Wie geht's dir?«

»Val, oh mein Gott! Gut siehst du aus! Wow, schau dich an, genau wie auf Instagram. Ich fass es nicht. Wahnsinn!«

Ich lache geschmeichelt, wische ihre überschwänglichen Komplimente verlegen weg. »Du aber auch, Angeli!«

Angelina ist nicht auseinandergegangen wie die zwei Jungs. Tatsächlich steht ihr das Erwachsensein: der reife Zug um die Mundwinkel, der kluge Blick ihrer Augen. Ihr früher süßes Pausbackengesicht sieht jetzt aus wie das einer hübschen jungen Frau.

»Und die Frisur steht dir super!«, rufe ich begeistert. Sie trägt ihre einst kinnlangen Naturlocken in einem kurzen Bob, der die Sprungkraft schön zur Geltung bringt und sie frech und selbstbewusst wirken lässt.

»Danke, was für ein tolles Kompliment! Hast du das Geburtstagskind schon gesehen?«

Ich recke den Hals, um in unserem mittlerweile gut gefüllten Garten meinen Bruder ausfindig zu machen. Ich weiß, dass er heute ein schwarzes Hemd und sandfarbene Chinos trägt. Trotzdem brauche ich eine Weile.

»Da!«, rufe ich und zeige mit dem Finger auf ihn, im selben Moment, in dem mein Herz eine Bruchlandung macht.

Scheiße! Er ist da. Und er sieht kein bisschen anders aus als früher. Scheiße! Ich glaube, ich muss mich übergeben.

»Ach, super. Warte, ist alles okay mit dir?«

Ich zwinge meine Augen von Raphael zurück zu Angelinas besorgtem Blick. Nicke mechanisch. Entschuldige mich und strauchle auf meinen Keilabsätzen über unseren Rasen davon.

Ich kann meinem Ex-Freund für ungefähr eine halbe Stunde entkommen, in der ich mich gezwungenermaßen bei Chris, René und Maike mit dem Baby aufhalte – todsicher der letzte Ort, den Raphael freiwillig aufsuchen würde.

»Wie alt ist sie jetzt?«, frage ich, bloß um das Gespräch in Gang zu halten.

»Acht Monate«, strahlt Maike, während Chris in echter Patenonkel-Manier die kleine Leonie mit Grimassen bespaßt und auf seinen ausgestreckten Armen fliegen lässt. »Bald ist deine Taufe, nicht wahr, mein kleiner Schatz? – Willst du sie auch mal halten?«, fragt sie mich unvermittelt.

Augenblicklich hält Chris sie mir hin, aber ich weiche einen Schritt zurück. »Sorry … lieber nicht. Ich kann nicht so gut mit Kindern.«

»Hast du es schon mal versucht?«, fragt René sanft. »Ich dachte zuerst auch, ich schaffe das nicht. Aber es ist so unfassbar einfach.«

»Ja, und sie ist total pflegeleicht«, pflichtet Maike ihm bei.

»Und sabbert kaum noch«, fügt Chris grinsend hinzu.

Ich muss lachen. »Also schön«, gebe ich mich geschlagen. »Nur kurz.«

Überglücklich verfrachtet Maike ihre kleine Tochter von Chris' Schulter an meine, platziert meine Hände an Popo und Hinterkopf und strahlt mich an. »Na also. Steht dir!«

»Lass dir nichts einreden«, höre ich plötzlich eine tiefe Stimme hinter mir. »Steht dir nicht.«

Ich schwöre, ich hätte beinahe das Baby fallen lassen. Stattdessen drücke ich Renés Tochter noch enger an meine Schulter, als könnte ihr winziger Körper Raphael auf Abstand halten.

»Was machst du hier?«, entfährt es mir.

Okay, dämliche Frage. Denkt Raphael wohl gerade auch, gemessen an seinem Gesichtsausdruck. Er sieht wirklich noch genauso aus wie früher, nur ... reifer, kantiger. *Sexier*. Scheiße! Wäre er doch nur genauso auseinandergegangen wie Chris. Oder seine Augen genauso erschöpft wie Renés. Oder sein Bart genauso ungepflegt wie der der meisten hier. Aber nein, dieser Mistkerl sieht geradewegs aus wie einem Modeplakat entstiegen mit seinem verwegenen Dreitagebart und den neu gestylten blonden Haaren, an den Seiten kürzer und oben länger. Vor allem in diesem – was ist das? Etwa ein maßgeschneidertes Hemd?

Plötzlich fängt das Baby an meiner Schulter an zu quengeln.

»Ja, Leonie, du hast recht. Lauf weg, solange du noch kannst.«

Ich habe kaum Zeit, Raphael wütend anzustarren, weil ich schnellstens das kleine Bündel seiner Mutter zurückgeben will – und dafür meine Haare aus dem fest geschlossenen Fäustchen befreien muss.

»Du hast gut reden«, höhnt René, nachdem er Raphael zur Begrüßung umarmt hat. »Willst du sie mal nehmen?«

Raphael schnaubt belustigt, während er auch mit Chris einschlägt. »Ganz sicher nicht.«

Er nickt Maike samt Kleinkind kurz zu, dann heften sich seine blauen Augen wieder auf mich. Und sein Blick trifft immer noch eine Stelle in meinem Innersten, die niemand sonst findet.

Um den Gefühlssturm zu überspielen, schnaube ich verächtlich.

»Hätte auch nichts anderes erwartet. Bevor Raphael ein Kind auf den Arm nimmt, friert die Hölle zu.«

In seinem Gesicht zuckt ein Muskel, als er mich wieder ansieht. Seine Augen verengen sich leicht zu diesem intensiven Blick, der mich nachts immer noch wach halten kann.

Wir tun es schon wieder, kaum dass wir uns zwei Minuten gesehen haben. Wir versuchen einander zu besiegen, uns gegenseitig zu verletzen, um unseren eigenen Schmerz zu verbergen. Wann haben wir eigentlich damit angefangen? Besser gesagt, wann haben wir aufgehört, uns danach wieder gegenseitig zusammenzuflicken?

»Weil du mich so gut kennst«, schnaubt er ironisch und kommt einen Schritt näher. Diese unverschämt selbstgefällige Aura hüllt ihn ein wie ein tödliches Aphrodisiakum. »Wer sagt, dass ich nicht selbst ein Kind habe?«

Ich kann nicht verhindern, dass mir alle Gesichtszüge entgleiten. »Hast du nicht!« Es ist mehr ein Leugnen als ein Widerwort. Es ist ein Flehen, aber Raphaels Gesichtsausdruck bleibt vollkommen ernst.

»Jean-Pierre wird nächsten Monat zwei.«

Ich bemerke, dass ich vergessen habe zu atmen, und schnappe entsetzt nach Luft, während mein Hirn fieberhaft rechnet, aber im Augenblick nicht einmal gleichzeitig blinzeln und atmen kann.

René bricht als Erster in Lachen aus, kurz darauf zucken auch Raphaels Mundwinkel. Mir wird augenblicklich heiß, vor Scham, dass ich auf seinen grausamen Witz hereingefallen bin. Vor allem jedoch vor Erleichterung.

Raphael lacht jetzt offen, ein gleißender Sonnenstrahl zwischen den Gewitterwolken seiner Miene. »Glaubst du ernsthaft, ich würde meinen Sohn Jean-Pierre nennen?«

Ich kann nur fassungslos den Kopf schütteln und erkenne allmählich das ganze Ausmaß meiner Dummheit. Jeder weiß, dass Raphael Französisch über alles hasst, sogar noch mehr als Kinder. Ich bin tatsächlich darauf reingefallen. Wütend auf ihn und noch mehr auf mich selbst starre ich ihn an, während er mich immer noch amüsiert ansieht.

»Ich freue mich auch, dich wiederzusehen, Valeria«, sagt er jetzt, in seiner tiefen Stimme nur noch ein Hauch von Schalk, ja, sogar fast Leichtigkeit. Ein Friedensangebot. Das kann er sich klemmen.

Ich schnaube. »Leck mich, Raphael!«

Jetzt hebt er eine Augenbraue, deutet ein Grinsen an. Und dann, ohne Vorwarnung: »Nicht vor all den Leuten.«

Das ist zu viel. Bevor ich es verhindern kann, verursachen die widersprüchlichen Gefühle in mir einen Kurzschluss. »*Cazzo vuoi da me, stronzo?!*« – Was zum Teufel willst du von mir, Arschloch?

Raphaels Grinsen wird noch breiter. »Eigentlich war ich nur neugierig, wie lange du dich noch vor mir verstecken willst, aber –«

»Ich verstecke mich überhaupt nicht vor dir!«, fauche ich.

»– dann ist mir aufgefallen, wie lange ich keine italienischen Flüche mehr gehört habe. Und wie verdammt sexy das ist«, redet Raphael einfach weiter. Ist das sein scheiß Ernst?

»Ich kann dir gleich sexy eine reinhauen!«, zische ich.

Der hat sie ja wohl nicht mehr alle! Er kann doch nicht einfach mit dieser selbstgefälligen Arroganz auf mich zuspazieren und so tun, als hätte sich nichts zwischen uns geändert. Als wäre diese ganze Scheiße nie passiert. Als hätte er mir nicht das Herz herausgerissen und an die Aasgeier der Treulosigkeit verfüttert.

René prustet los, kurz darauf auch Chris. »Ach Leute, ich hab euch vermisst«, frohlockt er und legt je einen Arm um mich und Raphael.

Der grinst selbstzufrieden, aber ich verschränke die Arme vor der Brust. Mehr als Selbstverteidigung gegen die ungebetenen Gefühle denn aus Trotz.

»Ähm ... okay?«, macht Maike, die mittlerweile wieder ruhige Leonie beschützend an ihre Schulter gedrückt, und sieht zwischen Raphael und mir hin und her, als wären wir tickende Zeitbomben.

»Ach, weißt du«, startet René den Versuch einer Erklärung und entlässt mich dankenswerterweise wieder aus seinem Arm, »Raphael und Valeria zu beobachten, war schon immer ein bisschen wie *Game of Thrones* gucken.«

Jetzt ziehen wir beide gleichermaßen eine Grimasse. Raphael hebt eine Augenbraue. »Sex und Drachen?«, rät er.

Ich boxe ihm gegen den Oberarm, so fest ich kann.

Aua! Wir zucken beide zurück; er vor Überraschung und ich vor Schmerz, als meine Fingerknöchel beim Aufprall knacken. René bricht erneut in Lachen aus, Maike schrickt zurück.

»Eigentlich meinte ich eher, dass eure Beziehung wie ein Lied von Eis und Feuer ist, aber ... das Bild stimmt auch irgendwie«, räumt René ein, bevor Maike ihm beinahe ins Wort fällt:

»Alles okay, Valeria?«

Ich nicke, während ich mir die Knöchel reibe. Hat sich schlimmer angehört, als es ist. »Ja ... bloß ziemlich hart.«

Chris prustet und Raphael wirft mir einen Blick zu, bei dem mir bis zu den Haarwurzeln heiß wird. Oh Gott! Das war die perfekte Vorlage, und ich sehe förmlich, wie er mindestens fünf Erwiderungen nicht ausspricht. Na ja, zumindest nicht mit Worten.

Stattdessen schüttelt er mit kaum verstecktem Grinsen den Kopf, lässt gönnerhaft den Blick schweifen und die sexuelle Spannung in der Luft hängen. Sollen die anderen sie interpretieren, wie sie wollen.

Es ist genau wie früher, als wir inmitten unserer Freunde stumme Blicke und beiläufige Gesten ausgetauscht haben. Genau wie früher, als ich noch jung und naiv genug war, um darauf reinzufallen. Ich muss mich zusammenreißen, bevor ich noch mal denselben Fehler mache.

»Was sagt denn deine Freundin dazu?«, frage ich spitz.

Sein Blick wandert zu mir und er hebt einen Mundwinkel. Er weiß, worauf ich es anlege. Er ist einfach zu clever. Aber er tut mir nicht den Gefallen, meine ungestellte Frage nach seinem Beziehungsstand aufzulösen, scheint meine Anspannung geradezu zu genießen.

Maike macht ihm einen Strich durch die Rechnung – und mir jede Hoffnung zunichte: »Ja, wo ist dein Anhang heute?«

Raphael erlöst mich endlich von seinem Blick, als er sie tadelnd ansieht und dann beiläufig mit den Schultern zuckt. »Arbeiten.«

Ich schnaube. Unbeabsichtigt, aber jetzt ist es zu spät, also kann ich auch gleich den Gedanken laut aussprechen: »Kellnert sie?« Wer sonst muss an einem Samstagabend arbeiten? Ich kann mir Cat geradezu bildlich vorstellen, wie sie in einem Restaurant Teller trägt – und verdränge schnell den Gedanken, dass ich selbst in einer Bar jobbe.

Raphael spielt den Schmetterball ohne die geringste Anstrengung zurück und versenkt ihn schmachvoll in meiner Seite des Spielfelds: »Betriebsfeier. Führungsetage.«

Na toll! Während ich die Niederlage einstecke, zuckt er erneut mit den Schultern und wendet sich wieder den anderen zu. »Wenn es nicht zu spät wird, kommt sie eventuell nach.«

»Na dann«, sage ich beschwingter, als ich mich fühle. Eigentlich will ich mir gar nichts anmerken lassen, aber ich kann mich nicht gegen das alles verzehrende Feuer in meiner Brust wehren. Das Feuer der Eifersucht. Dasselbe Feuer wie vor fünf Jahren. Ich kann nicht glauben, dass die zwei wirklich noch zusammen sind. Oder – *wieder*.

»Was ist denn mit dir, Val?«, fragt René jetzt und nimmt seiner Freundin die Kleine ab, zieht das winzige Hemdchen gerade. »Wieso hast du kein Date?«

Ich zwinge ein Lächeln auf mein Gesicht und ignoriere Raphaels interessierten Blick. »Mein Date musste leider in Italien bleiben. Masterarbeit«, füge ich nicht ohne Stolz hinzu.

Aus dem Augenwinkel sehe ich Raphael mit den Augen rollen und meine ihn abfällig »Studenten ...« murmeln zu hören.

»Hui!«, macht Maike indes begeistert, »Welches Fach?«

»Mediendesign«, antworte ich überlegen.

»Wahnsinnig spannend«, kommentiert Raphael. »Aber viel wichtiger ist doch die Frage: Date wie Sex oder Date wie Beziehung?«

Er sieht mir direkt in die Augen, herausfordernd, überheblich und unheimlich von sich selbst überzeugt. Ich starre wütend zurück.

Als ob das gerade irgendwas zur Sache tut, nachdem du mir deine tolle Führungsetagen-Beziehung auf die Nase gebunden hast!

Er denkt, er kann mit mir spielen, aber das kann er vergessen. Ich will ihm entgegenschleudern, dass ihn das überhaupt nichts angeht.

Aber dann fällt mir etwas Besseres ein: Triumphierend hebe ich meine linke Hand und spreize die Finger.

»Date wie verlobt.«

9 Das verflixte Wort

Raphael

Ich brauche einen Drink. Oder zwei. Warum nicht gleich die ganze Flasche.

Während ich an der aus Paletten improvisierten Bar stehe und mit jedem, der will und nicht will, Tequila trinke, kann ich an nichts anderes denken als an Valeria. Heute Abend. Und vor fünf Jahren. Und jeden einzelnen Tag dazwischen.

Sie sieht exakt so aus wie auf den Fotos und noch besser als früher. Ich bin einer dieser Pinnwand-Fotosammler, und immer wenn ich die Schnappschüsse von damals ansehe, stelle ich fest, dass Teenager auf zwei Arten erwachsen werden: Entweder sie lassen sich ab der ersten Wohnung, Freundin, Job und spätestens Kind vollkommen gehen. Oder sie verlieren ihren Babyspeck, und die kindlichen Züge werden interessanter, reifer, attraktiver – in Valerias Fall alles zusammen.

Aber noch viel schlimmer ist, dass sie immer noch genauso leidenschaftlich ist wie früher, genauso impulsiv und willensstark, und dass mich das noch genauso anzieht wie früher. Was sich Valeria in den Kopf setzt, das bekommt sie auch. Und in diesem Fall ist es wohl eine Hochzeit.

Ich stemme die Hände auf die Paletten und lege den Kopf in den Nacken, blicke in den indigoblauen Abendhimmel auf, der gen Horizont in Rosa und Orange verläuft. Tequila Sunset. Tequila Nightmare, denke ich bitter und stürze noch einen Kurzen hinunter.

»Hallo, schöner Mann«, begrüßt mich eine schelmische Stimme von der Seite. »Betrinken Sie sich etwa alleine?«

Ich drehe den Kopf – und muss für einen Moment in meinem Gedächtnis kramen.

»Lucy?«

Sie strahlt bis über beide Ohren und breitet die goldbereiften Arme aus. Ich drücke sie an mich, ihr Körper ist noch drahtiger als früher. Und ihre rotblonden Haare sind kürzer, fallen ihr in kinnlangen Locken wirr ins Gesicht.

»Es ist toll, dich zu sehen«, strahlt sie jetzt, lässt den Blick über mich wandern, zupft an meinem Hemd. »Du siehst gut aus!« Sie lacht. »Also, ich meine, du sahst immer gut aus, aber ... du weißt ja.«

Ich zwinkere ihr zu. »Ich weiß. Du siehst auch super aus. Steht dir.«

Ich gestikuliere zu ihren Haaren und sie wippt grinsend auf den Sandalen vor und zurück, ihre blauen Augen leuchten noch mehr.

Wir lachen beide. Das Wiedersehen mit Lucy ist herrlich unkompliziert. Positiv. Frei. So völlig anders als mit Valeria. Valeria hat mir nicht einmal Hallo gesagt, ganz zu schweigen von einer Umarmung. Warum habe ich eigentlich immer ein Händchen für die komplizierten Frauen? Ich seufze innerlich, als mir auffällt, dass die komplizierten Frauen nun einmal die mit den vielen Facetten und starken Charakterzügen sind – und damit die interessanten.

»Du trinkst allein? Ist was passiert?« Ihre Hand schnellt zu ihrem Mund. »Ich bin noch nicht zu spät, oder?« Sie blickt sich im Garten um, aber jeder hat eine gute Zeit, trinkt, quatscht und genießt die Musik.

»Auf einer Party kann man nie zu spät sein«, erkläre ich, angle ein zweites Glas von der hinteren Palette und schenke uns beiden ein.

»Tequila.« Ihre Augen blitzen wissend, während ihre beringten Finger nach dem Glas greifen. Sie sieht ein bisschen aus wie eine überladene Boho-Hippie-Queen, aber genau das ist Lucy. Das war sie schon immer. Und es passt zu ihr.

»Tequila«, bestätige ich.

Wir prosten uns zu und trinken, ohne uns aus den Augen zu lassen.

Ihr Blick fällt auf meine Lippen, dann grinst sie und wischt sich über den rot geschminkten Mund. Ich schüttle amüsiert den Kopf, ein leises Lächeln auf den Lippen. Es war nur ein einziges Mal, ganz zu Beginn, noch vor Valeria. Lucy war frei und wild, und ich war ... Na ja. Eben, wie ich war.

Dann bricht Lucy in Lachen aus, lehnt sich rückwärts gegen die Palette und blickt sich zufrieden um. »Ist cool, wieder hier zu sein. Fühlt sich genau wie früher an.«

Ich schiebe ein Dutzend ungebetener Gedanken weg. »Ja, fast.«

Plötzlich dreht sie den Kopf und sieht mich an. Manchmal kriegt man wirklich das Gefühl, Lucy blickt einem direkt in die Seele. Aber ich gebe nicht klein bei. Und dann wirft sie einen Arm um meinen Hals und drückt mir einen Kuss auf die Wange.

»Du bist erwachsen geworden, Raphael.«

Ich schnaube bloß zur Antwort. Ja klar. Deswegen stehe ich hier und betrinke mich, weil meine Ex-Freundin 'nen scheiß Ring am Finger trägt.

»Komm!« Sie nimmt mir die noch fast volle Flasche aus der Hand und ersetzt sie durch eine kühle Bierflasche, hakt sich bei mir unter und führt mich zurück zu Milias und Nicole, wo wir erst einmal Zeugen der herzzerreißendsten Wiedervereinigung seit 1989 werden. Lucy schreit, Nicole quietscht und Milias und ich tauschen einen wohlwollenden Blick, während sich die Freundinnen lachend in den Armen liegen. Bis Nicole anfängt vor Glück zu schluchzen und das Gesicht in Lucys Locken vergräbt. Wir quetschen uns zu viert auf die Hollywoodschaukel, wo Lucy fröhlich die Arme über Nicoles und meine Schulter ausbreitet.

»Leute, ist das schön! Ehrlich, ich freu mich so sehr.« Sie klatscht uns auf die Oberschenkel. »Was gibt's Neues?«

Ich schnaube und nehme einen tiefen Schluck aus der Bierflasche, deren Etikett allmählich aufweicht, während Nicole mit leuchtenden Augen rekapituliert. Über ihre kürzlich abgeschlossene Ausbildung zur Krankenschwester und Milias' Studium, über ihre gemütliche Wohnung und die neuen Vorhänge, über René und Leonie.

Lucy hüpft aufgeregt. »Ja, ich hab's auf Facebook gesehen! Voll süß. Sie sieht ja einfach mal genauso aus wie René! Ich hab ihm zwar schon auf WhatsApp gratuliert, aber ich muss gleich mal rübergehen.«

Ich starre auf das platt getretene Gras vor uns, während das Holz unter uns bei jeder Schaukelbewegung leicht knarzt. Wieso schaffen es eigentlich alle, nach ihrer Beziehung Freunde zu bleiben? Lucy gratuliert René auf WhatsApp zur Geburt seiner Tochter, Vany ist auf Milias' Geburtstagsparty eingeladen, Chris und Angelina lernen noch zusammen. Und Valeria und ich sehen uns zum ersten Mal nach dreieinhalb Jahren und streiten sofort wieder?

»Ja, stimmt, Mailand!«, ruft Lucy jetzt. Ich werde hellhörig. »Die ist ja jetzt Influencerin!«

Wie ist das Thema denn jetzt auf Valeria gekommen?

»Micro-Influencerin«, korrigiere ich geistesabwesend, ziehe das aufgeweichte Etikett in Streifen von der Flasche.

»Ach ja, so nennt man das«, stimmt Lucy zu. »Wie viele tausend Follower hat sie noch mal?«

»Zwanzig Komma eins.« Ich weiß selbst nicht, warum ich das so genau weiß. »Und Micro-Influencer haben zwischen tausend und hunderttausend Follower in einer Nische mit hohen Interaktionsraten«, gebe ich dann wieder, was mir Patricia aus dem Marketing letzte Woche erklärt hat, und nehme noch einen Schluck.

Lucys Gesicht schiebt sich in mein Blickfeld. »Da beobachtet jemand Valerias Account aber ganz genau.«

Ich schnalze betont genervt mit der Zunge, weil ich jetzt keine Psychoanalyse meiner noch nicht ganz verarbeiteten letzten Beziehung haben will. »Ich kann mir einfach gut Zahlen merken«, erwidere ich und recke den Kopf über sie, um nach Milias und Nicole zu sehen. Die zwei sind anderweitig beschäftigt. »Immerhin verdiene ich damit mein Geld«, rufe ich laut und strecke den Arm aus, um ihm die vom Kondenswasser nasse Bierflasche in den Nacken zu drücken. Milias zuckt hoch, ich lache und beende den Satz, indem ich ihm zuproste: »Nicht so wie unser Mann des Tages als fauler Vollzeitstudent!«

»Hey«, erwidert er und nimmt mir die Bierflasche ab. »Unser Mann des Tages ist zufällig fast Master of International Business Administration und verdient bald mehr als du.«

Ich gebe mir nicht mal die Mühe, mein Glucksen zu verbergen. »Lass uns mal gucken, ob mein Autoschlüssel mehr wert ist als dein Titel – oh warte, den hab ich ja auch«, höhne ich augenzwinkernd.

»Echt?«, fragt Lucy dazwischen. »Du hast ein duales Studium bei Santeon gemacht, oder? Finanzen oder so ähnlich?«

Ich nicke grob und will präzisieren, als Milias lacht: »Ich sage ja, in fünf Jahren! Nächsten Monat steige ich mit meiner Masterarbeit als Junior Consultant ein.«

Ich schüttle den Kopf. »Junge, in fünf Jahren bin ich Senior Analyst. Ehrlich, mit 'nem dualen Studium hättest du schon so viel mehr. Könntest mal in den Urlaub fahren, Nicole was Schönes kaufen, raus aus der winzigen Wohnung ...«

Ich zwinkere Nicole freundschaftlich zu zum Zeichen, dass ich die beiden nur aufziehe, während Milias einen Moment lang geradezu durch mich hindurchsieht. Ich bin kurz davor, ihn zu fragen, ob alles okay ist, da hebt er einen Mundwinkel, lächelt entrückt und gibt mir die Flasche zurück.

»Dafür schubse ich nicht den ganzen Tag Zahlen von links nach rechts.«

»Das wäre auch eine Katastrophe für alle Beteiligten«, lache ich. Nichts gegen Milias, aber in Mathe war er nie die hellste Leuchte. Und entgegen allem, was ich gerade aus Spaß gesagt habe, kann ihn mir tatsächlich richtig gut als Berater vorstellen. »Weißt du, es hat schon 'nen Grund, warum ich in der Abizeitung bei ›Jüngster Millionär‹ stand und du bei ›Perfekter Schwiegersohn‹«, beende ich das Thema vielsagend.

Neben den unzähligen anderen Rankings, in denen mein Name vertreten war. »Traumpaar« zum Beispiel. Ich verziehe das Gesicht und leere meine Bierflasche.

»Oh Gott«, lacht Lucy da. »Andersherum wäre das auch ein Desaster – stellt euch vor, Raphael mit Frau und Kind.«

Ich schnaube erneut, stelle fest, dass meine Bierflasche leer ist und zünde mir stattdessen eine Zigarette an.

»Noch jemand?«

Ich weiß, dass Milias aufgehört hat und nur noch hin und wieder raucht, meistens auf Partys. Sollte ich vielleicht auch mal machen. Lucy allerdings greift zu, bloß um von Nicole einen empörten Stoß zu kriegen, der in der engen Schaukel direkt auf mich übergeht.

»Keine Sorge, nur Gelegenheitsraucherin«, beruhigt Lucy ihre beste Freundin, nachdem ich ihr die Zigarette angezündet habe.

»Das ist trotzdem nicht gesund!«, beharrt Nicole eisig. Ihr Opa ist damals an Lungenkrebs gestorben, und die Tatsache, dass Milias zu der Zeit Raucher war, hätte die beiden fast ihre Beziehung gekostet. Ich schnaube erneut. Wenn die Hindernisse in meinen Beziehungen auch so lächerlich klein gewesen wären ... Vielleicht wäre ich dann auch immer noch mit meiner Freundin aus Jugendtagen zusammen. Zumindest mit einer von beiden.

Ich inhaliere tief. »Zu viel Fleisch, zu wenig Bewegung und das falsche Duschgel auch nicht«, antworte ich schulterzuckend. »*So what*, wir leben nur einmal.«

Lucy nickt und Nicole atmet beherrscht ein, während wir vier auf der Schaukel sitzen und sachte vor- und zurückwippen. Milias starrt wieder abwesend auf den Rasen, eine seltsame Mischung aus aufgekratzter Rastlosigkeit und Tatendrang in seinem Blick.

»Weißt du was, Raphael?«, sagt er plötzlich. »Du hast recht.«

Ich stehe auf, um mir ein neues Bier zu besorgen. »Ich habe immer recht.«

Vielleicht habe ich immer recht, aber ich bin nicht allwissend. Wenn ich es wäre, hätte ich einiges anders gemacht. Ziemlich vieles, um genau zu sein.

Aber meine eigenen Verfehlungen treten vorübergehend in den Hintergrund, als Milias leichtfüßig auf die Terrasse springt, die mittlerweile im Halbdunkel der Abenddämmerung von hohen Windlichtern und einer Lichterkette beleuchtet wird. Die Sonne ist jetzt fast vollständig untergegangen, aber der gelbrosa Horizont ist immer noch hell genug, um jede Ecke des Gartens zu erreichen.

»Hey!«, ruft Milias gut gelaunt und reibt die Hände aneinander, voll und ganz der charismatische Entertainer, der er schon immer war. Ja, er wird ein guter Berater. Ich nehme einen Schluck aus meiner neuen Bierflasche – diesmal alkoholfrei –, während die beachtliche Gästeanzahl allmählich verstummt.

»Wow, ich freu mich wahnsinnig, dass ihr alle gekommen seid. In manchen Fällen buchstäblich keine Kosten und Mühen gescheut – und selbst die weiteste Reise auf euch genommen habt. Danke!«

Mein Blick wandert zu Valeria, die sich gegen die nahe Hauswand lehnt, ein Sektglas in der beringten Hand. Ich zwinge mich wegzusehen. Ich bin selbst schuld.

»Manch einer hat sich bestimmt gefragt, warum diese Party so völlig ausgeartet ist, wenn ich doch *bloß* dreiundzwanzig werde.« Er setzt das Wort mit den Fingern in Anführungszeichen. »Tatsache ist, ich wollte euch einfach um mich haben. Manche von euch kenne ich schon eine gefühlte Ewigkeit«, er nickt mir zu und ich hebe meine Flasche zum Prosit. »Manche erst seit ein paar Monaten.« Er hebt das Kinn irgendwo in die Menge, wo vermutlich Kommilitonen stehen. »Und manche seit Jahren. So wie meine zauberhafte Freundin Nicole.«

Er streckt einladend die Hand nach ihr aus und sie trottet mit gesenktem Kopf, aber strahlenden Augen die Stufen hinauf. Sie sieht hübsch aus in dem weißen Sommerkleid, und ich muss auch lächeln. Die zwei sind wirklich ein tolles Paar.

»Fünf Jahre – und einen Tag«, verkündet er augenzwinkernd, und mein Lächeln verblasst.

Danke, bitte streu noch mehr Salz in die Wunde. Milias und Nicole sind am selben Tag zusammengekommen wie Valeria und ich. Tja, deren Beziehung hat *geringfügig* besser gehalten.

»Das ist nächstes Jahr ein Viertel meines Lebens. Fünfundzwanzig Prozent«, fährt Milias fort und ich rechne automatisch nach. Sechs

Jahre – mit vierundzwanzig. Das ist schon crazy. »Und wenn es nach mir geht, dann will ich mindestens fünfundsiebzig Prozent vollmachen«, fährt Milias fort.

Lucy neben mir fängt an aufgeregt zu wippen – und plötzlich rastet in meinem Kopf etwas anderes ein als die Hochrechnung, dass er dafür zweiundsiebzig Jahre alt werden muss.

Ich hatte keine Ahnung. Aber ich weiß es, noch bevor mein bester Freund in die Hosentasche greift.

Alter.

Auf ein Knie geht.

Das machst du nicht wirklich.

Und Nicole einen Heiratsantrag macht.

Valeria

Ich verschlucke mich an meinem Sekt. Prickelnde Kohlensäure schießt mir in die Nase und treibt mir Tränen in die Augen. Ich kriege nur verschwommen mit, wie Nicole die Hände vor den Mund schlägt, sprachlos den Kopf schüttelt und dann umso heftiger nickt.

»Oh mein Gott, ja! Ja, natürlich. Oh ...«

Sie holt zitternd Luft – und bricht vor Freude in Tränen aus, während Milias ihr, immer noch kniend, den Ring ansteckt und dann aufsteht, um sie zu küssen.

Ich bin sprachlos. Ich bin fassungslos. Ich bin so unendlich glücklich für die beiden.

Tatsächlich bin ich die Erste, die in all dem Jubeln und Klatschen auf die Terrasse stürmt und beiden um den Hals fällt. In Nicoles grünen Augen schimmern immer noch Tränen, aber ihr Strahlen lässt die Lampions und alle Sterne verblassen.

»Oh, Nicole! Oh, Milias! Ich freu mich so für euch!« Ich kann es kaum in Worte fassen. Ich kann nicht aufhören, Nicoles zierlichen Körper an mich zu drücken und das Gesicht meines Bruders zu küssen.

Milias zieht mich glücklich und sehr zufrieden mit sich selbst in seine Arme, küsst meinen Scheitel.

»Danke, Val«, sagt er warm. »Das bedeutet mir viel. Es ist toll, dass du gekommen bist.«

Ich dränge mich gegen seine Brust. Es tut gut, seine Umarmung zu spüren. Ich war viel zu lange weg. »Ich schwöre, ihr seid das beste Paar, das jemals auf Erden wandelte!«

»Na ja, das ist vielleicht ein bisschen übertrieben«, gluckst eine andere Stimme wohlwollend hinter mir. Schon wieder Raphael, der es als Zweiter auf die Terrasse schafft, genauso überwältigt wie ich. Genauso glücklich für die beiden.

Widerstrebend löse ich mich von Milias, um ihm Platz zu machen.

»Alter ...« Raphael schüttelt anerkennend den Kopf, dieses seltene, ehrliche Lächeln auf den Lippen, das mein Herz kurz aussetzen lässt. »Du hättest mir was sagen können.«

»Du wusstest es nicht?!«, platze ich heraus. Unvorstellbar!

Raphael sieht mich an, und für einen winzigen Moment gilt sein Lächeln mir. Ich möchte auf der Stelle in Tränen ausbrechen.

»Keiner wusste es«, enthüllt Milias selbstzufrieden. »Außer Lucy. Irgendjemand musste ja einen Ring aussuchen.«

Nicole lacht glücklich und betrachtet den funkelnden Stein an ihrem Ringfinger, während sich um uns herum allmählich eine Traube an wartenden Gratulanten bildet.

Raphael umarmt Nicole fest, dann Milias. »Ich freu mich, Mann. Ich freu mich wirklich.«

Milias strahlt. »Danke! Um ehrlich zu sein, hatte ich Bedenken, dass es zu früh ist.«

Mir wird zum ersten Mal klar, dass Nicole erst einundzwanzig ist. Dass *ich* erst einundzwanzig bin – und vorhin behauptet habe, mit jemandem verlobt zu sein, den ich im Gegensatz zu den beiden nicht schon seit fünf Jahren kenne.

»Das war auch mein erster Gedanke«, gesteht Raphael mit rauer

Stimme. »Aber weißt du was? Ich kenne nur ein Paar, das noch früher geheiratet hat. Und was soll ich sagen, sie sind heute noch glücklich.«

Milias grinst im selben Moment, in dem ich erstarre, als wir auf dieselbe Antwort kommen: »Deine Eltern.«

10 Hochmut kommt vor dem Fall

❖

Raphael

früher

Ich erinnere mich noch gut an den Tag, an dem mir zum ersten Mal auffiel, wie früh meine Eltern tatsächlich ein Kind – mich – bekommen und geheiratet hatten. Es war derselbe Tag, an dem meine Beziehung auch ihren zweiten Flügel verlor und vollends in den Sinkflug ging.

Es war Samstag, der sechzehnte November. Das weiß ich nicht so genau, weil ich mir gut Zahlen merken kann, sondern weil es ein Tag vor meinem neunzehnten Geburtstag war.

Ich war den ganzen Tag schon schlecht gelaunt, weil anscheinend alle vergessen hatten, dass ich morgen Geburtstag hatte und man perfekt reinfeiern könnte. Stattdessen war Valeria mit einer Freundin verabredet und abgesehen von Milias hatten alle etwas vor. Aber das Schlimmste war, dass meine Tante mit meinen drei pubertären Cousins zu Besuch kam und ich absolut keine Lust auf Babysitting hatte.

Meine Tante war zwar sechs Jahre älter als meine Mutter, aber meine Cousins vier Jahre jünger als ich – und eine Art Naturkatastrophe. Der Älteste, Max, diskutierte alles und jeden in Grund und Boden, und die beiden vierzehnjährigen Zwillinge Bob und Alex waren irgendwas zwischen selten dämlich und neunmalklug und bildeten sich die Welt auf ihr Aussehen ein. Letzteres konnte ich allerdings sehr gut nachvollziehen. Gute Gene halt.

Als Milias und ich bei mir zu Hause ankamen, war noch keine Spur vom Wagen meiner Tante zu sehen. Daher schnappte ich mir den Garagenschlüssel vom Schlüsselbrett und zog Milias durch den Vorgarten.

»Ich muss dir noch was zeigen, du wirst ausflippen!«

Er sah mich mit hochgezogener Augenbraue an. »Das ist eure Garage. Die kenne ich, Raphael.«

»Ja, das weiß ich auch!« Ich änderte den Winkel der Fernbedienung, checkte die Batterien. Nichts tat sich. Der Novemberwind pfiff uns unangenehm um die Ohren.

»Ich weiß auch, dass eure Garage jetzt ein elektrisches Tor hat«, teilte Milias mir mit.

»Könntest du mal still sein?!«, ärgerte ich mich, während sich das Garagentor immer noch keinen Zoll bewegte. Ich legte die Fernbedienung auf den Sims und gab den Code manuell neben dem Tor ein. Endlich!

»Wow, wirklich überwältigende Tormechani–«, begann Milias, dann klappte ihm die Kinnlade herunter. Ich nickte zufrieden. In der Garage stand ein nagelneues tiefschwarzes BMW Cabrio.

»Sag mir nicht, dass das deins ist.«

Ich konnte mein Grinsen einfach nicht abstellen. »Doch!«

»Nein«, korrigierte meine Mutter, die in genau diesem Augenblick dazukam. Ich fühlte mich wie in einer schlechten Komödie, als sie an mir vorbeiging, den Schlüssel aus meiner offenen Hand nahm und ihren Korb in den Kofferraum stellte. »Matthias, kommst du?«

Wow, danke Mama! Perfektes Timing. Ich ignorierte Milias' Glucksen und warf meiner Mutter einen gespielt gekränkten Blick zu.

»Genau genommen habe *ich* mir ein neues Auto gekauft, und Raphael darf damit fahren«, erklärte sie großmütig und erwiderte meinen Blick vielsagend. Wir haben dieselben Augen, dieselben hohen Wangenknochen und dieselbe athletische Figur. Ich wurde zwar richtig wütend, wenn jemand das erwähnte, aber meine Mom war das, wofür Jugendliche diese unflätige Abkürzung mit vier Buchstaben erfunden haben – was hauptsächlich daran lag, dass sie schon im zarten Alter von siebzehn Jahren schwanger geworden war. Vielleicht hatten wir deswegen so ein enges Verhältnis. Sie und mein Dad hatten sich eigentlich nie in der Elternrolle gesehen, sondern eher als Freunde mit mehr Lebenserfahrung.

»Aber!«, erinnerte ich Mom vorwitzig an unseren Deal.

Sie grinste dasselbe spitzbübische Grinsen wie ich. »Aber bei einem Notenschnitt von 2,0 im Abi kriegt er es geschenkt«, gestand sie Milias, während ich gewichtig nickte. »Und pro 0,1 schlechter zahlt er fünfhundert Euro dazu«, erinnerte sie mich dann.

»Wow, hast du diese Vogelstatue schon länger?«, lenkte ich scheinheilig ab und deutete auf die steinerne Figur, die Dad ihr letzten Monat zum Hochzeitstag geschenkt hatte. Sie schüttelte nachsichtig den Kopf, zumal der jetzt auch dazukam. Er war Ende dreißig, dunkelhaarig und hatte einen dichten Holzfällerbart, wie ich ihn niemals tragen werde.

»Tja, wolltet ihr nicht weg oder so?«, fragte ich beiläufig.

Wie gerufen lenkte in diesem Moment ein schwarzer Range Rover in die Einfahrt, am Steuer eine blonde Frau, die aussah wie die Mutter meiner Mutter, in Wahrheit aber deren sechs Jahre ältere Schwester Sylvie war. Kaum dass das Auto stand, öffneten sich die Hintertüren und spuckten drei Halbstarke auf das Pflaster. Ein Baby begann zu schreien, das mein Onkel sofort von der Rückbank befreite und beruhigte. Meine Tante schob ihre Sonnenbrille in die Haare und umarmte Mom erleichtert, die ihrerseits einen vielsagenden Blick auf ihre Uhr warf.

»Frag nicht«, wehrte Sylvie leicht genervt ab, bevor sie auch mich umarmte. »Hey, Großer! Bist du schon wieder gewachsen?«

»Hi, Sylvie! Ich wachse schon seit zwei Jahren nicht mehr.«

»Stimmt, jetzt wächst nur noch sein Ego«, pflichtete mein Dad mir bei und stützte den Arm auf meine Schulter wie ein Fußballkumpel.

»Von wem er das bloß hat«, kommentierte meine Mutter vielsagend, während Sylvie kicherte:

»Solange er nicht wieder den Vorratsschrank auf dem Boden verteilt.«

Sie tätschelte mein Kinn, als wäre ich ein Kleinkind, aber ich wand mich aus ihrem Griff und rollte mit den Augen. Da war ich vier gewesen. Warum waren Familientreffen eigentlich immer so beschissen gekünstelt? Küsschen links, Küsschen rechts, ein Hoch auf die alte Zeit und darauf, wie sehr wir alle gewachsen sind – ständig durchzogen von den immer selben Geschichten von früher, die mir mittlerweile zum Halse raushingen.

»Wenigstens habt ihr nur einen davon«, entgegnete Sylvie. Gerade als sie Milias unvermittelt an sich zog und begrüßte, obwohl die beiden sich noch nie gesehen hatten, stürzten sich zwei Miniaturausgaben von ihr auf mich.

»Hey, Mann! Lange nicht gesehen!«

»Ja, altes Haus, morgen wirst du schon neunzehn! Schon die Rente eingereicht?«

Alter ... Wenn es etwas gab, das ich noch mehr hasste als Französisch-Unterricht, dann waren es Kinder und vorlaute Halbstarke. Aber meine Tante kam meiner Antwort zuvor:

»Ich reiche gleich für euch Antrag auf Hausarrest ein, wenn ihr nicht sofort beim Ausladen helft!«, herrschte Sylvie.

»Sorry, Antragsamt hat schon geschlossen. Es ist Samstag, schon vergessen?«, grinste Bob, und die zwei verzogen sich ins Haus.

Milias und ich wechselten einen langen Blick, den auch meine Mutter auffing und ein Grinsen unterdrücken musste.

»Tja«, frohlockte sie und legte je einen Arm um Milias' und meine Schulter, während sie ihrer Schwester nachsah, die mit ihren vier Kindern kurz im Haus verschwand, »in Momenten wie diesem bin ich verdammt froh, dass ich das alles schon hinter mir habe.«

»Echt? Du hast es nie bereut, so früh ein Kind bekommen zu haben?«, fragte Milias, ohne sich aus ihrer halben Umarmung zu lösen.

»Ey, dieses Kind steht zufällig direkt neben dir«, warnte ich ihn, aber Mom drückte schon ihre Stirn gegen meine Schläfe und antwortete:

»Ganz am Anfang vielleicht ein bisschen, aber schon lange nicht mehr. Ich meine, hey: Ich kaufe mir ein neues Auto, meine große Schwester kauft sich einen Kinderwagen.«

Damit herzte sie auch Milias und ließ uns los, zumal die anderen gerade zurückkamen, den Maxi-Cosi in der Hand. Während sich die Gesichter der Erwachsenen beim Anblick des Babys wie auf Knopfdruck aufhellten, stützte ich feierlich den Ellenbogen auf die Schulter meines Dads.

»Ich finde, ich bin doch ziemlich gut geraten, was?«, prahlte ich. »Ihr könnt euch glücklich schätzen.«

Alle mussten lachen.

»Das entscheide ich, wenn das Haus morgen noch steht«, erklärte Mom. »Sorg bitte dafür, dass die drei kein Chaos anrichten.«

Ich nickte schicksalsergeben. Sie zog mein Gesicht zu sich und drückte mir einen Kuss auf die Wange, dann stiegen die vier samt Baby und Zubehör in meinen neuen BMW und fuhren los.

Während wir ihnen nachsahen und ich mich bereits innerlich gegen nervige Kids wappnete, schüttelte Milias entrückt den Kopf.

»Krass, Valeria hat wirklich recht.«

Ich runzelte die Stirn angesichts dieses Themenwechsels, musste aber lächeln, als das spitzbübische Grinsen meiner eigensinnigen Freundin vor meinem geistigen Auge auftauchte, mit der ich entgegen aller Logik schon fast vier Monate zusammen war. Na ja, zumindest wenn man die Zeit vor und nach unserer kurzen Trennung zusammen addierte. Ja, Valeria hatte ziemlich oft recht. Leider auch mit Dingen, die ich lieber leugnete. Dass ich immer noch nicht hundertprozentig über das Mädchen hinweg war, das mich vor einem Jahr hatte sitzen lassen, zum Beispiel.

»Womit?«, fragte ich, um mich abzulenken, und erklomm die Stufen zur Haustür. Milias schloss mühelos auf.

»Damit, dass du im Kern ein guter Kerl bist.« Ich gluckste. Im Gegensatz zu mir selbst hatte Valeria mir verziehen, aber die Tatsache, dass ich auf der erstbesten Party meine Ex-Freundin geküsst hatte, sagte da leider etwas anderes. Milias jedoch grinste breit: »Sie hat gesagt, nur ein guter Kerl hat ein gutes Verhältnis zu seinen Eltern.«

Ich blieb überrumpelt stehen, musste einen Moment über diese

Weisheit nachdenken. Stellte fest, wie richtig sie sich anfühlte, und spürte das Lächeln auf meinen Lippen. Abermals empfand ich nichts als Bewunderung für meine Freundin, und ich konnte es kaum erwarten, sie morgen wiederzusehen.

Erst einmal musste ich allerdings meine Cousins in Schach halten.

Als wir ins Wohnzimmer kamen, hatten es sich die drei schon auf der Couch bequem gemacht. Bob lümmelte einfach nur, Alex hatte sein Handy in der Hand und Max beäugte die beiden misstrauisch, als würden sie jeden Moment Amok laufen.

»Jo!«, rief Bob. »Was machen wir?«

»Ja genau«, pflichtete Alex ihm bei. »Was machen wir?«

Ich holte tief Luft. Los ging's.

»Erst mal halten wir alle die Klappe und gewöhnen uns daran, dass ich hier der Boss bin«, antwortete ich und setzte mich zwischen die Zwillinge.

»Warum?«, wollte Bob wissen.

Ich warf ihm einen finsteren Blick zu. »Weil ich älter bin als du, größer, stärker, klüger und – weil ich das sage!«

»Okay«, gab Bob klein bei. Das war ja leicht gewesen.

»Wow«, bestätigte Alex. »Du bist mein neues Idol, Mann.«

Milias und ich tauschten einen langen, leidenden Blick, nach dem ich beschloss, meine Spielekonsole und unser Lieblingsspiel *Super Smash Bros.* aus meinem Zimmer zu holen.

»Bitte sag mir, dass wir nicht vor drei Jahren genauso waren«, murmelte ich in Milias' Richtung, während das Spiel startete.

Er zog eine Grimasse. »Ich fürchte, wir *waren* genauso!«

Ich war ehrlich erleichtert, als es nach zwei Stunden klingelte. Aber Moment mal, wollten unsere Eltern nicht viel länger ausbleiben?

Milias und ich waren vollkommen davon beansprucht, meinen Cousins virtuelle Lektionen zu erteilen.

»Kann mal jemand aufmachen gehen?«, befahl ich. Seitdem die

Zwillinge akzeptiert hatten, dass ich der Boss war, kamen wir erstaunlich gut miteinander klar. »Bob! Ich meine, Alex!«

Milias riskierte einen Blick auf die Uhr. »Shit! Ich geh!«

Er vererbte seinen Controller an Alex und lief zur Tür. Ich runzelte die Stirn, war aber zu beschäftigt damit, Bob und vor allem Max, der unfassbar schnell lernte, von der Plattform zu schlagen.

»Junge!«, rief ich aus, als Alex mit Milias' Spielcharakter von der Seite kam und mich aus dem Hinterhalt angriff. Milias war immer noch nicht zurück.

»Machst du vielleicht mal die scheiß Tür zu?«, rief ich über die Schulter zurück. »Es zieht!«

In dem Augenblick legten sich kühle Finger über meine Augen.

»Ey!«, protestierte ich sofort und drückte blind weiter Tastenkombinationen auf dem Controller, bis die zu den Fingern gehörende Stimme »Überraschung« in mein Ohr hauchte und einen wohligen Schauer mein Rückgrat hinabschickte.

Ich grinste. Mit einem Mal war mir das Spiel völlig egal. Ich ließ den Controller los, hob einen Arm nach hinten und zog Valerias Kopf zu mir, um sie leidenschaftlich zu küssen. Mir war sogar egal, dass Max und Bob aufjubelten, als meine Spielfigur in den Abgrund stürzte und den Controller auf meinem Bein vibrieren ließ.

»Ey, was ist denn hier plötzlich los?«, fragte Max irritiert, während Alex – oder Bob – ächzte: »Oh Gott, nehmt euch ein Zimmer!«

Ich zeigte ihm den Mittelfinger, ohne auch nur eine Sekunde von Valerias Lippen zu lassen. Sie lächelte, als sie schließlich die Hände von meinem Gesicht nahm und die Augen öffnete.

»Überraschung«, wiederholte sie, während hinter ihr alle anderen das Wohnzimmer betraten. Chris und Angelina, René und Lucy, Lukas, Oliver – alle waren da. Jungs hievten Bierkästen in die Küche, Mädchen stellten Salatschüsseln und Nachtisch auf die Arbeitsplatte.

Mein Blick wanderte zwischen Valeria und Milias hin und her. Letzterer deutete stumm mit dem Daumen in Valerias Richtung.

»Leute«, brachte ich sprachlos hervor und stand jetzt endlich auf, um meine perfekte Freundin gebührend zu begrüßen. »Ernsthaft?«

Sie grinste so breit, dass ihre dunklen Augen vor Frohsinn sprühten. Ich nahm ihr Gesicht in beide Hände und küsste sie hingebungsvoll.

Milias zog grinsend zwei Bierflaschen aus dem Kasten, öffnete sie und reichte mir eine. »Ernsthaft«, bestätigte er, während jemand die Musik startete. »Alles Gute in T minus vier Stunden!«

Begeistert stieß ich meine Flasche gegen seine und schlang den Arm um Valerias Schulter, drückte einen Kuss in ihr Haar. Das war die beste Überraschung meines Lebens, der beste Geburtstag. Weil es der erste Geburtstag mit Valeria war. Und der letzte.

Valeria

Raphaels Gesichtsausdruck war unbezahlbar: Zuerst sah er aus, als wollte er jemanden ermorden, dann wie ein Reh im Scheinwerferlicht, bis sich allmählich ein fettes Grinsen auf seinem Gesicht breitmachte. Nachdem er alle begrüßt hatte, fiel sein Blick wieder auf mich. Und ich fühlte mich wie eine unbesiegbare Göttin. Ich war das einzige Mädchen auf der Welt.

»Hey, Süße!« Ich drehte den Kopf und starrte einen jüngeren Raphael-Klon an. »Bist du noch zu haben?«

Während ich noch blinzelte, ging Raphael entschieden dazwischen: »Vergiss es, Alex!«

Wie zur Bestätigung zog er mich an sich und küsste mich leidenschaftlich. Ich genoss das heiße Kribbeln in meinem Bauch, wie das zufriedene Schnurren eines hungrigen Monsters. Er war eifersüchtig. Gut so. Er sollte sich unterstehen, mich jemals wieder hintenanzustellen wie auf der berüchtigten Party im Schloss letztens, auf der er Cat geküsst hatte – und ich Vanessa, aber das war eine andere Geschichte. Ja, er hatte mit seiner Ex rumgeknutscht, ja, ich war scheißwütend gewesen, und ja, Milias hatte ihm eine reingehauen. Doch das war Schnee von gestern. Cat war Geschichte, und Raphael und ich waren einander näher als jemals zuvor.

Während unsere Überraschungsparty in Gang kam, belud ich meinen Teller mit einem Haufen Käsespieße und machte es mir auf Raphaels Schoß bequem, höchst zufrieden mit meinem gelungenen Überraschungsgeschenk.

Er war wieder in das Spiel vertieft und ich machte mir einen Spaß daraus, ihn abzulenken. Strich verführerisch über die kurzen Haare in seinem Nacken, vergrub die Finger in den dichten blonden Haaren an seinem Hinterkopf. Ich spürte, wie er sich anspannte, hörte seinen gepressten Atem und grinste in mich hinein. Senkte den Kopf und strich mit der Nase die Linie seines Kiefers entlang, hauchte kaum spürbar gegen seinen Hals. Er stöhnte unterdrückt und griff nach meinem Kopf, schnappte geradezu nach meinen Lippen.

Als ich die Arme um seinen Hals schlang, zog er mich auf seinen Schoß und presste mich enger an sich, bis die Schmetterlinge in meinem Bauch in tausend Sterne explodierten.

»Boah, ernsthaft, Leute?!«, stöhnte einer seiner Cousins, was mich nur noch mehr anmachte. Ich berauschte mich an unserer Leidenschaft, an unserer ebenbürtigen Beziehung. Raphael und ich waren auf Augenhöhe, in jeder Hinsicht. Wir trieben uns gegenseitig zur Weißglut und zur Ekstase, gaben einander Halt und bauten einander auf. Unser Leben war perfekt, unsere Beziehung war perfekt. Und ich hatte mich selten so erwachsen gefühlt wie in diesen letzten Monaten an seiner Seite. Weil ich ihm verziehen hatte. Weil ich niemanden außer uns über unsere Beziehung bestimmen ließ. Weil ich ihm eine zweite Chance gegeben hatte.

Dann klingelte es an der Tür.

»Ich geh schon!«, rief Milias, aber Raphael hatte sich ohnehin nicht bewegt. Seine Hände waren immer noch damit beschäftigt, möglichst viel von meiner nackten Haut unter dem Top zu erkunden, ohne mich dabei auszuziehen. Seine Lippen waren fest mit meinen verschmolzen.

»Raphael …« Milias räusperte sich dicht neben uns. Widerstrebend lösten wir uns voneinander und Raphael legte den Kopf auf der Couchlehne in den Nacken, um ihn kopfüber anzusehen, genauso ungeduldig wie ich. Milias sah mich nicht an. »Ist für dich.«

Raphael seufzte schicksalsergeben – immerhin war das seine Geburtstagsparty – und schob mich widerstrebend von seinem Schoß.

»Wehe, du bewegst dich vom Fleck«, grinste er noch, bevor er mich erneut küsste und dann zur Tür ging. Ich legte den Arm auf die Rückenlehne und sah ihm nach, den Kopf in die Handfläche gestützt. Milias ließ sich neben mich fallen.

»Na, wie geht's?«, grüßte er übertrieben fröhlich, obwohl wir uns erst vor einer halben Stunde begrüßt hatten. Ich rollte mit den Augen und nahm ihm sein Glas ab, um daraus zu trinken. »Das ist vielleicht ein bisschen –«, warnte er mich noch, aber da verzog ich schon das Gesicht. »… stark.« Bacardi-Cola. Wir mussten beide lachen.

»Ey, Milias, spielen wir noch eins?«, fragte der ältere von Raphaels Cousins beinahe vorsichtig von der Seite. Milias nahm schulterzuckend den Controller entgegen.

In dem Augenblick fiel im Flur die Haustür einem Erdbeben gleich ins Schloss. Ich sah mich fragend um, aber es stürmte niemand herein und die anderen schienen das nicht einmal zur Kenntnis zu nehmen.

Als sich wenig später ein großer Blondschopf neben mich fallen ließ, wandte ich mich ihm erwartungsvoll zu und hatte fast schon die Hand auf seiner Brust liegen, als mir auffiel, dass das nicht Raphael war.

»Hi!«, grinste sein Cousin. »Wir kennen uns noch nicht, oder? Ich bin Alex.«

Ich schlug die Beine übereinander. »Valeria«, antwortete ich.

Er drehte sich mir zu. »Also … ist das mit Raphael was Ernstes, oder bist du noch zu haben?«

Milias gluckste, während ich so perplex war, dass ich einen Moment lang gar nichts antworten konnte.

»Alex, ich hab dir gesagt, lass die Pfoten von Valeria!«

Raphaels Stimme klang eine Spur zu gereizt, fast ärgerlich, trotzdem erfüllte mich sein Beschützerinstinkt mit Stolz. Er kämpfte um mich, so wie ich um ihn gekämpft hatte. Ich grinste Alex an, der mit erhobenen Händen zurückwich und Raphael Platz machte, der einen Hauch von kalter Novemberluft mitbrachte und … Blütenseife?

Beinahe augenblicklich griff er nach dem Controller und stieg in das laufende Spiel von Max und Milias ein.

»Alles okay?«, fragte ich irritiert.

»Ja.« Er nahm den Blick nicht vom Fernseher, hämmerte grimmig Tastenkombinationen in den Controller.

Ähm … »Sicher?«

»Alter!«, fuhr er auf. »Natürlich bin ich sicher.«

Okay?! Ich musste einen Haufen wütender Widerworte bekämpfen, denn ich wollte keinen Streit anfangen. Nicht, wo wir gerade erst wieder zusammengefunden hatten. Stattdessen nahm ich mir vor, eine gute Freundin zu sein, legte behutsam meine Hand auf seinen Oberarm. »Was ist passiert? Wer war das?«

Raphael drückte den Pause-Knopf und atmete beherrscht durch, sah mich zum ersten Mal an, seit er wieder hereingekommen war.

»Ehrlich, Valeria. Nichts ist passiert.«

Ich schürzte die Lippen und nickte. Verschränkte die Arme vor der Brust und sah den dreien eine Weile beim Spielen zu. Ich verstand nicht allzu viel von Nintendo-Games, aber ich glaube, da prügelten sich gerade Yoshi, Donkey Kong und Kirby.

»Bist du Donkey Kong?«, fragte ich Milias.

»*Ich* bin Donkey Kong«, antwortete Raphael. »Glaubst du, ich wäre ein pummeliger Dino?«

»Ey«, protestierte Milias. »Dieser pummelige Dino schlägt dich gleich ins Aus!«

»In deinen Träumen«, knurrte Raphael, fluchte dann: »Alter, Max!«

Ich sah dabei zu, wie die Prozentzahlen neben allen Namen immer größer und roter wurden. Raphaels Zahl war die größte von allen.

»Aber guck mal, du gewinnst doch!«, strahlte ich. »Du hast die meisten Prozente.«

Milias lachte. »Leider geht's darum, die wenigsten Prozente zu haben.« Damit ließ er seinen Joystick flitschen und riss die Arme in die Luft, während Raphael seinen Controller auf den Boden warf, als Donkey Kong aus dem Bildschirm flog.

»Ich geh eine rauchen.«

Er war aufgestanden, bevor ich reagieren konnte.

»Okay, cool«, machte Alex, aber da zeigte Raphael schon mit dem Finger auf ihn.

»Und Flossen weg von meiner Freundin!«

»Ihr seid also echt zusammen?«, fragte Alex, als Raphael die Terrassentür hinter sich zugezogen hatte.

Ich hob die Augenbrauen. War das so unverständlich? Okay, wenn ich so darüber nachdachte: Ja, war es. Also schenkte ich ihm mein schönstes Lächeln, als ich bejahte.

»Krass«, sagte er und beugte sich vor, um nach der Chipstüte auf dem Tisch zu greifen. »Sorry, ich dachte, das wäre nur so was nebenbei. Ich dachte echt, er würde irgendwann diese Asiatin heiraten.«

Das Lächeln fiel mir aus dem Gesicht. Bitte was?!

11 Pflaster auf alten Platzwunden

Valeria

Ich starrte Raphaels Cousin fassungslos an, hörte das Rauschen in meinen Ohren, spürte die unterdrückte Wut in meiner Brust. Und da wusste ich, ich hatte Cat noch nicht verkraftet. Egal, was ich mir und der Welt einzureden versuchte: Ich hatte Raphael noch nicht verziehen.

»Ja Mann«, mischte sich Alex' Zwillingsbruder ein. »Hat er ihr nicht sogar mal 'nen Ring oder so was geschenkt?«

Ich konnte die zwei nur anstarren, wie sie sich gegenseitig zunickten und Chips in sich reinstopften. Er hatte ihr etwas geschenkt? Mir hatte er noch nie Schmuck geschenkt ... Während ich niedergeschlagen nachrechnete, dass er dazu drei Monatstage Gelegenheit gehabt hätte, wurde das Videospiel auf dem Fernseher pausiert.

»Wie wär's, wenn ihr zwei uns mal was zu Trinken besorgt?«, fragte Milias unmissverständlich.

Bob und Alex blieben unbeeindruckt. »Wie wär's, wenn du –«

»Jetzt!«, befahl Milias.

Die zwei verzogen sich, aber das wütende, verletzt brüllende Monster in meinem Bauch blieb. Ich starrte auf das Standbild im Fernseher, bis meine Augen brannten. War ich etwa kurz davor zu heulen?

Grimmig wischte ich mir unter den Augen entlang. Milias' Hand legte sich mitfühlend auf mein Bein, aber ich schlug sie weg.

»Ich geh nach Hause«, beschloss ich. Wenn ich hierblieb, würde ich mich garantiert mit Raphael streiten, und das wollte ich nicht. Ich wollte ihn nicht verlieren. Aber anscheinend konnte ich ihm doch noch nicht verzeihen. Ich musste erst einmal mit mir selbst klarkommen.

»Valeria.« Das war Raphaels Stimme. Ich ignorierte ihn und wickelte mir weiterhin meinen Schal in dem dunklen Flur um. Er schaltete das Licht ein, wirkte verstört, verständnislos. »Was machst du da?«

»Ich muss gehen.« Ich versuchte so viel Wut wie möglich aus meiner Stimme zurückzuhalten, aber meine Antwort klang trotzdem schnippisch.

Er kam bei mir an, legte die Hände auf meine Schultern, an mein Gesicht, sah mir in die Augen. »Was ist los?«

Ich roch die vertraute, geliebte Mischung aus seinem Parfüm und Rauch und war versucht, mich einfach gegen ihn zu lehnen. Aber ich konnte nicht weiterhin so tun, als wäre alles in Ordnung, als wäre ich nicht immer noch tief verletzt. Das war wie Pflaster auf Platzwunden zu kleben.

»Catarina«, überwand ich mich schließlich.

Raphaels Hände sanken zurück auf meine Schultern, während er seufzend um einige Zentimeter kleiner wurde.

»Fuck! Hat Milias ...?« Er brach ab, schüttelte den Kopf. »Ist auch egal. Hör zu, ich wollt's dir sagen. Ich musste nur erst mal ...«

Alarmiert schoss mir das Blut in den Kopf. »Was wolltest du mir sagen?«

Er sah mich irritiert an. »Dass sie gerade da war. Das meinst du doch.«

Ich stieß einen erstickten Laut aus. »Wie bitte? Sie war *hier*? Gerade eben?« Meine Stimme klang schrill in meinen eigenen Ohren. Ich erinnerte mich an den Hauch von Blütenseife, als er zurückgekommen war, und starrte ihn ohnmächtig an, schüttelte fassungslos den Kopf.

»Es ist nichts passiert!«, beteuerte er sofort, hob wie zur Bestätigung die Hände. »Sie wollte reden, ich hab Nein gesagt. Sie ist gegangen, das war's.«

»Das war's?«, echote ich, einfach um etwas zu erwidern. Wieso klingelte sie einfach so an seiner Haustür? Hatten die beiden etwa doch Sex?

Der Gedanke verursachte mir derartige physische Schmerzen, dass ich ihn schnell wegschob. »Hast du ihr einen Ring geschenkt?«

Er stutzte. »Was?«

»Beantworte die Frage, Raphael!«

»Was hat das denn damit –?!«

»Beantworte die scheiß Frage!!!« Ich schrie beinahe, mir war egal, ob mich die anderen im Wohnzimmer hören konnten.

»Ja, habe ich!«, rief er zornig zurück. Alle Beherrschung war dahin, alle Reue vergessen. Toll! So viel dazu, dass er sich geändert und ich ihm verziehen hatte. Wir waren wieder am selben Punkt von vor einem Monat, als wir uns in einem heftigen Streit getrennt hatten. Nur dass wir diesmal vorgaben, wieder glücklich zu sein.

»Wir waren zusammen, und sie hatte Geburtstag, okay? Und jetzt sind wir es nicht mehr. Jetzt bin ich mit dir zusammen.« Er nahm meine Hände, aber ich riss mich los, schüttelte den Kopf.

Raphael schnappte wütend nach Luft, fuhr sich mit beiden Händen durch die Haare. Ich drehte den Kopf zur Seite, um zu verbergen, wie sehr ich gegen die Tränen ankämpfen musste.

»Okay, hör zu«, sagte er dann beherrscht. »Ich will nicht streiten. Ich kann nicht mehr tun, als zu sagen, dass es mir leidtut und dass –«

»Jo, ich stör nur ungern«, schob sich Bobs Kopf in den dunklen Flur. Raphael holte so tief Luft, dass ich fürchtete, er würde gleich irgendwas zerschlagen.

»Dann verzieh dich!«, zischte er zurück.

»Aber vielleicht wollt ihr das woanders machen, weil –«

»Alter, Bob!«, rastete Raphael aus und drehte sich zu seinem Cousin um. »Merkst du nicht, dass du gerade völlig überflüssig bist?«

Der Junge schob trotzig den Unterkiefer vor. »Ich wollte nur sagen, dass unsere Eltern gerade zurückgekommen sind.«

»Ja und?!«, ärgerte sich Raphael, zog mich aber dennoch am Arm, um den Flur frei zu machen. Ich riss mich los, folgte ihm aber zurück ins Wohnzimmer, wo die Musik uns ebenso einhüllte wie die schwere Partyluft aus verschiedenen Parfüms, Rauch, Alkohol und Snacks.

»Ey, Raph, wo ist –«

»Gleich!«, schnitt er dem Rufer das Wort ab.

Er warf einen beinahe automatisierten Kontrollblick durch den Raum, um sich zu vergewissern, dass seine Party vorzeigbar war. Aber ich betrachtete nichts als sein kantiges Gesicht, versuchte den Blick seiner tiefblauen Augen auf mich zu ziehen und spürte einen immer größer werdenden Kloß im Hals, als das schreckliche Gefühl der Zurückweisung zurückkehrte. Ich wollte ihn nicht verlieren. Aber hatte er mir jemals wirklich gehört? Konnte man jemanden wie Raphael überhaupt ganz für sich haben, ihm jemals völlig vertrauen und restlos glücklich sein?

»Bitte, Raphael ...« Meine Stimme klang wie die eines besonders hässlichen Vogels. Seine tiefblauen Augen kehrten zu meinem Gesicht zurück und sein Zorn wich Bestürzung, die mein Herz hoffen ließ. »Kannst du mir nicht einfach sagen ...« Ich musste mich überwinden, den Rest des Satzes auszusprechen. »Dass ich das einzige Mädchen für dich bin, und du sie nicht mehr liebst?«

Mehr verlangte ich doch gar nicht ...

Raphael starrte mich an. Hob die Hand, ohne mich zu berühren. Öffnete den Mund, ohne etwas herauszubringen. Mein Herz zersplitterte, noch bevor etwas in seinem Blick brach und mir die Antwort gab, die ich nicht hatte hören wollen.

»Ey, Raphael!«, wiederholte Lukas.

»Gottverdammt, ja!«, brüllte Raphael und löste den Blickkontakt. Jetzt drehten sich doch ein paar nach uns um. Milias ließ die Schultern hängen, Alex schnitt eine Grimasse.

»Was ist denn jetzt kaputt?«

»Halt die Klappe, Alex!«, fauchte Raphael, während Bob abwinkte.

»Ach, es geht um die Japanerin von damals.«

»*Thailand!*«, explodierte Raphael da. »Herrgott, Bob, wann geht das endlich in deinen Schädel rein! Wenn ihr schon nicht aufhören könnt, von ihr zu reden, dann wenigstens richtig. Und dieses *damals* waren acht Monate! Eigentlich genug Zeit selbst für dein Erbsenhirn.«

Ich starrte ihn fassungslos an. Dann drehte ich mich um und ging.

Raphael

heute

Mein bester Freund hat sich verlobt.

Die Worte sehen seltsam aus in meinem Nachrichtenverlauf. Und ich kann an nichts anderes denken als den Zusatz »und seine kleine Schwester auch«. Bis vor zwölf Stunden hätte ich nicht gedacht, dass mir dieser Gedanke so nah gehen würde. Bis zu unserem Wiedersehen gestern Abend hätte ich geschworen, über Valeria hinweg zu sein. Jetzt bin ich gleichermaßen ernüchtert wie verstört und kann nicht ganz zuordnen, ob der Knoten in meinem Bauch einem leichten Kater zuzuschreiben ist oder der seltsamen Mischung aus Freude, Schmerz, Erregung, Reue und Wut, wenn ich an meine Ex-Freundin denke.

A.: Ist das gut oder schlecht?

Analytisch wie immer. Ich fahre mir durch die ungestylten Haare und zwinge meine Gedanken zurück zu meinem Chatverlauf. Mein Leben ist schließlich in den letzten fünf Jahren weitergegangen, auch ohne Valeria.

Gut, schreibe ich zurück, dann höre ich Milias im Flur und schalte das Handy aus, schiebe es auf dem Küchentisch ein Stück von mir weg.

»Morgen!«, grüßt er mich verschlafen und geht direkt zur Kaffeemaschine. »Schon wach? Nicht gut geschlafen?«

Ich werfe ihm einen langen, sehr vielsagenden Blick zu, den er mit erhobenen Händen abwehrt, bevor er einen Kaffeebecher unter den Ausguss schiebt.

»Hey, du wolltest hier schlafen.«

»Ja«, ächze ich und fahre mir mit beiden Händen übers Gesicht. Eine Nacht auf der Couch und ich fühle mich wie sechzig. »Wenn ich gewusst hätte, dass ihr euch verlobt, hätte ich mir das noch mal überlegt.«

Oder mich bei meinen Eltern einquartiert. Die haben allerdings selbst Gäste übers Wochenende. Tatsache ist, dass ich schon vor zwei Wochen wusste, dass ich gestern nicht mehr in der Lage sein würde, nach Hause zu fahren – selbst, wenn Valeria keinen Ring am Finger tragen würde. Und im Gegensatz zu meiner Wohnung liegt Milias' in fußläufiger Entfernung zu seinem Elternhaus.

Ist auch völlig egal. Nach der Beziehung zu Valeria und den dünnen Wänden in seinem Elternhaus habe ich sicherlich noch ein dickes Minus auf unserem gegenseitigen Schlafstörungskonto.

Ich stehe auf und öffne die Balkontür der kleinen Küche, dann fällt mir ein, dass in der Wohnung striktes Rauchverbot herrscht – selbst auf dem Balkon. Also greife ich nach dem frisch gefüllten Kaffeebecher, den Milias sich gerade nehmen wollte, und setze mich wieder an den Tisch, wecke mein Handydisplay aus reiner Rastlosigkeit auf und schalte es wieder aus, ohne die neue Nachricht zu lesen.

»Irgendwas Neues?«, fragt Milias, während auch Nicole in die Küche kommt und ein niedliches »Morgen!« nuschelt, bevor sie sich wieder gegen Milias' Brust sinken lässt.

Ich lächle in meinen Kaffee. Die zwei sind wirklich das beneidenswerteste Paar seit Romeo und Julia. Warte mal ... das ist kein Kompliment, oder?

Bevor ich mir weiter den Kopf darüber zerbrechen kann, räumt Nicole den Kühlschrank aus und beginnt einen Haufen Obst klein zu schneiden.

»Seid ihr auf Fastenkur?«, frage ich irritiert.

»Nein, wir gehen doch brunchen! Kommst du mit?«

Ich runzle die Stirn. »Brunchen«, wiederhole ich trocken. »Für so was bin ich weder weiblich noch alt genug.«

Nicole kichert, während Milias sich auf einen der drei anderen Holzstühle fallen lässt. »Wir gehen noch mal zu meinen Eltern, Verlobungsbrunch.«

Er zieht eine gequälte Grimasse, aber ich habe kein Mitleid mit ihm. Da wird noch eine ganze Menge mehr auf ihn zukommen.

Ich schüttle den Kopf. »Verlobt, Mann ...« Ich kann es immer noch nicht fassen.

Milias fährt sich mit der Hand über den Hinterkopf, kann sein Strahlen nicht verbergen. Sieht mich wieder an. »Du weißt, was das heißt.«

Nicole legt das Messer zur Seite, um ihr Handy in die Hand zu nehmen. Ich wage einen Seitenblick auf sie, erbleiche.

»Alter«, stöhne ich. »Bitte sag nicht, dass Nicole schwanger ist.« Ich glaube, ich muss mich übergeben.

Milias fängt an zu lachen, Nicole ruft verständnislos: »Was?«

Mein Magen entkrampft sich spürbar. »Nein, Mann!«, lacht Milias. »Das heißt, ich brauche einen Trauzeugen.«

Ich würde meinen Kopf am liebsten vor Erleichterung in der Kaffeetasse versenken. Gott sei Dank! Um mir diesen kurzen Schreck nicht anmerken zu lassen, hebe ich amüsiert die Mundwinkel.

»Wirst du mich auch auf Knien bitten?«

Nicole bricht in Kichern aus, das noch lauter wird, als Milias tatsächlich vom Stuhl rutscht und sich vor mich kniet.

»Raphael Thomas ...«, beginnt er feierlich. Ich breche ab vor Lachen, schlage ihm freundschaftlich auf die Schulter und ziehe ihn auf die Füße.

»Na klar«, antworte ich ehrlich und zugegebenermaßen ein bisschen stolz. »Immer.«

Nicole kichert immer noch, während sie eifrig auf ihrem Handy tippt und schiebt, die halb geschnittene Ananas neben ihr auf der Anrichte. Ich setze mich wieder, betrachte den Ring an ihrem Finger und nehme einen großen Schluck Kaffee.

»Jetzt seid ihr also beide verlobt.«

Milias zieht irritiert eine Braue hoch. »So ist das meistens. Dass beide verlobt sind.«

Ich schnaube. »Ich meine dich und –«

In dem Augenblick vibriert mein Handy in der Tasche.

Ich schiebe »*A.: Meinen herzlichsten Glückwunsch an die beiden*« weg und öffne die Instagram-App, in der mich Nicole gerade verlinkt hat.

»Das ist nicht dein Ernst!«, lache ich, als ich im Video-Loop sehe, wie Milias in seiner Küche vor mir auf die Knie geht. Hoch und runter und hoch und runter. Genial.

»Zu meiner Story hinzufügen« – »Highlight« – »Verbergen«.

Ich poste rein gar nichts auf Instagram und meine knapp zweihundert Follower werden wohl für immer vergeblich auf einen Ausschnitt aus meinem Leben warten. Aber ich nutze die App, um auf dem Laufenden zu bleiben, seit Facebook von unserer Elterngeneration übernommen wurde. Und als Archiv für meine persönlichen Highlights. Meine archivierten Stories und gemerkten Bilder sind endlos.

»Geil«, grinse ich und will die App wieder schließen, als mir Valerias derzeitiges Sonnenbrillen-Kussmund-Profilbild entgegenblinkt.

Mehr aus Reflex denn aktiver Entscheidung klicke ich ihre neue Story von gestern Abend an. In der bin ich nicht verlinkt. Das Bild zeigt die Szene, in der Milias vor Nicole kniet. So romantisch habe ich die Lichterketten gar nicht in Erinnerung. Beeindruckend, wie die Welt mit Filtern aussieht. Darüber der Text:

So happy for my brother – best couple ever! /
Così felice per il mio fratello – la più bella coppia!

In den letzten Jahren habe ich allein durch Valerias Instagram-Stories mehr Italienisch gelernt als in jedem Sprachkurs.

»Ich und wer?«, fragt Milias weiter, während mir ein Gedanke kommt:

»Warte mal …« Ich klicke Valerias Storys durch, beginnend mit ihrem Highlight »*Grazie*«. Wäre sie nicht die einzige Influencerin, die ihren scheiß Verlobungsring nicht sofort der ganzen Welt auf Instagram präsentiert? Hat sie das wegen ihres Jobs gelöscht?

»Hallo?« Milias wird langsam ungeduldig.

»Valeria, Mann!«, gebe ich genervt zurück, während ich Story um Story weiterklicke. Da ist kein Bild von einem Ring, nicht einmal von einem wiederkehrenden Typen. Hat sie überhaupt einen Freund?

»Valeria ist verlobt?!«, entfährt es Milias.

Und diese Reaktion ist für mich viel wichtiger als jede Story. Ich kann mich nicht gegen das Gefühl des Triumphs wehren, auch wenn ich keine Ahnung habe, warum genau mich das so erheitert. Zufrieden lege ich mein Handy wieder auf den Küchentisch und lehne mich zurück.

»Nein, ist sie nicht«, klärt Nicole uns endgültig auf. »Ich dachte das gestern auch zuerst, als ich ihren Ring gesehen hab, aber sie hat gesagt, der ist von eurem Opa.«

Ich mache mir überhaupt keine Mühe mehr, gegen das übermächtige Grinsen anzukämpfen.

»Weißt du, ich glaub, ich komm mit zum Brunch«, sage ich.

Milias wirft mir einen langen, fast warnenden Blick zu.

Ich seufze theatralisch und lege den Kopf schief, weil ich schon weiß, was jetzt kommen wird. »Wollen wir das echt noch mal von vorne aufrollen?«, frage ich genervt. Wir hatten das alles schon: Der Beschützerbruder, der Beziehungskitter, der Faustkampf-Bodyguard, der Seelenklempner. Aber ich werde jetzt bestimmt nicht mit Milias über meine Gefühle sprechen und erst recht nicht die Hintergründe unserer endgültigen Trennung beleuchten, also lenke ich das Gespräch auf das Thema, das er mir am meisten abnimmt:

»Ich werd ihr schon nicht am Frühstückstisch die Kleider vom Leib reißen.«

Nicole ächzt peinlich berührt, Milias fährt sich mit beiden Händen übers Gesicht. »Ich versteh euch einfach nicht …«

Ich zucke bloß mit den Schultern und leere den Kaffeebecher. »Wir sind erwachsen. Was passiert, passiert eben. Und was nicht passiert, das passiert nicht.«

»Hast du ihr wenigstens von Aaliyah erzählt?«, verdirbt mir Milias augenblicklich die Laune.

»Über Aaliyah gibt es nichts zu erzählen«, antworte ich. Das ist die Wahrheit. Wir sind Freunde – nein, nicht einmal. Wir sind gute Bekannte. Zugegebenermaßen Bekannte *mit gewissen Vorzügen*. Aber das war's. Wir fungieren als Date des anderen, wenn es gerade bequemer ist, als ein Single-Dasein zu erklären, wir treffen uns, wenn der Abend zu langweilig zu werden verspricht, und wir belästigen uns nicht gegenseitig, wenn es nicht sein muss. Das ist alles. Und um ehrlich zu sein, ist das ziemlich perfekt.

»Und du hast heute noch nicht mit ihr geschrieben«, behauptet Milias sarkastisch und macht Anstalten, nach meinem Handy zu greifen.

»Okay!«, gebe ich zu. »Vielleicht.«

Nicole schüttelt mit einem geseufzten »Jungs …« den Kopf, Milias friert mich bloß weiterhin mit seinem Blick ein und legt mein Handy zurück auf den Tisch.

»Du sagst es Valeria.«

»Fick dich?« Das entscheide ich ja wohl selber.

Er schüttelt den Kopf und steht auf, um Nicole zu helfen, den Obstteller zu verpacken. »Ihr seid alt genug, ich werde mich da nicht mehr einmischen. Aber du erzählst ihr von Aaliyah.« Er dreht sich um und sieht mich an. »Oder du gehst nicht mit zum Brunch.«

Fick dich?, wiederhole ich stumm. Schnaube dann belustigt über diese unfreiwillig komische Situation und gebe mich geschlagen.

»Na schön, von mir aus … *Mama*.«

Valeria

9:43 Uhr – Nicole: Raphael kommt mit zum Brunch.

9:45 Uhr – Nicole: Er weiß, dass du nicht verlobt bist.

9:45 Uhr – Nicole: Und egal was er sagt: Er hat keine Freundin.

Ich küsse Nicole in Gedanken für diese Vorwarnung. Nicht, dass das irgendwas daran ändert, dass ich in Crop Top und Nicki-Hotpants auf der Hollywoodschaukel lümmle und instagramme, während Mama und Oma den Frühstückstisch vorbereiten.

Raphael ist jetzt also Trauzeuge. Beste Story ever, Nicole!

Vielleicht habe ich entgegen meiner Sonntagsgewohnheiten Parfüm aufgetragen, und ja, meine Haare habe ich auch gekämmt. Aber ansonsten ist mir Raphael herzlich egal.

Wieso hüpft mir mein Herz dann plötzlich in den Hals, als es an der Haustür klingelt und unsere Border-Collie-Hündin Cara bellend Alarm schlägt?

Raphael sieht gut aus, fast besser als gestern. Er hat das graublaue Hemd durch ein eng anliegendes weißes Halbarm-Shirt getauscht, das über seiner Brust spannt und seine trainierten Unterarme hervorhebt. Oh Mann, warum kann dieser Typ nicht einfach einen Bierbauch statt Sixpack haben und verwilderte Bartfusseln statt sexy Stoppeln? Und warum zum Teufel müssen sich seine Mundwinkel zum Anflug eines spöttischen Lächelns heben, als er mich ansieht?

»Hi«, sagt er, weder kühl noch warm. Einfach nur Raphaels Stimme, die meine Eingeweide verknotet.

Ich verschränke trotzig die Arme vor dem – nackten – Bauch. Vielleicht hätte ich mir doch ein normales Tanktop anziehen sollen. Habe ich so was überhaupt dabei? Ich habe nicht mit etwas anderem als Chillen und Partymachen gerechnet, als ich meinen Koffer für zwei Wochen gepackt habe.

»Hi«, antworte ich betont distanziert, um ihm nicht zu zeigen, wie es gerade in mir aussieht.

»Mensch, da kündigen sich zwei an, und dann kommen drei«, begrüßt ihn meine Mama herzlich.

»Ja, ich weiß, du hättest lieber mich als Schwiegertochter gehabt als Nicole, aber man kann nicht alles haben«, grinst er und erwidert ihre Umarmung. »Herzlichen Glückwunsch!«

Ich schnaube verächtlich, lasse mir den Umstand nicht anmerken, dass das auch als Absage an mich auslegbar ist.

»*Per carità*, Raphael, glaub mir ...« Mama lässt den Satz unausgesprochen, aber ihr Blick sagt alles – dass sie nicht weiß, ob sie sich das antun wollen würde. Oder mir.

Währenddessen macht auch meine Oma Anstalten, sich aus ihrem gepolsterten Gartenstuhl hochzumühen.

»Bleib sitzen, *nonna*«, sagt Raphael und beugt sich zu ihr herunter, lässt zu, dass sie seinen Kopf festhält und ihm zwei dicke Schmatzer auf die linke und rechte Wange gibt.

Plötzlich sitzen fiese Tränen hinter meinen Augen und ich presse die Lippen so fest aufeinander, dass es wehtut. Meine Oma war schon immer ein Fan von Raphael, noch bevor wir zusammen waren. Und Opa war schon immer davon überzeugt, dass wir irgendwann heiraten würden. Tja, auch mein Opa irrt sich mal.

»Raphael, Junge«, begrüßt er ihn gerade und die beiden umarmen sich schulterklopfend. Dann hustet mein Opa leicht, wie immer seit seiner OP, und setzt sich wieder.

Ich wende den Blick ab und beschließe, jedem schon einmal ein Glas Sekt einzugießen. Früher habe ich immer bewundert, wie gut sich Raphael mit seinen Eltern verstand, vor allem mit seiner Mutter. Und wie gut er mit meiner Familie zurechtkam. Damals habe ich mir den Spruch zurechtgelegt: *Wenn du wissen willst, wie ein Junge wirklich ist, sieh dir sein Verhältnis zu seinen Eltern an.* Und ich fühlte mich unheimlich weise damit.

Heute bin ich klüger.

Wir verbringen das Frühstück mit einem einzigen Thema: Milias' und Nicoles Hochzeit. Ob sie schon einen Termin haben und wo sie heiraten (»Nein? Wir sind nicht einmal zwölf Stunden verlobt«), welches Kleid Nicole am besten stehen würde (jedes!) und wie viele Brautjungfern es geben wird. Als sich dabei alle Augen auf mich richten, hebe ich abwehrend die Hände. »Besser nicht.«

Raphaels Blick fällt auf den Ring an meiner linken Hand, die ich schnell wieder herunternehme. Mein Handy vibriert und ich greife danach, dankbar für die Ablenkung.

»Valeria«, warnt Mama, »nicht am Tisch.«

»Aber das ist wichtig!«, wehre ich mich, ohne den Blick von meiner Inbox zu nehmen. Doch es ist nur ein Mode-Newsletter, keine E-Mail von meiner Uni oder meiner Agentin.

»Nichts ist so wichtig, dass es nicht warten kann, bis wir fertig sind«, bestimmt Mama.

Oma lehnt sich zu ihr und berührt ihren Arm. »Sie hat sich doch beworben«, erklärt sie auf Italienisch.

Mama und Milias horchen auf.

»Was?«, fragt Milias.

»Wo?«, fragt Mama. »Das ist ja toll, warum hast du das denn nicht erzählt, Mäuschen?«

»Hä?«, fragt Raphael, der als Einziger kein Italienisch versteht.

Ich lege das Handy wieder auf den Tisch und werfe ihm einen überheblichen Blick zu, dann einen halb beschämten zu meiner Mutter.

Irgendwann habe ich aufgehört, meinen Eltern alles zu erzählen. Wenn man einen solchen Vorzeigebruder hat, der gerade erst neben seiner bilingualen Masterarbeit einen Job in einer Top-Unternehmensberatung bekommen und sich mit seiner Traumfrau verlobt hat ... womit will man da noch auftrumpfen? Mit *Ich muss vermutlich meine Bachelorprüfung um ein Jahr verschieben und eine Klausur nachholen, bei der ich schon einmal durchgefallen bin* oder *Ich habe fast fünfhundert Euro Schulden bei meinem Mitbewohner*? Bestimmt nicht.

»Ich bin auf der Shortlist für eine Kampagne von Calzedonia«, antworte ich trotzdem und bemühe mich, mir meinen Stolz nicht allzu sehr anmerken zu lassen. Das ist die erste namhafte Marke, die mich buchen will.

»Wahnsinn!«, ruft Mama begeistert und ihre Augen leuchten, während sie die Hand meiner Oma drückt. »Das ist ja toll!«

»Absolut. Unterwäsche.« Raphael macht sich kaum die Mühe, sein Grinsen zu verbergen, und Mama schüttelt in gespielter Resignation den Kopf. Calzedonia stellt keine Unterwäsche her, das ist die Schwestermarke Intimissimi. Aber ich verzichte auf die Ausführung, denn ich freue mich zu sehr über die Dynamik der beiden, genau wie früher. Trotzdem kann ich Raphael nicht ganz das Feld überlassen:

»Strumpfhosen«, hole ich ihn von seinem hohen Ross der feuchten Träume, obwohl ich mir ziemlich sicher bin, dass es Bademode ist ... »Aber das ist noch nicht fix, deswegen ...«

»Aber allein, dass sie dich fragen, ist doch klasse!«, beharrt Mama, woraufhin Papa vielsagend nickt: »Wir sind stolz auf dich.«

Mein Herz dehnt sich vor Glück, als ich den bewundernden Blick meiner Eltern auffange. Zum zweiten Mal innerhalb einer halben Stunde muss ich mit den Tränen kämpfen, verstecke sie hinter einem Lächeln und spüle sie mit dem Rest meines Sekts hinunter.

»Du bist nicht verlobt.«

Ich werfe Raphael einen finsteren Blick zu, als er sich knapp zwei Stunden später neben mich auf die Hollywoodschaukel setzt. Irgendwann habe ich mich zurückgezogen unter dem Vorwand, für meine letzte Prüfung lernen zu müssen, aber stattdessen sehe ich auf meinem Handy alte Fotos an. Fünf Jahre sind so eine lange Zeit.

»Und du hast keine Freundin«, gebe ich in derselben Tonlage zurück, um ihn zu entwaffnen, noch bevor er ziehen kann. *Und auch kein Kind!*, denke ich, aber das spreche ich nicht aus.

Er schnalzt mit der Zunge. »Milias ...«

»Nein, Nicole«, widerspreche ich schon wieder und setze mich aufrecht hin, strecke ein Bein aus, um mit der nackten Fußsohle über das weiche Gras zu streifen. Raphael wippt uns sachte vor und zurück, während er tief durchatmet.

»Sie heißt Aaliyah«, sagt er dann. Ich lege den Kopf schief, gleichzeitig unendlich erleichtert, dass es nicht Cat ist, und am Boden zerstört, dass die gesichtslose Fremde plötzlich einen Namen hat. »Wir sind nur gute Bekannte.«

»Gute Bekannte«, wiederhole ich mit ungläubig erhobenen Brauen. Seit wann hat Raphael denn platonische Freundinnen? Außer Angelina. Und Lucy. Und Nicole. Ach Manno! »Hat sie einen Freund?«

Er zieht ein Gesicht, als ob das absurd wäre. »Nein.«

»Also habt ihr Sex.«

Raphael setzt zu einer Erwiderung an, stoppt dann. Schüttelt den Kopf, sieht mich amüsiert an. Lange. Mir wird heiß. Ist gerade irgendwie die Temperatur um zehn Grad gestiegen?

Also haben sie Sex, denke ich frustriert und betrachte den gestutzten Buchsbaum zu meiner Rechten, weil ich seinem Blick nicht mehr standhalten kann.

»Und wie lange seid ihr schon *nur Bekannte?*« Ich setze das Wort mit zwei Fingern in Anführungszeichen. Raphael gluckst. »Also, nur so ungefähr. Ich weiß, dir fällt das mit den genauen Beziehungsdaten immer schwer.«

Es hat fast ein halbes Jahr gedauert, bis er sich unseren Jahrestag merken konnte.

»Vier Monate und fünf Tage«, antwortet er sofort und hat sogar die Dreistigkeit, mir dabei fest in die Augen zu blicken.

Ich schnappe nach Luft. »*Das* ist präzise.«

Er sieht wieder weg und ich verfluche die Sehnsucht, die die Abwesenheit seines Blicks in mir auslöst. »War ein wichtiges Datum für mich«, sagt er bloß.

Ich stoße ein undefinierbares Geräusch aus, das vielleicht an eine sterbende Fledermaus erinnert. Er sagt mir direkt ins Gesicht, wie wichtig der Tag für ihn war, an dem er mit seiner neuen Nicht-Freundin zusammengekommen ist?

Ich ertrage das nicht. Seine Nähe, seinen Duft, seine Stimme. Und die Tatsache, dass er nicht mehr mir gehört.

»Sorry ...«, murmle ich noch, dann stehe ich so abrupt auf, dass sein Körper auf der Schaukel nach vorne ruckt.

»Valeria«, ruft er hinter mir, als ich schon fünf Schritte entfernt bin.

Ich bleibe stehen. Ich will nichts sehnlicher, als dass er meine Hand ergreift, mich herumwirbelt und hingebungsvoll küsst. Aber als ich mich umdrehe, sitzt er immer noch auf der Schaukel wie ein gefallener Engel mit dem Körper des Teufels.

»Können wir uns nicht einfach wie normale erwachsene Menschen verhalten?« Seine Stimme ist nicht verärgert, auch nicht herablassend. Einfach nur Raphaels Stimme. Ich versuche nicht zusammenzuzucken bei dem Stich, der sich mit quälender Langsamkeit durch meine Brust frisst. Er hat mit mir abgeschlossen.

Ich kapituliere vor dieser Stimme, aber ich fürchte, dass mich meine Beine im Stich lassen, wenn ich jetzt weggehen will. Also setze ich mich an Ort und Stelle ins Gras und beginne, einzelne Halme auszurupfen. Schlucke. Nicke. Wage es endlich, den Blick zu heben, und sehe, dass er auch nickt.

»Ich freue mich, dich wiederzusehen, Val.«

Plötzlich schießen mir die Tränen mit voller Wucht in die Augen, zwingen mich, den Blick fest auf das dichte Gras zwischen meinen Zehen zu richten. Die Sehnsucht schnürt mir die Kehle zu, aber ich muss stark bleiben. Die Blamage wäre zu groß, vor seinen Augen in Tränen auszubrechen. Also nicke ich bloß erneut, ohne auch nur einen Laut herauszubringen.

»Hey, ihr zwei«, kündigt sich Nicole behutsam an, kniet sich neben mir ins Gras und richtet ihren zartgelben Rüschenrock. »Wie lange bleibst du noch?«

Ich hebe den Blick, einen Moment unsicher, ob sie mich oder Raphael meint. Ihre grünen Augen sind auf mich gerichtet.

»Ich?«, frage ich trotzdem, um die Zuverlässigkeit meiner Stimmbänder zu testen. Räuspere mich. »Zwei Wochen.«

Sie strahlt. »Cool! Also, am Donnerstag veranstaltet Milias' Studiengang so eine Art inoffizielle Abschlussparty im *Basement 9*. Habt ihr Lust zu kommen?«

Raphaels und mein Blick treffen sich, er holt stirnrunzelnd sein Handy aus der Tasche und ich kann nicht anders, als mir eine Nachricht seiner ›Bekannten mit gewissen Vorzügen‹ darauf vorzustellen.

»Das ist unter der Woche«, stellt er fest.

Nicole hebt liebreizend die Schultern. »Es sind Semesterferien.«

»Aber es gibt Leute, die keine Semesterferien haben«, erinnert er sie. »Ich gucke mal, ob ich einen Tag Urlaub einreichen kann.«

Ich sehe ihm dabei zu, wie er etwas ins Handy tippt, und rechne ihm keine großen Chancen aus. Raphael hat nach dem Abi einen der begehrten Ausbildungsplätze als dualer Student bei einem weltweit agierenden Konzern mit Niederlassung in der Nähe ergattert. Ich bezweifle, dass Konzernpolitik so spontan ist. Also zucke ich mit den Schultern und zupfe weiter Grashalme aus dem Garten meiner Eltern. Vielleicht gibt es in Milias' Studiengang ja ein paar süße Jungs, die meine bescheuerte Sehnsucht nach Raphael ablenken können.

»Ja«, antworte ich Nicole schließlich, »warum nicht. Ein bisschen Party hat noch niemandem geschadet.«

Ich weiche Raphaels Blick aus, weil mir im selben Moment auffällt, dass das früher immer sein Spruch war.

12 Ein bisschen Party

Valeria

Die Party findet in einem kleinen Kellergewölbe statt, das völlig überfüllt wirkt, obwohl vermutlich keine hundert Leute da sind. Bei einem ersten vorsichtigen Blick in die Runde kann ich Raphael nirgends erkennen – was mich gleichzeitig mit Erleichterung und Bedauern erfüllt. Zu meiner noch größeren Enttäuschung jedoch sehe ich auf den ersten Blick auch niemanden, der ihm das Wasser reichen und meine Gefühle auf andere Gedanken bringen könnte.

Studenten in Italien sind irgendwie ... stylischer, selbst die Ungestylten. Also bin ich mal wieder völlig overdressed in meinem gelben Top mit Carmen-Ausschnitt und Lederrock. Ich beschließe, aus der Not eine Tugend zu machen, und schieße ein strahlendes Selfie für meine Insta-Story. Calzedonia hat immer noch nicht abgesagt.

Ich hänge mich erst mal an Milias und Nicole, und wir drängen uns durch die dicht stehenden Leute zu einigen von seinen Kommilitonen, die einen Stehtisch etwas abseits ergattert haben.

Mit einem »Hey, willkommen!« hält mir einer von ihnen, ein hochgewachsener Typ mit perfekt gestyltem Haar und hochgekrempelten Hemdsärmeln, die Hand hin, während mich das dunkelhaarige Mädchen in dem extrem knappen Minikleid völlig ignoriert. »Ich bin Johannes. Du bist Milias' Schwester, stimmt's?«

Ich nicke, angenehm überrascht von seinen Manieren und dem Duft seiner Haut über dem blau-schwarz gestreiften Hemd. »Genau! Freut mich, dich kennenzulernen.«

»Die kleine Schwester von Milias?«, mischt sich ein zweiter, etwas Kräftigerer mit rotblondem Koboldbart ein und stellt sich als Patrick vor.

Ich muss kichern: »Patrick sieht aus wie der St.-Patrick's-Day-Kobold!« Tatsächlich erinnert er mich fast noch mehr an den rotblonden Wildling Tormund aus *Game of Thrones*.

Er schaut einen Augenblick lang drein wie eine Ziege, dann lacht er schallend. »Hast du schon was zu trinken?«

Ich verneine mit meinem strahlendsten Lächeln. Zu einem Gratisdrink sage ich nicht Nein – wenn ich ihn von der Bar bis in meine Hand nachverfolgen kann. Ich bin vielleicht draufgängerisch, aber nicht lebensmüde. Und ich entscheide selbst, wann ich mich betrinken will und wann nicht. Aber als ich sehe, dass er eine volle Flasche Wodka und einen Stapel Schnapsgläser aus Plastik auf den Tisch vor uns stellt, wird mein Grinsen breiter.

»Hey!«, mischt sich Milias ein, nachdem er seine erste Begrüßungs- und nachträgliche Glückwunschrunde beendet hat, »Kein Alkohol ohne mich.«

Patrick füllt lachend die Gläser. »Yeah! Auf Milias und Nicole!« Sein Blick fällt auf mich, und er senkt gespielt beschämt den Blick. »Und natürlich auch auf Milias' kleine Schwester.«

Ich verziehe spielerisch die Lippen, aber bevor ich ihm mitteilen kann, dass ich Valeria bin und nicht Milias' kleine Schwester, mischt sich Johannes ein: »So klein ist sie wirklich nicht!«

Ich blinzle ihn an, während er mir zuzwinkert und sein Shot-Glas leert, und ringe mit dem Monster in meinem Bauch. Brüllt es gerade verletzt oder schnurrt es interessiert? Ich beschließe, es mit Alkohol zu besänftigen, und stürze ebenfalls meinen Kurzen hinunter. Augenblicklich verziehe ich das Gesicht.

»Oh Gott, ist der scheußlich!« Ich hatte vergessen, wie ekelhaft Wodka schmeckt.

»Entschuldige vielmals, Prinzessin«, knickst Tormund aka Patrick. »Für Champagner reicht mein Nebenjob leider nicht aus.«

Ich muss lachen und Johannes schüttelt amüsiert den Kopf. »Keine Sorge«, beruhige ich ihn und schenke uns allen nach, schlage einen lockeren Plauderton an. »Was studierst du denn?«

In dem Moment dreht die Musik um gefühlte fünfzig Dezibel auf.

»Maschinenbau«, ruft er über den dröhnenden Bass hinweg und lehnt sich so sehr auf den wackeligen Stehtisch, dass der gefährlich in seine Richtung kippt.

»Vorsicht!«, rufe ich und kann gerade noch vier volle Gläser retten, bevor sie überschwappen.

»Und was studierst du? Oder arbeitest du schon?«, fragt Johannes, nachdem er mir zwei davon abgenommen hat und mit mir anstößt.

Ich schlucke den Inhalt hinunter und kneife die Augen zusammen. »Marken- und Eventmanagement.«

Sein Mundwinkel zuckt. »Zählt das auch zur Kategorie *was mit Medien?*«, zieht er mich mit dem Spruch auf, den ich schon hundertmal gehört habe. Ich hebe machtlos die Schultern. Na ja, wenn man sich nicht entscheiden kann und nicht mathebegabt genug für ein reines BWL-Studium ist, studiert man halt »was mit Medien« oder »Management«. Oder Geisteswissenschaften, und da bin ich doch hundertmal lieber *Medien*-Studentin. Das ist wie eine universelle Du-kommst-aus-dem-Gefängnis-frei-Karte für die Arbeitswelt. Zumindest hoffe ich das. Falls ich meine Statistikklausur nicht wiederholen muss. Ich brauche noch einen Drink.

»Und du?«, frage ich, gerade als sich Milias begeistert einmischt und seinerseits über den Tisch lehnt:

»Und sie ist Model! Wer hat dich noch mal gebucht? Hunkemöller?«

»Calzedonia«, erwidere ich und kann mich nicht gegen das glückliche Grinsen wehren, das sich auf meinem Gesicht ausbreitet. Das wäre wirklich ein Traum. »Aber die Buchung ist noch nicht durch, also ...« Ich klopfe dreimal auf die Tischplatte.

Johannes stutzt, Patrick starrt mich regelrecht an. »Du bist Model?!«

»Jetzt im Ernst?«, fragt Johannes.

»Ja, wirklich«, gebe ich zu, während Milias sein Handy herausholt und nach kurzem Tippen den anderen hinstreckt.

»Zwanzigtausend Follower?«, staunt Johannes, während Patrick schon sein eigenes Handy in der Hand hat:

»Du bist ein verdammter Promi! Ich bin auf 'ner Party mit 'nem Promi!« Damit drängt er sich neben mich und grinst in die Selfie-Cam. Ich grinse ebenfalls, den Kopf zur Seite gekippt, und zeige ein Victory-Zeichen mit Zeige- und Mittelfinger.

»Wow!«, gesteht Johannes. »Das ist echt beeindruckend.«

Ich zucke mit den Schultern, spiele meine stolzgeschwellte Brust mit einem Lächeln herunter. »Das ist einfach ... passiert.«

Tatsächlich war es eine Mischung aus meinem früher geradezu krankhaft ausgeprägten Drang, mich beweisen zu wollen, aus Vanessas Erfahrung mit Modeln und Instagram und vor allem aus sehr viel Ausdauer und harter Arbeit.

»Nennt man das schon Influencer? Also ... kriegst du Produkte und so?« Das ehrliche Interesse in Johannes' Augen gefällt mir. Nicht auf sexuelle Art, einfach ... es ist nett mit ihm zu reden. Es gibt eben auch gute Jungs, nicht nur selbstverliebte Arschlöcher. Mit dem Körper griechischer Götter. Und dem Lächeln stygischer Dämonen. Oh Gott ...

»Nein, also ja. Influencer nicht wirklich, aber manchmal kriege ich schon Produkte zum Testen«, antworte ich und spiele mit dem Plastikbecher in meiner Hand, was Patrick völlig falsch versteht und ihn noch mal auffüllt.

»Auf den Abend mit 'nem Promi, whoo!«, jault er, und wir lachen, bevor wir trinken.

»Ist die Rede von Promis? Hier bin ich«, mischt sich jemand anders ein und drängt sich so abrupt zwischen uns, dass mein Bauch leicht flattert. Ich kenne dieses Parfüm. Aber ich kenne nicht den Typen dazu, der sich mir jetzt zuwendet, offenbar genauso verwundert wie ich. Er ist ... enorm. Ich kann den Blick nicht von seinem prallen Bizeps in dem engen Shirt mit tiefem V-Ausschnitt abwenden, unter dem sich eine ebenso beeindruckende Brustpartie abzeichnet. Dieser Typ verbringt eindeutig sehr viel Zeit im Fitnessstudio. Seine Haare sind so kurz, dass ich nicht erkennen kann, ob blond oder dunkel, und er hat Augen wie ein Falke. Ich muss blinzeln, als er lächelt.

»Hi! Du bist Valeria, oder?«

Ich stutze, blinzle noch mal. »Äh ... Ja?«

Er grinst. »Ich hab dich am Wochenende gesehen, auf der *VERLOBUNGSPARTY! Milias, Alter!*«, steigert sich seine Stimme, bevor er meinen Bruder fast unter seinen Muskelbergen begräbt. »Nicole! Herzlichen Glückwunsch, ich freu mich für euch!«

Ich bin schon kurz davor, mich zu fragen, wie dieser Schlägertyp auf Milias' Geburtstagsparty eingeladen gewesen sein konnte – und wieso ich ihn nicht gesehen habe –, als mir auffällt, wie behutsam er die zierliche Nicole drückt. Okay, klassischer Fall von »Harte Schale, weicher Kern«? Interessiert lege ich den Kopf schief, als er sich wieder mir zuwendet, nachdem er auch die anderen zwei Jungs begrüßt hat.

»Wow«, mache ich. »Ich hab dich nicht gesehen. Wie auch immer das passiert ist.«

Warte, habe ich das gerade wirklich laut gesagt? Entweder bin ich sehr viel angetrunkener, als ich dachte, oder viel sexuell unterforderter, als mir klar war. Und noch während ich im Kopf nachrechne, wie lange ich keinen Sex mehr hatte, grinst der Typ das Grinsen von jemandem, der weiß, welche Wirkung er auf Frauen hat. Genau wie Raphael. Okay, mir wird ein bisschen heiß.

»Tja, hast du schon was zu trinken? Kann ich dir was ausgeben?«

»Du kannst deine Finger von meiner Schwester lassen«, schlägt Milias leichthin vor, aber als er den Blick von seinem Handy hebt, ist der Ernst in seinen Augen echt – zum ersten Mal seit mehr als fünf Jahren. Das will was heißen. Das macht es nur umso spannender!

Der Hüne, dessen Namen ich immer noch nicht kenne, hebt lachend die Hände, wie um seine guten Absichten zu demonstrieren. Aber wie gesagt, ich entscheide gerne selbst über mein Leben und meine Abstürze jeglicher Art. Zumal ich gerade gesehen habe, wie sich Raphael einen Weg durch die Menge bahnt.

Er hat mit mir abgeschlossen, jetzt zeige ich ihm, wie sehr ich mit ihm abgeschlossen habe. Mal sehen, ob diese Aaliyah-Bekanntschaft an meinen Fang von heute herankommt. Mal sehen, ob sie an *mich* herankommt.

»Natürlich darfst du mir einen ausgeben«, übernehme ich lächelnd das Ruder und hake mich bei ihm unter.

Milias sieht mich an, schüttelt verständnislos den Kopf, sagt aber nichts mehr dazu.

Raphael

»Reichlich spät!«, begrüßt mich mein bester Freund unter ohrenbetäubender und obendrein miserabler Musik in einem überfüllten Kellergewölbe.

So also feiern Vollzeitstudenten.

»Sorry, ging nicht früher«, rufe ich über die Musik hinweg, als ich mit ihm einschlage und ihn damit fast umwerfe. »Hoppla!« Lachend halte ich ihn fest und frage Nicole in einer Umarmung: »Was ist denn mit ihm los?«

Dann begrüße ich auch die zwei anderen Jungs und die hübsche Brünette. Von Valeria keine Spur. Wollte sie nicht kommen?

Nicole zuckt grinsend mit den Schultern. »Jeder wollte zur Gratulation mit ihm anstoßen, und jetzt ist er betrunken«, erklärt sie seinen Zustand – der wiederum erklärt, warum er zwei Sätze in der Konversation zurückhängt:

»Du kannst ruhig sagen, dass du noch anderweitig beschäftigt warst«, erlaubt er mir mit Grinsen und Gönnermiene.

Ich runzle amüsiert die Stirn. *Ja, mit Quartalsberichten*, will ich antworten, spüre aber die Augen der Brünetten auf mir und begnüge mich mit vielsagendem Schweigen, während ich ihren Blick festhalte. Bis ich feststelle, dass sie mich eigentlich gar nicht interessiert, und betont gelangweilt den Blick schweifen lasse.

Er bleibt an einem knallgelben Oberteil hängen, das mich unwillkürlich fünf Jahre zurück in die Küche von Milias' Eltern versetzt. Sogar die junge Frau in dem Oberteil sieht aus wie Valeria, mit den ultragebräunten Beinen in dem schwarzen Rock und den langen dunklen Haaren, die ihr bis unter die Schulterblätter reichen.

Ich lege unwillkürlich den Blick schief, gerade als sie sich wie zufällig umsieht – und mir direkt in die Augen. Das ist Valeria!

Bevor ich irgendetwas tun oder denken kann, hebt sie eine Augenbraue und dreht sich wieder weg, zeigt mir wortwörtlich die kalte Schulter – oder in ihrem Fall: die sexy Silhouette ihres Profils.

Sie will spielen? Dann lass uns spielen, Valeria. Ich hebe gerade wissend einen Mundwinkel, als sie dem Riesen die Hand auf den Oberarm legt. Meine Miene gefriert.

»Wer ist der Gorilla?«

»So, wie es aussieht, Valerias Date für heute Abend«, seufzt Milias.

Ich starre ihn an. »Das ist ein Scherz, oder?«

Er hebt bloß missbilligend die Brauen, während Nicole antwortet: »Er heißt Dario und ist eigentlich ein ganz Lieber.«

Ich sage nichts. Ganz ehrlich? Ist mir scheißegal, wie der Typ drauf ist, und wenn er Mutter Theresas Sohn wäre. Was er wohl sein müsste, um nicht auf ihren offensichtlichen Flirt einzugehen.

»Er war am Samstag auch da«, ergänzt Nicole.

War er das? Ist mir nicht aufgefallen.

»Aha«, mache ich, überprüfe die Shot-Becher und stelle fest, dass alle benutzt sind. »Ich geh mir mal was Anständiges zu trinken holen.«

»Raphael.« Nicoles Finger sind warm auf meinem Arm. »Sei nett.«

Ich hebe die Mundwinkel, mein Blick streift erneut die Brünette an unserem Tisch. Nur kurz. »Ich bin immer nett.«

Valeria

»Drei Jahre Italien«, wiederholt Dario beeindruckt und nimmt noch einen Schluck von seinem Drink. Ich beobachte das Spiel seiner Muskeln, während er trinkt, das Heben seiner massigen Brust. Und seine blaugrünen Falkenaugen mit dem intensiven Blick, als er mich wieder ansieht. »Wie kommt man auf die Idee, so lange so weit weg zu gehen?«

Ich setze ein hölzernes Lächeln auf und ertränke alle ungebetenen Gedanken in einem tiefen Zug aus dem Strohhalm, bis er Luft zieht. Zucke leichthin mit den Schultern, obwohl ich genau weiß, warum. Und lege aufreizend den Kopf schief.

»Was ist denn mit dir? Was machst du so – außer Kraftsport?«

Er gluckst, hält meinen Blick fest und für einen Moment baut sich diese elektrisierende Spannung zwischen uns auf, die nur auf eine Art und Weise abgebaut werden kann. Seine Lippen teilen sich und er öffnet den Mund, aber ich höre seine Antwort nicht, weil in diesem Moment jemand anders spricht:

»Hi!«, sagt eine raue Stimme hinter mir, aber nicht zu mir. »Machst du mir einen Gin Tonic?«

Plötzlich wird mir heiß, und diesmal liegt es nicht an Darios Blick. Wieder steigt mir Raphaels Duft in die Nase, obwohl ich weiß, dass Dario denselben benutzt. Trotzdem kann ich nicht anders. Ich tue, als würde ich mich einfach im Raum umsehen, und werfe einen vorsichtigen Blick über die Schulter.

Raphael steht unmittelbar neben mir, sieht mir direkt in die Augen. Ich blinzle zurück, fühle mich wie das ertappte Kaninchen vor der Schlange. Spüre mein Herz langsamer schlagen wie in einer vorübergehenden Zeitlupe, in der es nur ihn und mich gibt. Dann hebt er die Mundwinkel zu diesem hinreißend süffisanten Lächeln, das nur er beherrscht, und katapultiert mein Herz auf die doppelte Geschwindigkeit, während er seinen Geldbeutel wieder in die hintere Hosentasche steckt und seinen Drink von der Theke nimmt.

»Hey.«

Ich fühle mich, als wäre ich gegen eine Wand gelaufen. Atemlos, verwirrt und voller Adrenalin. Dann lehnt er sich auch noch vor, um mich zu umarmen, und ich schnappe erfolglos nach Luft, während heißes Kribbeln durch meinen gesamten Körper schießt.

Raphael umarmt mich nur halb, weil die andere Hand sein Glas hält. Aber mein Körper reagiert mit einer Heftigkeit, als hätte mich ein Orkan erfasst, der mangels anderer Angriffsfläche mein Gefühlsleben in seine Einzelteile zerlegt. Aber es ist nicht die Art, wie Raphael sich zu mir lehnt und sich unsere Oberkörper berühren, es ist nicht einmal seine reine Nähe oder der Duft seiner Haut. Es ist die Art, wie zielstrebig er seine Hand auf der Mitte meines Rückens platziert, mich sicher stützt und gleichzeitig gegen ihn drückt. Er umarmt mich wie ein Geliebter, nicht wie ein Freund. Und es bricht mir das Herz.

Ich will ihn von mir stoßen, aber ich kann ihn nicht loslassen. Ich will für immer hier an seiner Schulter lehnen, seinen Duft einatmen und seinen vertrauten Pulsschlag spüren. Ich ignoriere sogar das Vibrieren meines Handys in meiner Rocktasche, auf das ich schon seit Tagen warte. Raphael ist es, der die Umarmung löst – und es fühlt sich an, als würden dabei die Einzelteile meines Herzens aus meiner Brust gerissen.

»Kennst du den?«, fragt Dario, als ich in die Realität zurückkehre. »Wer ist das?«

Raphael legt den Kopf schief, erlöst mich von seinem Blick, als er mein Date betrachtet. Er ist nicht ganz so groß wie Dario, aber seine selbstsichere Aura ist beinahe überirdisch. Währenddessen schaffe ich es endlich, eine überhebliche Miene aufzusetzen, und will Dario gerade versichern, dass er niemand ist, als Raphael erklärt:

»Ich bin ihre große Liebe. Und wer bist du?«

13 Kurzschluss

Raphael

Sie stößt mir unwirsch gegen die Brust, so hart, dass mich der Aufprall husten lässt.

»Aua!« Verstohlen reibe ich mir über den Brustkorb und verlagere meinen Blick von Darios in der Menge verschwindendem Hinterkopf zurück auf Valeria. Sie hat immer noch Kraft. »Kein Grund, mir gleich die Rippen zu brechen.«

»Pass auf, dass ich dir nicht gleich etwas anderes breche«, zischt sie. Der lodernde Blick in ihren Augen ist geradezu magnetisch, und ich halte ihn fest, solange ich kann. Hebe einen Mundwinkel.

»Vorsicht«, antworte ich, »könnte nach hinten losgehen.«

Sie stößt mich noch mal an, aber diesmal bin ich vorbereitet und umfasse ihre Handgelenke mit der Rechten. In der anderen halte ich immer noch meinen halb leeren Drink. Der Gin ist nicht wirklich gut. Einen Moment lang sind wir einander so nah, dass ich ihren Atem im Gesicht spüre und den Duft ihrer Haut rieche. Ich will sie küssen.

Valeria windet sich aus meinem Griff.

»Lass mich los, Raphael! Du hast mir mein Date versaut!«

Ich lasse sie amüsiert los. »Date wie Sex oder wie Beziehung?«

Sie stößt mich noch einmal an. »Das kann dir völlig egal sein«, faucht sie, ihre dunklen Augen blicken geradezu auf mich herab, obwohl ich größer bin als sie. »Ich werde sicherlich nicht mein Sexleben vor dir ausbreiten.«

Ich gluckse noch mal. »Mit dem Typen? Ich bitte dich. Der ist unter deinem Niveau.«

Ich lasse sie nicht aus den Augen, ihr Gesicht keine Hand breit von meinem entfernt. Ich spüre ihren fruchtig-herben Atem auf der Haut, und ich weiß, dass sie dasselbe denkt wie ich. Dasselbe *fühlt* wie ich. Nur meine Selbstbeherrschung hindert mich daran, den Kopf zu senken und die letzten Zentimeter zwischen uns zu überwinden. Und mein Stolz. Ich will, dass sie den ersten Schritt tut. Falls sie überhaupt noch ansatzweise dieselbe wie früher ist.

Valeria ist eine endlose Sekunde lang wie paralysiert, ich kann die widerstrebenden Gefühle in ihren Augen sehen. *Na los!*, lade ich sie stumm ein, fordere sie geradezu heraus. Ihr Blick fällt auf meine Lippen. Dann stößt sie mich vollends weg und nimmt ihre Handtasche.

»Der Typ, der vor mir steht, ist auch unter meinem Niveau!«

Ich sehe ihr amüsiert nach, nehme einen Schluck aus dem Glas und kann mich nicht gegen das Grinsen wehren, das alte Erinnerungen wachruft. Wenn jemand den dramatischen Abgang perfektioniert hat, dann Valeria. Ich warte, bis sie in der Menge verschwunden ist, dann leere ich mein Glas vollends, stelle es zurück auf den Tresen und folge ihr. Nicht, um mich ihr aufzudrängen, sondern um sicherzugehen, dass sie sich nicht gleich auf den nächstbesten Gorilla stürzt.

Klingt, als wäre ich ein psychopathischer Stalker.

Leider habe ich in den nächsten Stunden mehr damit zu tun, auf meinen betrunkenen besten Freund aufzupassen.

»Wie seid ihr hier?«, frage ich Nicole, als Milias und seine Kommilitonen zu einem Neunziger-Song abgehen. Nicole ist in ausgelassenes Geschnatter mit ein paar Freundinnen vertieft, dessen Thema ich mir unschwer vorstellen kann, und wippt dabei im Takt der Musik wie ein niedlicher Wackeldackel.

»Bahn«, flötet sie, während die Mädels ihre Aufmerksamkeit auf mich verlagern. Ich sehe sie alle der Reihe nach an, überlege ernsthaft bei der Blonden. Und entscheide dann: Nein.

Zumal der Wikingerkobold Patrick schon wieder den Wodka-Flaschengeist spielt. Augenblicklich strecke ich mich und nehme Milias den Kurzen aus der Hand, den Patrick gerade erst dort platziert hat.

»Sei doch kein Spielverderber«, beschwert sich der. »Ich kann ja nicht alleine trinken!«

Notgedrungen stoße ich den Plastikbecher gegen seinen und stürze den Inhalt hinunter. Beeindruckend, wie ich so was selber mal freiwillig getrunken habe. Als Milias jedoch nach der halb vollen Flasche greifen will, die Patrick offen stehen lassen hat, bin ich schneller und ziehe sie vom Tisch. Das Kondenswasser benetzt meine Handfläche und Wodka läuft über mein Handgelenk, aber ich halte sie eisern fest.

»Wann fährt die Nächste?«, frage ich Nicole, allmählich des Babysittings überdrüssig. Sie wirft einen besorgten Blick auf Milias, der mordsmäßigen Spaß mit den Jungs hat, und holt ihr Handy heraus, um die Verbindung zu checken. Ich tue aus Reflex dasselbe.

A.: Was machst du heute?

Ich lecke mir über die Lippen und schiebe die Nachricht weg. Überlege. Lange, anders als bei Nicoles Freundinnen. Wir haben uns das letzte Mal vor mehr als zwei Wochen gesehen. Mein Blick wandert zu Valeria, die ausgelassen mit irgendwelchen Mädels tanzt. Bleibt an ihren hypnotisierenden Bewegungen kleben, ihren sinnlichen Kurven. Ich nehme einen kühlen Schluck aus der Flasche. Kurzerhand öffne ich die Nachricht doch und tippe:

Bin noch auf ner Party im Basement 9.

Nehme noch einen Schluck, betrachte den Satz und beginne zu ergänzen, dass ich mich später melde, als Nicole mich antippt und mir schockiert ihr Handy hinhält. »Was hast du gemacht?«

»Gar nichts!«, antworte ich, noch bevor ich weiß, worum es geht.

Auf ihrem Display mache ich ein Foto aus, das der Umgebung ziemlich ähnlich sieht, lege den Kopf schief und übersetze:

Wer braucht überhaupt Männer? Party ist, was du draus machst! #GehtAuchOhne-Alkohol #AberMitGehtsSchneller

---

Ich mache mir nicht einmal die Mühe, die italienische Version zu lesen, kann mich aber nicht gegen ein Grinsen wehren. Hat sich da etwa ausnahmsweise die Signora verbrannt und nicht ich?

»Also?«, will Nicole wissen.

»Woah«, widerspreche ich. »Als sie mich vorhin stehen lassen hat – wohlgemerkt, *sie* hat *mich* stehen lassen –, war noch alles okay.«

Nicoles gespielt böser Blick bohrt sich geradezu in meine Augen, bis ich lachen muss und einen freundschaftlichen Arm um sie lege.

Dann werfe ich einen kurzen Kontrollblick zu Milias, dem es noch gut geht. Und beobachte wieder Valeria. Ich könnte jetzt einfach zu ihr gehen und ihr zeigen, wie sehr sie Männer braucht. Aber das wäre irgendwie ... wie in fünf Jahren nichts gelernt zu haben, oder?

Sie tanzt jetzt nicht mehr mit den Mädels, sondern mit irgendeinem Hemd in blau-schwarz gestreifter Klamotte. Vollkommen aufgedreht beim ersten Song, langsamer beim zweiten. Das Hemd ist kein Dario. Aber ist er es wert, noch eine Szene zu machen? Wir sind erwachsen.

Die Flasche in meiner Hand kommt mir plötzlich seltsam leicht vor. Irritiert begutachte ich sie und stelle fest, dass ein beträchtliches Stück fehlt, seit ich sie vor Milias gerettet habe.

»Ich bin gleich wieder da«, teile ich Nicole mit und setze mich in Bewegung, drücke die Flasche Patrick in die Hand und fasse ihm in den verschwitzten Nacken. »Wenn Milias noch einen Schluck davon kriegt, kannst du was erleben.«

Dann wische ich mir die Handfläche an der Jeans ab und durchquere die Partylocation auf dem Weg zu den Toiletten.

Der Typ, den ich beim Händewaschen im Spiegel sehe, sieht um einiges mürrischer aus, als ich mich fühle. Ich hebe die Augenbrauen zu einer ungläubigen Miene, um mich vom Gegenteil zu überzeugen. Na also.

Vergiss Valeria, denke ich grimmig. *Unmöglich*, antwortet mein Unterbewusstsein. Ich schnaube und ziehe ein Papiertuch aus dem Spender. Jemand drückt die Klinke von außen herunter, aber die Tür ist noch verschlossen.

»Sekunde«, rufe ich, da höre ich schon, wie der oder diejenige einfach mit der Damentoilette nebenan vorliebnimmt.

Das *Basement 9* ist normalerweise ein wenig besuchter, weil nun mal nicht allzu hochwertiger Lounge-Club. Deswegen gibt es auch nur einen Toilettenraum pro Geschlecht, und die gleichen eher vollständig eingerichteten Gäste-WCs als herkömmlichen Partytoiletten.

Ich lasse den Blick über die sogenannten »Notfall-Utensilien« in dem Körbchen neben dem Waschbecken gleiten: Kaugummi, Deo, Zahnseide, Haarspray, Kondome. Meine Gedanken wandern zu heimlich geteilten Kaugummis.

Ich schüttle entschlossen den Kopf, schließe auf, trete vor die Tür – und pralle mit jemandem zusammen. Geistesgegenwärtig strecke ich die Arme aus und bewahre die Person davor, das Gleichgewicht zu verlieren. Ich erkenne ihren Duft, noch bevor Valeria sich wieder gefangen hat.

Valeria

»Huch, sorry, ich ...«

Ich vergesse, was ich sagen wollte, als mein Körper Raphael erkennt.

Mein Herz macht einen doppelten Salto durch den brennenden Reifen, der meine trockene Kehle ist, mein Bauch schlägt Purzelbäume und mein gesamtes Innerstes verknotet sich, während ich den Boden unter den Füßen verliere und plötzlich auf dem Drahtseil balancieren muss.

Adrenalin von der Fußsohle bis zu den Fingerspitzen, atemloses Herzklopfen im Hals.

Ich kann nicht sprechen, nicht atmen. Ich kann ihn nur anstarren, in dieser endlosen Sekunde Schwerelosigkeit. Mein Blickfeld hat sich auf Raphaels Lippen reduziert, meine sensorische Wahrnehmung auf meine Taille, die von seinen starken Händen in Brand gesetzt wird.

Dann läuft die Zeit weiter – und unsere Körper treffen sich mit der Kraft aufeinanderprallender Planeten. Ich öffne die Lippen gegen seine, ringe mit ihnen, weigere mich die Oberhand abzugeben.

Augenblicklich greift Raphael in meine Haare und erwidert meinen Kuss heftig, zieht mich noch enger an sich, lässt einen Feuerball in meiner Mitte explodieren. Ich dränge mich gegen ihn, werfe ihn dabei fast um und vergrabe meine Finger besitzergreifend in seinem Haar. Gott, er fühlt sich noch genauso an wie früher. Er fühlt sich *besser* an als früher. Ich unterdrücke ein Stöhnen.

Jäh drängt er mich zurück in den Toilettenraum und verschließt die Tür hinter uns. Irgendwo in meinem Hinterkopf meldet sich die Stimme der Vernunft, aber ich bringe sie an Raphaels Lippen zum Schweigen.

Schon sind meine Hände unter seinem Hemd, ertasten die harte Wölbung seiner Bauchmuskeln, die allenfalls noch ausgeprägter sind als früher und flüssiges Feuer durch meinen Körper jagen. Ich will seine Haut auf meiner spüren, zerre das Hemd aus seiner Hose und absorbiere die Hitze seiner Haut. Schnappe nach Luft, als er mich gegen die kalte Wand drückt und meinen Hals küsst, lege den Kopf in den Nacken und schließe die Augen. Seine Hände fahren die Konturen meines Körpers nach, hinterlassen begehrliches Schaudern und quälendes Verlangen, das ich kaum noch zügeln kann.

Ich höre mich selbst scharf Luft holen, als seine Rechte meine Brust erreicht. Augenblicklich verschließt er mein Stöhnen mit seinem Mund und küsst mich heftig, während seine Finger unter mein Top gleiten und über meine nackte Haut streichen.

Verzweifelt dränge ich mich ihm entgegen, schlinge ein Bein um seine Hüfte. Raphael umfasst meine Schenkel und hebt mich hoch, presst mich gegen die Wand. Leidenschaft und Triumph vermischen sich zu einem längst vergessenen Rausch, während ich die Beine fest kreuze. Ich höre ihn gepresst atmen und dränge mich noch heftiger gegen ihn, bedecke seinen Hals mit hungrigen Küssen und berausche mich an seinem Stöhnen. Ich ertrinke in seinem ungezügelten Kuss, verbrenne unter seinen begehrlichen Händen, ersticke an dem elektrisierenden Geräusch seiner Gürtelschnalle und einer knisternden Kondompackung. Ich sterbe an der süßen Folter seiner Finger, die sich unter meinen Rock schieben und in meinem Slip verhaken, vergehe an meiner eigenen Leidenschaft.

Und werde wiedergeboren, als er endlich in mich eindringt.

Raphael

Valeria stöhnt auf, woraufhin ich ihren Mund mit einem ungezügelten Kuss verschließe – den sie sofort wieder löst, um frei atmen zu können. Sie schlingt die Beine enger um meine Hüfte, zieht mich weiter in sich. Ich stemme einen Arm gegen die Wand, um nicht die Beherrschung zu verlieren. Spüre meinen Puls im Ohr, höre, wie ihr Atmen zu einem Stöhnen anschwillt, als ich härter in sie stoße.

Sie hält mich fest umklammert, krallt die Finger in meine Haare, birgt das Gesicht an meiner Schulter. Sie bemüht sich, leise zu sein, und ich weiß, wie schwer es ihr fällt.

Ich will langsamer werden, will den Moment genießen und sie noch ein wenig quälen, noch ein wenig hören. Aber ich kann nicht. Ich vergesse alles andere, stoße schneller, kraftvoller. Umfasse ihr Gesicht und küsse sie ungezügelt. Und komme im selben Augenblick, in dem sich ihr Körper aufbäumt. Valeria drückt das Gesicht in meine Halsbeuge, beißt in meine Schulter, um ihren Höhepunkt nicht hinauszuschreien. Ich mache es ihr leichter, indem ich ihren Mund mit meinem versiegele.

Ich habe das Gefühl zu ersticken, aber ich fühle mich so lebendig wie lange nicht mehr. Und ich spüre das Prickeln des Verbotenen wie seit fünf Jahren nicht mehr. Als ich Valeria die Haare aus dem Gesicht streiche und ihr in die Augen sehe, ist für einen Augenblick lang alles wie früher. Ist für einen Herzschlag lang alles perfekt.

Dann hämmert draußen die Realität wieder gegen die Tür.

»Ich weiß, dass ihr da drin 'ne Menge Spaß habt, aber andere Leute müssen auch aufs Klo!«, beschwert sich irgendjemand.

Ich muss mir ein Lachen verkneifen, Valeria zeigt der Tür überwältigt den Mittelfinger. Sie kämpft gegen ein Grinsen an, dann ein Lachen. Streicht sich die dunklen Haare aus dem Gesicht. Ihr Blick trifft meinen. Ihre Augen sind tiefschwarze Seen, ihre Mundwinkel zucken.

»Ich hasse dich, Raphael Thomas.«

Ich reiche ihr grinsend ein Kosmetiktuch aus dem Spender, bevor ich das Kondom entsorge. »Ich weiß.«

14 Fünf Jahre und nichts gelernt

Valeria

Ich bin vollkommen berauscht, völlig aufgelöst und einhundert Prozent lebendig.

Als wir aus dem Toilettenraum treten, strauchle ich kurz, aber Raphael hält mich sicher fest. Ich könnte ihn küssen. Bleibe stehen, nehme sein Gesicht in beide Hände und tue es einfach. Seine Lippen sind weich und nachgiebig, und sein Kuss ist genau wie früher.

Nichts hat sich geändert. Und die Erleichterung, ja, die Euphorie darüber lässt mich beinahe drei Meter über dem Boden schweben.

Mein Kopf ist heiß, meine Haut verschwitzt und meine Wangen gerötet. Aber mein Herz platzt schier vor Glück.

Bis wir zurück zu den anderen kommen.

Denn etwas ist anders. Und es ist nicht der entgeisterte Ausdruck im Gesicht meines Bruders, der im Bruchteil einer Sekunde begreift, was gerade passiert ist. Es ist auch nicht Nicoles überraschter Blick, Patricks rotbärtiges Grinsen oder Johannes' verwirrte Miene. Himmel, es ist nicht einmal die herablassende Haltung der Brünetten, deren Namen ich immer noch nicht kenne.

Es ist die Frau, die vorher noch nicht da war.

Sie lässt mit dezentem Lächeln den Blick über uns gleiten, dreht sich zur Seite und stellt ihr Weißweinglas behutsam auf dem Stehtisch ab. Sie sagt kein Wort. Aber sie muss auch gar nichts sagen, denn Raphaels Körpersprache sagt alles.

»Was machst du hier?«

Seine Worte lassen mich erstarren. Lassen das schlimmste Szenario in meinem Kopf wahr werden. *Das* ist Aaliyah?!

Die sieht ja aus wie eine verlorene Schwester der Kardashians! Perfekte Haut, perfekte Nase, perfekter Körper. Daran ändert auch das Understatement-Outfit des Jahres nichts, denn sie trägt diese beige Skinny Jeans und das schwarze Cold-Shoulder-Rollkragen-Shirt wie eine zweite Haut auf ihren atemberaubenden Kurven. Sie muss arabische Wurzeln oder so etwas haben, zumindest ist ihre Schönheit nicht alltäglich.

Nur Bekannte oder nicht – ich hasse sie augenblicklich mit jeder Faser meines Herzens. Und wie kann sie sich überhaupt erdreisten, ihre vollen Lippen zu einem leisen Lächeln zu verziehen? Ihre mandelförmigen Augen erst auf mich und dann auf Raphael zu richten?

»Ich fürchte, da fehlte noch eine Nachricht, oder?« Sie zieht die lange, schmale Nase kraus und lächelt offen – nicht hämisch. Nicht überheblich. Fast ... hilfsbereit. Ich hasse sie.

Und während Raphael irritiert sein Handy aus der Jeans holt, die ich ihm vor wenigen Augenblicken erst ausgezogen habe, um seinen Nachrichtenverlauf und eine halb geschriebene Nachricht zu überprüfen, rutscht Kims und Kylies Schwester von dem Barhocker und kommt mit breitem Lächeln und ausgestreckter Hand auf mich zu. Meine Augen kippen auf Halbmast. Das ist jetzt nicht ihr beschissener Ernst, oder?

»Hi, ich bin –«

»Würdest du uns kurz entschuldigen«, geht Raphael gepresst dazwischen, ergreift ihren ausgestreckten Arm beim Ellenbogen und zieht sie zur Seite. »Eine Sekunde, Valeria.« Er hebt eine Hand in meine Richtung und sein Blick ist nicht abweisend, sondern eindringlich. Seine Stimme nicht kühl, sondern beinahe flehend.

Aber ich starre ausdruckslos zurück, kann meine Wut und Enttäuschung kaum unterdrücken.

Vaffanculo, Raphael.

Nach einiger Anstrengung schaffe ich es, den Blick von den beiden loszureißen und den Stehtisch nach etwas Alkoholischem abzusuchen. Irgendetwas. Aus dem Augenwinkel sehe ich Milias' nervösen Blick und lasse beide Hände hochschnellen.

»Sag nichts«, komme ich jedem Wort zuvor, schüttle den Kopf. Verschließe die Augen vor der Realität. »Sag einfach nichts.«

Er tut mir den Gefallen und legt stattdessen den Arm um mich, drückt seinen Kopf gegen meinen. Ich bleibe steif wie ein Brett, blocke ihn aber nicht ab.

»Lasst uns nach Hause gehen«, schlägt Nicole leise vor.

»Nein«, widerspricht Milias. »Vorher müsst ihr das klären. Ihr könnt nicht immer –«

Ich schnaube aus tiefster Seele, schlage seinen Arm nun doch weg. »Vergiss es!«

Das Einzige, was ich klären werde, ist schnellstmöglich von hier zu verschwinden. Und zwar am besten noch in derselben Nacht, die ich in meinem alten Zimmer verbringe, das nicht mehr mein Zimmer ist. In einem Bett, das nicht dasselbe ist, in dem wir ...

Ich zwinge meine Gedanken weit weg von Raphael und wähle die Nummer. Mit jedem weiteren Tuten wird mein schlechtes Gewissen größer. Ich sollte ihn wirklich nicht aus dem Bett reißen.

»*Pronto* ...«, meldet sich meine verschlafene Lieblingsstimme am anderen Ende. »Sag mal, hast du mal auf die Uhr geguckt?«

Ich kann nicht anders, ich muss grinsen. Rolle mich auf den Bauch und ziehe entschuldigend den Kopf zwischen die Schultern, auch wenn er das nicht sehen kann.

»Alles okay bei dir?«, fragt er weiter.

Mein Grinsen verblasst. Nein. Nichts ist okay. Aber das will ich Flavio nicht um drei Uhr morgens am Telefon sagen.

Meine Stille hat ihn offenbar vollständig aufgeweckt. »Valeria?«, fragt er eindringlich und ich kann förmlich sehen, wie er sich in dem schmalen Bett aufsetzt, wie sein Rosenkranz über dem weißen Ripp-Unterhemd baumelt, das so furchtbar klischeehaft aussieht, ihm aber einfach steht wie keinem Zweiten. Der Prototyp des italienischen Sonnyboys wurde nach Flavio di Simone erschaffen.

Wir wohnen seit etwas mehr als zwei Jahren zusammen, nachdem in meiner ersten WG meine Mitbewohnerin ständig nur noch ihren Freund zu Besuch hatte. Bevor die beiden mich weiter rausekeln konnten, bin ich freiwillig ausgezogen – zuerst auf Flavios Couch und dann, als sein früherer Zimmergenosse ausgezogen ist, als vollwertige Mitbewohnerin. Flavio studiert an derselben Uni wie ich: Medien-Design, mittlerweile kurz vor der Masterarbeit. Er ist ein begnadeter Künstler, sowohl innerlich als auch äußerlich, immer extravagant nach der neuesten Mode gekleidet und frisiert. Und er ist schwul. Oder ... bisexuell, gemessen an dem anfänglichen Gefühlschaos zwischen uns. Nun ja, die sexuelle Anziehung hat sich zu einer tiefen Freundschaft gewandelt, beinahe einer Seelenverwandtschaft. Flavio ersetzt mir den großen Bruder, den ich in Deutschland zurückgelassen habe.

»Du musst mir einen Flug buchen«, antworte ich endlich. Ich würde es selbst tun, aber aus dem Zielland sind Flüge meist günstiger und ich kann gerade wirklich kein zusätzliches Geld aufbringen.

»*Adesso*?!«

Ich nicke verzweifelt, schüttle dann den Kopf. »Morgen reicht auch«, sage ich, da höre ich schon den Sound seines startenden Laptops, kurz darauf seine geschickten Finger auf der Tastatur.

»Für wann?«

Ich kann nicht gegen die allumfassende Wärme in meiner Brust ankämpfen, die seine Fürsorge auslöst. Gegen die aufsteigenden Tränen. »Vor einer Stunde?«, frage ich im erfolglosen Versuch eines Scherzes.

Ich höre sein Feuerzeug schnappen, ihn kurz darauf ausatmen, und die Wärme verfliegt. »Rauchst du etwa gerade in der Wohnung?!«

Stille. »Nein?«, antwortet er scheinheilig und ich höre die knarzenden Dielen unter seinen nackten Füßen. »Auf dem Balkon.« Kurz darauf das leise Quietschen unserer Küchentür, die zu einem halben Quadratmeter Empore im vierten Stock des Stadthauses hinausführt, auf dem gerade genug Platz für ein Kräuterregal und eine Kiste Wein ist.

Resignierend schüttle ich den Kopf, ändere meine Taktik und hebe stattdessen eine Augenbraue. »Wolltest du nicht aufhören?«

Er gluckst. »*Magari*«, antwortet er leichthin, was übersetzt sowohl heißen kann, dass er sehr auf diesen erstrebenswerten Zustand hofft, als auch, dass es ihm völlig egal ist.

Ich seufze hörbar. »Stefano?«, versuche ich den Grund seines nächtlichen Rückfalls zu erraten.

Er schnaubt, drückt noch mal eine Taste auf dem Laptop. »*Chissenefrega*.«

Oje! Scheint, als wäre ich heute Nacht nicht die Einzige mit einem gebrochenen Herzen. Flavio drückt noch mal Enter.

»Morgen 8:55 Uhr«, schlägt er vor. »Zweihundertneunundzwanzig Euro.«

»Was?!«, entfährt es mir. Wenn ich aus Italien buche, kann ich einen Flug mit etwas Glück schon für unter fünfzig haben. »Bist du auf der italienischen Seite?«

»Ist der Papst katholisch? Dienstag, 18:55 Uhr –«

»Zu spät«, bestimme ich. Ich werde sicherlich nicht das ganze Wochenende in Raphaels Nähe verbringen.

Er seufzt. »*Mi dispiace*, sieht echt schlecht aus. Mailand ist scheinbar beliebt im August. Dabei ist das aktuellste Topmodel gar nicht da«, gluckst er. »Updates von Calzedonia?«

Ich schüttle den Kopf und schiebe alle Gedanken an Raphael beiseite. »Nein. Such mir einfach den nächstbesten Flug.«

»Morgen 23:55 Uhr. Dreihundertneunzehn Euro.«

Ich ächze. Das kann ich mir nicht leisten. »Wann wird es wieder günstiger?«

Ich höre, wie er an der Zigarette zieht, beschwingt auf eine Taste haut. »*Ecco*«, ruft er endlich, »Donnerstag, heute in einer Woche. Also, gestern. Neunundsiebzig Euro. Buchen?«

»Ich wollte nächsten Freitag eh zurückkommen, Flavio«, erinnere ich ihn entgeistert. Da kann ich mir den Flug auch gleich sparen.

»Ah«, macht er, überspielt die Tatsache, dass er einen Rechenfehler gemacht hat. »Soll ich dir Geld leihen?«

Ich lasse den Kopf ins Kissen fallen. »Nein.« Auf gar keinen Fall, ich bin schon viel zu hoch bei meinem viel zu hilfsbereiten Mitbewohner verschuldet. »Ich nehme einfach den regulären Flug zurück und ... keine Ahnung, vergrabe mich bis dahin oder so.«

Ich höre ihn glucksen, dann seufzen. »Was ist passiert?«, fragt er ehrlich besorgt. Wie sehr ich mir gerade wünsche, den Kopf gegen seine Schulter sinken zu lassen. »Welcher Kerl war es?«

»Was? Woher weißt du ...?«

»Instagram.«

Ich stöhne, kurz davor ihm mein Herz auszuschütten. »Ich ...« Ich kann jetzt nicht darüber reden. »Erzähle ich dir, wenn ich wieder zu Hause bin, okay? Ich muss jetzt wirklich versuchen zu schlafen.«

Er gluckst. Ist ja nicht so, als hätte *ich ihn* schlafen lassen. Aber er wirft es mir nicht vor. Stattdessen sagt er leise: »*Va bene.*« Und dann noch: »Lass dich nicht ärgern, *Micetta*. Brich dem Typen einfach die Beine. Oder das Herz. Beides kannst du ziemlich gut.«

Ich ersticke die aufsteigenden Tränen in einem undefinierbaren Laut, schlucke hart gegen den Kloß in meiner Kehle an. »Gute Nacht, Flavio. Danke!«

Er lächelt beim Ausatmen. »*Prego. Sogni d'oro, Micetta.*« Süße Träume. Ich schlucke erneut. Erfolglos. Minuten später habe ich das Handy noch am Ohr, obwohl wir längst aufgelegt haben, und immer noch seinen blöden Kosenamen im Kopf. Ich bin keine Miezekatze. Und ich bin auch nicht stark.

Und bevor ich weiß, was geschieht, breche ich in Tränen aus und heule mein Kissen voll.

Raphael

Ich stehe vor einer roten Ampel. An einer menschenleeren Kreuzung, die zu allen Seiten ins Nichts führt.

Story of my life.

»Sie ist hübsch«, sagt Aaliyah in die Stille des automatisch abgeschalteten Motors, das perfekt abgeschirmte Wageninnere bloß erfüllt mit dem Musikteppich irgendeines nächtlichen Radiosenders. Sie hat einen lockeren Plauderton aufgesetzt, aber ich weiß, worauf sie es anlegt. *Not going to happen.*

Ich will nicht reden. Zur Antwort lehne ich mich demonstrativ vor und drehe den Lautstärkeregler ein fast schon provokantes Stück auf. Netter Raumklang. Netter Wagen.

Aaliyah fährt ein Mercedes CLA Coupé, locker der doppelte Listenpreis des Modells, das ich fahre. Firmenwagen. Hätte ich in drei Jahren bei Santeon auch haben können, wenn ich nicht vor drei Monaten den Arbeitgeber gewechselt hätte.

Mit meinem super Abi in der Tasche habe ich keine Zeit mit Weltreise, Urlaub und Selbstfindungstrips am Ende der Welt verschwendet, sondern mich sofort auf ein duales Studium beworben – bei allen großen Namen der Umgebung. Ich wollte Karriere und Geld, möglichst viel und möglichst schnell. Die Santeon Health AG hatte nicht nur das beste Angebot, sondern genießt auch den besten Ruf als einer der erfolgreichsten börsennotierten Konzerne, sogar erfolgreicher als die Marktbegleiter BASF und Bayer. Der einzige Grund, warum Letztere bekannter sind, ist, dass sie erstens mit B anfangen und deswegen am Anfang des DAX-Index stehen, und zweitens Produkte für Privatkonsumenten herstellen – anders als Santeon, die hauptsächlich im B2B-Sektor tätig ist.

Seit drei Monaten ohne mich. Noch fühlt sich die Entscheidung gut an, aber wie richtig sie ist, wird sich erst in ein paar Jahren herausstellen. Das ist das Blöde an Erfahrungen: Man macht sie immer erst, nachdem man sie hätte brauchen können. Und besonders ich mache sie immer Jahre zu spät.

»Ist sie Nummer eins oder zwei?«, fragt Aaliyah mit leisem Lächeln, lenkt die Unterhaltung behutsam und doch zielstrebig zurück auf das Thema, über das ich nicht mit ihr reden werde.

Ich schweige hartnäckig, lasse den Kopf gegen die Nackenstütze fallen, lehne mich dann doch wieder vor und starre die rote Ampel nieder, bis sich die endlich erbarmt und den Weg freigibt. Aaliyah weiß, dass es nur zwei wirklich wichtige Frauen in meinem Leben gab. Sie weiß auch, dass sie keine davon ist, aber das ist okay für sie. Sie ist nicht eifersüchtig, und das ist einer der Gründe, warum das mit uns so gut funktioniert. Vor allem aber weiß sie, dass mein Kopf und Gefühlsleben Sperrgebiet sind.

»Du bist wirklich ein Phänomen, Raphael Thomas.«

Ich drehe langsam den Kopf, werfe ihr einen Blick zu, der selbstgefälliger ist, als ich mich im Augenblick fühle. »Ich weiß«, antworte ich, obwohl ich überhaupt nicht weiß, wovon sie spricht.

»Von allen Affären, die ich bisher hatte, hast du mich am schnellsten in deine Wohnung gelassen. Aber am wenigsten in deinen Kopf.«

Ich gluckse. Das liegt daran, dass mein Kopf Sperrgebiet ist, denke ich erneut. Ich bin keiner dieser Typen, die sich von Frauen aufbrechen und reparieren lassen.

»Ich bin eben pragmatisch«, antworte ich schulterzuckend. »Und ausdauernd.« Uns fällt gleichzeitig auf, dass zumindest Letzteres doppeldeutig ist, und wir müssen lachen.

»Ich würde das eher stur nennen«, antwortet sie belustigt. »Also? Eins oder zwei?«

Kaum merklich erwacht die Start-Stopp-Automatik des Motors zum Leben, als Aaliyah anfährt. Sie ist eine gute Autofahrerin, vorausschauend, besonnen, beruhigend. So, wie sie als Mensch ist. Alles andere wäre auch seltsam, denn Aaliyah Lange ist Wirtschaftspsychologin. Sie ist zwei Jahre älter als ich und bei Santeon in der Personalabteilung, aber ich weiß, dass sie lieber eine eigene Beratungsfirma hätte als einen anonymen Schreibtisch im Konzern. Sie hat sich bloß nie getraut. Sie ist der Typ Mensch, der Routine liebt und Sicherheit braucht. Das exakte Gegenteil von Valeria. Aber anders als bei Valeria verspüre ich bei ihr nicht den Drang, zu widersprechen und zu streiten. Also seufze ich tief.

»Die zweite.«

Ich sehe sie nicht an, aber ich höre, wie sie beim Lächeln ausatmet. »Der Ring oder das Armband?«

Unwillkürlich streicht mein rechter Mittelfinger über das Metall an meinem Daumen, drehe ich das Handgelenk leicht, um das Leder zu spüren. Die einzigen zwei Schmuckstücke, die ich niemals ablege. Die einzigen, die mir wirklich etwas bedeuten. Wie gesagt, ich bewahre mir gerne Erinnerungen auf. Ich lächle schwach bei der an beide Geschichten, schüttle aber den Kopf und sehe wieder aus dem Fenster. Ich will nicht darüber sprechen.

»Oder die Zahl?«

Ich versteinere. Drehe den Kopf und sehe Aaliyah ernst an, um ihr zu zeigen, dass hier die Grenze ist. Ich bin nicht ihr Feldversuch am offenen Herzen.

»Das Armband«, antworte ich.

Es ist elegant, aber gleichzeitig maskulin, aus kaffeebraunem, eng geflochtenem Leder mit silbernem Magnetverschluss, in den unsere Initialen eingraviert sind. Valeria hat es mir geschenkt, als wir einen Monat zusammen waren. Damals, als unsere Beziehung noch frei und unbeschwert war, mehr Spiel denn Ernsthaftigkeit. Mehr Leidenschaft als Liebe. Als wir dachten, wir würden nie erwachsen werden und die Zeit würde sich einfach endlos für unsere Jugend dehnen. Als wir einfach nur lebten.

Aaliyah nickt zustimmend. »Das dachte ich mir. Passt besser zu dir.«

Jetzt blicke ich doch auf meine Hand hinab und betrachte den silbernen Ring mit dem schwarzen Streifen zum ersten Mal mit den Augen eines Außenstehenden. Aaliyah hat recht: Er ist groß, beinahe klobig. Er war eigentlich für meinen Ringfinger gedacht, aber Catarina hat grandios verschätztes Augenmaß bewiesen, als sie ihn gekauft hat – vor mittlerweile fast sieben Jahren. Dieser Ring war ihre Antwort auf das Albernste, was ich bis zu diesem Zeitpunkt getan hatte: einen Spielzeugring aus einem Kaugummiautomaten zu ziehen.

Der Automat lag direkt gegenüber dem Mehrfamilienhaus, in dem sie und ihre Eltern wohnten, und Catarina hatte ihre gesamte Kindheit damit zugebracht, den anderen Kindern dabei zuzusehen, wie sie ihr ganzes Taschengeld hineinsteckten und bunten Kaugummi und kleine Spielzeug-Schmuckstücke herausholten: in Kugeln eingepackte Haargummis, Haarspangen, Ringe, Armbänder. Sie selbst hatte kein Taschengeld bekommen, bis sie sechzehn war. Und an dem Tag, an dem sie sich selbst eines dieser Schmuckstücke ziehen wollte, hat sie gesehen, wie sich eine dicke Kreuzspinne aus dem Schlitz abseilte, ganz bunt von den unterschiedlichen Kaugummis.

»Seitdem habe ich mich dem Ding auf keine zehn Meter mehr genähert«, hat sie gelacht, als sie es mir erzählt hat.

Am nächsten Tag bin ich losgegangen und habe so lange Ein-Euro Stücke in den Automaten geworfen, bis eine der Kugeln einen Ring enthielt. Damit ging ich vor ihr auf die Knie und fragte sie, ob sie meine Freundin sein wolle.

Aaliyah lacht glockenhell. »Das ist nicht albern, das ist unfassbar romantisch. Ich kann gar nicht glauben, dass der Junge in der Geschichte du gewesen sein sollst.«

Ich fahre mir mit einer Hand durch die Haare und sehe den Straßenlaternen dabei zu, wie sie Stück für Stück in der Nacht verschwinden. »Ja, ich auch nicht«, bestätige ich. »Ich war jung und dumm.« Und jetzt bin ich erwachsen und nicht viel klüger.

»Klingt nach einer richtig süßen ersten Liebe. Habt ihr euch danach noch mal gesehen? Du und Catarina.«

Ich verziehe das Gesicht, als würden mich die Straßenlaternen plötzlich blenden. Blinzle in die Neonröhren über uns, bis sie sich in meine Netzhäute brennen.

»Ja.«

Sie kombiniert schnell. Cleveres Mädchen. »Während der Beziehung mit Valeria«, erkennt sie. »Und?«

Ich blinzle immer noch ins Licht. »Ist nicht so gut gelaufen. Für beide Beziehungen.«

Aaliyah wirft einen kurzen Seitenblick auf mich, während sie den Blinker setzt und auf den Besucherparkplatz vor meiner Wohnung lenkt. »Sag mir bitte nicht, dass du deine neue Freundin für deine Ex verlassen hast.«

Ich sage es nicht. Schnalle mich schweigend ab, lausche dem dezenten Signalton des Wagens. Ich wünschte, es wäre so einfach gewesen.

Als ich aussteige, tut Aaliyah dasselbe, obwohl ich sie nicht einladen werde. »Ihr müsst reden, Raphael«, rät sie mir über das champagnerfarbene Wagendach hinweg, die Fahrertür in der Hand zum Zeichen, dass sie nicht bleiben wird.

Ich schnaube. »Mit Valeria? Vergiss es.«

Mit Valeria zu reden, ist wie zu versuchen, einen Orkan mit bloßen Händen zu stoppen. Am Ende ist man einfach nur frustriert, zerzaust und hat sehr viel mehr abbekommen als der Sturm, der einfach weiterzieht.

»Es ist wichtig, die Dinge auszusprechen, um endlich damit abzuschließen«, ergänzt Aaliyah da. »Egal wie.«

Ich starre einen Moment lang ins Leere, gefangen in einer anderen Zeit. In einer anderen Aussprache, die alles, aber auch wirklich alles viel, viel schlimmer gemacht hat. Schüttle entschieden den Kopf.

»Außerdem: Wie ich sie kenne, ist sie vermutlich ohnehin schon auf dem Weg zurück nach Italien.« Valerias erster Impuls war schon immer, vor Problemen wegzulaufen, anstatt sich ihnen zu stellen. Genau wie meiner. Vielleicht hat es deswegen nie geklappt.

»Tja, wir sind alle gefangen in den Mustern alter Gewohnheiten und neigen dazu, Fehler zu wiederholen«, antwortet Aaliyah und sieht mich dabei so eindringlich an, dass ich überrascht die Hände hebe.

»*Ich* habe mich geändert, okay?!«

Sie legt den Kopf schief, doch bevor sie den Mund aufmacht, weiß ich, was sie meint. Und die Erkenntnis trifft mich wie ein Hammerschlag.

Gerade noch habe ich ihr erzählt, wie ich meine zweite Beziehung habe sterben lassen in dem Versuch, meine erste wiederzubeleben. Und jetzt tue ich genau dasselbe. Aaliyah und ich haben keine Beziehung, aber ich jage erneut demselben Geist der Erinnerung nach, den ich lieber hätte vor Jahren begraben sollen, bevor er wiederauferstehen und mich heimsuchen konnte.

Ich meine, Herrgott, ich hatte Sex mit Valeria. Und sie läuft weg.

Anscheinend sind wir beide kein bisschen erwachsener geworden in den letzten fünf Jahren.

15 Die Show muss weitergehen

Valeria

»Du packst?«

Ich werfe meinem großen Bruder einen überheblichen Blick zu. Die dunklen Augenringe von der schlaflosen Nacht habe ich abgedeckt, trotzdem könnte ich mich mitten in unserem Flur schlafen legen.

»Nein, ich räume nur meinen Koffer auf, weil ich so ein ordentlicher Mensch bin«, antworte ich trocken.

Er blinzelt, registriert zwar meine Ironie, versteht mich aber trotzdem noch nicht. »Geht dein Flug nicht erst nächsten Freitag?«

»Ja«, antworte ich knapp. »Aber Omas und Opas geht heute schon.« Was ich ihm nicht auf die Nase binden muss, weil das genau der Grund ist, aus dem er vor fünf Minuten hier angekommen ist: Um sich von unseren Großeltern zu verabschieden. Die drei werden sich erst an Weihnachten wiedersehen, wenn wir traditionell in der toskanischen Landvilla der *nonni* feiern.

»Und du gibst dich jetzt als Zweiundsiebzigjährige mit Vornamen Maria aus, oder was?«

Ich schnaube. »Mach dich nicht lächerlich, Milias.« Obwohl das genau die Reaktion war, die ich heute Vormittag hatte, als Opa mir angeboten hat, ihren heutigen Flug umzubuchen. »Opa hat doch diese Uralt-Platin-Kundenkarte«, erkläre ich ihm, was ich selbst heute erst erfahren habe. »Und damit kann er offenbar ganz einfach Sitzplätze zu einer bestehenden Buchung hinzufügen. Vorausgesetzt es sind noch Plätze frei – was wir am Flughafen herausfinden werden.«

»Und falls nicht?«

Ich zucke mit den Schultern. »Darüber mache ich mir Gedanken, wenn es so weit ist.«

Milias schnaubt. »Weißt du, wenn du dir zur Abwechslung mal vorher Gedanken machen würdest, könntest du dir viele dieser überstürzten Aktionen und uns allen einen Haufen Nerven sparen.«

Mir klappt der Mund auf. Ich bin keine Woche zu Hause und schon fühle ich mich wieder minderwertig neben meinem Bruder.

»Als ob du so perfekt organisiert wärst!«

Wow! Sehr reife Antwort, Valeria. Das ist wirklich das Einzige, was dir darauf einfällt?

Ich atme tief durch, starte einen neuen Versuch: »Du bist mein großer Bruder, du solltest mir eher beistehen, anstatt mich noch mehr fertigzumachen.«

Oh Mann! Mein Plan B ist also quengeln und die Kleine-Schwester-Karte ausspielen, die ich so sehr hasse? Während ich mich noch frage, ob ich überhaupt selbst weiß, was ich will, geht Milias kopfschüttelnd an mir vorbei und lässt sich aufs Sofa fallen.

Unzufrieden mit mir selbst und der Situation ziehe ich den Reißverschluss meines aprikotfarbenen Hartschalenkoffers zu und lasse das Schloss einschnappen, stelle sicher, dass die Kombination nicht noch eingegeben ist: 9 0 4. Vielleicht sollte ich mir mal was anderes einfallen lassen als meinen Geburtstag, aber jedes Mal, wenn mir das auffällt, bin ich zu faul, um zu googeln, wie man eine neue Kombination einstellt.

Andererseits: Jetzt gerade habe ich ohnehin nichts Besseres zu tun, also ziehe ich mein Handy aus der Handtasche, die schon fertig gepackt auf der dritten Treppenstufe wartet, auf der früher immer unsere Schulranzen standen. Manche Gewohnheiten ändern sich eben nicht, sie schlafen nur ein und warten darauf, wieder zum Leben erweckt zu werden. Und manche werden ermordet und bleiben tot.

Ich setze mich neben Milias und ignoriere die Stille, während ich das erste YouTube-Tutorial aufrufe und ungeduldig vorspule, dann beschließe, dass ich lieber eine geschriebene Anleitung haben will und zurück zu Google wechsle.

»Schade«, macht Milias, seine Stimme versöhnlicher als vorhin. »Ich hatte mich darauf gefreut, noch eine Woche mit dir zu haben. Wir hätten deinen Gutschein einlösen können.«

Ich lasse das Handy sinken und begegne seinem Blick, der mein Herz beinahe zum Schmelzen bringt. Mein Zorn verpufft. »Ja ...«, gestehe ich dann, lasse die Schultern hängen. »Ich auch.«

Milias legt den Arm um mich. »Aber?«, hakt er nach.

Ich schürze die Lippen. Aber dann kam Raphael, denke ich, spreche es aber nicht aus. Schlimmer noch, dann kam *Aaliyah*. Ich sage nichts davon, aber Milias errät meine Gedanken trotzdem.

»Du läufst also weg?« Er hebt eine dunkle Augenbraue und unwillkürlich tue ich es ihm gleich, erwidere seinen überheblichen Blick wie ein Spiegelbild. Dann werfe ich die Arme in die Luft.

»Das bringt doch eh nichts!«, mache ich meinem Frust Luft. »Wir machen genau da weiter, wo wir aufgehört haben. Und zwar haargenau«, präzisiere ich mit eindeutiger Miene, bringe es aber nicht fertig, meinem Bruder dabei in die Augen zu sehen. »Das hat damals nicht funktioniert, warum sollte es heute?«

Weil er nicht sofort antwortet, entsteht eine unerträgliche Stille, in der ich mich mit Zweifeln, Erinnerungen, Schuldgefühlen und meinem gebrochenen Herzen herumquäle. Milias erwidert meinen Blick offen.

»Weil ihr erwachsener seid?«, schlägt er vor.

Ich lache ihm ins Gesicht. »Sex auf der Toilette findest du erwachsen?«

Jetzt schüttelt er den Kopf, lehnt sich vor und stützt die Unterarme auf die Knie. »Was ist damals wirklich passiert? Ich dachte eigentlich, ihr würdet euch immer wieder zusammenraufen. Ich meine, wie oft habt ihr euch getrennt – dreimal?«

»Zweimal«, antworte ich geistesabwesend, hänge noch einen Moment länger in der Vergangenheit fest. Hebe die Schultern. »Was hat Raphael denn dazu gesagt?« Will ich die Antwort überhaupt hören?

Milias hebt die Hände. »Gar nichts. Einfach gar nichts.«

Jetzt bin ich irritiert, hebe erneut eine Augenbraue. »Ich dachte, zwischen euch gibt es keine Geheimnisse?«

Er schüttelt den Kopf, starrt ins Leere. »Gibt es auch nicht. Nur dieses eine.«

Ich kann nicht verhindern, dass mein Herz schneller schlägt. Es gibt etwas, worüber Raphael nicht einmal mit Milias redet? Und es betrifft mich?

Piano, Valeria. Lass deine Fantasie nicht gleich mit dir durchgehen, die Welt dreht sich nicht allein um dich.

»Und woher willst du wissen, dass es ein Geheimnis ist?«, frage ich, muss mich beinahe zwingen, um mir die nächsten Worte einzugestehen: »Vielleicht war die Sache für ihn einfach nicht wichtig genug, um –«

Der verständnislose Blick seiner Augen lässt mich verstummen und mein Herz in meine Magengegend sacken.

»Hast du nicht gesagt, ihr hattet Sex?«

Jähe Hitze schießt mir ins Gesicht. »Was hat das denn damit zu tun?«

Milias blickt immer noch verwirrt drein, versucht sich scheinbar vorzustellen, was ich nicht unbedingt will, dass er sich vorstellt. Jetzt fällt ihm auf, dass er das eigentlich auch nicht will, denn er zieht eine Grimasse und schüttelt den Kopf.

»Ist auch egal. Das ist seine Sache.« Er sieht auf die Uhr, erklärt das Thema für beendet. Aber ich habe gerade erst angefangen. Wende mich ihm vollkommen zu und lege beide Hände auf seinen Arm.

»Was ist seine Sache? Wovon redest du?«

Mein Handy klingelt. Die Vibration lässt mich zusammenzucken, aber ich nehme weder den eindringlichen Blick von Milias' Augen noch die Hände von seinem Arm.

Sein Blick fällt in meinen Schoß. »Willst du da nicht drangehen?«

»Nein, ich will, dass du mir sagst, warum du glaubst, dass Raphael ein Geheimnis vor dir hat. Du bist sein bester Freund!«

Das wird ihm zu viel, er steht auf. »Keine Ahnung! Wie wär's, wenn du ihn selber fragst, was sein Tattoo bedeutet? Hat ja anscheinend mehr mit dir zu tun als mit mir.«

Ich blinzle. Bekomme nicht einmal mit, wie der Anruf verstummt. Raphael hat ... ein Tattoo?

»Wo?«

Das Klingeln geht von vorne los und ich riskiere einen kurzen Blick auf das Display. Eine italienische Handynummer. Nicht jetzt, Flavio!

»In der linken Armbeuge«, antwortet Milias genervt. »Kannst du jetzt bitte den verdammten Anruf annehmen?«

Ich blinzle ihn immer noch an, während ich in Gedanken versuche, formlose schwarze Tinte auf Raphaels Armbeuge zu platzieren. Es gelingt mir nicht.

»*Pronto?*«, frage ich abwesend ins Handy.

»Valeria, endlich! Ich versuche es schon eine Ewigkeit. Bist du noch in Deutschland?«

Sofort sitze ich aufrecht. Adrenalin schießt mir in die Adern. Das ist meine Agentin! Das kann nur eins bedeuten. »Francesca! Hat Calzedonia sich doch noch umentschieden?«

Milias reißt die Augen auf und setzt sich wieder neben mich, klebt förmlich an meinen Lippen. Ich schiebe ihn und meine Hoffnung weg.

Gestern Abend kam nämlich die Absage, gleich nach Darios Abgang. Es war eine knappe Nummer gegen ein sizilianisches Model, aber am Ende haben sie sich doch für die *Erfahrenere* entschieden.

Ich schiebe die Niederlage entschlossen beiseite und zwinge mich zu Gleichmut. Tja, so ist das eben. Es gibt immer einen noch größeren Fisch, sogar im echten Beziehungsleben. Mittlerweile ist es ein Running Gag, dass mich das Leben ständig auf den vermaledeiten zweiten Platz verbannt, gestern Abend sogar gleich zweimal.

»Calzedonia? Ach was, nein, das ist Schnee von gestern. Aber ich hab eine ganz aktuelle Anfrage, für nächsten Dienstag, bei dir um die

Ecke. Du bist im Filter gelandet, weil deine Booking Base bei deinen Eltern nur vierzig Minuten entfernt ist, und sie haben dich direkt von der Sedcard gebucht. Ethnisch diversifizierte Kampagne für eine neue Naturkosmetik-Linie, du bist die Mediterrane.«

»Oh mein Gott!«, stoße ich aus. Ich bemühe mich um Professionalität, kann mir aber ein fettes Grinsen nicht verkneifen. Meine Hand fährt zu meinem Mund, greift in mein Deckhaar. »Kenne ich die?«

Schon träume ich von L'Oréal, Dior und Lancôme, aber der Name, den sie mir nennt, kommt mir nur sehr vage bekannt vor.

»Sagt dir *Hauck* etwas? Ist ein familiengeführtes Traditionsunternehmen mit ein paar Hundert Mitarbeitern. Sieht ganz solide aus. Die haben auch in der Vergangenheit einige Innovationspreise für Systemkosmetik gewonnen. Was sagst du?«

Macht sie Witze? »Natürlich bin ich dabei!«

»*Grandioso!* Ich maile dir alle Daten rüber. Dienstag um neun Uhr, sei pünktlich.« Und schon hat sie aufgelegt. Ich lasse das Handy sinken und starre Milias an.

»Happy Birthday, Milias! Ich bleibe scheinbar doch bis nächste Woche. Ich hab ein Engagement. Am Dienstag!«

»Was?« Ihm fallen fast die Augen aus dem Kopf. »So einfach geht das? Und wie viel Geld kriegst du dafür?«

»Keine Ahnung«, erwidere ich immer noch aufgeregt. »Darum geht's doch nicht! Das ist nur ein kleiner Familienbetrieb.«

Jetzt hebt Milias misstrauisch eine Augenbraue. »Und die können sich internationale Models leisten?«

Ich zucke grinsend mit den Schultern, ziehe vergnügt die Beine in den Schneidersitz und wippe mit den Knien. »Scheinbar schon!«

Scheinbar schon, weil sich der »kleine Familienbetrieb« als auf Hochglanz polierter Raumstation-Bau entpuppt, zu dem mich die Navigation meines Handys am Dienstag um halb neun navigiert.

Entgeistert bleibe ich mit meinem aprikotfarbenen Rollkoffer stehen, den ich kurzerhand umgepackt habe, und starre an der gläsernen

Fassade empor, vor deren Eingang ein modernes Wasserspiel sprudelt. Das Logo stimmt. Na dann …

Der Empfang ist so hell und einladend, wie das Gebäude von außen vermuten lässt. Ein riesiger Blumenstrauß steht auf dem Tresen, hinter dem mich eine perfekt geschminkte Frau mit Zahnpastalächeln begrüßt. Man merkt ihr kaum an, dass sie mich im Bruchteil einer Sekunde in eine wenig schmeichelhafte Schublade steckt, aber sie bemüht sich wenigstens um ein Lächeln.

»Hast du dich verlaufen?«

Ich lächle geduldig, atme die Beleidigung einfach weg. Immerhin bin ich hier das Model und sie ist nur die Empfangsdame. Und man muss ihr zugutehalten, dass ich aussehe wie sechzehn: Ungeschminkt und mit vom frischen Waschen noch leicht feuchten, zu einem lockeren Zopf gebundenen Haaren, wie es jedes Engagement verlangt, damit die Stylisten nicht doppelte Arbeit leisten müssen. Und die bequemen Leggins mit dem weißen T-Shirt machen es nicht gerade besser.

»Ich bin hier für das Shooting«, erkläre ich also höflich und sehe mit Genugtuung, wie sich ihre Augen kurz weiten.

»Ah ja, die Mediterrane«, näselt sie dann, um einen alltäglichen Ton bemüht. Als würden hier ständig Stars und Sternchen ein und aus gehen. »Dann trag dich bitte auf dem Touchpad hier ein. *Tuilii.*«

»Wie bitte?«, frage ich, während ich Datum, Uhrzeit, meinen Namen und den Besuchsgrund in das Display tippe.

Ihre penibel gezupften Augenbrauen ziehen sich zusammen. »Brauchst du einen Dolmetscher, oder kommst du mit Deutsch klar?«

Ich kann mich gerade noch daran hindern, einen höhnischen Laut auszustoßen. Unterhalten wir uns gerade auf Chinesisch?!

»Nein, ich bin in Deutschland geboren und aufgewachsen«, versichere ich ihr. Und weil ich es mir nicht verkneifen kann, füge ich hinzu: »Ich kann aber auch Englisch, Italienisch und Spanisch anbieten, wenn *dir* das lieber ist.«

Die informelle Ansprache betone ich besonders, um ihr zu zeigen, wie unhöflich sie sich verhält. Sie spitzt bloß die brombeerrot glänzenden Lippen und tippt weiter in ihren Computer. Ich verlagere das Gewicht auf das andere Bein, lehne einen Fuß gegen meinen Knöchel und tippe weiter in das Touchpad.

»Ansprechpartner?«, lese ich irritiert vor, was es als Nächstes von mir will.

»*Tuilii*«, wiederholt sie mit erhobenen Brauen.

Ich sehe offenbar genauso verwirrt aus, wie ich mich fühle, weil sie gepresst lächelt und zu buchstabieren beginnt. »T H U Y.« Pause. »L E E. Der Nachname reicht.«

Immer noch verständnislos beginne ich zu drücken, und sofort erscheint eine Liste aller Mitarbeiter mit T.

Ach, so funktioniert das hier!

H. Die Liste reduziert sich auf neun Namen. Ich verliere kurz das Gleichgewicht.

Sie wird ungeduldig und dreht das Pad von mir weg, um den Ansprechpartner selbst auszuwählen.

»Es kommt gleich jemand, nimm doch noch kurz Platz.«

Ich setze mich, dankbar, dass meine wackeligen Beine eine Pause bekommen. Ihr »Thuilii« entpuppte sich als: *Thuy, Lee – Marketing*

Aber vor meinem geistigen Auge sehe ich immer noch den Namen in der Zeile darüber: *Thomas, Raphael – Controlling*

Das kann nicht sein. Arbeitet Raphael nicht bei diesem Pharmakonzern Santeon? Das ist bestimmt ein Irrtum. Es gibt viele Menschen, die Raphael Thomas heißen ... Und im Controlling arbeiten ... Scheiße!

Ich spüre, wie mir heiß wird. Oh Gott, hat er das etwa eingefädelt? Nein, das ist ausgeschlossen, er weiß ja gar nicht, welche Agentur mich vertritt. Oder? Egal wie, ich fühle mich noch nicht bereit, ihn wieder zu treffen. Aber gleichzeitig spüre ich auch die Aufregung. Ein Teil von mir *will* ihn sehen. Will, dass er mir beim Modeln zusieht und erkennt, was er verpasst hat. Gott, ich bin so verkorkst!

Nein!, bestimme ich und pfeife damit meinen Feuerwerk feiernden Bauch zurück. Ich habe meine Lektion ein für alle Mal gelernt. Ich bin und bleibe die Nummer zwei. Ich werde mich nicht weiter erniedrigen und irgendwelchen Wunschvorstellungen hinterherjagen.

Und überhaupt: Wie viele Mitarbeiter hat dieses Schlachtschiff hier, dreihundert? Höchst unwahrscheinlich, dass ich ausgerechnet ihm in die Arme laufe.

Trotzdem bin ich geradezu ein Nervenbündel, als sich der Aufzug mit einem leisen Klingeln ankündigt. Ich spitze die Ohren und höre: Absätze auf den polierten Fliesen. Das ist nicht Raphael. Und sofern Lee Thuy nicht in Pumps herumläuft, ist das auch nicht mein Ansprechpartner. Im Foyer erscheinen zwei junge Damen in Business Casual, die eine blond und brav mit Schluppenbluse und Ballerinas, die andere brünett und sehr busy mit Messy Bun und besagten Pumps.

»Valeria?«, fragt der Messy Bun und streckt mir lächelnd die Hand hin. »Hi, ich bin Patricia. Das ist Lisa. Komm mit uns hoch, wir shooten im Showroom in der fünften Etage.«

Wow! Ich folge den beiden zu den Aufzügen und sehe zu, wie Patricia ihre Schlüsselkarte an den Scanner hält, um das Stockwerk auszuwählen.

»Schwer gesichert, was?«, frage ich leichthin.

»Ja, wir produzieren hier am Standort auch, also ist alles abgesichert«, antwortet sie. »Du brauchst immer jemanden, um dich von Stockwerk zu Stockwerk zu bringen. Hast du deinen Besucherausweis? Gut.«

Sie überprüft kurz ihr perfekt sitzendes Make-up in der verspiegelten Aufzugwand und zupft an ihren karamellfarbenen Haaren, die ebenfalls perfekt unordentlich aus dem lockeren Dutt abstehen. Neben ihr wirkt die blonde Lisa in dem mädchenhaften Outfit wie eine unschuldige Elfe. Ungefähr zwanzig Zentimeter über unseren Köpfen läuft ein Schriftzug aus weißen Lettern einmal um die Kabine:

Nature is Beauty. Beauty is Confidence. Confidence is you. You are unstoppable.

Muss eine Hammer-Morgen-Motivation sein. »Du bist nicht aufzuhalten.« Ich stelle mir vor, wie Raphael das jeden Morgen liest, und schüttle unmerklich den Kopf. Lisa wirft mir im Spiegel einen verstohlenen Blick zu, der sich zu einem Lächeln ausbreitet, als sich unsere Augen treffen.

»Hattest du schon mal Kontakt zu Hauck?«, fragt sie.

Der Aufzug hält, unser aller Augen wandern zum Licht über der Tür, während eine weibliche und sehr roboterhafte Computerstimme »Dritter Stock – Level Three« verkündet und Patricia mit den Augen rollt. »Deswegen nehme ich meistens die Treppe. Das kann man nicht öfter als dreimal am Tag hören.«

Dann öffnet sich die Tür – und ich starre direkt in Raphaels Augen. Er starrt vollkommen entgeistert zurück. Nein, er hat das hier definitiv nicht eingefädelt. Milias, Nicole und Lucy würden wohl sagen, es ist Schicksal, dass ich ausgerechnet in seiner Firma einen Modeljob habe. Aber mein Leben ist leider nicht so magisch wie ihres. Nein, das hier ist einfach bloß Zufall, und ein grausamer noch dazu, denn Raphael mustert mein ungeschminktes Gesicht, ohne auch nur ein einziges Wort zu sagen, lässt den Blick über mein unspektakuläres Outfit und meinen Koffer gleiten und reagiert einfach gar nicht. Lediglich der zuckende Muskel an seinem Kiefer verrät, was er denkt. Und es ist nichts Nettes.

»Und man trifft nicht ständig unfreundliche Menschen«, ergänzt Patricia jetzt bei seinem Anblick in einem Tonfall, den ich nur allzu gut kenne. Sie hätte mir auch den Ellenbogen mit voller Wucht in die Seite rammen können, das Ergebnis wäre dasselbe. Ich schnappe nach Luft und verstecke mein Entsetzen in einem halb erstickten Husten, von dem ich hoffe, dass es höhnisch klingt. Bitte, lass die zwei nicht etwas miteinander gehabt haben. Ich glaube nicht, dass ich die Vorstellung ertragen kann, den ganzen Tag mit einer von Raphaels abgelegten Liebschaften zu verbringen.

»Steigst du jetzt ein, oder was?«, fragt Patricia ungeduldig.

Raphael nimmt den Blick von mir, was mich aber nicht im Geringsten erleichtert, und hebt einen Mundwinkel zu einem höhnischen Lächeln. »Sorry, zu viele Östrogene. Ich nehme die Treppe.«

»Oh, sind wir heute sportlich?«, feixt Patricia. Der wissende Blick, den er ihr zuwirft, schnürt mir die Luft ab. Ich muss meinen Hals frei machen und tarne das als Schnauben.

»Wohl eher feige.«

Moment mal, habe ich das gerade ernsthaft gesagt? Gemessen an dem verwirrten Blick, den mir die jungen Frauen zuwerfen, und Raphaels versteinerter Miene, schon.

»Das sagt die Richtige«, antwortet er. »Ich dachte, du wärst längst weg.«

Ich hebe die Augenbrauen. »Tja, so kann man sich täuschen.«

Die Aufzugtür schiebt sich mit einem leisen Klingeln zwischen uns zu, aber Patricia hält ihre Hand in die Lichtschranke.

»Moment mal, ihr kennt euch?!« Es klingt mehr wie ein Vorwurf als eine Frage. Die irritierte Falte auf ihrer Stirn weckt mein Unbehagen und Raphaels selbstgefällige Miene meinen Kampfgeist.

»Ja«, antworte ich überlegen, »Wir waren –«

»– auf einer Schule«, beendet Raphael den Satz für mich.

Ich funkle ihn an, er hebt eine Augenbraue. Überheblich. Herausfordernd. Endgültig. Dann zieht er eine Hand aus der Hosentasche, um mir zu winken, während sich die Tür abermals zwischen uns schließt. Seine Miene hat deutlich gemacht, dass sich weit mehr geschlossen hat als nur die Aufzugtür.

Aber wie heißt es so schön? Wenn eine Tür sich schließt, öffnet sich die nächste: zum fünften Stockwerk, das schon in ein komplettes Fotostudio umfunktioniert wurde – oder schon immer war? Jedenfalls stehen hier ein Dutzend Lampen, Schirme und Diffusoren, die von fünf Leuten gleichzeitig eingestellt werden.

Eine ältere Frau mit rostroten Locken steht neben einem großen Mann mit asiatischen Zügen, dessen Gesicht sich aufhellt, als er mich erkennt.

»Valeria!«, begrüßt er mich, als wären wir alte Freunde, obwohl ich ihn noch nie gesehen habe. »Hi, ich bin Lee. Schön, dass du da bist, willkommen! Wow, du bist früh dran.« Er wirft einen Blick auf seine teure Armbanduhr.

»Und dabei sagt man immer, Südländer wären so unpünktlich«, lacht die rothaarige Frau und stellt sich als Petra vor. Ich übergehe diesen lahmen Witz einfach, den ich schon viel zu oft gehört habe.

»Unsere Vorstandsvorsitzende«, ergänzt Lee, woraufhin ich unwillkürlich Haltung annehme. Die Vorstandsvorsitzende stellt sich mit Vornamen vor? Entweder macht dieses Unternehmen einen auf hypermodern oder ist einfach unglaublich familiär.

»Tja, man sagt auch, Asiaten hätten kleine Nasen«, wirft Lee vielsagend ein und alle Frauen lachen, mich eingeschlossen.

Seine Nase ist weder klein noch asiatisch, und ich bin ziemlich sicher, dass das auch auf den Rest von ihm zutrifft. Tatsächlich vereint er geradezu die perfekte Mischung aus Westen und Osten: Groß, kantig und so exotisch, dass man den Blick kaum von ihm nehmen kann. Sein Gesicht ist scharf geschnitten, seine klugen Augen blitzen fröhlich, und er hat ein undefinierbares Alter, könnte genauso gut dreißig wie neunundvierzig sein. Der Spruch im Fahrstuhl scheint zu wirken: Alle Mitarbeiter hier sind überdurchschnittlich attraktiv. Raphael natürlich eingeschlossen.

Ich fühle mich zugegebenermaßen sehr viel besser, als ich zwanzig Minuten später in der Maske sitze, auch wenn das Make-up für diesen Shoot superdezent und natürlich ausfällt.

Für die Kampagne sind vier Models gebucht; die nordische Annemarie Anfang fünfzig, die ganz junge asiatische Mai, die mich so sehr an Catarina Fischer erinnert, dass ich sie augenblicklich hasse, und die afrikanische Zaya mittleren Alters vervollständigen den Querschnitt durch alle Ethnien und Altersgruppen.

Raphael

»Mai, nicht so weit nach links. Valeria, das Kinn einen Millimeter höher – perfekt, Mädels!«

Ich habe es ganze siebenundvierzig Minuten geschafft, den fünften

Stock und damit Valerias Anblick zu meiden. Jetzt lehne ich mit meiner Kaffeetasse in der Glastür zum angrenzenden Besprechungsraum, in dem das Buffet aufgebaut ist, und beobachte, wie sich die gesamte Etage in einen Rummel aus Stylisten, Assistenten und aufblitzenden Lichtern verwandelt hat. Ein Rummel um Valeria, die mit Kamera und Fotograf flirtet wie ein Profi. Ihre Bewegungen sind gezielt, die Veränderung ihrer Posen minimal, aber der Blick in die ersten Abzüge auf Lees Macbook bestätigt, wie viel das ausmacht. Sie ist einfach für das Rampenlicht gemacht, das war sie schon immer. Und sie weiß, welche Wirkung sie hat, wenn sie will. Selbst wenn sie so dezent geschminkt ist wie gerade und bloß dieses elfenbeinfarbene Satin-Top über der Leggins trägt, das ihre karamellfarbene Haut unfassbar gut zur Geltung bringt.

»Musst du nicht arbeiten?«, blafft jemand von der Seite.

Unwillkürlich huscht mein Blick zu Petra von Steinfeld am anderen Ende des Raums, der Vorstandsvorsitzenden, die sich dieses Spektakel natürlich nicht entgehen lässt. Immerhin haben wir nicht jeden Tag so viel Trubel. Aber sie ist viel zu fasziniert von der Technik des Fotografen und von der Wirkung, die ihre vier Models haben, um sich um das Geplänkel zwischen ihrem angehenden Junior Management zu kümmern.

»Für die nächsten zwölf Minuten nicht. Ich warte auf die Umsatzprognosen aus Holgers Telefonkonferenz mit Wien«, teile ich Patricia also mit. »Außerdem passe ich auf, dass ihr nicht zu viel Geld für diese Kampagne rausballert. Zum Beispiel für völlig überteuertes Finger Food.«

Ich schaffe es endlich, die Augen von Valeria abzuwenden und Patricia anzusehen. Ihre graugrünen Augen funkeln. »Und mal wieder zeigt sich, dass du keine Ahnung von guter Werbewirkung hast.«

Ihr Blick rutscht von meinem Gesicht über meinen Körper und straft ihre Aussage Lügen, aber ich mache mir nicht die Mühe, sie darauf hinzuweisen. Wir hatten eine Abmachung, als wir uns beim Sommerfest letzten Monat aufeinander eingelassen haben: Egal, wie es ausgeht, wir tragen das nicht in die Arbeit. Ich hab mich dran gehalten. Sie anscheinend nicht. So was lief bei Santeon deutlich besser.

Ich bin vor drei Monaten und nach einem erstaunlich kurzen Bewerbungsprozess zu Hauck gewechselt, gleich nach meiner Kündigungssperrfrist. Wie jeder Konzern bindet Santeon seine dualen Studenten und Azubis noch mindestens ein Jahr nach dem Abschluss, um die Ausbildungskosten zu kompensieren. Ich habe nicht wegen Aaliyah gekündigt, die dort quasi meine Vorgesetzte war, auch wenn einige Ex-Kollegen immer noch felsenfest davon überzeugt sind. Nein, ich habe den begehrten Job bei einem der bedeutendsten DAX-Konzerne ausgeschlagen und bin zu einem Mittelständler gewechselt, weil ich erkannt habe, dass ich etwas anderes wollte als das, was ich hatte. Weil die Entscheidung, die ich getroffen hatte, falsch war. Mal wieder. Aber irgendwann muss ich ja mal anfangen, meine Fehler auszubügeln.

Ich habe also Firmenwagen gegen ein kostenloses Jobticket getauscht, das ich nicht in Anspruch nehme, Traumgehalt gegen Durchschnitt und Weihnachtsgeld gegen vier Urlaubstage weniger. Aber ich habe auch Anonymität gegen Teamwork getauscht. Bei Santeon war ich eine Personalnummer, sonst nichts. Jetzt bin ich ein Name, bei den meisten einschließlich des Marketing-CEOs sogar ein Vorname.

»Der Vorschlag mit den verschiedenen Models in einer Kampagne kam übrigens von mir«, teile ich Patricia mit. »Spart Kosten.«

Sie wirft mir einen irritierten Blick zu, den ich innerlich genieße, während ich äußerlich betont gelassen dem Shooting zusehe. Auch wenn ich nicht im Traum daran gedacht hätte, dass Valeria eines dieser Models sein könnte: Die Tatsache, dass mein Vorschlag umgesetzt wurde, macht mich stolz. Etwas, das es bei Santeon nie gegeben hätte. Je mehr ich dort Tag für Tag im selben Trott gefangen war, desto mehr wurde mir klar, dass ich Abwechslung brauche. Dass ich Freiheit brauche. Mit dem Jobwechsel habe ich Standardprozedere gegen Innovation eingetauscht. Langeweile gegen Herausforderung. Mein altes Leben gegen all das, was Valeria immer verkörpert hat. Ich schüttle den Kopf.

»Ihr wart also auf einer Schule, ja?«, fragt Patricia und ihre Tonlage macht klar, dass sie mir das nicht abnimmt. Mich interessiert nicht, was sie denkt. »Und ich nehme an, es ist Zufall, dass ihr Vorname mit V anfängt?«

Sie wirft einen vielsagenden Blick auf mein Handgelenk und ich bin überrascht über ihr Auge fürs Detail. Ich wusste nicht, dass sie meinem Armband so viel Beachtung geschenkt hat. Dann jedoch greift sie nach meinem linken Arm und schiebt meinen locker gekrempelten Hemdsärmel noch weiter hoch, um die schwarzen Lettern zu entblößen. Ich bin schneller als sie, halte ihre Hand fest und drücke härter zu, als nötig wäre, bohre meine Augen in ihre.

»Das ist kein V«, ist alles, was ich dazu sage. »Und es geht dich 'nen Scheiß an, Patricia.«

Ich lasse ihren Arm los, unbeabsichtigt vielleicht ein bisschen zu heftig, weil sie zurücktaumelt und mich aus weit aufgerissenen Augen anblinzelt. »Sorry«, murmelt sie und beeilt sich, zurück zu ihren Social Media-Kolleginnen zu kommen.

Ich werfe noch einen letzten Blick auf Valeria, die mit einem Selbstbewusstsein in die Kamera strahlt, das alles andere in den Schatten stellt. Dann mache ich mich wieder auf den Weg zu meinem Büro im dritten Stock.

~

Valeria

Wir shooten vier Stunden lang, dann ist Mittagspause.

Immer wieder haben sich vereinzelte Mitarbeiter in den fünften Stock verirrt und uns zugesehen – meistens Männer, aber auch einige Frauen. Wie die anderen drei Models auch, habe ich ihre Blicke aus vollstem Herzen genossen. Aber keinen Blick so sehr wie den von Raphael, als er am Anfang kurz da war. Ich konnte förmlich in seinem Gesicht ablesen, wie sehr er an die alte Zeit gedacht hat. Und an alles, was er kaputt gemacht hat.

Auf diesen Blick habe ich fünf Jahre lang gewartet, gehofft, gebetet.

Aber jetzt spüre ich keine Genugtuung, nicht einmal Erleichterung. Jetzt spüre ich nur, dass mein Herz genauso wehtut wie früher. Es ist zu spät. Es ist Zeit, einen Schlussstrich zu ziehen.

»Kommst du mit auf die Dachterrasse?«, fragt Zaya energiegeladen. »Wir verlinken uns gegenseitig in unseren Insta-Stories!«

Ich werfe einen kurzen Blick zu Lee, der mich schon den ganzen Tag über in die Produkthistorie von Hauck einführt. Das Unternehmen besteht seit den Vierzigerjahren und war von Anfang an in Familienbesitz, aktuell mit Petra und ihrem Bruder Paul in der vierten Generation. Erst ganz allmählich lösen sie sich von dem Apotheken-Image und stoßen aus eigener Kraft in den Privatverbrauchermarkt vor, besonders stark über Social Media. Ich finde das wahnsinnig spannend und habe einen Haufen Ideen für aufmerksamkeitsstarke Events und Roadshows.

Lee nickt. »Klar, geh ruhig! Jede Publicity ist gute Publicity.«

Wir brauchen fast eine Dreiviertelstunde, um die besten Spots in der dicht bewachsenen Bambusoase auf dem Dach zu finden, unsere Insta-Stories aufzunehmen, zu bearbeiten und uns gegenseitig zu verlinken. Dann kann ich meinen Hunger nicht mehr aufschieben.

»Sorry, Leute, ich hab heute noch nichts gegessen, ich muss runter.«

Mai lacht. »Machst du Witze? Ich hab seit drei Tagen nichts gegessen.«

Das ist ja nicht mein Problem. »Tja, ich achte eben auf meine Gesundheit.«

Mit diesen Worten drehe ich mich schwungvoll um und ducke mich unter den Bambuskronen hinweg, die die sternförmig verlaufenden Wege beschatten und wie ein kleines Labyrinth voneinander abschirmen. Ein Hauch von Privatsphäre auf kleinstem Raum – mit grünem Fingerabdruck. Hauck ist wirklich fortschrittlich.

»Wohl eher auf deinen Körperfettgehalt«, kommentiert Mai hinter mir. Ich schnaube. Zwinge mich, einfach weiterzugehen. Schaffe es aber dann doch nicht.

»Sorry, lieber zu viel als zu wenig auf den Hüften.« Ich gestikuliere auf ihre Size Zero. Kein Po, keine Taille, kein Busen. »Klappergestell ist so was von out.«

Sie hebt die runden Augenbrauen, wodurch ihr Gesicht aussieht wie das einer Porzellanpuppe. »Erzähl das den Jungs.«

Mir entfährt ein höhnischer Laut. »Jungs stehen vielleicht auf Skinny Bitches«, antworte ich überlegen. »Aber Männer stehen auf Kurven.«

Ich drücke den Aufzugknopf, aber das Licht bleibt aus. Ich drücke noch mal.

»Du brauchst den hier.«

Ich erstarre. Nicht, weil sich plötzlich jemand direkt neben mir gegen die helle Wand lehnt und seine Schlüsselkarte gegen den Sensor hält. Sondern, weil dieser Jemand Raphaels Stimme hat. Und Raphaels Augen, die noch genau wie damals den Sauerstoff aus der Luft saugen können.

»Sehr treffend formuliert übrigens.«

Er lässt den Blick über meinen Körper wandern, sieht mir dann wieder in die Augen. Ich besiege das Gefühlschaos in mir drin und verenge die meinen. »Stalkst du mich etwa?«

Er gluckst belustigt, drückt seine Zigarette im Aschenbecher aus. »Wie bitte? Dieselbe Frage könnte ich dir stellen. Wie wahrscheinlich ist es, dass du ausgerechnet in der Firma, in der ich vor drei Monaten angefangen habe, als Model engagiert wirst?« Der Aufzug kommt, aber Raphael macht keine Anstalten, sich zu bewegen. »Woher wusstest du es?«

»Bitte was?!«, fahre ich auf. »Du glaubst, ich hab mir den Job hier ausgesucht, weil du hier arbeitest? Sorry, Raphael, so wichtig bist du nicht.«

Ich betrete den Fahrstuhl und drücke auf die Fünf, aber Raphael folgt mir, bevor die Türen zugleiten. Wir schweigen uns an, während der Aufzug fährt. Ich ertrage das nicht, suche fieberhaft nach etwas, das ich sagen könnte, aber mir fällt nichts ein.

In der siebten Etage steigt Lisa ein, deren Gesicht sich sogleich aufhellt. »Oh, habt ihr euch wieder vertragen?« Die Frage ist an Raphael gerichtet, Bezug nehmend darauf, dass er sich vorhin geweigert hat, im selben Aufzug zu fahren wie ich.

Er hebt einen Mundwinkel. »Ich bin hier nicht das Problem.«

Ich verdrehe die Augen. »Das sagen selbstgefällige Arschlöcher immer.«

Lisa beäugt uns, als wären wir tickende Zeitbomben. Was wir vermutlich auch sind. »Soll ich euch vielleicht alleine lassen?«, schlägt sie vor.

Raphael schüttelt grinsend den Kopf. »Lieber nicht.« Er deutet an die Decke. »Kameras.«

Lisa läuft augenblicklich rot an, ich erstarre wie angewurzelt. »Okay, ich will nicht wissen, woher du das weißt?!«

Er grinst bloß undurchsichtig, den Blick fest auf mich gerichtet, geradezu unwiderstehlich. Raphael weiß einfach, welche Wirkung er auf Frauen hat. Welche Wirkung er auf mich hat.

»Ich war schon mal im Kontrollraum«, löst er die Anspannung dann auf, aber ein Rest Anziehungskraft bleibt. Zum Glück öffnet sich die Tür in den fünften Stock.

Ich falle augenblicklich über das Buffet her und Raphael tut es mir gleich. Einige seiner Kollegen gesellen sich dazu und verwickeln uns in unterschiedliche Gespräche, die erst wieder zusammenfinden, als Lee dazustößt und einen freundschaftlichen Arm um meine Schulter legt, vielsagend auf seine Armbanduhr schaut und begeistert ruft:

»Du kommst ja schon wieder als Erste, Valeria!«

»Valeria kommt immer als Erste.«

Jemand verschluckt sich an seiner Sommerrolle. Ich würde Raphael am liebsten einen Kinnhaken verpassen, belasse es aber bei einem zornfunkelnden Blick, den er einfach weglächelt.

Lees Augen wandern vom einen zur anderen. »Ihr kennt euch?«, schlussfolgert er mit dem amüsierten Interesse eines junggebliebenen Lehrers.

»Flüchtig«, antworte ich und werfe Raphael einen triumphierenden

Blick zu, schlage ihn mit seinen eigenen Waffen: »Wir waren auf derselben Schule.«

»Wir waren zusammen«, antwortet Raphael.

Ich funkle ihn an.

»Im Ernst?!«, fragt Lisa begeistert, die ihren gebackenen Käse in Preiselbeersauce dippt.

»Ich wusste es!«, triumphiert Patricia, wirft ihm einen überheblichen Blick zu und lehnt sich verschwörerisch zu mir: »Keine Sorge, Schätzchen. Du bist nicht die Einzige, deren Herz gebrochen wurde. Es gibt noch tausend andere Jungs da draußen.«

Ich blinzle. Blicke von ihr zu Lee und dann zu Raphael, der bloß die Augenbrauen gehoben hat. Ich kann diese Scharade nicht länger aufrechterhalten.

»Tja«, verkünde ich. »Deswegen war ich auch diejenige, die Schluss gemacht hat.«

16 Genung geweint

Valeria

früher

»Du hast was?!«

Vanessas Stimme war genauso fassungslos wie ich selbst, ihr Blick genauso aufgewühlt wie mein Innerstes, als sie sich neben mir auf die Couch in ihrem Wohnzimmer sinken ließ. Wir hatten uns über die letzten Monate und durch meine bittersüße Symphonie mit Raphael langsam angefreundet und waren mittlerweile beinahe unzertrennlich. Wie verrückt das Leben doch manchmal war! Fast ein Jahr lang hatte ich Vanessa leidenschaftlich gehasst, weil ich sie als Eindringling zwischen mir und meinem Bruder wahrgenommen hatte. Aber allmählich verstand ich, warum Milias so lange mit ihr zusammen gewesen war. Sie war einfach ein guter Mensch, klug und warmherzig und hinter dem makellosen Gesicht genauso unsicher und verletzlich wie jeder andere von uns. Deswegen verstanden wir uns blind, und deswegen war sie die Erste, mit der ich darüber sprach.

»Ich habe Schluss gemacht«, wiederholte ich, den starren Blick immer noch auf den teuren Parkettboden gerichtet. Das Haus, das ihre Mutter nach der Scheidung behalten hatte, war ein kleiner Palast mit teurer Ausstattung und noch teureren Möbeln. Es lag in der heimlichen Nobelgegend der Stadt – direkt neben Raphaels Haus, aus dem ich vor zwei Minuten erhobenen Hauptes stolziert war, bloß um zwanzig Meter weiter zusammenzubrechen.

»Und wie fühlst du dich jetzt damit?«, fragte Vanessa vorsichtig.

Ich schluckte trocken, versuchte das Gefühlschaos in mir zu durchblicken. Konnte bloß mit den Schultern zucken.

»Hast du was zu trinken?«, fragte ich statt einer Antwort.

Vanessa sprang sofort auf, verschwand leichtfüßig in der Küche und kam eine Minute später mit einer Glaskaraffe und zwei Gläsern zurück. Ich bewunderte ihre schlanke, perfekte Figur und ihre grazilen Bewegungen – und konnte den Gedanken nicht verdrängen, dass Raphael mit ihr geschlafen hatte. Das war lange vor unserer Beziehung gewesen, aber trotzdem tat es weh, und seit der letzten Silvesterparty mit jedem Tag mehr. Seit Silvester fraß mich die Ungewissheit auf, brannte die Eifersucht ein Loch in meine Seele und schürte die Selbstzweifel, die mich noch nie so sehr überwältigt hatten. Nicht, als mein erster Freund David gleich nach der Trennung mit Diana zusammengekommen war. Nicht, als meine Eltern Milias ein neues Handy geschenkt hatten und mir nicht. Nicht einmal, als Raphael in den letzten Herbstferien fremdgeküsst hatte.

Silvester hatte alles verändert. Er beteuerte inbrünstig, er habe auf dieser Party keinen Sex mit Catarina gehabt, aber das Getuschel der anderen sagte etwas anderes. Er behauptete, keine Gefühle mehr für seine Ex-Freundin zu haben, aber der Schmerz in seiner Stimme verriet ihn. Er versicherte mir, er liebe mich, aber sein distanzierter Blick strafte seine Worte Lügen.

Tatsache war, ich wusste es einfach nicht. Vielleicht hatte er mich wirklich nicht betrogen, nicht körperlich. Aber definitiv gehörte sein Herz nicht mehr mir allein. Hatte es mir je ganz gehört?

Eineinhalb Monate lang hatte ich gedacht, ich wäre stark, aber ich war es nicht. Ich hatte versucht, unbeschwert zu bleiben, ihm die guten Seiten unserer Beziehung zu zeigen. Aber das war nichts als ein Kammerspiel, mit dem ich mich selbst zu täuschen versuchte. Und ich war langsam daran zerbrochen. Weil ich spürte, wie Raphael mir allmählich entglitt, wie er sich mehr und mehr zurückzog. Seine widerstrebende Distanz war fast wie ganz am Anfang, nur sehr viel schmerzhafter. Denn jetzt bedeutete es etwas. Jetzt hatte ich etwas zu verlieren. Ihn. Und mich selbst.

»Val, hey!«, holte mich Vanessa behutsam zurück in die Gegenwart, umfasste sanft mein Kinn und zwang mich, in ihre rehbraunen Augen zu sehen. Ich sah verschwommen und bemerkte, dass ich weinte. Schnell wischte ich mir die Tränen weg, denn ich hatte kein Recht, traurig zu sein. Schließlich hatte *ich* gerade die Beziehung beendet, noch dazu wenige Tage vor Valentinstag.

»Ich weiß, was du denkst«, raunte sie mitfühlend, ihr schönes Gesicht ein Spiegel meiner eigenen Qualen. »Aber wenn er nicht weiß, was er will, und einfach nicht sehen kann, wie großartig ihr beide zusammen seid, dann ist das weder deine Schuld, noch ist es deine Pflicht, ihn jeden Tag daran zu erinnern. Du hast das Richtige getan.«

Wieder musste ich gegen die Tränen anschlucken. »Warum fühlt es sich dann so falsch an?«

»Weißt du, was sich falsch anfühlt?«, fragte sie zurück, zog in einem Anflug von Ärger ein Bein auf die Couch und streckte den Rücken, »Dass du dich seit Wochen selbst kaputtmachst, nur weil Raphael plötzlich in eurer Beziehung zu ersticken glaubt! Du hast so viel Feuer, so viel Leidenschaft. Aber ich sehe jeden Tag dabei zu, wie das langsam stirbt, weil Raphael einfach nicht auf sein Leben klarkommt!«

»Aber ...«, schluchzte ich. Wir hatten diese Diskussion schon mindestens tausendmal geführt. Jede Nacht, wenn ich mich bei ihr ausweinte, um am nächsten Morgen wieder lächeln zu können und die Starke zu spielen. Ja, es tat weh. Aber Vanessa hatte recht: Sechs Wochen lang hatte ich versucht, unsere Beziehung zu retten, und hatte dabei fast mich selbst verloren.

»Ich dachte einfach, es sei meine Aufgabe als seine Freundin, ihm beizustehen.«

»Raphael Thomas beistehen?!«, echote sie schnaubend, »Wobei? Bei der Entscheidung, wie wichtig ihm seine Freiheit ist oder welche Frau er lieber hätte?«

Ihre Abfälligkeit ihm gegenüber tat so weh, dass ich erneut schluchzen musste. »Bist du sicher, dass du das gerade nicht nur selbst aus verletztem Stolz sagst?« Immerhin zählte sie auch zu Raphaels abgelegten Liebschaften und pflegte seitdem eine leidenschaftliche Hassfreundschaft zu ihm, die meistens eher Hass als Freundschaft war.

Vanessa riss die Brauen hoch und den Mund auf, aber ich bereute meinen unfairen Vorwurf sofort. »Entschuldige bitte. Ich fand deine Worte einfach ein bisschen zu gemein ihm gegenüber.«

Sie seufzte die Empörung weg, streichelte meine Hand. Ihre Stimme wurde sanfter, aber nicht weniger ernst: »Ich bin nicht gemein, ich bin realistisch. Hat er dir jemals auch nur einen einzigen Grund genannt, warum er sich nach fast einem halben Jahr plötzlich nicht mehr sicher ist, ob eure Beziehung das Richtige ist? Wenn es ja angeblich kein Sex mit der Frau war, die ihm irgendwann mal das Herz gebrochen hat?«

Ich presste die Lippen aufeinander, um nicht erneut zu weinen, und schüttelte den Kopf. Ganz im Gegenteil, er hatte so getan, als wäre alles in Ordnung, als wäre alles wie immer. Aber ich wusste, dass etwas anders war. Ich *spürte* es.

Vanessa schüttelte bestimmt den Kopf. Ihre Körperhaltung war abweisend, aber ihre Augen waren unendlich mitfühlend. »Weil es keinen Grund gibt! Außer vielleicht, dass er festgestellt hat, dass er eigentlich gar keine Beziehung will. Es tut mir so unfassbar leid und weh, aber ich kenne Raphael und ich kenne dich. Und glaub mir, es ist nicht dein Job, seine Mutter, Therapeutin oder die Hebamme für seine ungeborenen Gefühle zu sein. Deine Aufgabe in einer Beziehung ist es, dein authentisches, glückliches und gesundes Selbst mit einer anderen Person zu teilen. Und dieses Selbst sehe ich nicht mehr, wenn ich dich ansehe. Und das tut mir am meisten weh.«

Mir entfuhr trotz all der Trauer ein belustigtes Glucksen. »Hast du das aus dem Päda-Unterricht?«

Sie lächelte ertappt. »Nein, aus einem Sachbuch über Beziehungen, das ich gerade lese.«

Ich gluckste erneut, nippte an meinem Wasser. »Du solltest Psychologie studieren.«

Vanessa lächelte wieder, hob die Schultern. »Ja, ich denke darüber nach. Mal sehen, ob ich den Abi-Schnitt dafür schaffe.«

Ich verfiel in betretenes Schweigen. Vanessa war sitzen geblieben, nachdem ihr Dad sie und ihre Mom verlassen hatte und die Beziehung mit Milias in die Brüche gegangen war, aber eigentlich war sie einer der klügsten und einfühlsamsten Menschen, die ich kannte. Ich brachte ein schwaches, aber ehrliches Lächeln zustande und griff nach ihrer Hand.

»Danke, Vany.«

»Immer. Ich wünschte, ich könnte mehr tun. Raphael den Arsch aufreißen zum Beispiel …« Sie gluckste einen Moment bei der Vorstellung, hob dann die Schultern und seufzte tief. »Willst du Tee?«, fragte sie jetzt, schon im Begriff aufzustehen. Also nickte ich und sah ihr nach, wie sie abermals in der Küche verschwand.

Da saß ich nun, allein in diesem ausladenden Wohnzimmer, weniger als fünfzig Meter Luftlinie von Raphaels Haus entfernt. Ich kämpfte dagegen an, aber mein Blick wurde geradezu magisch von dem beleuchteten Küchenfenster in der Abenddämmerung angezogen, in dem sein Dad gerade das Abendessen vorbereitete. Meistens kochte Matthias, denn Claudia war nicht wirklich die geborene Hausfrau.

Es brach mir das Herz, nicht mehr Teil dieser Familie zu sein, es niemals wirklich zu werden. Und es versetzte mir einen fast schon eifersüchtigen Stich, dass die beiden immer noch verheiratet waren, obwohl ich wusste, dass sie schon oft kurz vor dem Aus gestanden hatten. Kein Wunder, denn mit siebzehn hatten die beiden sicherlich andere Pläne gehabt, als ein Kind großzuziehen. Doch anders als Raphael und ich schafften es seine Eltern immer wieder, ihre hin und wieder eskalierenden Streitigkeiten friedlich zu beenden.

»Weißt du, was ich gerade beschlossen habe?«, fragte Vanessa zurück aus der Küche, stellte eine Teekanne und zwei Tassen ab und zog entschlossen die Vorhänge zu. »Du hast genug deiner Energie an Raphaels Unentschlossenheit verschwendet. Zeit, wieder glücklich zu sein. Zeit, wieder Party zu machen, Jungs kennenzulernen und wieder die Valeria zu werden, die ich kenne.« Sie ließ sich auf die Couch fallen und klopfte auf das Polster neben sich. »Wenn er merkt, dass er ohne dich nicht leben kann, kommt er zu dir zurück.«

Ich schnaubte. So wie Milias zu ihr zurückgekommen war?

Aber ich war nicht grausam genug, um das auszusprechen.

Valeria

heute

Ich habe ein schlechtes Gewissen, kaum dass ich die Worte ausgesprochen habe. Es fühlt sich an wie ein zu intimes Detail unserer Vergangenheit, *seiner* Vergangenheit, das die Meinung von Patricia und ihren Kolleginnen über ihn bestimmt alles andere als hebt.

Aber es ist nun einmal die Wahrheit, und ein kleines bisschen erleichtert es mich auch, es nach so langer Zeit wieder zu sagen. Es mir quasi von der Seele zu reden und mich selbst daran zu erinnern, dass es besser so ist. Das ist es doch, oder?

Einen endlos langen Moment halten sich unsere Blicke fest und erinnern einander an alles, was war, nicht war und hätte sein können.

Dann kommen die anderen Models zurück und wir shooten weiter. Als Raphael die Etage gegen fünfzehn Uhr wieder verlässt, bin ich erleichtert, aber ein Teil von mir ist auch wehmütig, dass er mir nicht mehr zusieht. Der Teil, der sich immer noch an die wahnwitzige Hoffnung klammert, das mit uns könnte noch mal was werden. Und über allem liegt das schlechte Gewissen wieder aufkeimender Schuldgefühle.

Aber es ist nicht meine Schuld. Ich imitiere Vanessas Stimme, um mir das einzutrichtern. Wieder und wieder, wie ein Mantra, das mich durch das Shooting begleitet und selbst dann noch verfolgt, als sich Lee mit einer überschwänglichen Umarmung von mir verabschiedet. Die anderen Models sind schon lange weg, weil sie ihre Züge und Flüge kriegen mussten. Ich plündere noch ein wenig die kargen Reste des Buffets, denn mein Bus geht erst in einer halben Stunde.

»Ich hoffe sehr, dass wir uns noch mal wiedersehen«, sagt Lee jetzt und hält mir seine Visitenkarte zwischen zwei Fingern hin wie ein Pokerspieler. »Ruf jederzeit an. Und wenn du nach dem Studium einen Job brauchst oder so ... Meld dich!«

Ich blinzle ihn an, will gleichzeitig strahlen und weinen. Das Ergebnis fühlt sich an wie eine schiefe Maske. »Danke, Lee ... Ich überlege es mir!«

Oder auch nicht, denke ich, als er mir den Aufzug mit seiner Schlüsselkarte ruft und das Erdgeschoss anwählt. Ich würde wahnsinnig gern bei Hauck arbeiten, denn die Produkte sind toll, die Kollegen nett – von dem »Empfangsdrachen«, wie sie alle hier nennen, einmal abgesehen –, und die Atmosphäre ist einfach der Wahnsinn. Aber ich will nicht in derselben Firma wie Raphael arbeiten. Ich habe es damals kaum ausgehalten, denselben Freundeskreis zu behalten. Raphael und ich sind einfach wie Magneten, und wir kennen nur Extreme: Entweder wir ziehen uns so stark an, dass wir mit voller Wucht aufeinanderprallen und dabei alles andere zerquetschen. Oder wir stoßen uns so sehr ab, dass zwischen uns nichts als verbrannte Erde zurückbleibt. Und alles in unserem Umfeld nimmt dabei Schaden. Das will ich nicht.

Also umfasse ich die weiße Tragetasche enger, die mir Patricia und Lisa prall mit Produkten gefüllt haben, und winke Lee wehmütig zum Abschied. Er zwinkert zurück, dann schließen sich die Aufzugtüren ein letztes Mal. Meine Augen weichen meinem eigenen Spiegelbild aus, das immer noch äußerlich hübsch ist, aber innerlich unendlich traurig, und wandern zu dem weißen Schriftzug hinauf.

Nature is Beauty. Beauty is Confidence. Confidence is you. You are unstoppable.

Du bist unbesiegbar.

Der Aufzug wirkt. Als ich unten ankomme, trete ich einigermaßen erhobenen Hauptes auf die Fliesen und lege dem Empfangsdrachen mit strahlendem Lächeln meinen Besucherausweis auf den Tresen.

»Danke! Soll ich dir ein Taxi rufen?«

»Nein, das geht schon, ich fahre umweltschonend.« Ich lächle, sehr zufrieden mit mir selbst, weil das Unternehmen so grün ist. Die Mitarbeiter können sogar kostenlos öffentliche Verkehrsmittel benutzen.

Sie hebt die dünnen Brauen, sagt aber nichts dazu. Ich drehe mich beschwingt um – und sehe zum ersten Mal, dass es draußen schüttet wie aus Eimern. *Merda!* Ich habe keine Jacke dabei.

Mit schief hängendem Lächeln drehe ich mich wieder um. »Sie haben nicht zufällig einen Schirm?«

Sie erwidert mein Lächeln wie ein Spiegel, schüttelt aber den Kopf. »Sorry!«

Natürlich. Na ja, mein Bus kommt in weniger als zehn Minuten, also sprinte ich besser mal los. Stehe noch eine Sekunde lang vor der Schiebetür auf dem Teppich mit dem Logo. Wappne mich innerlich und mache dann einen energischen Schritt vorwärts.

»Valeria.«

Eine Hand zieht mich am Arm zurück. Ich blinzle, erkenne Raphaels Gesicht und mache mich schnell von ihm los.

»Komm schon, du stalkst mich. Gib's zu!«, zische ich ärgerlich, um meine Gefühlsexplosion zu überspielen. Das kann kein Zufall sein.

Raphael hebt einen Mundwinkel, steckt die Hand wieder in die Tasche seiner grauen Anzughose. Er trägt wie die anderen auch Business Casual und nur ein weißes Hemd darüber, dessen Ärmel locker umgeschlagen sind. Ich ertappe mich dabei, wie ich seinen linken Arm verstohlen nach schwarzer Tinte absuche, aber wenn er tatsächlich ein Tattoo hat, dann ist es so platziert, dass es nicht im Alltag hervorlugt.

»Zugegeben«, räumt er jetzt ein und grinst entwaffnend, »ich war neugierig, ob du bei dem Wetter wirklich vorhast, den Bus zu nehmen.«

»Ich bin schließlich nicht aus Zucker«, teile ich ihm und meinen weichen Knien mit.

»In der Tat«, bestätigt er vielsagend. »Obwohl ich nichts dagegen hätte, dich in diesem Outfit durchnässt zu sehen.« Ich folge seinem Blick an mir herab und verenge die Augen. Mein Shirt ist weiß. Der Typ hat sie ja wohl nicht mehr alle!

»Nur in deinen Träumen, Raphael«, bringe ich gerade so heraus.

Er grinst. »Da passiert noch eine Menge mehr.«

Meine Selbstbeherrschung geht endgültig flöten. Wieso flirtet er jetzt wieder so heftig, als wäre diese ganze Scheiße nie passiert? Als wären wir wieder am Anfang, jung und dumm und übermütige Teenager? Ich habe ihm einen Korb gegeben, vor fünf Jahren und vor ein paar Stunden noch einmal. *Ignorierst du das einfach, Raphael? Wieso checkst du das nicht?*

Und wieso checkt mein eigener Körper das nicht? Ärgerlich auf Raphael und auf mich selbst stoße ich ihm mit der vollgepackten Hauck-Tasche gegen die Brust, woraufhin er lachend die Hände ausstreckt. »Vorsicht, das ist Glas.«

»Oh, plötzlich machen wir uns Sorgen um die Dinge, die wir zerbrechen könnten«, höhne ich.

Raphael antwortet nicht, hebt bloß einen Mundwinkel. »Vergiss nicht: *Du* hast Schluss gemacht. Wie du heute eindrucksvoll klargestellt hast.«

Diese phänomenale – und seltene – Ehrlichkeit nimmt mir unvorbereitet allen Wind aus den Segeln, lässt mich straucheln. Seine Worte treffen tiefer, als ich gedacht hätte, härter, als ich ertragen kann. Eilig senke ich den Blick, während mich Wut, Wehmut und schlechtes Gewissen übergießen wie der Regen draußen die Welt. Gleichzeitig legt sich eine erdrückende Kette um mein Herz.

»Hör zu«, beginne ich, aber Raphael schüttelt bereits den Kopf.

»Nein, ist okay.« Er hebt die Schultern, die Hände immer noch in den Hosentaschen. »Ist ja nicht so, als ob das gelogen wäre.« Er sieht mir direkt in die Augen und ich habe das Gefühl, als würde sich die Kette um mein Herz enger zuziehen. Ich kann seinem Blick nicht standhalten, ziehe mein Handy aus dem Bund meiner Leggins und werfe einen Blick darauf. »Shit!«, entfährt es mir. »Mein Bus kommt in vier Minuten, ich muss jetzt echt los.«

Er bleibt vollkommen gelassen, ein ruhiger Fels in der Brandung. War er schon immer so geerdet? So ausgeglichen?

»Ich kann dich fahren.«

Mein Herz macht einen Satz bei den Erinnerungen an sein schwarzes BMW Cabrio, das er sich damals mit seiner Mutter geteilt hat, verfällt gleich darauf in Sehnsucht nach den Fahrten mit aufgedrehtem Radio und offenem Dach. Und beginnt zu rasen bei der Erinnerung an Sex auf dem viel zu engen Rücksitz.

»Ich glaube, das ist keine gute Idee.«

Er gluckst. »Und ich glaube, es ist keine gute Idee, im strömenden Regen herumzulaufen.«

Damit nimmt er den ausgefahrenen Griff meines Koffers und zieht ihn mit sich zurück zum Aufzug. Notgedrungen folge ich ihm.

»Dir ist klar, dass das Kidnapping ist?«

Raphael grinst. »Erstens bist du ganz eindeutig kein *Kid*, und zweitens ist das ein höchst ritterlicher Akt.« Jetzt hebt er eine Augenbraue. »Du kannst dich glücklich schätzen, ich fahre sonst nie jemanden irgendwohin.«

Ich lache auf, während wir die Aufzugkabine betreten. »Und ich soll jetzt vor dir auf die Knie fallen?«

Raphael seufzt, als wäre die Vorstellung herrlich verlockend. »Besser nicht. Wie gesagt, Kameras.« Er deutet an die Decke, bevor er das U2 anwählt und mit seiner Schlüsselkarte autorisiert. Ich schüttle bloß den Kopf, auch wenn ich mir selbst eingestehen muss, dass ich diesen Schlagabtausch genieße.

Selbst die Tiefgarage von Hauck ist hochmodern und hell beleuchtet. Glasfronten mit Schiebetüren trennen das Treppenhaus von den Parkplätzen, und die lässige Geste, mit der Raphael die Tür mit seiner Schlüsselkarte entriegelt, erinnert mich fast an einen FBI-Agenten in einem Kinofilm. Raphael würde perfekt hineinpassen, mit seiner überlegenen Aura, der maskulinen Ausstrahlung und dem smarten Outfit. Oh Gott, ich bin ernsthaft kurz davor, mich wieder in diesen Typen zu verknallen.

Im Parkhaus drehe ich mich instinktiv nach rechts zu seiner Seite, aber er umfasst automatisch meine Taille und dreht mich in die andere Richtung. Es ist nur ein flüchtiger Moment und er lässt mich sofort wieder los, aber die Hitze seiner Berührung bleibt noch einen Moment auf meiner Haut zurück und bringt meine Gedanken kurz durcheinander, wirft mich zurück in die Erinnerung daran, wie wir Seite an Seite durch die Straßen geschlendert sind.

Raphaels Hände finden einfach immer noch zu jeder Zeit zielsicher die richtige Position und Stelle. Als hätte er eine geheime Karte meines Körpers und passende Magneten, die bei Annäherung automatisch an die richtige Stelle schießen. Dann lässt sein Autoschlüssel ein Paar Scheinwerfer zum Leben erwachen. Ich blinzle kurz.

Raphael fährt nicht mehr das schwarze BMW Cabrio, sondern einen feuerroten Audi A3. Nein, halt, die Sportvariante, erkenne ich bei näherem Hinsehen. Und spüre ich, als ich einsteige. Streiche unwillkürlich über die Sportsitze, lasse den Blick über das Armaturenbrett und Sportlenkrad mit dem roten S gleiten.

»Firmenwagen?«, frage ich blödsinnigerweise und gebe mir Mühe, meine Bewunderung zu verbergen.

Er lacht. »Schön wär's. Nein.«

Dann startet er den Motor und ich muss das Bauchkribbeln unterdrücken.

17 Freunde bleiben

Valeria

»Hey!«, ruft Raphael plötzlich.

Ich blinzle ihn an, nehme die Reiswaffel noch mal aus dem Mund, von der ich schon fast abgebissen hätte. »Ich habe Hunger«, rechtfertige ich mich.

»Du hattest den ganzen Tag ein verdammtes Luxusbuffet«, widerspricht er lachend, ohne den Blick von der Straße zu nehmen, die im Regen geradezu ertrinkt. Keine Spur mehr von der Sommersonne, die mich heute Morgen wach geküsst hat.

»Ich habe den ganzen Tag gearbeitet«, erinnere ich ihn. »Ich hatte keine Zeit, viel zu essen, und als ich Zeit hatte, war das meiste schon weg.«

»Und deswegen isst du jetzt Pappe.« Sein Tonfall lässt keinen Zweifel daran, wie wenig er von Model-Snacks hält. Raphael ist eben nach wie vor einer der Vernünftigen. Im Grunde genommen war er das schon immer, die Welt wollte es halt irgendwie nur nie sehen. Andererseits hat er auch nie wirklich daran gearbeitet, seinen Ruf als selbstgefälliger Bad Boy zu revidieren.

Ich muss lachen. »Reiswaffel.«

»Pappe«, wiederholt er. »Ich schwöre, wenn du mein Auto vollkrümelst …«

»Tue ich nicht, keine Sorge, Mister Monk.«

Ich beiße übervorsichtig von der Reiswaffel ab – und sofort brechen ein Dutzend winzige Krümel ab und rieseln auf meinen Schoß.

»Valeria!«, ruft Raphael eine Oktave höher, starrt fassungslos zwischen der Straße und meinem Sitz hin und her. »Ich weiß schon, warum ich nie jemanden im Auto mitnehme.«

»Guck nach vorne«, belehre ich ihn, während ich mich daranmache, die Krümel aufzulesen. Ein hoffnungsloses Unterfangen, wenn bei jedem Bissen neue herabregnen.

»Du verlässt dieses Auto nicht, bevor es wieder so aussieht, wie du es vorgefunden hast, junge Dame.« Raphaels Worte sind ernst, aber seine Stimme ist warm wie ein Sommerregen.

Ich muss lachen. Es tut gut, mit ihm zu reden und herumzualbern, wie normale Menschen es tun würden. Wie ... Freunde es tun würden. Können Raphael und ich jemals Freunde sein?

»Entspann dich mal!«, entgegne ich lachend.

»Mit dir im selben Auto?«, fragt er zurück. »Unmöglich.«

Ich verschlucke mich fast an der Reiswaffel, die mir plötzlich schwer im Magen liegt. Vielleicht hat er das nur als Scherz gemeint, vielleicht aber auch nicht. Auf jeden Fall aber zieht es die Ketten um meine Brust noch enger zu. Ich halte es nicht länger aus, drehe mich auf dem Beifahrersitz zu ihm und sehe ihn flehend an.

»Es tut mir leid, was ich vorhin gesagt habe. Ich wollte nicht so arrogant sein. Ich wollte dir nicht wehtun. Ich ...« Ich weiß nicht, wie ich den Rest meiner Gedanken in Worte fassen soll, und zucke einfach nur mit den Schultern.

»... wollte dein Auto nicht vollkrümeln?«, ergänzt er grinsend.

»Mann, Raphael!« Ich boxe ihm gegen die Schulter, woraufhin die Reiswaffel in meiner Hand zerbricht und auch noch in die Mittelkonsole krümelt.

»Woah!«, macht Raphael. »Während der Fahrt nicht mit dem Fahrer ... in körperlichen Kontakt treten«, imitiert er das Warnschild aus Bussen. »Und verdammt noch mal nicht mein Auto vollbröseln!«

Ich muss lachen, dann erinnert mich mein flauer Magen wieder an mein Vorhaben, endlich den Graben zwischen uns zu überwinden. »Ich meine es ernst, Raphael. Ich versuche dir hier gerade mein Herz auszuschütten und du machst dich über mich lustig!«

»Ich würde mich nie über dich lustig machen, Valeria«, sagt er plötzlich völlig ernst, wirft mir sogar einen kurzen Seitenblick zu. »Niemals. Und ich weiß, dass du das nicht wolltest.« Er seufzt. »Ich wollte dir auch nicht wehtun.« Er schüttelt den Kopf, starrt auf die regennasse Straße, stellt den Scheibenwischer noch eine Stufe höher. »Ehrlich, ich wollte nicht, dass das so endet.«

Ich schlucke wirkungslos gegen den Kloß in meiner Kehle an, blinzle energisch die Tränen zurück, während ich sein attraktives Profil anstarre. Die gerade Nase, die ich so gut kenne, die geschwungenen Lippen, die ich unzählige Male geküsst habe. Das kantige Kinn, das jetzt von einem sexy Dreitagebart bedeckt ist und über allem die lässig gestylten blonden Haare.

»Warum hast du es dann zugelassen?«, krächze ich.

Raphael schüttelt wieder den Kopf, drückt das Gaspedal unwillkürlich stärker durch. Ich kann sehen, wie zerrissen er ist, kann förmlich spüren, dass er kurz davor ist, es mir zu erzählen. Oh Gott, will ich die Wahrheit überhaupt wissen? Kann ich sie ertragen? Ich warte sehnsüchtig auf seine Antwort, aber er schüttelt nur immerzu den Kopf. »Du hast Schluss gemacht, okay?«, dreht er den Spieß schließlich um.

Ich fasse mir empört gegen die Brust. »Weil *du* mit deiner Ex rumgemacht hast!«, schieße ich zurück. Vorbei die behutsame Atmosphäre, totgetrampelt der winzige Spross der Hoffnung. Adieu, Vernunft – hallo, Jähzorn! Augenblicklich hasse ich mich selbst.

»Wir hatten – keinen – Sex. Okay?«

Ich schnaube. Fünf Jahre, und er gibt es immer noch nicht zu. »Ist das ein Geständnis, dass ihr rumgeknutscht habt?«

Ein scharfes Abbremsen reißt mich nach vorne, als die Ampel hundert Meter vor uns auf Rot springt. Raphael funkelt mich wütend an, ich starre erschrocken zurück.

»Okay«, mache ich, blinzle wieder nach vorn auf den hypnotisierenden Scheibenwischer. »Wir sollten uns nicht streiten, während du Auto fährst.«

Raphael atmet tief durch. »Wir sollten uns überhaupt nicht streiten. Ich *will* mich nicht streiten«, korrigiert er und sieht mich an. »Warum müssen wir immer streiten?!«

Eine sadistische Stimme in meinem Kopf flüstert: *Weil wir einfach nicht füreinander gemacht sind*, aber ich ignoriere sie.

Stumm erwidere ich Raphaels Blick, sehe wieder nach vorne durch die regenverlaufene Scheibe und weiß nicht, was ich sagen soll. Ich will mich entschuldigen, aber ich bringe das Wort einfach nicht über die Lippen. Das ist schließlich nicht allein meine Schuld!

Raphael stöhnt hörbar, späht durch die Windschutzscheibe zum Himmel hinauf und betätigt erneut den Scheibenwischer, der im Stand auf Sparmodus schaltet. »Ey, dieser Regen ... Ich bin noch nicht bereit für den Herbst«, ächzt er.

Ich muss gegen meinen Willen lächeln, stemme den Ellenbogen gegen die Beifahrerscheibe und den Kopf in die Handfläche. Dankbar greife ich nach dem Rettungsring, den er uns mit diesem Themenwechsel hingeworfen hat.

»Ich auch nicht«, stimme ich zu. »Das war ein richtiger Kacksommer. Es ist schon Ende August und bisher war es entweder unerträglich heiß oder nasskalt – zumindest in Mailand.«

»Hier auch«, bestätigt Raphael. »Kein Vergleich mit vor fünf Jahren.« Ich blinzle, als mein Herz einen Schlag aus dem Takt kommt. Da ist sie wieder, die quälende Erinnerung an diesen Sommer meines Lebens, die ihn anscheinend genauso wenig loslässt wie mich. »Nächste Woche sollen es wieder fast dreißig Grad werden«, sagt Raphael und wirft mir einen Blick zu, in dem ich alle Sommertage sehen kann, die wir gemeinsam verbracht haben. Wettschwimmen im See, Knutschen im hohen Gras, Sonnenbaden an trägen Nachmittagen und Tequila in lauen Nächten.

Ich schwelge einen Moment lang in denselben Erinnerungen wie er, dann verschließe ich mein Herz dagegen und ziehe betreten die Lippen ein. Es bringt niemandem etwas, einer Vergangenheit nachzutrauern, in die wir nie wieder zurückkönnen.

»Nächste Woche bin ich schon wieder weg«, krächze ich, weil mir plötzlich die Stimme versagt. Ich wage es nicht, ihn anzusehen, aber ich höre ihn leise schnauben.

»Was sonst …«

Es klingt eher resigniert als verächtlich, trotzdem fühle ich mich angegriffen. »Ja, sorry?! Was soll ich machen, den Flug verschieben?« Er wirft mir einen belustigten Blick zu, als wäre das tatsächlich eine Option, aber ich will mich nicht an irgendwelche Hirngespinste klammern. »Und dann was?«, frage ich und werfe die Hände in die Luft. »Dann fahren wir gemeinsam in den Sonnenuntergang und tun so, als wären wir noch mal siebzehn?« Ich schüttle den Kopf bei der Vorstellung. »Oder vergessen einfach alles und beschließen, nur Freunde zu sein?«

Jetzt schnaubt Raphael, während er schaltet. »Du und ich, wir können niemals einfach nur Freunde sein.« Er nimmt den Blick kurz von der geraden Landstraße, um mich anzusehen. »Das wissen wir beide.«

Raphael

Ich sehe ihr nach, wie sie im Haus ihrer Eltern verschwindet und die Tür zuwirft, ohne sich noch einmal umzudrehen. Sie ist wütend, keine Frage. Aber was bringt es, uns etwas anderes einzureden als die Realität? Es ist besser so.

Ein Teil von mir – und ich bin sicher, auch ein Teil von ihr – hofft immer noch auf ein Happy End zwischen uns. Dabei sind wir beide alt genug, um zu wissen, dass eine Geschichte mit Happy End einfach nur noch nicht zu Ende erzählt ist. Denn ein echtes Ende ist niemals glücklich. Enden tun immer weh, und es gibt keinen Grund, warum wir uns noch mal wehtun sollten. Es ist besser so.

Vielleicht glaube ich es irgendwann, wenn ich es nur oft genug wiederhole. Ich warte noch eine endlose Minute lang in der irrsinnigen

Hoffnung, dass sie noch mal rauskommt. Dann schüttle ich den Kopf und fahre los.

Das war das letzte Mal, dass ich mit Valeria geredet habe, und das Einzige, was von ihr zurückbleibt, sind die Krümel im Fußraum meines Beifahrersitzes. Sie liegen immer noch da. Seit vier Wochen.

»Gibt's jetzt schon einen Hochzeitstermin?«

Ich blinzle René an, der ausgelassen mit den flachen Händen auf meinen Esstisch trommelt. Immer noch dasselbe Spielkind wie immer. Wenn man es nicht wüsste, würde man nie darauf kommen, dass dieser Typ seit fast zehn Monaten Vater ist.

Ich zwinge mich zu anderen Gedanken und zucke mit den Schultern. »Keine Ahnung.« Wir sitzen gerade im engsten Freundeskreis zusammen, um Milias' Junggesellenabschied zu planen, bevor wir unseren Vorschlag in die große WhatsApp-Gruppe schicken. »Ich glaube, letzter Stand war Juni, weil im Juli Nicole Geburtstag hat und im August Milias und im September das Wetter zu schlecht ist.«

Was ein Blick aus dem Fenster nicht gerade bestätigt, denn wir steuern dieses Jahr geradewegs auf einen goldenen Bilderbuchherbst zu, mit vierundzwanzig Grad und strahlend blauem Himmel – und das eine Woche vor Oktober. Vier Wochen ohne Valeria, die sich fast schlimmer anfühlen als die drei Jahre davor.

»Oh, das ist ja in Hochzeitsrechnungen echt bald! Kriegen sie da noch was?«, fragt Angelina erstaunt. »Ich dachte, es ist so schwierig, Hochzeitslocations zu finden?«

Wieder zucke ich mit den Schultern. »Keine Ahnung.« Ich halte mich da raus.

»Wieso hast du keine Ahnung, du bist doch der Trauzeuge!«, lacht René.

»Ja, aber nicht ihr Wedding-Planner!«, entgegne ich und stehe auf, um mir noch etwas zu trinken zu holen. Dieses ganze Hochzeitsthema ist überhaupt nichts für mich, und würde es hier nicht um meinen besten Freund gehen, würde ich ungefähr dieselbe Rolle einnehmen wie

Chris, der einfach nur mit seiner Bierflasche auf der Couch sitzt, in regelmäßigen Abständen nickt und gemächlich zuhört, welche Pläne wir schmieden – oder auch nicht schmieden, denn bisher ist uns nichts wirklich Zündendes für Milias' Junggesellenabschied eingefallen.

Wenn es nach mir ginge, würden wir unsere Sachen packen und irgendwohin fliegen, um einen draufzumachen, ganz egal ob Ibiza, Prag oder Tirol. Aber das können sich die Studenten nicht leisten. Angelina hat Indoor-Skifahren vorgeschlagen, aber das kommt für mich genauso wenig infrage wie Paintball oder Lasertag.

»Seinen Junggesellenabschied hat man nur einmal im Leben, das muss schon was Geileres sein als eine Nullachtfünfzehn-Geburtstagsfeier«, erinnere ich sie.

»Na ja, manche haben auch mehr Junggesellenabschiede«, versucht René Angelina in Schutz zu nehmen.

»Und manche haben gar keinen«, erinnere ich ihn daran, dass die Mutter seiner Tochter immer noch auf einen Antrag wartet. Aber hier geht es nicht um René, sondern um Milias. »Und ich glaube, wir können uns alle darauf einigen, dass Milias nur diesen einzigen haben wird.«

Alle nicken. Ich setze mich wieder an den Tisch, streiche mechanisch über die massive Holzplatte. Ich mag das glatte, weiche Walnussholz dieses Tischs. War nicht so günstig, hat sich aber gelohnt.

»Und wir sind uns auch alle einig, dass wir Milias nicht im Hasenkostüm durch Innenstädte jagen werden.«

Wieder allgemeines Nicken, durchsetzt mit Angelinas Kichern. »Witzig wäre das schon.«

Ich schüttle den Kopf und nehme noch einen Schluck.

»Ich bin ja immer noch erstaunt, dass du noch keine Strip-Bar vorgeschlagen hast, Raphael«, wirft René ein.

Ich fahre mir mit der Hand übers Gesicht, stehe wieder auf. Ich brauche eine Zigarette, aber ich habe beschlossen aufzuhören. Zeit, ein neues Kapitel in meinem Leben aufzuschlagen und mit den Sünden meiner Jugend abzuschließen. Mit allen.

»Vielleicht, weil ich im Gegensatz zu dir erwachsen geworden bin«, belehre ich ihn – und mich selbst gleich mit.

»Oder weil wir hier immer noch über Milias sprechen«, ergänzt Angelina.

René rutscht auf seinem Stuhl nach vorne und lässt den Flaschenboden auf meinem Tisch kreisen. »Als ob Milias so ein Lamm wäre …«

»Ist mir egal, wir fahren nicht in einen Strip-Club«, bestimme ich und blicke auf meine Uhr. »Und ich hab nicht den ganzen Tag Zeit, also mache ich euch jetzt einen Vorschlag und dann macht ihr die Biege.«

»Wieso, hast du ein Date?« René wächst schier um fünf Zentimeter.

Ich verdrehe die Augen. »Ja, mit dem Fitnessstudio.« Enttäuschte Stille, in der ich mich vorlehne, um auf seinen deutlich gewachsenen Bauch zu klopfen. »Steht halt nicht jeder auf Waschbärbauch.«

»Hey! Den pflege ich gut, ja?«, entgegnet er und leert seine Bierflasche, hebt sie danach. »Das war übrigens die letzte.«

Ich stöhne und greife mein Handy vom Tisch, um Siri Bier auf die Einkaufsliste setzen zu lassen, bevor ich wieder zum eigentlichen Thema zurückkomme:

»Also, was ist hiermit: Wir suchen uns irgendeine coole Großstadt, mieten da einen Partybus oder so was und fahren danach ins Casino. Dann übernachten wir in 'nem schicken Hotel und fahren am nächsten Tag wieder nach Hause. Das können sich ja wohl alle leisten, oder?«

»Klar, das ist auch bestimmt megagünstig«, kommentiert Angelina ironisch, sieht jedoch aus, als könnte sie sich darauf einlassen.

Ich sehe alle drei der Reihe nach an. Chris nickt, aber Chris verdient auch als Werkstudent im Maschinenbau schon gutes Geld. Angelina neigt den Kopf nach links und rechts wie ein kaputter Wackeldackel und René zieht eine Grimasse.

»Keine Ahnung«, ächzt er. »Kann das wer anders entscheiden?«

Ich stöhne genervt, stemme die Arme gegen die Stuhllehne, hinter der ich stehe, und beuge mich nach vorne.

»Wollen wir Nicole fragen?«, schlägt Angelina vor.

»Ganz sicher nicht«, antworte ich und richte mich wieder auf.

»Warum?«, fragt René. »Das ist doch 'ne super Idee, Nicole weiß am besten, was Milias gefallen würde.«

»Aber Nicole kann ihren Mund nicht halten«, widerspreche ich und sehe ihn sehr eindringlich an. »Und deswegen wird auch niemand von uns Nicole etwas über die Details erzählen, klar?«

»Klar«, versteht Angelina sofort. Chris nickt ebenfalls und René hebt kapitulierend die Hände. »Was ist mit Valeria?«, fragt sie dann.

Ich blinzle Milias' beste Freundin an. »Was soll mit ihr sein?« Definitiv wird Valeria nur über meine Leiche mit zu diesem Junggesellenabschied kommen. Aber bevor ich ihr das sagen kann, ergänzt sie:

»Lasst uns sie anrufen und fragen, was sie davon hält. Du hast doch ihre Nummer.«

»Echt?«, fragt René. »Wieso hast du ihre Nummer?«

Ich ignoriere ihn, stelle mir vor, wie ich Valerias Nummer wähle und auf ihrer Mailbox lande. Wie schon tausendmal zuvor, als die Ländervorwahl noch deutsch war. Same shit, different day. Wenn ich es mir recht überlege, habe ich sie viel öfter angerufen als sie mich, wenn wir uns gestritten hatten.

Bevor ich es bemerke, schüttle ich den Kopf. »Ich rufe Valeria nicht an.«

Angelina stöhnt. »Ernsthaft? Hast du nicht gerade noch damit geprahlt, wie erwachsen du geworden bist?«

»Woah!«, mache ich. »Das liegt nicht an mir! Ich kann dir fast schon garantieren, dass sie entweder gar nicht drangeht oder direkt auflegt.«

Angelina hebt eine Augenbraue. »Dann lass es uns doch herausfinden.«

»Falls das überhaupt Valerias echte Nummer ist. Ich würde sogar wetten, dass sie dir eine falsche gegeben hat«, setzt René hinzu.

Ich hole schnaubend mein Handy aus der Tasche und durchsuche meine Kontakte. »Bitte«, mache ich. »Ihr seid Zeugen.«

Damit wähle ich ihre Nummer und stelle das Handy auf Lautsprecher, bevor ich es in die Mitte des Tisches lege.

Es klingelt. Lange. Ich werfe Angelina einen besserwisserischen Blick zu. »Was hab ich gesagt?«

Sie will sich gerade geschlagen geben, als Valeria abnimmt.

»Was willst du?«

Autsch! Eine Sekunde lang bin ich so überrascht darüber, dass sie drangegangen ist, dass ich nicht reagiere.

»Raphael!«

Ich übergehe Renés und Angelinas stummes Kichern und lehne mich vor: »Ich freu mich auch, deine Stimme zu hören.«

Pause. »Was willst du?!«

Ich kann mich nicht gegen das Grinsen wehren. »Ein bisschen erzählen? Rat einholen. Was Freunde eben so machen.«

»Wir sind keine Freunde.«

Doppel-Autsch.

»Und deswegen darf ich dich nicht anrufen?«

»Was willst du, Raphael?«, fragt sie zum dritten Mal, mittlerweile deutlich gereizt. Ich kann mich nicht wehren, ich stehe auf diesen Tonfall. »Hast du eine Wette verloren oder so?«

Ich muss lächeln, als mir ein Gedanke kommt: »Eigentlich bin ich eher dabei, eine zu gewinnen.«

Einen Moment lang ist es still. Sie denkt genauso an diese ersten Worte, die sie zu mir gesagt hat, an dem Tag, an dem alles anders wurde.

»Ist sie noch da?«, wispert René.

Das holt Valeria aus ihrer Lethargie: »Bin ich auf Lautsprecher?«

René prustet los.

»René?!«, dröhnt es aus meinem Handy. »Was soll das?« Ich reagiere nicht gleich, weil ich damit beschäftigt bin, René stumm Morddrohungen zu gestikulieren. »*Chissenefrega*«, schnaubt Valeria, dann ist die Leitung tot.

Wir alle starren auf mein Handy.

»Hat sie jetzt wirklich einfach aufgelegt?«, vergewissert sich Angelina.

Ich setze eine vielsagende Miene auf. »Willkommen im Leben mit Valeria Schwarzer! Vielleicht verstehst du mich jetzt ein bisschen besser.«

Angelina wirft mir einen entnervten Blick zu und holt ihr eigenes Handy aus der Tasche, die quer über ihrer Stuhllehne hängt. »Ganz ehrlich: Nein, tue ich nicht. Du bist kein Stück besser als sie, Raphael. Du und Valeria, ihr zwei verdient euch – und das meine ich nicht als Kompliment. Jetzt gib mir ihre Nummer.«

Ich starre sie an, als hätte sie mir eine runtergehauen. Angelina stöhnt und greift selbst nach meinem Handy, das noch in der Mitte des Tisches liegt. Das reißt mich aus der Apathie.

»Hey!« Schon bin ich auf den Beinen. Mein Handy ist Sperrgebiet.

»Dann her mit der Nummer«, fordert sie.

Ich entsperre und diktiere. Angelina ruft an. Sie hat das Handy am Ohr, aber ich kann Valerias Stimme trotzdem hören:

»Ey, Leute, ich schwöre euch, wenn ihr –«

»Ich bin's, Angie«, beruhigt Angelina sie augenblicklich.

»Angeliii!«, schaltet Valerias Stimme augenblicklich auf Freude. Dreifach-Autsch. »Ist das deine Nummer? Dann speichere ich sie mir sofort ab.«

»Ja, mach das ruhig. Hör zu, wir brauchen gerade mal deine Hilfe, hast du kurz Zeit?« Angelinas Augen wandern zu mir, warnen mich, kein falsches Wort zu verlieren. Ich rolle mit den Augen und nehme noch einen Schluck von meinem Ginger Ale.

»Kann Raphael sich nicht für seinen nächsten One-Night-Stand entscheiden?«, höhnt das Handy.

Prickelnde Kohlensäure schießt mir in die Nase, als ich mich fast verschlucke. Alle Augenpaare richten sich auf mich, René bricht erneut in Lachen aus.

»Ich hatte seit über drei Monaten keinen One-Night-Stand mehr!«, rufe ich dem Handy an Angelinas Ohr zu. Der letzte war mit Patricia aus dem Marketing. Und ich denke, das wird der letzte für eine sehr lange Zeit bleiben. Wie gesagt, ich sollte endlich mit Jugendlastern abschließen. Vielleicht sollte ich nach dem Sport einfach zu Aaliyah fahren und die Affäre zu einer Beziehung machen.

»Ach so?«, stichelt Valeria durchs Telefon, »Dann rechne lieber noch mal nach, denn ich komme auf ungefähr fünf Wochen.«

Wieder richten sich alle Augenpaare auf mich. Gleich drehe ich René den Hals um, damit sein dämliches Kichern endlich aufhört.

»Das zählt nicht«, antworte ich, kann mir aber ein Grinsen nicht verkneifen. Sie weiß es noch, und sie weiß es ziemlich genau. Aber für mich war das kein One-Night-Stand. Tatsächlich fällt mir erst in diesem Moment auf, dass es mehr für mich war. Aber Valeria deutet meine Antwort offenbar genau andersherum:

»*Vaffanculo*«, faucht sie. Ich weiß, dass das so viel heißt wie »Leck mich am Arsch«.

»Komm her, wenn du dich traust!«, fordere ich sie heraus.

»Okay, könnt ihr euren postapokalyptischen Rosenkrieg vielleicht wann anders austragen?«, unterbricht uns Angelina. »Wir rufen an, weil du uns bei der Entscheidung helfen musst, was wir zu Milias' Junggesellenabschied machen. Du bist wieder auf Lautsprecher, okay?« Sie legt das Handy auf meinen Tisch.

»Oh Gott, mein Bruder heiratet!«, erinnert sich Valeria und sorgt für einige kurze Lacher. Ich verziehe unwillkürlich das Gesicht. Passiert mir auch immer wieder. Es ist einfach so surreal, ich meine, wir sind gerade erst dreiundzwanzig! Er hätte noch sein ganzes Leben vor sich ... Andererseits fällt es sogar *mir* schwer, mir sein restliches Leben ohne Nicole vorzustellen, also hat er schon irgendwie die richtige Entscheidung getroffen. Milias ist einfach besser in so was als ich.

»Ja, genau. Voraussichtlich im Juni«, antwortet Angelina. »Also ...«

Sie holt Luft, um unsere bisherigen Finalisten vorzuschlagen, da sprudelt es schon aus Valeria hervor:

»Warum fahrt ihr nicht zusammen nach Ibiza oder so?«

Ich kann mir das Grinsen nicht verkneifen, als mich wieder alle anstarren. Genau das war mein allererster Vorschlag. Vielsagend breite ich die Arme aus und genieße das Gefühl, recht zu haben. Und verdränge gleichzeitig das Gefühl, dass Valeria genauso denkt wie ich.

»Das ist leider geldmäßig nicht drin«, antwortet Angelina, und ich kann es mir nicht verkneifen, ein abschätziges »Studenten« zu husten.

»Hm«, macht Valeria. »Und wenn ihr ins Casino fahrt?«

Angelina wirft mir einen entgeisterten Blick zu. »Hast du dich irgendwie mit Raphael abgesprochen?«

Stöhnen vom anderen Ende. »Sag nicht, dass alles, was ich vorschlage, schon *er* gesagt hat.«

Ich übergehe ihre abfällige Betonung von »er«. Als wäre ich eine Krankheit oder so. Stattdessen lehne ich mich weit über den Tisch und lege besonders viel Bass in meine Stimme, weil ich weiß, dass sie das anmacht:

»Ich weiß halt, was du willst, Baby.«

Eine Sekunde lang ist es still, dann klatscht René lachend in die Hände. »Ihr seid echt besser als jede Soap!«

»Halt die Klappe, René!«, faucht das Handy. »Und vergiss es, Raphael!«

Angelina schüttelt bloß den Kopf, während selbst Chris auf der Couch grinst. René lehnt sich begeistert vor:

»Was hältst du von einem Strip-Club?«

Ich rolle mit den Augen. Valeria lacht höhnisch. »Hat Raphael das etwa auch vorgeschlagen? Sieht ihm ähnlich.«

»Nein, habe ich nicht«, stelle ich klar.

»Das war ausnahmsweise Renés Idee«, springt mir Angelina bei.

Valeria lacht wieder, bevor sie ihren Spott mühelos von mir auf René verlagert. »Man sollte echt meinen, du wärst erwachsener, jetzt, wo du Vater bist.«

René klatscht wieder in die Hände, er amüsiert sich scheinbar prächtig. Vielleicht, weil er ausnahmsweise mal Auszeit vom Babysitting hat. Oder weil zwei Flaschen Bier zu viel für ihn geworden sind.

»Weißt du, Val, man muss nicht zwangsweise erwachsen sein, nur weil man ein Kind hat oder Mitte zwanzig ist. Und wenn wir ehrlich sind, sind wir alle weitaus weniger erwachsen, als wir denken.«

Bei den letzten Worten lässt er vielsagend den Blick schweifen. Chris nickt, Angelina hebt abwägend die Schultern. Ich will noch einen Schluck aus meinem Glas nehmen, aber es ist leer.

18 Einen Schritt vor und zwei zurück

Valeria

Flavios Grinsen drängt sich in mein Blickfeld. »Wer war das?«

Ich schiebe das Handy weit weg von mir über die Theke, die in unserer kleinen Küche gleichzeitig als Esstisch und erhöhte Arbeitsplatte dient. Meine nackten Füße liegen auf dem anderen Ende der Holzplatte, während ich meinem grandiosen Mitbewohner beim Kochen zusehe. So läuft das bei uns: Er kocht und ich wasche ab.

»Niemand.«

Er gluckst. »Ich hab zwar außer deinen Flüchen kein Wort verstanden, aber das hat sich für mich nicht nach ›Niemand‹ angehört.«

Ich wickle eine Strähne um meinen Zeigefinger. »Ich will nicht darüber reden, okay?« Genau genommen habe ich noch nie mit Flavio über meine Vergangenheit mit Raphael geredet.

»Ist er heiß?«, fragt Flavio weiter und ignoriert mein Gequengel wie immer, während er geschickt Tomate um Tomate viertelt.

»Flavio!«, rufe ich und nehme die Beine von der Arbeitsplatte, um mich aufrecht hinzusetzen, habe mein Handy in der Hand und scrolle durch meine Fotos, bevor es mir wirklich bewusst wird.

Ich muss weit zurückgehen, um ein Foto von ihm zu finden. Sehr weit. Und dann sind da plötzlich Dutzende, füllen meinen gesamten Bildschirm. Sie erzählen von Sommer und Sonne, von Jugend und Leichtsinn. Vor allem aber erzählen sie von Freiheit und ungezähmter Leidenschaft.

Unzählige Selfies, in denen unsere Gesichter das ganze Bild einnehmen. Mit Sonnenbrillen und Lensflare bei Tag und schwarz-rötlich in schlechter Qualität bei Nacht. Bilder von unseren Händen gegen das Sonnenlicht, von seinem verschlafenen Lächeln, von meinen Haaren auf seiner gebräunten Haut. Kussbilder und Spaßbilder, mal grinsend, mal albern, mal sexy. Auf den meisten habe ich nicht besonders viel an. Keines davon ist ein Bild, das ich meiner Mutter zu Weihnachten schenken würde – oder Flavio zeigen will.

Aber es gibt auch ein paar Bilder, die ich nicht selber geschossen habe, auf denen mehr von uns zu sehen ist. Wir beide im knöcheltiefen Wasser, ich huckepack auf Raphaels Rücken, meine überdimensionale Sonnenbrille auf der Nase und lachend die Arme ausgebreitet, als würde ich fliegen. Schick gemacht auf einer Party, beide mit schiefem Peace-Zeichen und selbstverliebtem Duckface. Gemütlich auf Vanessas Couch, Raphaels Kopf in meinen Schoß gebettet. Ein Bild weiter, wie er die Hand zu meinem Gesicht gehoben hat und wir uns küssen.

Flavio pfeift beeindruckt durch die Zähne, aber ich bringe nur ein schwaches Lächeln zustande. Ich habe vergessen, was diese Bilder in mir auslösen. Und ich habe verdrängt, wie sehr die Erinnerung an dieses unbeschwerte Früher schmerzt. Plötzlich ist die Sehnsucht wieder so groß, dass ich keine Luft mehr bekomme.

»Wow!«, macht Flavio jetzt, das Messer reglos in der Linken, während er mit dem saubersten Finger der anderen Hand über mein Handydisplay wischt. »Hashtag Couplegoals, würde ich sagen. Was ist passiert, dass ihr nicht mehr zusammen seid?«

Holz schleift über Holz, als ich mich von unserem Barhocker abstoße. Das ist zu viel für mich. Ich will das nicht! Ich will nicht weinen, und ich will nicht in der Erinnerung an eine Zeit ertrinken, in die ich nie wieder zurückkann. Doch bevor ich aufstehen kann, hat Flavio bereits die Arbeitsplatte umrundet und ist vor mich getreten, gibt mir mein Handy zurück wie eine Art Friedenspfeife.

»Du musst es mir nicht sagen, wenn du nicht willst. Aber eins muss man ihm lassen, er ist ziemlich heiß«, bekräftigt er mit seinem unwiderstehlichen Macho-Grinsen. Ich schnaube, wenn auch dankbar dafür, dass er mich aus der Melancholie holt.

»Und ein ziemlicher Arsch«, ergänze ich und rutsche zurück auf die Kante des Barhockers.

»Sonst wärt ihr wohl kaum zusammen gewesen«, gluckst Flavio.

»Was soll das denn heißen?«

Jetzt tritt er dicht vor mich, schiebt sich zwischen meine Beine und legt die Hände auf meine Oberschenkel. Ein leichtes Kribbeln durchfährt meinen Körper, aber mehr wegen der erotischen Pose als wegen irgendwelcher Gefühle für Flavio. Trotzdem schlinge ich die Arme um seine Mitte und erwidere seinen wissenden Blick.

»Valeria Schwarzer«, sagt er feierlich. »Ich kenne dich jetzt seit fast drei Jahren, und ich wohne davon fast zwei mit dir zusammen. In der Zeit hattest du was mit – wie vielen, sechs? – Typen, aber keinen davon hab ich länger als ein paar Wochen gesehen.«

»Vier«, entgegne ich, obwohl ich mir nicht so ganz sicher bin. Zählt er Rumknutschen auf Partys mit?

»Ist ja auch egal«, antwortet er und nimmt mein Gesicht in beide Hände. Sie sind warm, beinahe heiß, und ich muss mich zusammenreißen, um nicht dem Verlangen zu erliegen, ihn zu küssen, um mein verkorkstes Gefühlsleben zu ertränken. »Fakt ist, du warst mit keinem davon wirklich zusammen. Nicht so«, relativiert er und nickt auf mein erloschenes Handydisplay.

Plötzlich sitzt mir ein fieser Kloß im Hals, gegen den ich nicht anschlucken kann. Ich spüre, wie meine Unterlippe bebt, aber ich kann nichts dagegen tun.

»Das ist alles meine Schuld, oder?«, erkenne ich. »Vielleicht kann ich einfach keine Beziehung führen.«

»Quatsch«, widerspricht Flavio sofort, hält meinen Kopf fest, als ich vornüberkippen will.

»Aber ...«, schluchze ich, bemühe mich nicht einmal mehr, die Tränen zurückzudrängen. »Ich bin schuld, ich habe alles kaputt gemacht.

Ich mache immer alles kaputt. *Ich* habe damals Schluss gemacht!«, erinnere ich mehr mich als ihn. »Ich bin einfach ein furchtbarer Mensch.«

Flavio schüttelt den Kopf, streicht mir die Haare aus dem Gesicht. »Nein, Vale. Du bist ein leidenschaftlicher Mensch. Wenn du liebst, dann liebst du mit Haut und Haar. Da geht halt schon mal was zu Bruch.« Er zuckt mit den Schultern und grinst, als ich ein gurgelndes Geräusch von mir gebe. »Es soll Männer geben, die auf so was stehen.«

Er lässt es klingen wie einen Witz, aber sein Blick macht deutlich, dass er einer davon ist. Ich will die Arme um seinen Hals schlingen und meine Lippen auf seine pressen, aber ich will ihn nicht als Ersatz für meine Sehnsucht nach Raphael benutzen. Stattdessen lasse ich die Stirn gegen seine Halsbeuge sinken, atme seinen Moschusduft ein und kämpfe mit meinen Gefühlen.

Warum schaffe ich es, mit Flavio befreundet zu sein und diese Anziehungskraft zu überwinden, aber mit Raphael nicht? Warum können Raphael und ich nicht eine einzige Unterhaltung wie zivilisierte Menschen führen?

Der Timer für die Pasta piepst. Flavio klopft auf meine Oberschenkel und sagt, als hätte er meine Gedanken gelesen: »Lass dich nicht hängen. Wenn wir zwei Freunde sein können, könnt ihr das auch.«

Ich schnaube. »Nein«, sage ich, Raphaels ernste Stimme noch sehr deutlich im Ohr, als ich seine exakten Worte wiederhole: »Wir können niemals einfach nur Freunde sein.«

Flavio gießt mit einem theatralischen Seufzer die Spaghetti ab. »Dann musst du ihn daran erinnern, wie perfekt ihr zueinanderpasst.«

»Wir passen überhaupt nicht zueinander!«, widerspreche ich im Affekt. »Wir haben keine gemeinsamen Hobbys und –«

»Wir zwei auch nicht«, erwidert Flavio trocken, holt zwei Teller aus dem Schrank und stellt sie auf die Theke.

»– und können keine anständige Unterhaltung führen, ohne uns direkt zu streiten«, übertrumpfe ich ihn, »und …«

»Weil Leidenschaft nun mal eine Medaille mit zwei Seiten ist«, antwortet Flavio mit Engelsgeduld, während er Thunfisch, Tomaten und Oliven auf unserer Pasta drapiert.

»Und außerdem hat er eine Freundin!«, beende ich die Diskussion. Jetzt blickt Flavio so entgeistert auf, dass ich einknicke. »Na gut, *Sex-Bekanntschaft.*« Ich habe Flavio von dem Ausrutscher auf der Studentenparty erzählt, und ich will nicht, dass er denkt, Raphael würde fremdgehen. Unwillkürlich muss ich an Raphaels neuerliche Beteuerung im Auto denken, und mein Magen krampft sich zusammen. Was, wenn er wirklich nie fremdgegangen ist? Das würde bedeuten, dass ich die beste Beziehung meines Lebens völlig grundlos weggeworfen habe, und das ist mehr, als ich gerade ertragen kann.

»Aha!« Flavios sonniges Strahlen holt mich aus der Schreckensvorstellung, während er die Theke umrundet und sich neben mich setzt. »Also nicht anders als du auch.« Ich rolle schon wieder mit den Augen. »Ich sage dir, ihr seid absolut gleich, und dabei kenne ich den Typen nicht mal! *Buon appetito.*«

»*Buon appetito*«, erwidere ich missmutig und drehe meine Spaghetti auf die Gabel. »Aber im Gegensatz zu ihm behaupte ich nicht, dass der Tag, an dem ich Dino oder Gianluca kennengelernt habe, wichtig für mich gewesen wäre.«

Flavio hebt kauend eine Augenbraue, während ich triumphierend meine Gabel in den Mund stecke – und beglückt seufze. Flavio kocht einfach göttlich.

»Sicher, dass du das nicht falsch verstanden hast?«

Ich schnaube, spieße eine Olive mit der Gabel auf. »Es ist ziemlich eindeutig, wenn er mir auf den Tag genau sagen kann, dass seine Sex-Freundschaft schon vier Monate und fünf Tage läuft.« Ich erinnere mich so genau daran, weil vier und fünf direkt hintereinander liegen. Vielleicht hat er sich das auch nur ausgedacht, überlege ich in diesem Moment. Wenn ich mir das ausgedacht hätte, hätte ich auch zwei aufeinanderfolgende Zahlen genommen. Ich zerkaue die Olive, als wäre sie schuld an alledem, während ich daran denke, wie dreist Raphael mir dabei in die Augen gesehen hat.

War ein wichtiger Tag für mich.

Schön für dich, Arschloch.

Aber das ist Schnee von gestern. Genauso wie Raphael. Deswegen atme ich tief durch und wende mich Flavio zu, um das Thema auf sein wunderbares Essen zu richten. Doch der sieht mich an, als wäre ich ein Fall für die Anstalt.

»Alles okay?«, frage ich.

»Wann hat er das gesagt?«

»Keine Ahnung?«, antworte ich, drehe die zweite Gabel Nudeln am Tellerrand auf. »Einen Tag nach Milias' Geburtstag.«

»Also am vierzehnten August«, hilft mir Flavio auf die Sprünge, immer noch in dieser Tonlage, als wüsste ich nicht, wie man Roma buchstabiert. »Und hast du schon mal gerechnet?«

Ich verziehe das Gesicht, dann erinnern sich meine Gehirnzellen daran, wie man subtrahiert, und mir wird heiß. Die Gabel fällt auf meinen Teller und katapultiert ein Stück Thunfisch auf den Tisch, die Nudeln in meinem Bauch sind plötzlich schwer wie Blei.

Der vierzehnte Achte minus vier Monate und fünf Tage sind …

»Mein Geburtstag«, keuche ich.

Flavio grinst selbstgefällig, während er sich vorlehnt, um meinen verstreuten Thunfisch mit seiner Gabel zu stehlen.

»Ich schätze, damit hätten wir die Frage danach geklärt, ob sich zwischen euch irgendwas geändert hat.«

Ich bin immer noch fassungslos. Schiebe den Teller von mir weg, starre Flavio aus großen Augen an. »Was soll ich denn jetzt machen?«

Flavio zieht eine Olive mit den Zähnen von der Gabel und zuckt gut gelaunt mit den Schultern. »Wenn dir das Leben Zitronen gibt, mach Limonade draus.«

Ich blinzle. Flavio hat recht, auf wie viele Zeichen will ich eigentlich noch warten? Wenn ich die jüngsten Begegnungen mit Raphael nüchtern Revue passieren lasse, hat er eigentlich mehr als deutlich signalisiert, dass ihm immer noch etwas an mir liegt. Ich war nur zu stolz und zu stur, um es zu sehen. Ich starre noch einen Moment lang auf Flavios akkurat rasierte Bartlinie, dann gebe ich den aufgeregten Schmetterlingen in meinem Bauch nach und greife zu meinem Handy.

»Was machst du?«

»Ich rufe ihn an«, antworte ich atemlos. Halte mir das Handy ans Ohr und warte auf das Freizeichen. Es klingelt. Lange. Ist er sauer? Beschäftigt? Oh Gott, etwa mit Aaliyah?

Etwas in mir drängt danach aufzulegen, aber ich kann mich nicht überwinden, also lausche ich weiterhin dem Tuten. Ich habe fast aufgegeben, als das Gespräch angenommen wird.

Augenblicklich erwachen die Schmetterlinge wieder zum Leben, bloß um kurz darauf zu Asche zu zerfallen. Denn die Stimme am anderen Ende gehört nicht Raphael. Schlimmer noch, sie gehört einer Frau, die in perfektem Englisch sagt:

»Hallo, internationaler Anrufer, das ist Raphael Thomas' Handy. Kann ich ihm etwas ausrichten, oder wollen Sie kurz warten, bis er zurück im Raum ist?«

Aaliyahs Stimme ist freundlich und seriös – offenbar rechnet sie mit einem Geschäftsanruf. Aber ich will augenblicklich durch das Telefon greifen und ihr das Herz herausreißen. Weil sie gerade dasselbe bei mir getan hat.

Sie hat »internationaler Anrufer« gesagt. Das heißt, Raphael hat meine Nummer gelöscht. Und er ist an einem Nachmittag unter der Woche in ihrer Nähe, obwohl die beiden nicht mehr in derselben Firma arbeiten. Mir dreht sich der Magen um.

Ohne ein weiteres Wort lege ich auf und möchte mich am liebsten dafür steinigen, ertränken und vierteilen, dass ich zu lange gezögert habe. Seit Milias' Geburtstag, seit beinahe zwei Monaten, hätte ich Gelegenheit dazu gehabt, noch mal von vorne anzufangen. Jetzt ist es zu spät.

»Was ist passiert?«, fragt Flavio bestürzt.

Es dauert einen Moment, bis ich antworten kann. »Schätze, die Affäre ist jetzt eine Freundin.«

Flavios Miene wird weich, sein Blick mitfühlend, als er mich in seine Arme ziehen will. Ich mache mich von ihm los.

»Nein«, protestiere ich. »Ich habe es nicht anders verdient ...«

»Valeria.« Flavio lässt nicht locker, löst geduldig meine verschränkten Arme und zieht mich behutsam an sich.

Ich wehre mich nicht mehr, weder gegen seine Umarmung noch gegen die Tränen. Ich habe alles kaputt gemacht. Mal wieder.

19 Wir ernten, was wir säen

Valeria

Die nächsten fünf Tage verbringe ich mehr zwischen Vollrausch und Schlafen als bei klarem Verstand.

Doch egal wie viel Sambucca ich exe, ich kann meine masochistische Fantasie nicht daran hindern, mir Szenen von Raphael und Aaliyah auszumalen. Egal, wie viele Typen ich küsse, ich kann nicht aufhören, ihre Lippen mit seinen zu vergleichen. Und egal, wie oft ich auf mein Handy schaue, es materialisiert sich nicht auf wundersame Weise eine Nachricht von ihm darauf.

Ich bin selbst schuld. Ich war so lange schroff zu ihm, bis er sich von mir abgewendet hat. Heißt es nicht, man erntet, was man sät? Ich habe so viel Streit gesät, dass ich nur Scherben ernten kann. Ich verdiene es. Genauso wie ich die zweiunddreißig Punkte in Statistik verdiene, mit denen ich die Klausur zum zweiten Mal nicht bestanden habe und deswegen nicht genügend Punkte für meinen Bachelor habe. Ich hätte einfach mehr lernen sollen.

Ich sitze also irgendwo zwischen angeschwipst und volltrunken im *La Volpe*, unserem Lieblingsclub, und versuche einen anständigen Video-Loop von zwei anstoßenden Tequilagläsern für meine Insta-Story hinzukriegen.

»Wird das heute noch was?«, zieht mich Michele auf, der den Barbereich leitet und gleichzeitig mein Chef ist. Ich arbeite nämlich seit ungefähr zehn Monaten hier. Die Kollegen sind nett, die Musik ist gut, und es gibt gutes Trinkgeld – und außerhalb meiner Schicht eine Menge Gratisdrinks aufs Haus, wenn Michele Dienst hat, so wie jetzt.

Ich lege den Kopf schief und betrachte den Loop und meinen Kommentar dazu. Ich bin stolz auf die Abwandlung, die ich von Flavios optimistischem Spruch vor ein paar Tagen gemacht habe:

Wenn dir das Leben Zitronen gibt, frag nach Salz und Tequila /
Quando la vita ti dà limoni, ordina il sale e la tequila.

Zufrieden verlinke ich das *La Volpe*, veröffentliche die Story und greife nach meinem Shot, um diesmal wirklich mit Michele anzustoßen. Ich trinke, er allerdings nicht, woraufhin ich das Gesicht verziehe, und das nicht nur wegen des brennenden Alkohols.

»Komm schon, sei kein Spielverderber!«, beschwere ich mich. Und wo bleibt Flavio eigentlich?

Michele lehnt sich über die Theke und verzieht seine breiten Lippen zu einem Grinsen. »Ich arbeite«, erwidert er bloß.

»Ich auch«, antworte ich und schenke mir noch mal nach.

Er gluckst. »Woran, am Vergessen?«

»Jap.« Ich nicke, streue mir Salz auf den Handrücken, rutsche dabei aus und fluche leise über den Salzhaufen auf meiner Haut.

Michele seufzt inbrünstig. »Wieder irgend so ein Typ?«

Ohne den Kopf zu heben, werfe ich ihm einen finsteren Blick zu.

»*Der* Typ«, korrigiert Flavio, der in diesem Augenblick zurückkommt und mir derart enthusiastisch einen Arm um die Schultern legt, dass der Tequila in meiner Hand überschwappt.

»Eh!«, beschwere ich mich, will mit einer Handgelenksdrehung das überschüssige Salz von meiner Haut kippen und schütte dabei das Glas mit aus. »*Cazzo!*«

Flavio lacht liebevoll. »Da ist jemand volltrunken, ich glaube, wir sollten nach Hause gehen.«

»Zu Hause kriege ich nur Depressionen«, erwidere ich. Und muss mich mit meiner weiteren Studiumsplanung auseinandersetzen, ergänze ich mental, schiebe den Gedanken aber weit von mir.

Michele wirft sich das Handtuch über die Schulter. »Tja, das Leben geht weiter«, sagt er verständnisvoll, aber abgeklärt. Kein Wunder, er selbst ist geschieden und erzieht seine siebenjährige Tochter allein. »Entweder ihr kommt wieder zusammen, oder ihr kommt darüber hinweg, so einfach ist das.« Er zuckt mit den Schultern, zieht aber mitleidig die Brauen zusammen, als er meinen apathischen Blick auffängt.

»Sieht sie aus, als würde sie darüber hinwegkommen?«, fragt Flavio und zeigt mit dem Daumen auf mich. Ich zische Unverständliches in seine Richtung.

»Frisch getrennt?«, fragt Michele mich. »Gib dir ein paar Monate Zeit.«

»Wie wär's mit fünf Jahren?«, höhne ich.

»Oh«, räumt Michele ein. »Große Liebe? Glaub mir, auch das geht vorb–«

»Erste Liebe«, korrigiert Flavio. Macht er das absichtlich?

»Überhaupt nicht!«, fahre ich dazwischen, will ergänzen, dass ich vor Raphael schon Beziehungen hatte, aber Micheles Gesichtsausdruck ist schon zu einer Grimasse geworden.

»*Merda*«, sagt er. »Das geht wahrscheinlich nie vorbei.« Ich ächze unter dem Stich in meiner Brust, während er fortfährt: »Die erste Liebe ist wie Skateboarden – du machst es in deiner Jugend, weil es irgendwie dazugehört, obwohl du von Anfang an weißt, dass du dich aufs Maul legen und dir im besten Fall nur das Handgelenk brechen wirst. Wenn es dann passiert, tut es höllisch weh, aber die Narben bleiben dein ganzes Leben lang. Und an schlechten Tagen kannst du dir nicht einmal einen runterholen, ohne daran zu denken.«

»Ähhh …«, mache ich, wechsle einen irritierten Blick mit Flavio, der genauso verstört guckt, wie ich mich fühle. »So detailliert wollte ich es nicht haben?!«

Michele zuckt mit den Schultern. »Die einzige Liebe, die wirklich niemals vergeht, ist die zu deinem Kind«, erklärt er. Mein Blick wandert zu seinem Oberarm, auf den er den verschnörkelten Schriftzug *Lucia* vor Sonnenstrahlen tätowiert hat – den Namen seiner Tochter.

»Willst du es wirklich nicht noch mal versuchen?«, fragt Flavio jetzt mitfühlend. »Du bist eine Kämpferin, Vale. Und ich bin fest davon überzeugt, dass er sie verlässt, wenn du dich ins Zeug legst.«

Ich schüttle den Kopf. Wenn ich mir über etwas absolut sicher bin, dann, dass ich nicht seine neue Beziehung kaputt machen werde, weil ich ihn zurückhaben will. Das wäre genau das, was Catarina vor fünf Jahren getan hat. Für mich war die Situation absolut scheiße, keine Frage. Aber wenn ich meinen Egoismus und eigenen verletzten Stolz auch nur für eine Sekunde abschalte, erinnere ich mich deutlich daran, wie sehr es Raphael zerrissen hat. Das will ich ihm nicht antun. Nicht noch mal.

»Nein.« Das mache ich einfach nicht.

Flavio wird seltsam stumm, aber Michele zuckt anerkennend mit den Schultern. »Starke Entscheidung.«

Ich bleibe bei meiner Entscheidung, Raphael nicht die Beziehung zu zerstören, indem ich um ihn kämpfe. Aber ich entscheide mich dafür, um mein Studium zu kämpfen. Am nächsten Tag raffe ich mich endlich dazu auf, ins Studiensekretariat zu gehen und zu besprechen, wie ich nun meine Bachelorzulassung kriege.

»Ihnen fehlen neun Credit Points«, teilt mir die Studienberaterin mit. »Ich würde Ihnen empfehlen, ein weiteres Semester anzuhängen.«

Ich schüttle den Kopf. »Ich habe schon mal eins angehängt.« Letztes Jahr, als mein Opa ins Krankenhaus kam. »Ich will nicht zwei Semester über Regelstudienzeit liegen.« *Und ich kann mir nicht noch ein ganzes Jahr ohne richtigen Job leisten*, denke ich, aber das sage ich ihr nicht.

Sie nickt. »Das verstehe ich, Signora Schwarzer. Ich kann Sie für die nächste Statistik-Prüfung vormerken, aber ich muss Sie darauf hinweisen, dass das Ihr dritter Versuch sein wird. Sollten Sie also nicht bestehen, werden Sie exmatrikuliert und bekommen keine Chance, die

Bachelorarbeit zu schreiben – oder zu beenden, falls Sie zu dem Zeitpunkt schon angefangen haben.«

Ich schlucke. Scheitere an einem Lächeln. Nicke. »Dann muss ich die Prüfung wohl bestehen«, versuche ich zu scherzen. »Kann ich sonst etwas tun?«, frage ich und rutsche eifrig auf meinem Stuhl nach vorne. »Ich kann ein Referat halten oder ein Praktikum in den Semesterferien absolvieren.«

Sie schüttelt bedauernd den Kopf. »Das können Sie natürlich tun, um weitere Credits zu sammeln. Aber das Modul müssen Sie leider trotzdem erfolgreich abschließen.«

Ich nicke wieder, starre auf meine Hände in meinem Schoß, drehe an meinen Ringen. Es ist meine eigene Schuld, dass ich die ersten beiden Versuche vermasselt habe. Immerhin bekomme ich bei dieser Klausur eine dritte Chance. Anders als bei Raphael.

»Wann ist der Termin?«

Ich hole mein Handy aus der Tasche, um den Klausurtermin einzutragen, während sie kurz blättert. Mein Herz macht einen kleinen Satz, als ich eine Nachricht von einer unbekannten Nummer mit deutscher Vorwahl sehe. Dort steht nur ein einziges Wort:

Unbekannt: Valeria?

Ich: Ja. Wer ist da?

Ich drücke auf »Senden« und halte den Atem an.

»Haben Sie das notiert?«, holt mich die Studienberaterin zurück ins Sekretariatszimmer. Ich blinzle.

»*Scusi*, nein«, antworte ich und wechsle zur Kalender-App. Mein guter Vorsatz, ab jetzt besser aufzupassen und aktiver an meinem Leben zu arbeiten, fängt ja gut an.

»Mittwoch, der zwölfte November«, wiederholt sie.

Ich überspiele meinen Schock darüber, dass das schon in eineinhalb Monaten ist, und verdränge den Gedanken, dass Raphael fünf Tage später Geburtstag hat. Das Geburtsdatum eines geliebten Menschen wird man wohl nie vergessen, egal wie viel Zeit vergeht.

Meine Studienberaterin holt mich wieder aus meinen Gedanken: »Kann ich sonst noch etwas für Sie tun? Brauchen Sie einen Zettel?«

Ich blinzle und stehe auf. »Nein, das geht. Danke, Signora Rizzo!«

Sie lächelt, während ich meine Tasche schultere, und wünscht mir viel Erfolg. Kaum auf dem Flur, hole ich wieder mein Handy aus der Tasche und öffne meine Nachrichten, kann das Kribbeln im Bauch nicht unterdrücken.

Unbekannt: Wen erwartest du denn? :D

Ich starre auf die Frage und versuche mein aufgeregt schlagendes Herz zu beruhigen, schiebe energisch den Gedanken an einen breit grinsenden Raphael weg. Was, wenn einfach nur Milias eine neue Nummer hat?

Unbekannt: Kann ich kurz anrufen? Bin unterwegs.

Ich muss kichern.

Ich: Don't text and drive.

Keine zwei Sekunden später klingelt das Handy. Ich bin sofort dran.

»Ja?«

»Wow, *das* ging schnell!« Mein Herz macht eine Bruchlandung. Diese Stimme gehört nicht zu Raphael. »Ich bin's, René.«

Ich erreiche die Tür und drücke sie mit der Schulter auf. Mein erster Impuls ist, ihn über Raphael auszufragen, aber ich schiebe den Gedanken beiseite. Ich werde nicht die nervige Ex sein! Stattdessen zwinge ich ein Lächeln auf meine Lippen und positive Gedanken in meinen Kopf.

»Ich hab gerade noch an dich gedacht! Was kann ich für dich tun?«

»Oh, du hast an mich gedacht? Ich hoffe, nichts Schmutziges.« Ich muss kichern und höre auch ihn zufrieden lachen, dann wird seine

Stimme wieder sanft. »Hör zu, ich weiß, das kommt jetzt vielleicht eher unerwartet. Aber Maike hätte dich gerne bei Leonies Taufe dabei.«

Es dauert einen Moment, bis mir wieder einfällt, dass Maike seine Freundin ist. »Mich?!«

Er lacht. »Wie gesagt, ich weiß, das ist seltsam. Wir sind beide Einzelkinder, aber wir wollen, dass Leonie mit möglichst vielen Onkeln und Tanten aufwächst. Und im Augenblick überwiegen die Onkel deutlich. Und da du irgendwie gefühlt zur Familie gehörst, dachte ich ...«

Ich spüre, wie sich meine Brust bei dem seligen Gefühl des Geliebtwerdens erwärmt, und kann einen Moment lang vor Rührung kaum sprechen. »Wow ... Ich ... Das bedeutet mir wirklich viel, ich fühle mich sehr geehrt. Wann ist die Taufe denn?«

»Sonntag in zwei Wochen. Da sind Herbstferien.«

»In zwei Wochen schon!«, entfährt es mir. Ich weiß nicht mal, ob ich im Moment genug Geld habe, um einen Flug zu buchen – geschweige denn für ein Geschenk. Und ich muss unter Hochdruck für zwei Prüfungen lernen und meine Bachelorarbeit planen. Aber alles davon klingt wie eine lahme Ausrede. »Hör zu ...«, beginne ich mit schwerem Herzen und furchtbar schlechtem Gewissen, aber René rudert bereits zurück:

»Mist, hab ich mir fast gedacht, aber ich hab mir gesagt, einen Versuch ist es wert. Keine Sorge, ich bin nicht böse. Ich weiß, dass es viel verlangt ist und für dich superkurzfristig mit Flug und allem. Ich wollte nur, dass du weißt, dass Maike dich gerne dabeihätte. Und ich auch«, fügt er hinzu. »Aber hey! Geld, Arbeit und Studium gehen vor. Alles gut.«

Oh Mann ... Sein Verständnis macht mein schlechtes Gewissen nur noch schlimmer. »René ...«, seufze ich, versuche den Gedanken an mein ständig überzogenes Konto und den Berg Lernstoff vor mir zu verdrängen. »Ich will dir nichts versprechen, was ich nicht halten kann.«

»Nein, ehrlich! Mach dir keine Gedanken, kleine Val.« Mein Herz zieht sich zusammen bei dem Spitznamen, den mir die Jungs früher immer gegeben haben. »Tja«, frohlockt er dann. »Ich wünsche dir einen wundervollen restlichen Herbst. Genieß das gute Wetter, falls es bei euch auch so warm ist. Vielleicht sehen wir uns ja bald wieder.«

Ich kichere und höre ihn lachen. »Ja, bestimmt. Mach's gut, René. Knuddel Maike und Leonie von mir, ja?«

»Na klar. Du auch.«

Damit legen wir auf. Meine Straßenbahn hält an, aber ich fühle mich mit einem Mal so rastlos, dass ich beschließe, zu Fuß zu gehen.

Es ist besser, wenn ich nicht nach Deutschland fliege. Besser für mein Studium, wenn ich mehr Zeit zum Lernen habe. Besser für mein Konto, wenn ich keinen Flug kaufen muss. Und besser für mein Herz, wenn ich nicht Gefahr laufe, Raphael und Aaliyah zu begegnen.

20 Der Damm bricht

Valeria

Aber ich habe meine Rechnung ohne meinen großen Bruder gemacht. Keine vierundzwanzig Stunden später klingelt mich mein Handy am Samstagmorgen aus dem Schlaf.

Völlig zerstört taste ich blindlings danach, halte es mir ungesehen ans Ohr und streiche mir die Haare aus dem Gesicht.

»*Pronto?*«

»Hab ich dich geweckt?!« Das klingt nach meinem Bruder.

»Milias?«, frage ich, richte mich auf und blinzle durch die Schlitze meiner hölzernen Fensterläden, vor denen die Herbstsonne schon grell leuchtet. »Wie spät haben wir?«

»Elf«, antwortet er. »Sorry, ich wusste nicht, dass du noch schläfst.«

»Nicht schlimm«, nuschle ich und strample mich aus der Decke frei. »Was gibt's?«

»Wie geht's dir?«, fragt er statt einer Antwort. Ich bin irritiert.

»Ähm ... gut?« Was soll ich auch sagen? »Warum?«

»Nur so«, antwortet er. »Ich sehe in deiner Instagram-Story immer nur Clubs und Alkohol, deswegen ...«

Ich ziehe peinlich berührt die Unterlippe ein, schlage dann einen sorglosen Ton an. »Ach das«, wische ich seine unausgesprochenen Bedenken weg, »Ich hab einfach eine gute Zeit!« Vielleicht wird er mit Raphael über mich reden. Vielleicht ist Raphael gerade sogar in der Nähe. »Ich habe sogar einen neuen Freund.«

Augenblicklich ziehe ich eine Grimasse über mich selbst. Warum um alles in der Welt habe ich das jetzt behauptet? Ich will Raphael nicht wehtun, aber muss ich gleich lügen?

»Was, ehrlich? Wie cool! Können wir ihn mal kennenlernen?«

»Ähm …« Scheiße! »Klar?«

Milias' Stimme nimmt diesen unwiderstehlichen Ton an. »So, in zwei Wochen am Sonntag?«

Ich stöhne. »René schickt dich.«

»Nein. Ja, okay, ich rufe deswegen an, aber er schickt mich nicht. Ich dachte nur, es wäre eine gute Idee. Außerdem schuldest du mir noch einen Tag Klettern.«

Ich stöhne noch mal, rolle mich auf den Bauch und drücke die Stirn ins Kissen. »Ich kann nicht, Milias. Ehrlich.«

»Wegen Raphael?«

»Nein!«, rufe ich aus und sitze so plötzlich aufrecht im Bett, dass mein noch nicht ganz wacher Kreislauf durcheinanderkommt.

»Du kannst es mir sagen«, bietet er aufrichtig an. Ich seufze tief.

»Wirklich nicht wegen Raphael«, erkläre ich dann und setze an, zum ersten Mal jemandem aus meiner Familie von dem Schlamassel zu erzählen, der mein Leben in Wahrheit ist. Von der BWL-Klausur, die ich seit dem zweiten Semester vor mir hergeschoben habe, und der Statistik-Klausur, durch die ich zweimal durchgefallen bin. Sogar von den Schulden, die ich bei Flavio habe und von den Nachtschichten, die ich im *La Volpe* schiebe, um mir das nächste Semester noch leisten zu können.

»Und deswegen muss ich diese Klausur wirklich bestehen«, schließe ich verzweifelt. Am anderen Ende bleibt es still. »Milias?« Nachdem ich ihm gerade mein Herz ausgeschüttet habe, ist sein Schweigen fast unerträglich. »Kannst du bitte was sagen?«

Da höre ich ihn tief seufzen. »Oh Mann«, ist das Erste, was er sagt, und ich kann mir geradezu bildlich vorstellen, wie er dabei mit der Hand durch sein dichtes Haar fährt. »Warum hast du nie irgendwas gesagt?« In seiner Stimme liegt kein Vorwurf, eher … Trauer? »Du weißt, dass Mama und Papa dir Geld dazugegeben hätten, oder? Und ich hätte dir mit den Klausuren helfen können, ich meine: Sogar *ich* hab's durch BWL, VWL und Wirtschaftsmathe geschafft, und ich bin echt die totale Niete darin.«

»Ich weiß«, räume ich ein, hadere mit mir selbst und mit meinen Gefühlen. »Ich wollte nur …« Ich wage kaum, es auszusprechen, bis es weinerlich aus mir herausbricht: »Ich wollte einfach mal was selber schaffen! Ich wollte euch beweisen, dass ich das alleine kann. Ich wollte zeigen, dass ich genauso gut sein kann wie du!«

Ich muss nach Luft schnappen und merke erst dadurch, dass ich weine.

»Valeria, hey …!«, fleht Milias gequält an meinem Ohr. Es hat ihm schon immer das Herz gebrochen, andere weinen zu sehen, aber ich kann nicht anders, muss sogar noch lauter schluchzen. »Du *bist* genauso gut wie ich«, erklärt er sanft. »Du bist sogar besser.«

Ich lache erstickt und weine noch heftiger, als ich mich daran erinnere, dass das eines der ersten Dinge war, die Raphael damals zu mir gesagt hat.

»Im Ernst«, bekräftigt er. »Ich habe immer bewundert, wie stark und unabhängig du bist und wie zielstrebig du deinen Weg gehst, selbst wenn jeder dir sagt, dass du es nicht schaffen kannst. Ich meine, du bist nach der Schule ins Ausland gegangen! Du studierst in einer fremden Stadt, in der du vorher keinen kanntest. Himmel, du bist–«

»Eine Stunde von unseren Großeltern entfernt«, unterbreche ich ihn mutlos. »Das ist fast wie zu Hause.«

»Nein, ist es nicht«, widerspricht Milias. »Fünf Minuten von Mama und Papa weg zu wohnen, ist wie zu Hause. *Ich* bin derjenige von uns, der zu feige war, fürs Studium nach Bologna zu gehen.«

»Weil du deine traumhafte Freundin hättest zurücklassen müssen!«

»Du hast auch deine Freunde zurückgelassen«, beharrt er. »Rede das nicht klein, Valeria. Du schaffst eine ganze Menge alleine – ganz abgesehen davon, dass du ein verdammter Instagram-Star bist! Glaub mir, du bist viel besser, als ich je sein werde. Das war der Grund, aus dem dich meine Freunde schon mit sechzehn als eine von ihnen aufgenommen haben. Das war der Grund, aus dem sich der größte Aufreißer, den ich kenne, in dich verliebt hat. Und das ist auch der Grund, aus dem René dich auf der Taufe seiner Tochter haben will.«

Ein Teil von mir ist bei dem Satz mit Raphael hängen geblieben. Der andere ist zwischen Freude und Leid gefangen und stößt ein tränenreiches Krächzen aus, das wie ein Schluckauf klingt. »Weil ich ein Instagram-Star bin?«

Milias lacht warm. »Nein. Weil du mutig und selbstbestimmt bist und einfach deinen Weg gehst, egal, was die anderen sagen. Und René will, dass Leonie auch mal so wird. Jeder Vater will das für seine Tochter.«

Ich presse die Lippen aufeinander, weil mir seine Worte schier das Herz zum Überlaufen bringen. Wieder strömen Tränen über meine Wangen, doch jetzt aus Dankbarkeit und Liebe.

»Danke, dass du das sagst. Das bedeutet mir mehr, als du dir vorstellen kannst.«

»Ach, Val ...«, sagt er warm, will meine Worte herunterspielen.

Ich ziehe die Nase hoch. »Nein, wirklich. Du kannst dir gar nicht vorstellen, wie sehr ich immer zu dir aufgeschaut habe, wie neidisch ich oft auf dich war und wie sehr ich versucht habe, so wie du zu sein!«

Jetzt muss er lachen. »Oh Gott, bitte nicht!«

Ich wehre mich ebenfalls gegen das Lachen. Milias war wahrlich nicht immer ein Engel. Aber für mich war er trotzdem immer der Größte. »Ich meine es ernst«, wiederhole ich inbrünstig. »Du weißt nicht wie sehr ich mir gewünscht habe, dass du irgendwas davon siehst und honorierst.«

»Val«, wiederholt er, aber diesmal schwingt keine herunterspielende Leichtigkeit in seiner Stimme mit, sondern pure, ernsthafte Demut. »Ich wollte dir nie das Gefühl geben, dass du in irgendetwas nicht gut genug wärst.«

Ich beiße mir auf die Lippe, nicke heftig. »Ich weiß. Heute weiß ich das.« Zucke machtlos mit den Schultern. »Damals war ich einfach nur impulsiv, jähzornig und ungeduldig.«

Jetzt gluckst er. »Das bist du heute immer noch.«

Ich muss kichern, ziehe ertappt den Kopf zwischen die Schultern. »Du weißt, was ich meine.«

»Ja«, antwortet er weich. »Klingt wirklich, als wäre meine kleine Schwester da unten in Italien erwachsen geworden.« Ich unterdrücke ein trauriges Schnauben. Erst in den letzten zwei Wochen. Aber das sage ich ihm nicht, zumal seine Stimme gerade wieder schelmisch wird: »Deswegen habe ich überhaupt keinen Zweifel daran, dass du dein Studium hinkriegen wirst, *obwohl* du zur Taufe kommst.« Ich rolle mit den Augen. »Außerdem kenne ich jemanden, der ziemlich gut mit BWL und Zahlen ist.«

»Ha!« Ich gebe mir nicht einmal Mühe, meinen Hohn zu unterdrücken. »Sorry, Bruderherz. Junior Consultant hin oder her, aber da überschätzt du dich gewaltig!«

Er muss ebenfalls lachen. Dann sagt er: »Ich meinte nicht mich.«

Ich erstarre. »Vergiss es!« Ich werde ganz sicher nicht mit Raphael lernen.

»Ich sag's nur!«, verteidigt er sich. »Also, wie viel Geld soll ich dir überweisen?«

»Überhaupt nichts!«

Milias seufzt tief. »Valeria. Wir haben uns doch gerade darauf geeinigt, dass du stark bist und dein Leben allein hinkriegst, aber gerade ein bisschen Unterstützung von deinem unheimlich tollen und von dir angehimmelten großen Bruder brauchst.«

»Darauf haben wir uns überhaupt nicht geeinigt!«, protestiere ich lachend, spüre aber, dass mein Widerstand längst gebröckelt ist.

»Sag mir einfach Bescheid«, bietet Milias abschließend an. »Ich freue mich auf dich, jähzornige und impulsive kleine Schwester.«

Ich kann mich nicht gegen das Lächeln wehren. »Ich freue mich auch auf dich. Toller und angehimmelter großer Bruder.«

Raphael

Ich muss unwillkürlich lächeln, als ich den Schlüssel im Schloss umdrehe. Es ist nur ein Schlüssel, aber das Vertrauen, das er symbolisiert, macht mich stolz. Währenddessen sortiert ein gehetzter Postbote neben mir Briefe in die sechs Schlitze des sanierten Altbaus.

»Die können Sie mir direkt geben«, biete ich an, als er beim zweiten Fach in der oberen Reihe ankommt, und er drückt mir einen Stapel Briefumschläge und ein Werbeblatt in die Hand.

»Danke, Herr Lange. Schönen Tag noch!«

Ich mache mir nicht die Mühe, ihn zu korrigieren, und hebe bloß die Hand, um den Gruß zu erwidern, während ich beiläufig die Absender mustere und die Tür mit der Schulter aufdrücke.

Aaliyahs Wohnung liegt im dritten Stock eines Stadthauses aus der Gründerzeit. Zwar wurde der gesamte Block saniert, trotzdem knarren die Holzstufen, haben die Fenster keine Rollläden – und gibt es keinen Fahrstuhl. Da ziehe ich meine eigene Wohnung mit Videoüberwachung und Fußbodenheizung allemal vor.

Oben angekommen, drücke ich aus Höflichkeit auf den goldenen Klingelknopf, bevor ich den zweiten neuen Schlüssel an meinem Schlüsselbund benutze. Aaliyah erschrickt trotzdem, als sie aus Gewohnheit den Summer betätigt, dabei schon einmal die Tür öffnet und sich plötzlich nur wenige Zentimeter vor meinem Gesicht wiederfindet.

»Oh Gott!«

»Raphael reicht völlig aus«, erwidere ich grinsend und begrüße sie mit einem flüchtigen Kuss auf den Mundwinkel. Irgendwann haben wir uns auf diese Art der Begrüßung eingependelt: Vertraut genug, um alles zu versprechen. Distanziert genug, um es jederzeit zu beenden.

Ihre Augen blitzen angespornt, aber ihre Lippen kräuseln sich peinlich berührt, während sie ihr Gesicht in einer Hand verbirgt. »Ich muss mich dringend daran gewöhnen, dass jetzt jemand anders außer mir einen Schlüssel hat. Komm rein!«

Im Inneren der Wohnung empfängt mich ein unverkennbares Gitarrensolo der wohl bekanntesten Heavy-Metal-Band und lässt mich schmunzeln. Aaliyah wirkt äußerlich wie die Frau, die den ganzen Tag Klassik, Enya oder bestenfalls Coldplay hört, und deswegen ist die Tatsache umso aufregender, dass ihre Lieblingsband Metallica ist. Es sind Gegensätze wie dieser, die mich so an ihr faszinieren, genauso wie mich Valerias Gegensätze immer angezogen haben.

»Wenn es dir in deiner Wohnung zu mulmig wird, kannst du ja den zu meiner benutzen«, grinse ich und schließe die Tür hinter uns.

Vorgestern haben wir unsere Zweitwohnungsschlüssel ausgetauscht, was sowohl für Aaliyahs als auch für meine Verhältnisse ein großer Schritt ist. Wir gehören beide zu der Sorte Mensch, die ihre Unabhängigkeit nicht gerne aufgibt. Aber ein Wohnungsschlüssel ist schließlich kein Eheversprechen, und mit Mitte zwanzig kann man sich allmählich mit dem Gedanken einer festen Beziehung anfreunden, oder nicht?

»Hier, Post.« Ich überreiche ihr feierlich die Briefe und gehe in die Küche, um mir ein Glas aus dem Schrank zu holen, das ich am Wasserhahn mit Leitungswasser auffülle.

»Danke! Auf dem Herd steht noch Kürbissuppe, falls du willst«, bietet sie an, während sie die Briefe durchsieht und den weinroten Umschlag aus Kraftpapier hervorzieht.

Ich verziehe das Gesicht, werfe aber trotzdem einen Blick in den Topf auf dem Herd der kleinen Küche. Aaliyah bewohnt eine Altbauwohnung mit zweieinhalb Zimmern und winziger Küche, dafür riesigem Bad mit freistehender Badewanne. Da sie sowieso nie kocht und meistens in der Kantine von Santeon isst, ist das nicht so wichtig.

»Ist die genießbar?«, ziehe ich sie wegen ihrer nicht vorhandenen Kochkünste auf.

»Hey!«, tadelt sie mich. »Erst vor der eigenen Haustür kehren.« Touché. Wir sind beide vermutlich die besten Kunden aller Lieferservices in der Stadt.

Ich verzichte dennoch auf die Suppe und geselle mich zu ihr in das helle Wohnzimmer mit vier Metern Deckenhöhe, in dem ein großes

Sofa mit zierlichem Beistelltisch steht und eine kleine Lesecouch neben einem enormen Bücherregal. Letzteres ist zum größten Teil mit Fachliteratur belegt, die ich entweder wegen des schieren Umfangs oder wegen des umständlichen Titels niemals freiwillig lesen würde. Aaliyah hat sich auf einem der Stühle an ihrem runden Esstisch niedergelassen und betrachtet die Einladungskarte vor sich mit diesem ganz speziellen Blick: wie einen Artikel oder Film, der etwas tief in ihrem Inneren berührt hat und über den sie gerade intensiv nachdenkt.

»Schlechte Neuigkeiten?«, frage ich.

Jetzt blinzeln ihre mandelförmigen Augen wieder, ohne dass ihr Gesicht auch nur eine einzige Gefühlsregung preisgibt. »Nein, eigentlich sogar gute. Meine Schwester heiratet.«

»Glückwunsch?«, schlage ich vor. »Wo ist das Problem?«

Sie lächelt matt, legt den Kopf in den Nacken und streckt den langen Hals. »Das Problem«, antwortet sie und neigt den Kopf wieder nach vorne, massiert ihren Nacken. Ich trete hinter sie und helfe ihr dabei. Sie seufzt wohlig und einen Moment sind wir beide versucht, das Gespräch vorzeitig zu beenden und unsere Zeit anderweitig zu verbringen. Dann nimmt sie den Faden wieder auf: »Das Problem ist, dass meine gesamte Familie aus Anatolien anreist und wissen wollen wird, warum meine vier Jahre jüngere Schwester heiratet, ich aber mit sechsundzwanzig immer noch nicht unter der Haube bin. Und weißt du was?« Meine Hand an ihrem Nacken hält inne, während ich den Kopf schüttle. Das ist das erste Mal, dass sie etwas über sich erzählt – nicht, dass ich viel offener wäre, aber trotzdem. Bisher weiß ich nur, dass sie türkische Wurzeln hat, was nicht allzu schwer zu erraten ist, und nicht das beste Verhältnis zu ihren Eltern. »Bis auf meine Mutter glauben vermutlich alle, dass ich immer noch mit meinem ersten Freund aus der Schule zusammen bin.«

Ich blicke ins Leere, ohne zu blinzeln. »Was ist mit ihm passiert?«

Sie zuckt mit den Schultern. »Verklemmte mittelalterliche Weltanschauung trifft auf das westliche einundzwanzigste Jahrhundert, schätze ich. Wir hatten Sex, bevor ich achtzehn war, deswegen wollte meine Mutter, dass wir sofort heiraten.« Ihre Lippen verziehen sich zu einem halben Lächeln. »Ich wollte mich noch nicht festlegen, also haben mich die beiden in die Wüste geschickt. Bildlich gesprochen, natürlich.«

Einen Moment lang verheddere ich mich in der Erinnerung an meine eigenen Beziehungen aus der Schulzeit. Bis auf zweimal würde ich nicht von Liebe sprechen, aber wenn ich jedes Mädchen gleich hätte heiraten müssen, hätte ich einen echten türkischen Harem gründen können. Doch selbst dieser amüsante Gedanke täuscht nicht über den kurzen Stich in meiner Brust hinweg, den mir die Erinnerung selbst nach all der Zeit noch versetzt. Umso mehr Respekt habe ich vor Aaliyah:

»Beeindruckend, wie emotionslos du darüber sprechen kannst.«

Sie hebt lächelnd die Schultern. »So ein Psychologie-Studium hat eben auch Vorteile. Aber genug von mir, wie war dein Tag?«

Ich reagiere nicht, weil ich plötzlich mit einem anderen Gedanken beschäftigt bin: »Und was, wenn ich dich auf die Hochzeit begleite?«

Jetzt steht sie auf, um mir in die Augen zu sehen. »Ich habe dir das nicht erzählt, damit du ein schlechtes Gewissen bekommst. Danke für dein Angebot, aber ich will da nicht mit einem Date aufkreuzen, selbst wenn es einen Schlüssel zu meiner Wohnung hat.«

Ich erwidere ihren Blick unbeirrt, halte ihn fest. »Ich meine nicht als Date«, sage ich. Sie blinzelt, ist einen Moment sprachlos. Ich halte ihren Blick immer noch fest. Ich meine es ernst.

»Nein«, widerspricht sie dann.

»Doch«, bekräftige ich.

»Nein!«, wiederholt sie, schüttelt sogar den Kopf. »Du bist noch nicht über deine Ex hinweg.«

»Doch«, antworte ich, auch wenn unser Gespräch mittlerweile ein bisschen dämlich klingt. Genau genommen bin ich das, seit Valeria mich vorletzte Woche am Telefon vor aller Augen abserviert hat. Sie hätte wenigstens noch mal zurückrufen können, aber als ich vom Sport zurückkam, hatte ich weder einen Anruf noch eine Nachricht, also habe ich ihre Nummer gelöscht und sie aus meinen Gedanken gestrichen. Hat bis jetzt ganz gut funktioniert. Meistens jedenfalls.

Aaliyah sieht mich forschend an, aber ich gebe ihr meine Gefühle nicht preis. »Mag sein, dass du das bist«, gibt sie nach, umgeht wie immer diplomatisch jede Konfrontation. »Aber ich will dich nicht benutzen, um mich besser zu fühlen. Und wir lieben uns nicht.«

Einmal mehr bewundere ich ihren abgeklärten Pragmatismus. Ehrliche Offenheit ist so viel unkomplizierter als ständiges Drama. Wenngleich ich noch nie etwas gegen ein bisschen Drama einzuwenden hatte.

»Andererseits ...«, sinniert sie jetzt ungewohnt kleinlaut und blickt eine Sekunde ins Leere, bevor ihre Augen mein Gesicht finden. »Was ist Liebe eigentlich? Muss es immer Feuerwerk und Chorgesang sein? Ist es nicht auch Liebe, sich einfach mit jemand anders wohlzufühlen, auf Augenhöhe zu sein und Nähe zu genießen? Oh Gott«, seufzt sie, als sie erkennt: »Vielleicht liebe ich dich doch.«

21 Vertraut verkorkst

Raphael

Jedes Mal, wenn ich Milias und Nicole besuche, mache ich mir einen Spaß daraus, Sturm zu klingeln. Ich habe es schon geschafft, sie aus allem zu reißen: abends um elf aus dem Tiefschlaf, mittags um zwei aus der Dusche – was mir den seltenen Anblick von Nicole im Badehandtuch verschafft hat. Und einmal sogar aus etwas anderem, obwohl es überhaupt nicht meine Absicht war. Das ist wohl auch der Grund, warum ich keinen Schlüssel zur Wohnung meines besten Freundes habe.

Durchaus nachvollziehbar. Aber ich liebe einfach den Ausdruck auf ihren Gesichtern, wenn die Tür aufgeht, die völlige Entgeisterung, bevor sie in Lachen ausbrechen oder Nicole sprachlos den Mund auf- und zuklappt wie ein Fisch. Als heute die Tür aufgeht, bin ich es allerdings, dem die Gesichtszüge entgleisen.

»Valeria?!«

»Sag mal, hast du sie noch alle? Veranstaltest du immer so einen Zirkus?« Sie ist unverkennbar aufgebracht, aber ich höre auch ein unterdrücktes Lachen in ihrer Stimme.

Entgegen meiner Verblüffung spüre ich meine Mundwinkel zucken. »Meistens. Wie sieht's aus, lässt du mich rein?«

»Nein.« Ihre Augen blitzen vor Schalk und ich gluckse, aber sie macht tatsächlich keine Anstalten, die Tür frei zu machen. »Du kannst von Glück sagen, dass Nicole der liebste Mensch auf der Welt ist! Das ist ja beinahe Hausfriedensbruch. Ich hätte dich schon längst rausgeschmissen.«

Ich lehne mich lässig in den Türrahmen. »Dafür müsstest du mich ja erst mal reinlassen.«

Jetzt ist sie es, die sich einen Moment sammeln muss. Ich genieße ihren inneren Kampf, der sich immer noch so deutlich auf ihrem Gesicht spiegelt wie am ersten Tag. Egal, wie tough ihre Worte auch sein mögen, ihre Gefühle kann sie nie verstecken. Quasi das exakte Gegenteil von Aaliyah, deren Gesicht nichts preisgibt, während ihre Worte alles sagen.

»Valeria«, höre ich Milias aus der Wohnung ächzen, »würdest du bitte Raphael reinlassen und die Tür zumachen? Unsere Vermieterin muss ja nicht gleich mitkriegen, dass ihr zwei den größten Rosenkrieg seit dem fünfzehnten Jahrhundert führt.«

Valeria verzieht das Gesicht und lehnt sich zu ihm nach hinten, wobei sie den Oberkörper in einer Weise verdreht, die mich unwillkürlich an Sex denken lässt. Um mir nichts anmerken zu lassen, hebe ich fragend die Augenbrauen, als sie sich wieder zu mir umdreht.

»Die englischen Königshäuser York und Lancaster«, erklärt sie daraufhin großmütig.

»Danke, ich hatte auch Englisch LK.«

Sie schnaubt und lässt die Tür für mich offen. »Ich dachte, du wärst bloß gut in Mathe und so.«

»Tja, ich bin in ziemlich vielem gut«, antworte ich selbstgefällig und freue mich darüber, wie sie die Augen verdreht. Mir entgeht nicht, dass ihre Mundwinkel zucken, auch wenn sie das Grinsen nicht zulässt und zurück ins Wohnzimmer stolziert. Ich sehe ihr amüsiert nach, während ich meine Jacke aufhänge.

»Könntest du aufhören, meiner Schwester auf den Arsch zu gucken?«, fragt Milias, der plötzlich im Türrahmen zum Wohnzimmer steht.

Wir umarmen uns mit einem Handschlag, bei dem ich mir nicht einmal Mühe gebe, mein Grinsen zu verbergen. »Sorry, deine Schwester ist halt …« Der Rest des Satzes bleibt mir im Halse stecken, als ich einen fremden Typen auf der Couch sitzen sehe. »… nicht allein hier«, überwinde ich mich dann.

Ich lasse den Kerl nicht aus den Augen, während ich auch Nicole zur Begrüßung umarme. Ich mustere seine perfekt gestylten Haare und die akkurat geschnittene Bartlinie, die ihn aussehen lassen wie ein Model aus Friseurzeitschriften. Überhaupt hat er etwas Feminines an sich mit den hohen Wangenknochen und großen dunklen Augen, wie ein junger Johnny Depp mit südländischen Wurzeln. Und er hat einen Ohrring, an dem ein filigranes goldenes Kreuz baumelt. Oh Mann!

»Hi«, grüße ich widerwillig, »Raphael.« Ich halte ihm die Rechte zum Handschlag hin, den er strahlend erwidert. Seine weißen Zähne bilden einen krassen Kontrast zu seiner getönten Haut.

»Flavio!«

»Das ist Flavio«, erklärt Valeria überflüssigerweise und platziert eine Hand auf seiner zerrissenen Designerjeans.

»Er ist Valerias Freund, ist das nicht cool?«, schwärmt Nicole. »Jetzt braucht keiner von euch mehr ein schlechtes Gewissen haben oder befürchten, der andere könnte eifersüchtig werden. Ich freu mich so für euch, dass jeder von euch jemanden gefunden hat.«

Nicoles Worte prallen an mir ab, während ich Valeria keine Sekunde aus den Augen lasse, nicht einmal blinzle. Kurz sieht es aus, als wollte sie meinem Blick ausweichen, doch dann erwidert sie ihn mit grimmiger Entschlossenheit. Nicole hingegen bekommt nichts von der seltsamen Spannung mit, sondern zwitschert einfach weiter:

»Flavio spricht kein Deutsch, deswegen unterhalten wir uns auf Englisch – zumindest immer, wenn mir die italienischen Vokabeln ausgehen.«

Sie grinst liebenswürdig und er erwidert lachend etwas auf Italienisch, das stark nach Kompliment klingt. Ich muss mich zusammenreißen, um meine Gedanken und meinen Gesichtsausdruck unter Kontrolle zu halten.

»Kein Problem«, wechsle ich nahtlos ins Englische und sehe ihn geradeheraus an. »Nie aus Italien rausgekommen, was?«

Er hebt die Mundwinkel und offenbart tiefe Grübchen. Seine Augen lachen. Ich hasse ihn. »Außer Urlaub und Studienreisen nie – leider«, antwortet er, zu meiner Enttäuschung in perfektem Englisch. Ich wünschte, er hätte diesen lächerlichen Italo-Akzent, der einen dazu verleitet, alleine beim Zuhören übertriebene Gesten mit den Händen zu vollführen.

Dann grinst er Valeria an. »Aber das ändert Vale ja gerade, *nevvero?*«

Ich schnaube und stemme einen Fuß gegen den gläsernen Couchtisch, betrachte den bunten Blumenstrauß, um den Anblick der beiden nicht ertragen zu müssen.

»Muss ja schnell langweilig geworden sein«, kommentiere ich bewusst auf Deutsch. »Wie lange seid ihr zusammen, 'ne Woche?«

Erwartungsgemäß fährt Valeria wütend auf. Flavio zieht bloß die dunklen Augenbrauen hoch wie ein Reh im Scheinwerferlicht. Aber keiner von beiden antwortet – zumindest nicht auf meine Frage, denn entgegnen tut Valeria sehr wohl etwas:

»Das kann dir völlig egal sein! Wo ist denn deine tolle Freundin aka Sekretärin?«

»Leute ...«, geht Milias dazwischen, aber ich mache eine abwehrende Geste in seine Richtung. Ich will das wissen.

»Sekretärin?«, frage ich stirnrunzelnd, aber Valeria schüttelt nur den Kopf. Schließlich lehne ich mich wieder zurück. »Und warum glaubst du, dass wir zusammen sind?«

Im Gegensatz zu ihr teile ich ja nicht mein ganzes Leben auf Instagram. Wo ich übrigens noch kein einziges Mal diesen Flavio gesehen habe, jetzt, da ich es mir recht überlege.

»Ist doch egal, oder?«, versucht Milias zu schlichten.

»Sei doch mal leise, Milias«, bitte ich ungeduldig, woraufhin der einen vielsagenden Blick mit Nicole tauscht.

»Jemand was zu trinken?«, fragt die hoffnungsvoll.

»Drinks?«, wiederholt Flavio auf Englisch. Wir sind wieder ins Deutsche gewechselt, aber das ist mir völlig egal. Ich nagele mit meinem Blick immer noch Valeria fest, während ihr Freund sich erhebt und anbietet, Nicole in der Küche zu helfen. Was ist der, ein beschissener Mr Perfect?

»Also?«, fordere ich erneut eine Antwort ein.

Valerias Augen bohren sich in meine. Erst schüttelt sie erneut den Kopf, dann wirft sie die Arme in die Luft. »Weil du meine Nummer gelöscht hast und Aaliyah deine beschissenen Geschäftsanrufe beantwortet, während du mal kurz nicht im Raum bist.«

Ich blinzle verständnislos, wechsle einen kurzen Blick mit Milias, als könnte der mehr dazu sagen. Aber er macht überdeutlich, dass er sich aus der Sache komplett raushält.

»Hat sie dir das etwa nicht gesagt?«, fragt Valeria und legt den Kopf schief, woraufhin ihr der dichte dunkelbraune Zopf über die Schulter fließt. Während ich mich in den dunklen Strähnen verliere, jagen sich tausend Gedanken in meinem Kopf. Aber einer überlagert alle anderen:

»Du hast mich angerufen?«

Sie schnaubt. Schüttelt abermals den Kopf, als könnte sie diese ganze Situation nicht fassen. Dann steht sie auf und verschwindet mit wippendem Zopf ebenfalls in der Küche.

Wieder bleibt mein Blick auf dem meines besten Freundes hängen.

»Tja«, macht der und reibt die Hände über seine Jeans, »das ist genau der Grund, warum ich wollte, dass wir uns heute schon alle treffen. Damit ihr euch morgen nicht auf der Taufe die Köpfe einschlagt.«

»Das ist nicht dein Ernst«, antworte ich entgeistert.

Er breitet die Arme aus. »Doch, das ist mein voller Ernst. Weil ich euch einfach kenne, und weil ...« Er sieht sich kurz zur Küche um, in der die anderen noch verschollen sind, und fährt leiser fort: »Weil ich mir schon dachte, wie du reagieren würdest, wenn du Flavio siehst. Und wie sie reagiert, wenn sie Aaliyah sieht. Wo ist die eigentlich, kommt sie noch?«

Ich bin verblüfft, wie gut er mich kennt, und gleichzeitig beschämt, dass seine Sorge um Valerias und meine Reaktion aufeinander berechtigt war. Augenblicklich nehme ich mir vor, mich zusammenzureißen.

»Familiensachen klären«, antworte ich ehrlich und riskiere einen Blick auf die Uhr. Zehn nach sieben. Sie dürfte gleich kommen. »Und was habt ihr heute noch so vor?« Trotz allem werde ich hier sicherlich keinen Pärchenabend veranstalten.

Er zuckt gut gelaunt mit den Schultern. »Mal schauen! Ein bisschen reden, vielleicht 'nen Film gucken, uns gegenseitig kennenlernen. Was sich eben ergibt.«

Am Ende seiner Aufzählung sind meine Augenlider auf Halbmast angekommen. »Das Einzige, was sich ergeben wird, ist, dass hier jemand Amok läuft. Und ich habe so das Gefühl, dass es deine kleine Schwester sein wird.«

Jetzt schüttelt er den Kopf. »Das glaube ich nicht. Valeria hat sich verändert.«

Ich gluckse. Bevor ich aber sagen kann, dass ich das stark bezweifle, kommt Nicole zurück. »*Bevande!*«, ruft sie fröhlich und balanciert dabei ein Tablett voller Saftpackungen und Glasflaschen durchs Zimmer, stellt es auf dem Tisch ab und greift zu einer der Flaschen. »Wodka oder lieber Rum?«, fragt sie.

Ich winke ab. »Gar nichts.«

»Knickt da etwa jemand ab?«, feixt Valeria. Ich meine, Schalk statt Spott in ihrer Stimme zu hören, und tatsächlich, als ich mich zu ihr umdrehe, grinst sie frech. Belustigt schüttlte ich mit dem Kopf.

»Nein, *jemand* muss noch Auto fahren.«

Ich folge ihren Bewegungen, bis sie sich wieder auf die Couch fallen lässt und gut gelaunt ein Bein unter den Körper zieht, als hätte unser jüngstes Wortgefecht nie stattgefunden. Offenbar hat sie auch beschlossen, sich zusammenzureißen. Sie hält ihr Glas Flavio hin und fragt ihn leise etwas auf Italienisch, das ich als Bitte um Nachschenken interpretiere. Während er in einer fließenden Handbewegung Kirschsaft und einen Schuss Rum einfüllt, wendet sie sich wieder an mich:

»In dem neuen roten Audi!« Ihre Augen blitzen und wie sie so unbeschwert dasitzt und mit dem Fuß wippt, erinnert sie mich stärker an den sechzehnjährigen Wildfang, der sie früher war, als ich ertragen kann. Ich nicke. Ihr Grinsen wird breiter. »Sind die Krümel noch drin? *Grazie*«, bedankt sie sich nahtlos bei Flavio für das Glas.

Ich antworte lediglich mit einem undurchsichtigen Lächeln, während ich beobachte, wie er ihr ein fast identisch fröhliches Grinsen zuwirft und sich wieder neben sie setzt.

»Weißt du schon, was du morgen anziehst? Ich kann mich nicht entscheiden«, beansprucht nun Nicole Valerias Aufmerksamkeit.

»Ich auch nicht«, gesteht die und wiegt den Oberkörper nach links und rechts. »Ich habe einen schwarzen Hosenanzug und ein rotes Kleid dabei.«

Flavio kommentiert irgendetwas mit »*rosso*«, woraufhin die beiden gemeinsam kichern. Sie sitzen nah, aber nicht intim. Sein Arm liegt auf der Couchlehne, aber nicht um ihre Schulter.

»Und was machst du beruflich?«, frage ich Flavio auf Englisch, während die Frauen über Kleidungsvorschriften in der Kirche und die passende Absatzhöhe reden.

Sein Gesicht hellt sich auf, als seine dunklen Augen mich erreichen. Nein, ich kann nicht bestreiten, dass er attraktiv ist. Aber etwas anderes hätte ich auch nicht von Valeria erwartet. »Ich schreibe gerade meine Masterarbeit in Mediendesign«, antwortet er. Ach so, also ist er das angebliche Date zum vorgeschobenen Verlobungsring, erinnere ich mich an Valerias Ausrede von Milias' Geburtstagsfeier. »Und ich jobbe nebenbei in einer Werbeagentur in *Milano*. Aktuell in einem Projekt für L'Oréal«, grinst er und stupst dabei Valeria mit der Schulter an, die etwas von »unfair« murmelt. »Und du?«, fragt er mich.

Ich suche nach dem richtigen Wort auf Englisch, bin mir aber nicht sicher, ob es im Ausland überhaupt so etwas wie ein duales Studium gibt. »Ich habe eine Art Ausbildung und Studium gleichzeitig in einem Konzern gemacht. Santeon Health, falls dir das was sagt.«

Er schürzt überlegend die Lippen, was seine Bartlinie fast diagonal verlaufen lässt. »Wenn, dann nur grob. Chemie, oder?« Ich nicke, aber als er fragt, ob ich Chemiker bin, verneine ich lachend.

»Finanzen. Aber ich habe vor knapp fünf Monaten gekündigt.«

Als er nachdenklich nickt, will ich das Thema eigentlich beenden, aber dann fragt er: »Warum?«, und sein Blick ist so aufrichtig interessiert, dass ich doch noch mal antworte. Gegen meinen Willen muss ich zugeben, dass er gar nicht so übel ist.

Ich stelle mein leeres Glas auf dem Tisch ab und greife nach der Wasserflasche. »Ich wollte einfach mehr Abwechslung. Mehr Herausforderung.« Ohne, dass ich es will, bleibt mein Blick auf Valeria hängen und verfängt sich kurz in ihrem.

»Sehr gut!«, ruft Flavio begeistert, »Mit dem Job ist es wie mit einer Frau: Man muss ihn lieben, um sein Leben lang glücklich zu bleiben.«

Ohne hinzusehen, kann ich förmlich spüren, wie Nicole und Milias einen innigen Blick tauschen. Ich schüttle den Kopf.

»Lieben finde ich übertrieben – also, in Bezug auf den Job«, entgegne ich, woraufhin wir alle lachen. »Ich würde es eher … Begeisterung nennen.«

»Ja!«, stimmt Flavio mir zu und zeigt mit der Hand auf mich, die sein Glas hält, was aussieht, als würde er mir zuprosten. »Vergnügen!«

»Neugierde«, ergänze ich gleichermaßen und seine Augen jubeln.

»Leidenschaft!«

Ich wackle mit dem Kopf, während ich überlege, ob ich das unterschreiben kann. »Joa«, mache ich dann, um das Geplänkel zu beenden. »Ich denke, darauf können wir uns einigen.«

Er zwinkert mir zu und erinnert mich dabei so unfassbar an meinen besten Freund, dass ich einen Kontrollblick zu Milias werfen muss.

»Sì«, macht Flavio dann mit gewichtiger Miene. »Aber Leidenschaft ist ein zweischneidiges Schwert.«

Er wirft Valeria einen eindeutigen Blick zu und nimmt dann einen Zug aus seinem Strohhalm, während sich Valerias und meine Augen erneut treffen. Sie blinzelt, sieht dann weg und lächelt stattdessen ihrem Freund zu.

»Er arbeitet jetzt bei Hauck. Wo ich bei dem Shooting letztens die ganzen Produkte bekommen habe«, erinnert sie ihn, stößt ihn gleich darauf lachend mit der Schulter an. »Die du mir geklaut hast!«

Er hält sie lachend fest. Und während er sich leise auf Italienisch entschuldigt, beobachte ich die beiden weiter. Keine Frage: Da ist eindeutig große Vertrautheit zwischen ihnen, manchmal meine ich sogar einen Anflug von Anziehungskraft zu spüren. Aber bis auf die schiere Tatsache einer männlichen Anwesenheit spüre ich keine Eifersucht. Liegt es an mir, weil ich doch über sie hinweg bin? Oder liegt es an den beiden? Flavio hängt eindeutig an ihren Lippen, wenn sie redet, aber seine Finger streifen kaum ihre Haut. Nur weil ich in der Nähe bin? Als ob er so ein Fairplayer wäre.

»Und ist eure Beziehung genauso echt wie dein Verlobungsring?«

Ich stelle die Frage auf Deutsch und direkt an Valeria gerichtet. Sie vergisst eine Sekunde lang hinunterzuschlucken. Eine Sekunde lang, in der die Zeit stillsteht und wir uns nur in die Augen sehen.

Dann dreht sie sich als Antwort zur Seite und küsst Flavio inbrünstig. Ich habe das spontane Bedürfnis, etwas zu zerschlagen.

22 Bonnie und Clyde

Valeria

»*Grazie*«, flüstere ich Flavio zu, als wir zwei Stunden später im Dunkeln auf dem ausgeklappten Sofa liegen. Diesmal übernachte ich bei Milias und Nicole, weil ich zu Hause nicht schon wieder permanent an meine Jugend erinnert werden will. Die zwei schlafen längst, aber zehn Uhr ist viel zu früh für meinen derzeitigen Biorhythmus. »Und entschuldige bitte.«

»Nichts zu entschuldigen«, antwortet er leise. »Falls du ihn aus dem Konzept bringen wolltest, hat das jedenfalls geklappt. Niemand ist immun gegen Eifersucht.«

Ich vergrabe mein Gesicht im Kissen, weil ich mich immer noch dafür schäme, dass ich Milias und Raphael eine Beziehung mit Flavio vorspiele. Noch vor zwei Wochen hätte ich mich für diesen kleinen Sieg selbst gefeiert, aber jetzt fühle ich mich einfach nur mies.

»Ich will ihn doch eigentlich gar nicht eifersüchtig machen«, gestehe ich. Ganz im Gegenteil, ich habe Flavio mitgebracht, um Milias und vor allem Raphael zu zeigen, dass ich über ihn hinweg bin, dass es mir gut geht und sie sich keine Sorgen um mich zu machen brauchen. Außerdem kann Flavio von hier aus günstiger nach Paris fliegen, wo er morgen eine Freundin besucht.

»Wenn ich ehrlich bin …« Ich überlege kurz, ob ich diese Worte wirklich aussprechen will, entscheide mich dann aber dafür. »… will ich einfach nur, dass Raphael glücklich ist.«

Flavio zieht mich seufzend in seine Arme und drückt einen Kuss auf meinen Scheitel. »Wer irgendwann dein Herz erobert, wird der glücklichste Mann auf der Welt sein«, sagt er, muss gleich darauf kichern. »Vorausgesetzt, er kommt mit deinem Temperament klar.«

»Hey!« Ich boxe ihm gegen die Schulter. »Ich habe mich total gebessert.«

Milias hat mir heute Abend noch gesagt, wie stolz er auf mich ist, weil ich mich nur am Anfang kurz mit Raphael gestritten habe und sonst fast eine normale Unterhaltung führen konnte – abgesehen von der Kuss-Eskalation auf Raphaels unverschämte Frage hin. Wie hat er das nur wieder rausgekriegt? Raphael hat wirklich die schärfste Beobachtungsgabe aller Zeiten.

»Das stimmt«, bestätigt Flavio. »Ich hoffe nur, morgen gibt es keine Katastrophe. Familienfeiern sind immer prädestiniert für Katastrophen.«

Um ehrlich zu sein, habe ich auch ein bisschen Angst davor. Weil Aaliyah da sein wird, die heute Abend doch nicht mehr gekommen ist – zumal Raphael selbst schon um kurz nach acht gefahren ist. Morgen früh kommt er noch mal, weil wir mit zwei Autos fahren müssen.

»Dann ist es ja gut, dass das keine Familienfeier wird«, antworte ich. Bis auf Renés und Maikes Eltern werden nämlich ausschließlich Freunde da sein. Ich stelle es mir also eher wie eine entspannte Wohnzimmerparty mit ein bisschen Kirche vor.

Natürlich liege ich völlig falsch. Und noch viel schlimmer: Als es am nächsten Morgen wieder klingelt, stehe ich noch halb ausgezogen und mit feuchten Haaren im Wohnzimmer.

Ich habe zwar extrem viel Erfahrung darin, winzige Badezimmer mit Diven zu teilen, aber selbst mit einem pflegeverrückten Mann wie Flavio ist es nicht halb so schlimm wie mit einer weiteren Frau. Nicole und ich standen uns quasi permanent im Weg, bis ich zum Schminken auf den Flurspiegel ausgewichen bin und jetzt mit dem Föhnen auf sie warten muss. Gerade entscheiden die Jungs, welches Outfit ich anziehen soll.

»*L'abito*«, plädiert Flavio für das Kleid.

»Der Hosenanzug ist mehr du, aber das Kleid sieht super aus«, sagt Milias diplomatisch auf Italienisch.

»Hast du dir mal den Ausschnitt dieses Jumpsuits angeguckt?«, fragt Flavio. »*Santa Maria, madre di Dio*, wir gehen in eine Kirche!«

Unser beider Blick fällt auf das Kreuz um seinen Hals. Seufzend schäle ich mich wieder aus dem Overall. Es klingelt erneut. Noch mal, und noch mal. Schlagartig wird mir heiß.

»Boah, könnt ihr nicht mal die Tür aufmachen?«, ärgert sich Nicole und läuft mit der offenen Mascara in der Hand zur Tür.

»Nein, weil Valeria ...«, beginnt Milias, hält dann mitten im Satz inne, als Nicole die Tür aufreißt und zurück ins Bad stapft. »Zu spät.«

Raphael glotzt mich an und ich glotze zurück, versuche zu verdrängen, dass ich gerade halb nackt bin.

»Raphael«, begrüßt ausgerechnet Flavio ihn überschwänglich. »Schwarzer Jumpsuit oder rotes Kleid?«

Ich starre meinen Mitbewohner verständnislos nieder, während er mir gestikuliert, den Overall wieder hochzuziehen und mich zu präsentieren. Raphaels Blick wandert über meinen Körper, bleibt kurz an dem tiefen Ausschnitt hängen und findet dann zurück zu meinem Gesicht. Er sagt kein Wort, hebt aber anerkennend die Augenbrauen.

»Kleid?«, drängt Flavio.

»Umdrehen?«, frage ich zurück.

Die beiden tauschen einen Blick, dann hält Flavio ihm die Hand zur Begrüßung hin und fragt ihn, ob er Kaffee will. Wann haben die sich denn bitte angefreundet?

Als sie zwei Kaffeemahlgeräusche später zurückkommen, trage ich das rote Cocktailkleid mit dem opulent gerafften Rock und züchtigem Halbarm, aber tiefem Rückenausschnitt. Ich hatte es bisher nur einmal auf einer VIP-Party im Club an, weil der Rock eigentlich ein bisschen zu kurz ist, um als vornehmes Abendkleid durchzugehen, aber der vordere Ausschnitt zu brav für ein sexy Partykleid – was natürlich durch den extrem offenen Rückenausschnitt wettgemacht wird, aber man sieht sich selbst ja meistens eher von vorne im Spiegel.

Wieder nimmt sich Raphael lange Zeit, um mich ausgiebig von oben bis unten zu betrachten, während er aus seiner Kaffeetasse trinkt und dabei im Türrahmen lehnt, als würde ihm die gottverdammte Welt gehören.

»Also?!«, frage ich, weil ich die Stille nicht ertragen kann.

Sein Blick kehrt zurück zu meinem Gesicht und er sieht mir direkt in die Augen. »Das Kleid«, sagt er nur.

Flavio breitet vielsagend die Arme aus. Ich unterdrücke mit aller Kraft das ungebetene Bauchkribbeln und drehe mich weg, damit keiner von ihnen es in meinem Gesicht erkennt.

»Dann kann ich mir ja jetzt endlich die Haare föhnen«, behaupte ich und gebe mich gelassener, als ich mich gerade fühle. Als ich den Föhn in die Steckdose neben dem Spiegel im Flur stecke und mich vornüberbeuge, wirft Raphael einen Blick auf die Uhr. Ich sehe ihn nur auf dem Kopf, aber würde man davon ein Instagram-Bild machen, bekäme das augenblicklich Hunderte von Likes und vermutlich obendrein ein Dutzend Angebote von Herrenausstattern. Sein Duft steigt mir in die Nase und wirbelt Dutzende Erinnerungen und Gefühle auf, aber irgendetwas daran ist anders als früher ...

»Du erinnerst dich, dass der Gottesdienst in einer Dreiviertelstunde losgeht und wir dreißig Minuten fahren müssen?«, unterbricht er meine Grübeleien.

Ich werfe den Kopf zurück und föhne mich aufrecht mit der Rundbürste weiter, werfe ihm dabei einen langen Blick zu. »Und du erinnerst dich, dass ich noch nie lange im Bad gebraucht habe?«

Er hält meinen Blick mühelos fest, während er noch einen Schluck aus der Tasse nimmt. »Nicht nur im Bad«, antwortet er.

Ich drehe ihm den Rücken zu, um mein erneutes Grinsen vor ihm zu verbergen – das dafür Nicole im Bad auffängt und verschwörerisch erwidert.

»Was gibt's denn da zu grinsen!«, beschwert sich Raphael lachend in ihre Richtung. »Du könntest mir erst mal anständig Hallo sagen, Madame!«

Ich höre viele Stöße Haarspray und dann den Lichtschalter zum Bad, bevor Nicole auf feinstrumpfhosennackten Füßen durch den Flur tapst und ihm reumütig um den Hals fällt.

»Guten Morgen!«, jauchzt sie, immer noch auf Zehenspitzen, und die Hände auf seine Brust gelegt. »Gut sehen Sie aus, Mister.«

Er neigt wohlwollend den Kopf. »Sie aber auch. Ist das das Kleid von Silvester?«

Nicole wächst schier um zwei Zentimeter. »Ja genau! Krass, dass du das noch weißt.«

Er hebt einen Mundwinkel zu seinem unwiderstehlichen Lächeln. »Ich vergesse nichts, Schätzchen.«

Sie kichert fröhlich und ich verdrehe die Augen, kann mich aber auch nicht gegen ein leises Lächeln wehren. Es ist schön, wieder im Kreise meiner früheren Freunde zu sein. Und zum ersten Mal seit fünf Jahren überkommt mich das seltene Gefühl von Heimweh.

Raphael stellt seine leere Tasse in der Spüle ab und sieht erneut auf seine Uhr. »So, können wir dann mal los?«

Ich entrolle vorsichtig die letzte Strähne aus der Bürste und schalte den Föhn aus, sprühe mein Parfüm auf und verschwinde auch noch mal kurz im Bad. »Ich benutz dein Haarspray, ja?«, rufe ich Nicole zu, bevor ich die Tür schließe und den Schlüssel umdrehe, um auf die Toilette zu gehen. Ihr »Ja klar!« dringt gedämpft durch die Tür.

Als ich zwei Minuten später wieder herauskomme, hat Nicole schon Schuhe an, eine riesige Stofftasche und eine kleinere Handtasche über der Schulter und ein rosa verpacktes Geschenk in beiden Händen.

»Können wir dann, Madame?«, will Raphael sie zur Tür hinausschieben, aber sie schüttelt brüskiert den Kopf und greift nach dem Autoschlüssel mit dem pinken Schleifenanhänger auf der Ablage.

»Ich fahre selbst, ich muss ja danach gleich weiter zum Dienst. Schatz, denkst du an die Cupcakes?«, ruft sie Milias zu, der wie zur Bestätigung bereits einen durchsichtigen Tortenbehälter hochhält.

Raphael glotzt sie an, macht mir aber Platz, als ich dazukomme, meine schwarzen Seidenpumps in der Hand.

»An einem Sonntag?«, frage ich irritiert, während ich die Schuhe auf einem Fuß balancierend anziehe.

Wie aus Reflex streckt Raphael den Arm aus, um mich zu stützen, zieht ihn aber wieder zurück, als ich dadurch noch mehr strauchle und mich wie ein beschwipster Welpe an der Wand abstützen muss. Sehr elegant, Valeria!

»Ja!«, frohlockt Nicole, »Sonntagszuschläge! Die wenigsten Schwestern wollen sonntags Dienst machen, und mir macht das nichts aus.«

Stimmt ja, sie ist Krankenschwester geworden wie ihre Mutter.

»Und warum genau bin ich dann hier?«, fragt Raphael entgeistert.

Nicole grinst ihr ertapptes Liebmädchengrinsen, das sie immer hat, wenn sie wieder schusselig war. »Weil ich vergessen habe, dass ich noch meine komplette Sommerdeko im Auto habe, die ich noch zu meinen Eltern auf den Speicher bringen muss, weswegen nur drei Plätze frei sind.«

Während Raphael eine Erklärung bei Milias sucht, der bloß wohlwollend die Schultern hebt, dreht sich Nicole zu Flavio und ergänzt in erstaunlich flüssigem, aber lustig betontem Italienisch: »Ich fahre dich dann auf dem Rückweg direkt zum Flughafen, in Ordnung?«

Er nickt und schultert seine Reisetasche. Ich greife nach meinem Mantel. »Ich erbarme mich, mit dir zu fahren, Raphael«, beschließe ich großherzig. »Kommt jetzt, Leute!«

»Aber nur, wenn du keine Reiswaffeln dabeihast!«, ruft er mir nach.

Lachend springe ich die Treppe hinunter, werde vorsichtiger vor der verzierten Eingangstür von Milias' Vermieterin, die im selben Haus wohnt, und steuere draußen geradewegs auf den roten Audi zu, vorbei an dem kleinen hellblauen Honda mit Nicoles Initialen im Nummernschild, bei dem die halbe Rückbank umgeklappt und der Kofferraum voller Kisten ist.

»Bis später, Leute!« Ich winke Flavio, Nicole und Milias zum Abschied.

»Warte!«, ruft Milias mir nach und hält den überdimensionalen Tortenbehälter hoch. »Könnt ihr den mitnehmen?«

Notgedrungen laufe ich noch einmal zurück und nehme ihn entgegen. Raphael hat indes schon den Kofferraum geöffnet und schließt ihn auch wieder für mich, während ich seinen Wagen umrunde und auf der Beifahrerseite einsteige.

»Die Krümel sind weg!«, stelle ich fest.

Er hebt einen Mundwinkel. »Seit ungefähr einer Woche oder so«, kommentiert er selbstironisch und startet den Motor. Ich sehe begeistert zu, wie sich das elegante Display aus der Mitte des Armaturenbretts schiebt und das Navigationssystem anzeigt.

»Du bist tatsächlich fast einen Monat mit Krümeln im Fußraum herumgefahren?«, frage ich nach, weil ich es kaum glauben kann. »Ich dachte, du liebst dein Auto so sehr.«

»Tja, ich hatte keine Zeit«, antwortet er. Die Art, wie er es vermeidet mich dabei anzusehen, lässt mein Herz flattern, aber ich zwinge mich zur Beherrschung. Zumal er jetzt sein Handy in die Hand nimmt und Siri fragt, wo sein nächster Termin ist. Ich fühle mich, als hätte ich die letzten Monate unter einem Stein gelebt, als er die Adresse direkt vom Handy per Sprachsteuerung an sein Navigationssystem schickt, bevor er Siri in einem neuen Befehl aufträgt, Musik zu spielen.

»Krass«, bringe ich meine Sprachlosigkeit zum Ausdruck.

»Willkommen im einundzwanzigsten Jahrhundert«, gluckst er, während der blaue Navigationspfeil auf der digitalen Karte im Display erscheint und der Radiosender von einem Song abgelöst wird, den ich aus einem Tarantino-Film zu kennen glaube. Wir werden um 10:43 Uhr ankommen. Ziemlich überpünktlich für eine Taufe um elf, aber lieber zu früh als zu spät, was?

»Filmmusik?«, frage ich, einfach um das Gespräch am Laufen zu halten, während Raphael uns in den fließenden Verkehr einfädelt. Die Tankanzeige leuchtet mit einem dezenten Signalton auf, aber Raphael schenkt ihr nur kurz Beachtung.

»Einfach zufällige Titel aus meiner Musikbibliothek«, antwortet er dann und drückt einen Knopf am Lenkrad, woraufhin das Lied weiterspringt. Ein Song, der sich nach Beyoncé anhört.

»Hast du da alles drauf?«, frage ich, als mir plötzlich eine Idee kommt. Bevor er reagieren kann, habe ich sein Handy in der Hand und drücke den Knopf, um die Sprachsteuerung zu aktivieren.

»Hallo?!«, empört er sich.

Ich werfe ihm einen begeisterten Seitenblick zu, während ich diktiere: »Spiel Musik von Kid Rock.«

Raphael schüttelt den Kopf. Doch während der aktuelle Song von Country-Rock-Beats abgelöst wird, macht sich ein Grinsen auf seinem Gesicht breit. Und als wenig später vor uns die Fahrbahn frei wird und Raphael die Spur wechseln kann, verursacht mir die Beschleunigung Bauchkribbeln. Das – oder die Musik.

Ich lehne mich zufrieden vor und drücke auf den Knopf für die Sitzheizung des Beifahrers. Es ist zwar für Oktober wirklich schön bei vierzehn Grad und Herbstsonne, die durch die halb entlaubten Baumwipfel lugt, aber im Auto ist es trotzdem kühl. Zur Sicherheit stelle ich auch den rechten Temperaturregler zwei Grad höher.

»Du auch?«

Sein Stirnrunzeln ist Antwort genug. »Willst du vielleicht auch noch das Steuer übernehmen?«, fragt er stattdessen trocken, nachdem ich bereits seine Musik und Temperatur gekapert habe.

»Klar!«, antworte ich sofort. Sein Blick macht mehr als deutlich, dass das eine rhetorische Frage war, aber ich bin begeistert von der Idee. »Darf ich?«

»Lass mich überlegen ... Nein.« Er gluckst belustigt und schaut dabei viel zu oft zwischen mir und der Straße hin und her. »Ich weiß, wie man in Italien mit Autos umgeht.«

Ich muss lachen. »Guck nach vorne! Außerdem ist das nicht überall so. Und ich bin sogar mal Porsche gefahren.«

Er bremst kurz ab. »Na klar.«

»Nein, wirklich!«, bekräftige ich. »Ich hatte mal einen Bekannten, der einen Porsche hatte.«

»Einen *Bekannten*«, wiederholt er wissend.

Ich verdrehe die Augen. »Na schön, Bekannter mit Vorzügen«, präzisiere ich widerwillig. Für zwei Wochen. »Aber der hat mich immer fahren lassen«, wiederhole ich und sehe Raphael vielsagend an.

Er erwidert meinen Blick so selbstsicher, dass ich mich frage, ob man meinen Satz irgendwie anders interpretieren könnte. Ich kann nichts entdecken, trotzdem wird mir plötzlich heiß. Von seinem intensiven Blick und vielleicht auch ein bisschen von den nicht ganz jugendfreien Songtexten von Kid Rock, die mich so sehr an unsere gemeinsame Jugend erinnern, dass es fast körperlich schmerzt.

Dennoch bin ich machtlos gegen die Wärme, die mich wie eine flauschige Decke einhüllt in die Erinnerung an jene gute alte Zeit, in die einen nur Musik oder Gerüche zurückversetzen können. Jetzt gerade drohe ich darin allerdings zu ersticken, weswegen ich die Temperatur wieder herunterregle und mich umständlich aus meinem Mantel schäle. Dann fahre ich das Fenster ein Stück weit herunter und strecke mein Gesicht dem Herbstwind entgegen. Ich betrachte die vorbeiziehenden Bäume und Autos und lausche dem Sound meiner Jugend.

Neben mir stöhnt Raphael auf. »Du trägst nicht ernsthaft keinen BH.«

Ich blinzle ihn an, bekämpfe die Hitze auf meinen Wangen und in meinem Bauch, während mir einfällt, dass ich das rückenfreie Kleid trage. »Was dachtest du, warum du dich vorhin umdrehen solltest?«, erwidere ich dann, wechsle den Song und werde mit einer Feelgood-Country-Ballade belohnt.

Raphael schüttelt immer noch den Kopf und setzt den Blinker. »Ich muss kurz tanken.«

Ein Blick auf die Ankunftszeit verrät mir, dass wir auch so noch pünktlich ankommen werden. Also bleibe ich im Wagen sitzen, während er tankt und bezahlt. Ich betrachte den Stoffhimmel, das Armaturenbrett, das Lenkrad.

Als Raphael zurückkommt, grinse ich ihn vom Fahrersitz aus an.

»Auf gar keinen Fall«, bestimmt er, kommt aber kaum gegen das amüsierte Lachen in seiner Kehle an. Er hält mir die Tür auf wie ein unerbittlicher Gentleman. »Steig aus.«

Der Wagen an der Säule hinter uns hupt. Mein Grinsen wird breiter. »Steig ein«, entgegne ich.

Er fährt sich durch die Haare. »Ich schwöre dir, Valeria ...«

Der Wagen hupt erneut. Ich löse sanft die Tür aus seinem Griff und ziehe sie zu. »Entspann dich, Raphael.«

»Das ist in deiner Nähe nicht möglich«, antwortet er, während er sich auf meiner anderen Seite in den Beifahrersitz fallen lässt und mir den Schlüssel hinhält.

Elektrisiert greife ich danach, da packt er noch einmal zu und sieht mich so durchdringend an, als wollte er mir die Kleider vom Leib reißen – oder den Kopf vom Hals, wenn ich seinem Wagen auch nur einen Kratzer zufüge. Ich habe nicht gelogen, ich bin wirklich eine gute Autofahrerin, auch wenn ich in Mailand kein eigenes Auto habe. Aber als ich den Schlüssel im Zündschloss umdrehe, bin ich tatsächlich mehr als nur ein bisschen aufgeregt.

Das Gaspedal reagiert sofort, sodass mein Bauch einen Satz macht, aber ich manövriere uns sicher zurück auf die Straße. Ich liebe es, wie präzise der Wagen reagiert, wie geschmeidig die Kupplung kommt, und vor allem bin ich begeistert von diesem Lenkrad.

»Oh mein Gott, dieses Auto ist der Wahnsinn!«, juble ich.

Raphael schüttelt kaum merklich den Kopf, kann es immer noch nicht fassen. »Nicht nur das Auto.«

Ich wage einen kurzen Seitenblick auf ihn, weil ich nicht glauben kann, dass dieses schlichte Kompliment in seiner Stimme echt sein soll. Der Ausdruck in seinen blauen Augen lässt mein Herz für einen Moment aussetzen und meinen Bauch Purzelbäume schlagen. Ich fühle mich unbesiegbar! Und es liegt nicht allein daran, dass ich gerade den coolsten Wagen der ganzen Stadt fahre. Es liegt an Raphael, und an seinem alles einnehmenden Blick.

Es ist derselbe wie damals, als ich eines Morgens vor unserer Haustür fast in ihn hineingelaufen wäre. Ich kann keine Banane essen, ohne an diesen Moment zu denken. Kurz: es ist derselbe Blick wie in all meinen besten Erinnerungen.

Unwillkürlich drücke ich das Gaspedal weiter durch und werde von einer Welle Adrenalins überschwemmt. Ein kurzer Blick auf die Uhr: Noch dreizehn Minuten. Dreizehn Minuten lang wird mein Leben perfekt sein.

Raphael

Achterbahn. Das Leben mit Valeria ist eine Achterbahnfahrt.

Ich kann den Blick nicht von ihr abwenden, aber ich will nicht riskieren, die Straße aus den Augen zu lassen. Nicht, dass es mir irgendwas bringen würde.

Den ersten Kilometer im Stadtverkehr fluche und bete ich lautlos im Sekundentakt, während sie vor roten Ampeln viel zu spät bremst und bei Grün viel zu stark beschleunigt, sodass mein Bauch jedes Mal einen Satz macht.

Erst als wir die Landstraße erreichen, gestehe ich ihr allmählich zu, dass sie besser fährt als erwartet, ziemlich gut sogar. Nicht so besonnen wie Aaliyah, sondern ... leidenschaftlich. Lebendig. Und doch sicher.

Sie jubelt, als sie auf der Geraden beschleunigt, dann lacht sie aus voller Kehle. Ihr Lachen ist pure Freude, die meine Lippen ansteckt, in meinem Hals brennt und meine Brust in Brand setzt.

»Hast du gerade vom dritten in den sechsten Gang geschaltet?!«, entfährt es mir.

Sie grinst bloß zur Antwort, nein, strahlt über das ganze Gesicht. Ich schüttle immer noch sprachlos den Kopf, kämpfe aber längst nicht mehr gegen das Lächeln an. Stattdessen lasse ich das Fenster herunter und halte meine Hand in den kühlen Fahrtwind, versuche ihn zu greifen und festzuhalten wie diesen Moment. Er entgleitet mir, also konzentriere ich mich auf den holzigen Heuduft in der Luft, der mich eher an Spätsommer erinnert als an Herbst, und drehe die Musik auf.

Valerias Lippen bewegen sich kaum hörbar, ihre Augen leuchten und ihre Finger klopfen im Takt auf das Lenkrad. Ich betrachte ihre natürlichen Fingernägel und die vielen Ringe an ihren Händen, lasse meinen Blick ihre karamellfarbenen Arme hinaufwandern zu den spitzenbesetzten Ärmeln und diesem Wahnsinns-Rückenausschnitt. Schüttle erneut den Kopf, unfähig auch nur eines Gedankens, völlig gefangen in diesem Moment. Beim nächsten Refrain singt sie aus voller Kehle mit und verwandelt mein leises Lächeln in ein unbezähmbares Grinsen.

Das ist vielleicht die waghalsigste Autofahrt meines Lebens, aber ich fühle mich so lebendig wie lange nicht mehr. Und als Valeria beinahe zufällig zur Seite schaut und meinen Blick auffängt, weiß ich, dass wir dasselbe denken. Dasselbe *fühlen*.

Es wäre ein Leichtes, die Hand nach ihr auszustrecken und die weiche Haut ihres Rückens entlangzufahren, bis sie erschaudert. Meine Finger in ihrer dunklen Mähne zu vergraben, die sie über eine Schulter nach vorn drapiert hat. Sie dazu zu bringen, rechts ranzufahren, und meine Lippen auf ihre zu drücken. Sie auf meinen Schoß zu ziehen und nicht mehr loszulassen, bis wir beide außer Atem sind.

Aber ich tue nichts davon. Ich werde nicht denselben Fehler noch einmal machen, eine funktionierende Beziehung mit einer atemberaubenden Frau zu ermorden, bloß weil ein Teil von mir noch in der Vergangenheit festhängt und sich weigert, erwachsen zu werden – und sich vor allem weigert, endlich Verantwortung zu übernehmen.

Bei dem Gedanken dreht sich mir derart der Magen um, dass ich den Kopf wegdrehe und das Fenster noch weiter herunterlasse, um kühle Luft in meine Lungen zu pumpen.

Beim letzten Mal habe ich gnadenlos versagt. Das werde ich nicht noch einmal tun. Selbst wenn es heißt, dass ich meine Gefühle für Valeria erneut begraben muss. Aus völlig anderen Gründen als damals. Aber aus den richtigen. Alles andere wäre genauso egoistisch und verantwortungslos, wie ich mir geschworen habe, nie wieder zu sein.

23 Ein Leiden aus Eis und Feuer

Valeria

Eine Viertelstunde lang ist das Leben perfekt. Dann kommen wir bei der Kirche an und der Schleier der Erinnerung löst sich in Realität auf.

Voller Adrenalin lenke ich den Wagen in eine freie Bucht auf dem Parkplatz neben der kleinen Gemeindekirche, dann muss ich eine Sekunde lang nach der Handbremse suchen. Raphael betätigt einen unscheinbaren Knopf, der daraufhin rot leuchtet, und in der folgenden Stille ist nicht zu leugnen, dass sich auf der Fahrt etwas verändert hat. Raphael wirkt verschlossener als vorher. Angespannter. Als hätte der Parkplatz ihm jegliche Emotion genommen. Oder war es meine Gegenwart und die Erinnerung an früher?

»Danke fürs Fahren«, sagt er und meint es ehrlich, aber ich bringe nur ein mattes Lächeln zustande, während ich mich frage, was ich falsch gemacht haben könnte.

Dann ziehe ich den Schlüssel ab, und mit dem Motor erstirbt auch der letzte Rest nostalgischer Euphorie, während Raphael sich stumm abschnallt und aussteigt. Die Finger schon am Türgriff, bleibe ich noch einen Sekundenbruchteil sitzen, um mich zu sammeln. Er hat recht. Er hat recht, aber die endgültige Erkenntnis, dass es nie mehr so sein wird, wie es mal war, tut trotzdem weh.

Ich bin mir absolut sicher, dass er es auch gespürt hat: Dieselbe Anziehungskraft wie damals, denselben Lockruf des Verbotenen und dasselbe Kribbeln der Herausforderung. Für eine Viertelstunde lang war alles wie früher. Aber im Gegensatz zu damals steht heute weit mehr zwischen uns als die Tatsache, dass er der größte Aufreißer der Stadt ist und ich die kleine Schwester seines besten Freundes bin. Jetzt steht eine echte Freundin zwischen uns, und tausend Kilometer Luftlinie zwischen unseren Lebenswelten.

Schnell ziehe ich mir meinen Mantel an und gehe zum Kofferraum. In diesem Augenblick fährt Nicoles hellblauer Honda neben uns auf den Parkplatz.

»Krass, wieso sind wir denn vor euch da?«, wundere ich mich. »Wir waren doch sogar noch tanken!«

»Weil du achtundfünfzig in der Ortschaft fährst und hundertneun außerhalb«, antwortet Raphael mit einem fernen Echo seines üblichen Schalks in der Stimme, während er darauf wartet, dass ich endlich den Tortenbehälter mit Nicoles Cupcakes aus dem Kofferraum nehme, damit er abschließen kann.

»Lass ruhig stehen, die holen wir nach der Messe«, sagt Nicole zu mir, während sie in einer schwungvollen Geste ihre Haare aus dem Mantelkragen befreit. Milias hält irritiert inne.

»Du bist gefahren?«, fragt er einigermaßen schockiert, sieht zwischen Raphael und mir hin und her.

Ich grinse gewinnend, während sich uns ein großer Typ mit Bart nähert. »Alles unter zehn Stundenkilometer drüber ist doch – Chris!«, unterbreche ich mich selbst und falle dem großen Teddybären um den Hals.

»Hey, kleine Val! Schön, dich zu sehen. Was gibt's Neues?«

»Valeria hat Raphaels Auto gefahren!«, antwortet Milias, der immer noch verstört dreinschaut und sich dann bei seinem besten Freund beschwert: »Ich durfte noch nie mit deinem Auto fahren!«

Während er Chris ebenfalls begrüßt, wandern Raphaels Augen zu meinem Bruder. Aber bevor er etwas erwidern kann, kommt Chris ihm zuvor: »Du hast halt nicht so viel Durchsetzungskraft wie deine Schwester. Und bestimmt nicht so überzeugende Argumente.«

Ich schnappe gespielt empört nach Luft, freue mich aber über das

Kompliment und stimme in sein Grinsen mit ein. Er zwinkert mir zu, bevor er auch Nicole zur Begrüßung umarmt und Flavio die Hand hinhält. »Hi, ich bin Chris.«

»Flavio«, antwortet der. »*Sono un ragazzo di Valeria.*«

»Bitte, was ist mit Valeria?«, lacht Chris, woraufhin sich Flavio auf Englisch entschuldigt und Milias übersetzt.

»Valerias Freund.«

Ich werfe meinem Bruder einen dankbaren Blick zu, den er mit einem kaum sichtbaren Augenzwinkern erwidert. Flavio hat in Wahrheit gesagt, er sei *ein* Freund von mir. Nicht *mein* Freund.

Begeistert von dieser Nachricht begrüßt Chris Flavio noch mal, jetzt herzlicher. »Tja«, macht er dann. »Gehen wir? Ich glaube, ich muss ein Baby übers Taufbecken halten. – *I'm the Godfather today*«, übersetzt er für Flavio, bevor ihm einfällt: »Ach, Raphael! Ich muss mir gleich dein Feuerzeug für die Taufkerze borgen.«

Und noch während Raphael verwundert den Blick hebt, weiß ich, was an seinem Duft anders ist als früher: Der schwache Geruch von warmem Rauch fehlt.

»Raphael raucht nicht mehr!«, erkenne ich überrascht.

Er zuckt zustimmend mit den Schultern, hebt dann einen Mundwinkel. »Soll nicht so gut für die Gesundheit sein.«

Chris lacht, und auch ich muss gegen das Grinsen ankämpfen, während Flavio sein Feuerzeug aus der Tasche holt und Chris hinhält.

»Danke, du bist meine Rettung!«, beteuert der auf Englisch, bevor er meinen Mitbewohner darüber ausfragt, wie er und ich zusammengekommen sind.

Ich habe augenblicklich ein schlechtes Gewissen, während wir uns in Bewegung setzen. Einzig Raphaels aufgehende Miene, als er Aaliyah vor dem Eingang stehen sieht, erinnert mich daran, dass es eine gute Idee war, Flavio als meinen Freund auszugeben. Wir halten es vielleicht mittlerweile im selben Raum aus, ohne auf die ein oder andere Art übereinander herzufallen. Aber ohne Flavios stützenden Arm würde ich in diesem Moment zusammenbrechen. Raphael und ich werden nie wieder zusammenkommen. Weil wir beide erwachsen geworden sind. Und, weil er jemand weitaus Besseres als mich gefunden hat.

Aaliyah wartet zusammen mit René und Maike vor dem Eingang auf uns. Sie trägt einen kamelfarbenen Kaschmirmantel über dem Arm und ein sandfarbenes Etuikleid, das ihre atemberaubenden Kurven umhüllt wie eine zweite Haut, ohne aufdringlich oder gar billig zu wirken. Schlichte Eleganz in Perfektion, genau wie beim letzten Mal. Und mit der geglätteten Haarpracht, dem dezenten Make-up und dem leichten Lächeln auf den Lippen wirkt sie so vollkommen und unerreichbar, dass ich mir in meinem roten Kleid augenblicklich vorkomme wie ein schriller Papagei.

Ich schlucke die aufkeimende Verzweiflung hinunter, als Raphael sie mit einem Arm umfängt und ihren Mundwinkel küsst. Ich blinzle. Es ist kein richtiger Kuss, aber die Geste wirkt so vertraut, dass die Raubkatze in meinem Bauch wütende Klagelaute ausstößt.

Etwas aus der Fassung gebracht, bin ich die Letzte, die sich in die Schlange für die glücklichen Eltern einreiht. Als Nicole ihnen um den Hals fällt, stellt sich heraus, dass die junge blonde Frau neben Maike deren beste Freundin Pia ist und offenbar neben Chris die zweite Taufpatin – gemessen an dem Umstand, dass sie eine bezaubernde Taufkerze in den Händen hält.

Ich gebe sowohl ihr als auch den beiden Großelternpaaren die Hand, während René und Maike von Raphael in Anspruch genommen werden. »Hey, ihr beiden, danke für die Einladung«, raunt er leise, bevor er der kleinen Leonie zuwinkt. »Na du?«

Anders als bei Nicole, Chris und Pia schraubt sich seine Stimme nicht drei Oktaven höher, wenn er mit Leonie redet. Wenn man Raphael nicht kennt, könnte man denken, er behandelt das Baby wie einen erwachsenen Menschen. Aber wir alle hier wissen, dass Raphael einfach nicht mit Kindern kompatibel ist.

Leonies große Augen wandern weiter und als sie bei mir ankommen, winke ich ebenfalls. Sie blinzelt kurz, verliert das Interesse und schaut wieder zu Maike hoch. Oh Gott, ich bin genauso schlecht mit Kindern.

»Valeria!«, ruft René da begeistert und überfällt mich mit einer überschwänglichen Umarmung. »Ich freu mich sehr, dass du da bist!«

Ich erwidere seine Umarmung quietschend, dann drücke ich auch Maike fest an mich und winke Leonie erneut zu, hauche ein leises »Heyyy« in ihre Richtung. Sie schaut mich mit offenem Mund an, zeigt aber ansonsten keine Regung.

»Es ist schön, dass du es geschafft hast«, bekräftigt Maike und rückt ihre Tochter auf ihrem Arm zurecht.

»Klar, jederzeit!«, erwidere ich fröhlicher, als ich mich gerade fühle, weil ich weiß, dass Raphael und Aaliyah immer noch in Hörweite sind. »Danke für die Einladung, ich habe mich total gefreut und es bedeutet mir wirklich viel. Ich habe euch noch jemanden mitgebracht! Das ist mein lieber Freund Flavio.«

»Oh, dein Freund!«, wiederholt René begeistert, obwohl ich es nicht so gemeint habe, bevor er ihn mit einem herzlichen Handschlag begrüßt. »Willkommen, mein Lieber!«

»Danke«, antwortet Flavio. Ich blinzle.

»Hast du gerade auf Deutsch geantwortet?«, frage ich ihn auf Italienisch.

»Worte wie *danke*, *bitte* und *ciao* sind ja nicht so schwer«, verteidigt er sich lachend. Ich stoße ihn kichernd mit der Schulter an und er legt den Arm um mich. Nur freundschaftlich, trotzdem bin ich froh um den Schutz, den er mir und meinem Herzen damit bietet. Ich hasse mich für dieses Schauspiel, aber ich kann nicht anders.

»Okay, ich verstehe, was du meinst«, sagt René in Raphaels Richtung. »Ist echt krass, ihr auf Italienisch zuzuhören.«

Ich muss lachen, aber Milias entgegnet mit der stolzen Miene eines Bruders: »Du hast noch nicht mal erlebt, wie sie richtig loslegt!«

René hebt kapitulierend die Hände. »Das würde ich wahrscheinlich auch nicht *über*leben.«

Raphael gluckst leise und zieht damit meinen Blick auf sich. Und auf

Aaliyah, die wie eine erhabene Siamkatze danebensteht, mit beobachtenden Augen und leisem Lächeln, das breiter wird, als sie meinen Blick auffängt. Ich gebe mir einen Ruck und gehe hinüber.

»Hey«, sage ich. Sie streckt mir die Hand hin, aber ich umarme sie einfach, was ihr einen überraschten Laut entlockt.

»Hey«, erwidert sie warm.

»Wir haben irgendwie falsch angefangen«, gestehe ich und ergreife ihre Hand jetzt doch. »Ich bin Valeria.«

Ihr Lächeln ist umwerfend und ihre Zähne sind perfekt. Ich bete inständig, dass meine Augen meinen Schmerz nicht verraten, als sie antwortet: »Aaliyah. Freut mich sehr.«

Raphaels Rechte streift ihren Arm. Beinahe flüchtig, aber weich wie eine Liebkosung. Als wäre er ein völlig anderer Mensch. Besonnen und verantwortungsvoll, wo er früher draufgängerisch und sorglos war. Genau wie ich. Vielleicht waren wir deswegen das perfekte Paar. Vielleicht war das aber auch der Grund für die unausweichliche Katastrophe. Wir waren uns so ähnlich, dass wir uns nur zerstören konnten, und jetzt sind wir so unterschiedlich, dass es nichts mehr zu sagen gibt.

»Ich geh schon mal mit den anderen rein«, sagt er leise. Täusche ich mich, oder höre ich jetzt wirklich Anspannung in seiner Stimme? Sein Blick bleibt einen Herzschlag lang an meinem haften, aber ich kann nicht in seinen Augen lesen. Dann steckt er die Hand zurück in die Hosentasche und steigt wieder in das Gespräch der Jungs ein, während sie sich entfernen.

»Wow«, spreche ich meine Gedanken aus, bevor ich mich daran hindern kann, »ich weiß nicht, wann ich Raphael zuletzt so …«

»… neben der Spur gesehen habe?«, ergänzt Aaliyah meinen Satz wohlwollend, keine Spur von Spott oder Angriff in der Stimme. Im Gegenteil, sie spricht mit mir wie mit einer Freundin statt einer Rivalin.

Ich blinzle. Eigentlich wollte ich »erwachsen« sagen, aber anscheinend habe ich mich doch nicht getäuscht. Plötzlich mache ich mir Sorgen, starre auf die Rückseite seines Kurzmantels, als könnte sich darauf eine Erklärung materialisieren.

»Weißt du, was mit ihm los ist?«, frage ich vorsichtig. Aaliyah sieht Raphael ebenfalls nach und zieht einen geradezu verboten attraktiven Schmollmund, während sie bedauernd die Schultern hebt.

»Raphael macht immer alles mit sich selber aus. Aber ich habe ehrlich gesagt die Vermutung, dass es mit dir zu tun hat.«

Einigermaßen überrumpelt drehe ich den Kopf wie eine fremdgesteuerte Marionette. Als mein Blick bei ihr ankommt, scheinen mir ihre mandelförmigen Augen direkt in die Seele zu blicken. Verwirrt blinzle ich, betrachte ihren schwungvollen Lidstrich und verliere mich einen Sekundenbruchteil in ihren ebenmäßigen Gesichtszügen. Ihre Mundwinkel heben sich erneut, als sie offen fragt:

»Du bist wahrscheinlich der einzige Mensch auf der Welt, der weiß, was sein Tattoo bedeutet, oder?«

Ich schließe den Mund – und hoffe, dass ich nicht kurz aussah wie ein Schaf. »Was? Du weißt es auch nicht?«, platzt es aus mir heraus. Das ist ... beunruhigend. Aber warum brandet dann plötzlich ein Sturm der Hoffnung in meinem Innersten auf? Aaliyah ist neben Milias die Einzige, von der man erwarten dürfte, dass sie es weiß. Und die Zweite, die mir sagt, dass es etwas mit mir zu tun haben könnte.

Jetzt schüttelt sie den Kopf, sieht ihm wieder nach. »Er hat nie darüber gesprochen. Und ich habe nie danach gefragt.«

Ich schlucke schwer, aber mein Mund bleibt trocken. Eine Sekunde später beginnen die Glocken zu läuten und retten mich und mein verwirrtes Herz. Wie ein Zombie setze ich mich in Bewegung.

Die Kirche ist ein gemütliches Gemeindehaus mit hölzernen Deckenkonstruktionen und modernen Formen statt klassisch steinernem Sakralbau. Bastelarbeiten an den Wänden zeugen davon, dass hier häufig Kinder zu Besuch sind, daher bin ich nur ein ganz kleines bisschen verwundert, dass heute insgesamt drei Taufen stattfinden. Wir nehmen mit den anderen beiden Taufgruppen, die Maike und René offenbar schon kennen, in den vordersten Reihen Platz, wo ich mich vier Plätze von Raphael entfernt zwischen Milias und Flavio setze. In der nächsten

Dreiviertelstunde der sympathischen Taufmesse kreisen meine Gedanken unablässig um sein Tattoo und darum, was in ihm gerade vorgeht, aber erst als wir zur Taufzeremonie alle aufstehen und dabei zusehen, wie Chris, Pia, René und Maike nach vorne gehen, erhasche ich einen kurzen Blick auf ihn. Seine Miene ist verschlossen, seine blauen Augen so eisern auf die kleine Gruppe am Taufbecken gerichtet, als wollte er sie allesamt einfrieren. Schlimmer noch: als wäre er selbst eingefroren. Und als wir das nächste Lied anstimmen, bewegen sich seine Lippen keinen Zoll. Ist das alles meine Schuld?

Ich überlege fieberhaft, was ich tun kann, während die hübsche Taufkerze entzündet und von Pia ebenso stolz zurückgetragen wird wie die leise wimmernde Leonie von Chris. Als die Glocken zum Ende des Gottesdienstes läuten, verliere ich Raphael aus den Augen, und wenig später stehen wir schon in einer Traube um die stolzen Eltern und Paten herum, um zu gratulieren und Geschenke zu übergeben.

»Lasst uns das doch alles zu Hause machen«, ruft René über unsere Köpfe hinweg. »Schatz, haben wir alles?«

»Ist das der richtige Schlüssel?«, fragt Maike indes seine Mutter und wendet sich nahtlos an Chris: »Kannst du Leonie bitte mal kurz nehmen? Ich muss auf die Toilette.«

Keine Frage: Sie sind beide stolz, glücklich und unwahrscheinlich verliebt in ihre kleine Tochter. Aber in ihrer Art ist so eine Unruhe, in ihren Stimmen so eine Dringlichkeit und in ihrer Körpersprache so viel Stress.

»Kann ich helfen?«, fragen Nicole und ich gleichzeitig, weil wir wohl beide dasselbe gespürt haben.

»Du kannst Leonie nehmen«, antwortet Chris an Maikes Stelle und bettet sie in Nicoles Arm, bevor er Pia hilft, die Blumengestecke einzusammeln.

»Ähm … okay?«, macht die hilflose Nicole. »Ich geh dann schon mal raus?«

»Wir treffen uns bei Renés Eltern zu Hause«, antwortet Chris über die Schulter, auf der er immer noch das zartrosa Spucktuch hat. »Ah!«

Ich eile zurück, um es ihm abzunehmen und irgendwie zwischen Nicoles Schulter und Leonies Kopf zu drapieren, während wir dem Strom durch die Tür nach draußen folgen.

»Ohhh, schau mal«, empfängt uns Renés Mutter Annette und hält ihre Zigarette weit weg von der schlafenden Leonie. »Ist das nicht allerliebst! Sie mag dich, Nicole!«

Nicole grinst wie ein Honigkuchenpferd, woraufhin sich Annette an Milias wendet: »Da wird das bei euch ja bestimmt auch nicht mehr lange dauern! Wann heiratet ihr noch mal?«

Der hebt ebenso schnell die Hände, wie ich die Augen aufreiße. »Das eine hat mit dem anderen ja nicht zwingend etwas zu tun.«

Nicole pflichtet ihm überschwänglich bei, aber ich sehe in ihren Augen, dass sie dieser Art von Lebensentwurf nicht völlig abgeneigt wäre. Zumindest nicht so wie Milias – und Raphael, der einen tiefen Zug von der Zigarette in seiner Hand nimmt. Warte mal …

Natürlich fragt Flavio sofort, ob er sich eine »ausleihen« darf, aber Raphael antwortet, dass er sie sich selbst bloß geborgt hat. Ich ziehe verwundert die Brauen zusammen. »Hast du nicht aufgehört?«, frage ich beide auf Englisch, sehe dabei aber nur Raphael an.

Der bläst den Rauch zur Seite, ohne den Blick von mir zu nehmen, hält Flavio dann die halbe Zigarette hin. »Hier, du kannst meine haben«, bietet er ihm an, bevor er mir auf Deutsch antwortet: »Habe ich auch.«

Ich verziehe das Gesicht noch stärker, lasse es aber dabei bewenden, zumal jetzt auch Chris mit dem Kinderwagen herauskommt, gefolgt von Pia, Maike und René.

»Durchzählen! Sind wir vollzählig?«, frohlockt René wieder in seiner unbeschwerten Art. Sein Blick bleibt an Nicole hängen. »Oh, meine Tochter steht dir, junge Dame.«

»Hör auf damit!«, beschwert sich Milias lachend. Raphael gluckst, äußert sich aber nicht dazu.

»Halt, meine Cupcakes!«, ruft Nicole.

Raphael und ich tauschen einen Blick. Wortlos zieht er den Schlüssel aus der Tasche und betätigt die Fernbedienung, macht aber keine Anstalten, sich in Bewegung zu setzen.

»Willst du sie nicht holen?«, frage ich entgeistert.

»Hab *ich* sie in den Kofferraum gestellt?«

Das Einzige, was mich davon abhält, ihm eine Predigt über hohe Absätze und Gentlemen zu halten, ist die Tatsache, dass er bei diesem Satz beinahe gegrinst hat. Raphael ist wieder da!

»Aber ich hab hohe Schuhe an!«, ist alles, was ich letztlich mehr jammere als fluche.

Er deutet ein süffisantes Grinsen an. »Wer in High Heels Auto fahren kann, kann auch zwanzig Meter zu Fuß gehen«, antwortet er pragmatisch. Wieder seinen vertrauten Humor zu hören, flutet meinen Körper mit Erleichterung.

Chris verkneift sich ein Lachen, während René die Brauen zusammenzieht. »Moment mal, nur fürs Protokoll: Valeria hat *dein Auto* gefahren?«, beginnt er das Thema zum dritten Mal an diesem Tag.

Ich verdrehe die Augen und entfliehe der Diskussion, indem ich losmarschiere und den Tortenbehälter aus Raphaels Kofferraum hole.

»Tja, ich hab's ja immer gesagt«, endet René gerade, als ich zurückkomme, »ihr zwei seid wie ein tragisches Lied von Eis und Feuer. Wir Zuschauer warten jahrelang auf die versprochenen Drachen, aber am Ende gibt's nichts als Tränen und Tote.«

Der Tortenbehälter in meinen Händen verselbstständigt sich in Richtung Boden, aber ich kann ihn gerade noch rechtzeitig festhalten und an mich drücken.

»Ja, und das Ende ist extrem enttäuschend«, wirft Chris ein.

»Könnt ihr alle mal die Klappe halten?«, ärgert sich Raphael, während Pia zeitgleich quengelt:

»Hey, ich bin erst bei der fünften Staffel!«

»Oh«, macht Chris und legt ihr eine tröstende Hand auf den Arm. »Genieß es, solange du noch kannst.«

»Echt so schlimm?«, fragt sie nach und sucht bei allen nacheinander Bestätigung.

»Was jetzt, Raphaels und Valerias Beziehung oder das Ende von *Game of Thrones?*«, vergewissert sich René.

»Alter!«, zischt Raphael, aber die Jungs winken bereits lachend ab.

Ich klammere mich an den Tortenbehälter wie an einen Rettungsring und wage keinem von ihnen in die Augen zu sehen, denn Renés Beschreibung unserer Beziehung erschüttert mich mehr, als ich mir selbst eingestehen möchte.

24 Kuchen, Kinder und andere Katastrophen

Valeria

»Oh mein Gott, Maike!«, staunt Nicole zwei Stunden später, als die stolze Mama eine bildschöne zweistöckige Tauftorte vor uns auf den Esstisch stellt.

Wir sitzen im Wintergarten von Renés Eltern mit Blick auf das gepflegte Grundstück, das in den schönsten Herbstfarben erstrahlt. Die Sonne malt ein trügerisches Idyll auf das immer noch sattgrüne Gras, aber ein Blick auf die Baumwipfel verrät, dass der Herbst uns nur vorgaukelt, ein herrlicher Sommertag zu sein, um uns hinaus in tückische Windböen zu locken.

Genauso wie mir mein Verstand vorgaukelt, es gäbe noch eine Chance für die Jugendliebe, bloß um mir jedes Mal ein Messer ins Herz zu rammen, wenn mein Blick auf Raphael und Aaliyah fällt. Die beiden strahlen einfach so eine Gewissheit aus, so eine respektvolle Vertrautheit, die ich ihm wohl niemals bieten könnte. Ihre Beziehung ist wie ein unumstößlicher Fels, und die Erkenntnis trifft mich wie ein Hammerschlag.

»Wirklich beeindruckend«, bekräftigt Aaliyah. »Du hast Talent, Maike! Ich kriege nicht einmal einen Rührkuchenteig hin.«

Raphaels wissendes Glucksen versetzt mir erneut einen Stich, während René amüsiert einen Arm auf Maikes Stuhllehne legt. »Na ja, um ehrlich zu sein, musste sie auch zweimal backen und einen ganzen Boden wegwerfen. Nicht wahr, Schatz?«

»Ja, weil du ihn nicht essen wolltest!«, beschwert sich Maike, der es sichtlich peinlich ist, dass mit dieser Enthüllung die perfekte Fassade ihrer Backkunst einen kleinen Riss bekommen hat.

»Lass dir nichts einreden«, zwinkert Aaliyah ihr zu. »Der Meister ist öfter gescheitert, als es der Schüler je versucht hat. Und nicht der, der Fehler macht, ist ein hoffnungsloser Fall, sondern nur der, der nicht daraus lernt. – Ist das ein echter Lavendelzweig?«, lenkt sie das Thema nahtlos wieder auf konstruktive Bahnen, aber ich sitze immer noch da wie vom Donner gerührt. Denn ihre Worte durchbohren mich wie Dolche der Wahrheit: Ich bin einer dieser hoffnungslosen Fälle, ich bin sogar der Prototyp der Hoffnungslosigkeit. Denn ich habe nicht nur Dutzende, ach was, Hunderte Fehler gemacht, sondern auch aus den meisten nicht gelernt.

Um mein Entsetzen zu überspielen, beuge ich mich ebenfalls vor und nehme das Kunstwerk in Augenschein. Darauf thront eine dreidimensionale Taube mit – Aaliyah hat recht! – einem echten Lavendelzweig im Fondantschnabel. Aaliyah hat mit allem recht.

»Wahnsinn«, staune ich, während die beiden Großmütter den Tisch umrunden, um Fotos zu machen.

»Dagegen sind meine Cupcakes ja hässliche Entlein!«, jammert Nicole.

»Überhaupt nicht, Kleines.« Milias streckt den Arm aus, um seine Freundin an sich zu ziehen, und sie schmiegt den Kopf gegen seine Brust, während sie ihre kleinen Haubentörtchen mit den rosa Zuckerblüten skeptisch mustert. Ich finde die auch überhaupt nicht hässlich.

Während die stolze Maike vorsichtig keilförmige Stücke auf unsere nacheinander angereichten Teller lädt, geht die Tür auf und Renés Vater kommt vom Spaziergang mit Timon zurück, Renés sandfarbenem Mischlingshund, den ich noch von früher kenne. Seinen Namen verdankt er natürlich Simbas Kumpel aus Disneys *Der König der Löwen*, an den seine aufgedrehte Art und sein erdmännchenartiges Gesicht erinnern. Jetzt, mit fast zwölf Jahren, ist Timon ruhiger geworden, aber manchmal glaubt man immer noch ihn grinsen zu sehen. So wie jetzt, als René mit dem Stuhl zurückrutscht und Timon sogleich schwanzwedelnd den Kopf zwischen die Knie seines Herrchens steckt. Sein ganzer struppiger Körper wackelt, als René ihn durchrubbelt.

»Schatz«, tadelt Maike, »die Haare!«

René lässt widerwillig von seinem alten Hund ab, woraufhin sich der den Nächsten sucht und seinen Kopf auf Raphaels Knie legt.

»Hast du ein Auge auf Leonie?« Es ist mehr ein Befehl als eine Bitte von Maike, während sie ihrem Schwiegervater ein Stück Torte auflegt.

Und während sich René seufzend auf seinem Stuhl nach hinten lehnt, um einen Kontrollblick auf seine Tochter zu werfen, wandern meine Augen von ihm und Maike über Milias und Nicole zu Raphael und Aaliyah. Es ist, als würden vier völlig unterschiedliche Welten an diesem Tisch zusammensitzen, vier Elemente aufeinanderprallen:

Vollkommene Innigkeit auf Milias' und Nicoles Seite, die sich auch nach fünf Jahren noch anfühlt, als wären sie frisch verliebt. Sanft und unbeschwert wie der Wind.

Hektischer Alltag voller Verantwortung, Erwartungsdruck und Sorgen bei Maike, die Renés lockerer Schalk nur teilweise auffangen kann. Unbeständig und ruhelos wie das Wasser.

Auf der anderen Seite vertrauensvolle Ruhe bei Raphael und Aaliyah, deren Beziehung vollkommen erwachsen, ehrlich und bodenständig wirkt. Fest und unerschütterlich wie Erde.

Tja, und dazwischen Flavio und ich, die wir uns kabbeln und lachen wie Geschwister, wie beste Freunde. Die wir beide den Mund viel zu oft viel zu voll nehmen, uns Hals über Kopf in unsere Leidenschaften stürzen und dabei trotzdem irgendwie immer mehr leiden als lieben. Unbezähmbar und lebendig wie das Feuer.

Feuer kann Erde nicht entzünden.

»Leonie geht's super«, stellt René fest. Die sitzt auf dem Schoß ihrer Oma und greift nach allem, was in sich in Reichweite befindet: Gabel, Tellerrand, Kaffeetasse, Torte. Maike sieht darüber nicht ganz glücklich aus, sagt aber nichts.

»Pass bitte auf mit Timon«, drängt sie dann doch, als eine schwarze

Nase schnuppernd unter dem Tisch hervorlugt. Renés Mutter rutscht wie geheißen ein Stück zurück, aber zu meiner Überraschung ist es Raphael, der Timon sanft am Halsband von Leonie wegzieht und ihm beruhigend den Kopf krault.

»Verstehen sich die zwei nicht?«, fragt Nicole mitfühlend, die so etwas wie einen sechsten Sinn für schwierige Situationen hat.

»Doch, klar«, antworten René und sein Vater beinahe gleichzeitig, bevor sich Letzterer ein Stück Torte in den Mund schiebt und begeistert den Daumen in Maikes Richtung hochstreckt.

Sie lächelt über das unausgesprochene Lob. »Danke! Ja, eigentlich verstehen sie sich. Ich bin halt einfach vorsichtig.«

»Dabei will der doch nur spielen«, imitiert Milias den vielzitierten Spruch und hebt damit augenblicklich die Stimmung. Sogar Maike muss grinsen.

Wie zur Bestätigung bellt Timon einmal, blickt erst Raphael erwartungsvoll an und verdreht dann den Kopf zu René, wobei seine rosa Zunge schief heraushängt.

»Ja, du hast recht«, pflichtet Raphael dem Hund bei und reibt seinen struppigen Kopf zwischen beiden Händen, »du warst immerhin vor Leonie hier, nicht wahr?«

René muss lachen, Maike schüttelt den Kopf und steht auf, um die Kaffeekanne aufzufüllen. »Ich mach schon«, bietet Renés Mutter an und reicht Leonie von ihrem Schoß weiter an ihren Mann. Prompt verzieht die Kleine das Gesicht und beginnt zu quengeln. Timon dreht den Kopf zu ihr und ich sehe, wie sich Raphaels Finger vorsorglich in sein Halsband haken.

»Aber, aber«, säuselt Renés Vater und wiegt seine Enkelin an seiner Schulter, die immer lauter schreit.

Maike seufzt erschöpft, streckt die Arme aus und das Baby wandert vom Opa über den Vater zurück zur Mutter. Timon reckt neugierig den Kopf und schnuppert an den Babysocken, aber Maike geht sofort dazwischen. »Nein!«, ruft sie mit einer werfenden Geste, woraufhin Timons

Kopf hechelnd der imaginären Luftlinie folgt und sich gleich darauf wieder auf das potenzielle Wurfzeug in Maikes Armen fixiert.

»Er glaubt, sie ist ein Spielobjekt«, erklärt Raphael pragmatisch. »Vielleicht solltest du ihm zeigen, dass Leonie Teil des Rudels ist.«

Maike lacht kehlig auf. »Ja, vielleicht machst du das mit deinem eigenen Kind«, entgegnet sie sarkastisch, während Timon erneut schnuppernd den Kopf reckt und mit dem Schwanz wedelt. Das ist eindeutig ein Spiel für ihn, und sosehr ich es hasse: Raphael hat recht.

»Isst du das noch?«, fragt Flavio schelmisch, dessen Gabel schon über meinem halb gegessenen Kuchenteller schwebt. Sein spitzbübisches Grinsen entlockt mir ein halbes Lächeln, obwohl mir der Appetit schon lange vergangen ist. Ich schiebe ihm meinen Teller zu, gerade als Maike ihre Tochter erneut ruckartig aus Timons Reichweite zieht. Der bellt kurz auf, woraufhin die Mutter zusammenzuckt und das Baby zu plärren beginnt.

Raphael atmet tief durch. »Das ist natürlich kontraproduktiv.«

Da rastet Maike aus. Raphael kann Timon gerade noch festhalten, als sie aufspringt. »Was weißt du eigentlich? Wir reden weiter, wenn du Kinder hast, ja?! Falls es jemals dazu kommen sollte – nichts für ungut!«, fügt sie in Aaliyahs Richtung hinzu, aber die scheint absolut über solchen Themen zu stehen, gemessen an ihrem leisen Mona-Lisa-Lächeln.

Raphael schnaubt verächtlich und schiebt den Unterkiefer vor, wie er es immer tut, bevor er etwas wirklich Gemeines sagt. Aber er spricht es nicht aus, lehnt sich bloß auf seinem Stuhl zurück und begnügt sich damit, Maike mit seinem Blick zu durchbohren.

»Lass ihn einfach in den Garten«, meldet sich Renés Dad zu Wort.

Sofort steht Raphael auf und öffnet die Balkontür für Timon. Zwei Sekunden später bellt der von draußen, einen Tennisball zu seinen Füßen.

»Er will mit dir spielen!«, übersetzt Raphael für René und klatscht in die Hände. »Komm schon, ein bisschen Sport für den Kuchenbauch!«

Er klopft lachend auf Renés Bäuchlein. Der ächzt, aber sein Vater winkt ab. »Wenn du den Ball zweimal geworfen hast, hängt seine Zunge sowieso schon bis zum Boden. Er ist eben auch nicht mehr der Jüngste, genau wie dein alter Herr.«

»Dad«, stöhnt René, der diese Konversation offenbar schon öfter geführt hat und anderer Meinung über das Alter seines Vaters ist.

Timon bellt noch einmal. Ich blicke von dem kaum noch zurückgehaltenen Ärger in Maikes Gesicht über Renés zusammengesunkene Gestalt zu Raphaels dynamischem Schulterzucken. Ich kann mir nicht helfen, er ist einfach immer noch der heißeste Typ, den ich kenne. Und ich kann meine Gedanken nicht bremsen, als er sich die umgeschlagenen Hemdsärmel noch ein Stück weiter nach oben krempelt und die Balkontür erneut öffnet.

Dabei erhasche ich zum ersten Mal einen Blick auf sein Tattoo: eine schwarze Ecke lugt an der Innenseite seines linken Oberarms hervor, reicht knapp bis zur Armbeuge. Mir fällt fast die Kaffeetasse aus der Hand, als ich ein V erkenne.

Aber mein verhaltenes Husten geht unter in dem erleichterten Stoßseufzer von Maike. »Noch jemand Kuchen?«

Ihre beste Freundin Pia streckt ihren Teller vor, auch wenn ich ziemlich sicher bin, mehr aus Solidarität als Appetit. »Ist der immer so ein Arsch?«

Buchstäblich jeder am Tisch reagiert auf diese Frage anders: Maike stößt einen höhnischen Laut aus. Chris, René und Milias tauschen ein verstecktes Grinsen, und Nicole presst die Lippen aufeinander, um nicht zu lachen. Maikes Eltern rümpfen die Nase, während die von René amüsiert den Kopf schütteln – immerhin kennen sie den Schulfreund ihres Sohnes auch seit Jahren. Flavio gibt als Einziger ein hörbares Glucksen von sich, denn den Kontext der Frage hat er immerhin verstanden. Aaliyah schüttelt mit dem verständnisvollen Lächeln einer Heiligen den Kopf, und ich ... tja, ich gehe auf Angriff.

»Kommt drauf an, was man unter Arsch versteht, oder?«, frage ich spitz und greife nach der Kaffeekanne. »Ich finde sein Verhalten und seine Ansichten in Bezug auf Leonie und Timon ziemlich vernünftig, um ehrlich zu sein.« Weil mich daraufhin alle in unterschiedlichen Stadien von Unglauben anstarren, füge ich mit ausladender Geste hinzu: »Und hey, ich bin darüber am meisten verwundert, ja?«

Renés Grinsen wird zu einem ausgewachsenen Prusten, Chris lacht in seinen Bart und Milias vergräbt das Gesicht in beiden Händen. Nicoles mitfühlendes Lächeln könnte einen Stein erweichen, also meide ich ihren Blick und alle anderen – ganz besonders den von Aaliyah – und sehe dabei zu, wie Raphael draußen mit Timon spielt: mit dem Ball in der Hand links antäuscht und rechts wirft, mit ihm Wettsprints veranstaltet und ihm übermütig den Kopf krault, ungeachtet des Risikos, dass sein tadelloses Business Casual Outfit dreckig werden könnte.

Wenn du wissen willst, wie ein Junge wirklich ist, sieh dir sein Verhältnis zu seinen Eltern an, erkannte ich vor vielen Jahren einmal in einem ähnlichen Augenblick. *Und wenn du wissen willst, wie ein Mann ist, sieh dir an, wie er mit Tieren umgeht*, füge ich jetzt hinzu. Und diese Erkenntnis bricht mir das Herz.

Immer wieder kehrt mein Blick zurück zu der schwarzen Tinte auf seinem Arm, die hin und wieder unter dem hellblauen Hemd hervorlugt. Je länger ich es ansehe, desto sicherer bin ich mir, dass es Buchstaben sind, in lateinisch anmutender Serifenschrift. Und ich kann nicht anders: Der äußerste Buchstabe sieht aus wie ein V. Vielleicht klingt es albern, aber baut nicht jeder eine besondere Beziehung zum ersten Buchstaben seines Vornamens auf? Ich jedenfalls erkenne mein Initial, wenn ich es sehe. Und ich halte es nicht länger aus.

»Sorry, Leute! Ich muss gehen.«

Fast schon ruckartig bin ich auf den Beinen, und es ist mir völlig egal, dass mich plötzlich alle anstarren. Einzig Flavio steht gleichzeitig auf, um mich behutsam an sich zu ziehen.

»Ihr könntet einfach reden«, schlägt er leise auf Italienisch vor. Mein Blick schweift über die anderen. Alle sehen uns an, aber niemand versteht die Worte – außer Milias, dessen dunkle Augen zwischen Resignation und Zustimmung zerrissen sind.

Ich werfe die Arme in die Luft, schlage Flavios Hände damit unwillkürlich weg. »Worüber sollen wir reden, Flavio? Es hat keinen Sinn, siehst du das nicht? Erzähl mir nicht, dass du das alles heute nicht gesehen hast!« Ich gestikuliere in Richtung des ganzen Tischs, um nicht preiszugeben, dass ich eigentlich nur Aaliyah meine.

»Was ist denn jetzt kaputt?«, fragt René verständnislos. Chris zuckt mit den Schultern und Milias schüttelt bloß den Kopf, während wieder Bewegung in die Umsitzenden kommt. Renés Mutter beginnt die Teller zusammenzuräumen, sein Vater erhebt sich und Maikes Eltern nehmen das als dankbare Ausrede, um aufzubrechen.

Ich schüttle den Kopf, immer heftiger wie ein kaputter Wackeldackel, während ich gegen die Tränen anschlucke. »Ich hätte einfach nicht kommen sollen«, fahre ich auf Italienisch fort: »Ich dachte, ich wäre stark, aber das bin ich nicht. Ich kann das nicht.«

»Das ist Unsinn, Val«, mischt sich nun Milias sanft ein.

»Sag mal, müssen wir jetzt alle einen Sprachkurs machen?«, beschwert sich René, aber Nicole bringt ihn mit einem unwirschen Kopfschütteln zum Schweigen und wispert: »Das ist wichtig!«

»Was weißt du schon?«, werfe ich Milias indes an den Kopf. Wir reden immer noch italienisch, weil ich nicht will, dass die anderen alles mitbekommen. »Jetzt ist alles anders!«

»Stimmt, ihr habt euch beide geändert.«

»Nein!«, jammere ich. Milias versteht nicht! Alles hat sich geändert, weil sich nichts geändert hat. Wenn ich jetzt meinen Gefühlen freien Lauf lasse, wird der Tag erneut in einer Katastrophe enden. »Ich kann das nicht«, wiederhole ich. Ich will das nicht!

»Doch, du kannst«, beruhigt mich mein Bruder und umrundet den Tisch. »Flavio hat recht. Bleib hier und rede mit ihm. Sonst muss ich das allmählich für euch übernehmen.«

Ich schnaube hilflos. Meine Unterlippe zittert, aber ich weiß, dass er recht hat. Wir müssen reden. Irgendwie schaffe ich es zu nicken. Mein großer Bruder nimmt mich tröstend in die Arme und alles in mir schreit danach, meine Tränen an seiner Schulter zu vergießen. Aber ich darf nicht weinen. Ich will nicht der hoffnungslose Fall sein, der denselben Fehler zweimal macht. Dreimal, in meinem Fall.

25 Nichts hat sich geändert

Raphael

Als ich zurück ins Wohnzimmer komme, herrscht allgemeine Aufbruchsstimmung. Maikes Eltern sind schon weg und die von René höre ich irgendwo im Haus. Einen fassungslosen Moment lang glaube ich, dass auch Valeria gegangen ist, ohne sich zu verabschieden, aber da kommt sie schon aus dem Flur zurück ins Wohnzimmer.

»Hab ich was verpasst?«, frage ich irritiert, aber jeder am Tisch macht eine unbeteiligte Miene. Lediglich Aaliyahs Augen verraten mir, dass es einen Zwischenfall gab. Mein Blick huscht zurück zu Valeria, aber sie setzt sich so gut gelaunt zurück zu Flavio und beginnt ein unbeschwertes Gespräch auf Italienisch, dass ich schlussfolgere, der Zwischenfall habe mit Maike und Leonie zu tun, die beide verschwunden sind. Ist fünf Uhr für Babys schon Schlafenszeit?

Ich schüttle den Gedanken ab und drücke sanft Aaliyahs Schulter, als ich an ihr vorbeigehe, um mir an der Spüle die Hände zu waschen. Die noch vor zehn Minuten so entspannte Atmosphäre wird jetzt von klapperndem Geschirr und rückenden Stühlen überlagert. Obendrein geht auch noch ein Handywecker los. Nicole kramt in ihrer Handtasche.

»Pille?«, gluckst René, aber sie gibt ihm einen Knuff und antwortet:

»Nein, ich muss los. Ich muss Flavio ja vor dem Dienst noch zum Flughafen bringen.«

Mein Blick wandert zu dem Italiener. »Du fliegst wirklich heute schon?«, frage ich ihn auf Englisch und er antwortet, dass er eine Agenturfreundin in Paris besuchen will.

»Oh Gott, Frankreich«, ächze ich zur Antwort, woraufhin er ein Grinsen aufsetzt, das Casanova nicht charmanter hingekriegt hätte, und irgendetwas auf Französisch säuselt. »Okay, jetzt hasse ich dich doppelt.«

Wow, habe ich gerade tatsächlich zugegeben, dass ich ihn bereits für etwas anderes hasse? Mein Blick zuckt zu Valeria, aber die ist zu sehr in das Antlitz ihres perfekten Italieners vertieft, als dass sie es mitgekriegt hätte. Oder sie ignoriert mich einfach.

»Also los?«, drängt Nicole und fragt Flavio etwas auf holprigem Italienisch, das wahrscheinlich heißt, wann sein Flug genau geht, denn jetzt holt der sein Handy raus und antwortet etwas mit »*Minuti*«, das selbst ich verstehe, und dem englischen »*Gate*«.

»Moment mal«, entfährt es mir plötzlich, als ich mich an Lucys Auftrag erinnere, einen Termin für Nicoles Junggesellinnenabschied zu finden. »Du kannst noch nicht fahren. Erst müssen wir unter vier Augen miteinander reden.« Ich spreize Zeige- und Mittelfinger, zeige damit erst auf meine eigenen Augen und dann auf ihre, während René meine Absichten begreift und Milias mit gezücktem Handy nach den Einstellungen irgendeiner App fragt, um ihn abzulenken.

Er beißt an, aber Valeria begreift den wahren Grund im Bruchteil einer Sekunde. Ihr Gesicht hellt sich auf wie das eines Kindes an Weihnachten, und ich muss mir eingestehen, dass ich den begeisterten Ausdruck in ihren Augen vermisst habe. Dann zwinge ich meine Aufmerksamkeit zurück zu Nicole und bedeute ihr, sich wieder zu setzen.

»Aber ...«, protestiert sie kleinlaut, folgt jedoch meinem Fingerzeig und trottet zurück auf ihren Stuhl, auf den sie sich mit großen Augen fallen lässt. Gott, sie ist einfach so süß. Valerias Vorfreude indes wird immer größer. »Aber ich muss doch los ... Und was ist mit Flavio?«

»Zwei Minuten«, verspreche ich, löse den Blick von Valeria und öffne auf meinem Handy den Chatverlauf mit Lucy, um die möglichen Daten aufzurufen.

Aaliyah sieht auf ihre Armbanduhr. »Ich kann dich auch fahren, ich muss ohnehin los«, bietet sie Flavio auf Englisch an. Unsere Blicke treffen sich und ihre schicksalsergebene Miene erinnert mich daran, dass sie heute Abend mit ihrer Mutter telefonieren will, nachdem sie gestern ausgiebig mit ihrer Schwester über deren Hochzeit gesprochen hat. Und über Aaliyahs nicht mehr vorhandenen ersten Freund.

»Wünsch mir Glück«, sagt ihr Blick.

Ich trete auf sie zu und küsse sie. »Ich glaub an dich«, zwinkere ich als Antwort. Sie verzieht die Lippen, die ich daraufhin noch einmal kurz küsse. Mir ist mehr als deutlich bewusst, dass Valeria in unmittelbarer Nähe steht, aber sie hat immerhin damit angefangen, und gegen ihre Knutschattacke mit Flavio gestern Abend ist das hier gar nichts.

»Danke.« Aaliyah weicht meinem Blick aus, aber ich hebe ihr Kinn an, um ihr in die Augen zu sehen. Sie gibt nach. »Ich ruf dich an.«

»Komm einfach vorbei«, antworte ich stattdessen, ebenso Angebot wie Aufforderung. Diplomatischer Kampfgeist tritt in ihre Augen wie in die eines Generals, der zu Verhandlungen bereit ist.

»Ich rufe vorher an«, bestimmt sie ihre Bedingungen.

Ich zucke mit den Schultern. »Ich werde nicht drangehen.«

Ihr Blick ist herausfordernd, bevor sie sich zusammen mit Flavio von den anderen verabschiedet und dann an der Tür auf ihn wartet.

Der italienische Abschied fällt weitaus dramatischer aus. Ich bekämpfe zuerst ein Augenrollen, als er Valeria in einer *Vom Winde verweht*-Geste in seine Arme wirft und ihr etwas auf Italienisch zuraunt, und bekomme dann spontanen Brechreiz, als er seine Lippen auf ihre drückt. Es ist nicht so, dass ich es nicht ertragen kann, wenn Paare sich küssen – was auch ziemlich scheiße wäre, wenn man der Trauzeuge des verliebtesten Pärchens der Welt ist. Mich stört auch nicht die Tatsache, dass Flavio einfach extrem gut aussieht oder dass Valeria nun mal Valeria ist. Nein, es ist die feurige Leidenschaft, die dabei von ihnen ausgeht. Das ist anders als bei Aaliyah und mir. Ich meine, da ist definitiv Leidenschaft zwischen uns, aber auf einer ganz anderen Ebene. Meine

Augen wandern zurück zu Aaliyah, bis Flavio sich endlich von Valeria löst und unsere beiden Partner das Wohnzimmer verlassen.

»Also, was wolltet ihr besprechen?«, grinst Valeria und setzt sich wieder an den Tisch wie eine Verschwörerin.

Ich löse meinen Blick mit Mühe von ihrem nackten Rücken, während meine Gedanken noch um ein völlig anderes Thema kreisen: Je mehr ich darüber nachdenke, desto mehr erkenne ich, dass zwischen Aaliyah und mir gar keine Leidenschaft ist. Vertrauen: ja. Liebe: möglicherweise. Aber das, was ich bisher als Leidenschaft interpretiert habe, erkenne ich jetzt – in direktem Vergleich zu Valerias impulsivem, ungezügeltem Feuer – als nichts anderes als schlichtes Verlangen. Ich habe bei Aaliyah noch nie auch nur ansatzweise das gefühlt, was ich fühle, wenn ich Valeria ansehe. Valeria ist ein Feuersturm. Das mit Aaliyah ist da eher ein Kaminfeuer. Heiß, aber kontrollierbar.

Ich fahre mir mit einer Hand über das Gesicht und rufe mir Flavios Worte ins Gedächtnis: Leidenschaft ist ein Schwert mit zwei Seiten. Genauso, wie ein Waldbrand ganze Landstriche ausradieren kann, kann Valerias Temperament von jetzt auf gleich in Zorn umschlagen. Und das ist mir einfach zu anstrengend. Zumindest rede ich mir das ein, damit ich nicht weiter über meine Fehlentscheidungen nachdenken muss.

»Gib mir mal dein Handy«, fordere ich stattdessen Nicole auf, um mich abzulenken. Sie protestiert, aber da habe ich es schon in die Hand genommen und vor ihr Gesicht gehalten, um es zu entsperren.

»Hey!«, beschwert sie sich, aber ich beruhige sie sofort.

»Entspann dich, ich checke nur deine Termine.« Ideal wäre ja, wenn ihr Junggesellinnenabschied am selben Wochenende wäre wie Milias'. »Gib mal deinen Kalender«, fordere ich auch René auf, der sein Handy zu mir schiebt und sich dann noch ein Stück Kuchen gönnt. Ich blicke wortlos vom Kuchen zu seinem Bauch und zurück in sein Gesicht, äußere mich aber nicht noch mal dazu und vergleiche die Kalender auf beiden Handys.

Er lässt die Gabel sinken. »Du kannst einem echt alles versauen.«

»Was du nicht sagst«, antwortet Valeria, woraufhin ich ihr den Rest des tadelnden Blicks zuwerfe, der für René bestimmt war. Sie erwidert ihn ihrerseits mit überheblicher Miene, bis ich meine Mundwinkel zucken spüre und rasch wegsehe. So ein Buschfeuer übt schon eine gewisse Faszination aus.

»Sag mal, was wird das eigentlich mit euch?«, fragt Chris jetzt aus dem Hintergrund mit seiner analytischen Ruhe, die so viel schlimmer ist, als wenn René es in seiner feixenden Sprunghaftigkeit erkannt hätte: »Ich habe mir das jetzt den ganzen Tag angeguckt und ihr habt zwar beide irgendwie eine andere Beziehung, aber ...« Er richtet seine Brille und sieht uns an. »So ganz glaubt ihr euch das selber nicht, oder?«

Ich glotze ihn genauso verständnislos an wie Valeria, deren Bräune obendrein in leichte Röte umschlägt. Es ist lange her, dass ich Valerias Gesicht vor Aufregung gerötet gesehen habe. Oder vor Erregung. Aber beide Gedanken schiebe ich beiseite.

Milias prustet, versteckt seine Miene aber augenblicklich hinter einer unbeteiligt ans Kinn gehobenen Hand. René bricht in schallendes Gelächter aus, und Maikes Freundin Pia wünscht sich vermutlich, sie könnte im Erdboden versinken.

»Danke, Chris«, stöhnt Nicole jetzt erleichtert, »Ich dachte schon, ich wäre die Einzige, die das irgendwie seltsam findet.«

»Könntet ihr aufhören, über uns zu reden, als wären wir nicht im selben Raum?«, spricht Valeria den exakten Wortlaut meiner Gedanken aus.

»Könntet *ihr* vielleicht mal anfangen, *miteinander* zu reden?«, schlägt Milias vor. »Sorry, dass ich das jetzt doch ansprechen muss, aber ich wette, die Hälfte eurer Probleme hättet ihr nicht, wenn ihr einfach mal miteinander geredet hättet.« Er sieht meinen aufkeimenden Protest und hebt einen Finger: »Und Anruf*versuche* zählen nicht!«, erinnert er mich, redet sich allmählich in ebenso temperamentvolle Leidenschaft wie seine Schwester. »Wenn der andere nicht drangeht und ihr deswegen nicht redet, dann zählt es nicht als Reden, klar? Das gilt für euch beide!«

»Amen«, sagt Chris, aber ich ignoriere ihn. Fassungslos starre ich

Milias an, dann René, der mit gewichtiger Miene nickt wie ein Stummfilmkomiker.

»Willst du mich verarschen?«, frage ich alle drei gleichermaßen.

Milias' Miene ist vollkommen ernst, aber ich sehe das unterschwellige Grinsen, als er aufsteht und Nicole mit sich zieht. »Lass uns gehen, Kleines. Ich würde sagen, wir überlassen es den beiden, wie sie nach Hause kommen. Soll ich einen Schlüssel stecken lassen?«

Valeria blinzelt schockiert, und ich fühle mich, als wäre ich im vollkommen falschen Film. Das war früher ihre Geheimsprache dafür, ob Valeria die Nacht bei mir verbringen oder irgendwann nach Hause kommen würde.

»Hast du sie noch alle?«, entfährt es mir jetzt. »Für den Fall, dass es dir entgangen ist: Ich habe eine Freundin.«

Seine Augen ruhen gelassen auf meinen, er scheint nicht im Mindesten beeindruckt, während Valeria ergänzt: »Und ich einen Freund!«

»Hast du nicht«, teilt Milias uns allen mit.

Chris gluckst und René klappt der Mund auf, während sich in meinem Bauch grimmige Zufriedenheit breitmacht. Ich wusste es!

»Milias!«, faucht Valeria zwischen Verständnislosigkeit und Wut, schleudert ihm etwas in unfassbar schnellem Italienisch entgegen.

Selbst nach all der Zeit bin ich immer noch fasziniert davon, wie sich ihre Sprachmelodie verändert, wenn sie italienisch spricht, und wie ihre Körperspannung zunimmt, wenn sie sich aufregt. Beides zusammen zieht mich auch jetzt noch wie magnetisch an, obwohl die Chance hoch ist, dass ich mir an Valerias derzeitigem Gewittergemüt einen Blitzschlag einfange. So war sie schon immer: eine impulsive, unberechenbare Naturgewalt, wie ein Sturm über dem Meer.

In diesem Augenblick jedoch, in dem auch mein bester Freund eher überheblich als einfühlsam und in ebenso erregtem Italienisch antwortet, gleicht Valeria mehr einem Vulkan kurz vor dem Ausbruch, so als hätten sich in ihr zu viele Gefühle angestaut, die sie sie kaum noch bändigen kann.

»Oje«, prophezeie ich noch.

Zwei Sekunden später bricht der Vulkan aus.

Valeria wirft die Arme in die Luft, ihre Stimmlage schraubt sich zwei Oktaven höher. Milias antwortet belustigt, woraufhin sie einen italienischen Fluch zischt, ihre Tasche an sich reißt und aus dem Wohnzimmer stürmt. Einen Moment lang fürchte ich um das Glas in der Haustüre von Renés Eltern, aber selbst als zehn Sekunden verstrichen sind, ist noch nichts zu Bruch gegangen.

»Das wird sie dir nie verzeihen«, prophezeie ich Milias.

Er zieht eine Grimasse. »Dauert wahrscheinlich ein bisschen. Kommt auch darauf an, was du jetzt machst.«

Ich fasse mir überrascht gegen die Brust. »Ich?! Hab *ich* den Drachen geweckt?«

»Nein, aber du kannst ihn jetzt zähmen und dich als Held feiern lassen.« Sein selbstzufriedenes Grinsen wächst sogar noch, als René lautlos lacht. Und während ich meinen besten Freund immer noch entgeistert anstarre, ergänzt er gönnerhaft: »Du hättest dasselbe für mich getan.«

Ich schnaube bloß. Tatsächlich habe ich mehr als einmal Beziehungskitter bei den beiden gespielt. Aber das hier ist etwas völlig anderes als bei Milias und Nicole.

»Du weißt schon, dass ich mit Aaliyah zusammen bin?«, frage ich noch mal, halte mich an der Stuhllehne vor mir fest, um nicht umzukippen. Irgendwie klingt es in meinen Ohren hilfloser als beabsichtigt.

Milias, der sich schon mit Nicole zum Gehen gewandt hat, dreht sich noch einmal mit vielsagender Miene um. »Hast du sie wirklich am neunten April kennengelernt?«

Mir entgleiten die Gesichtszüge. Woher weiß er das? Ist auch völlig egal. Ich seufze. »Ja. Ich hatte den ganzen Tag Valerias Geburtstags-Instagram-Stories mit 'nem Haufen Typen gesehen und war schlecht drauf, okay?«, gebe ich es also zu. »Ich hab Überstunden gemacht, Aaliyah scheinbar auch. Wir haben uns zufällig nachts um zehn in der Kaffeeküche getroffen. Sie war heiß. Wir hatten Sex. Das war's.«

René prustet. »In der Kaffeeküche von Santeon?«

Ich rolle mit den Augen. »Nein, im Auto, du Idiot.«

Er lacht wieder, bis er sich nicht mehr sicher ist, ob ich einen Witz gemacht habe oder nicht. »Jetzt ernsthaft?«

»Ja! Ich schleppe ja nicht jedes Date sofort in meine Wohnung. Und woher weißt du das überhaupt?«, frage ich Milias dann doch. Eigentlich habe ich niemandem erzählt, wie ich Aaliyah kennengelernt habe. Halt, doch. Valeria schon – indirekt.

»Flavio hat es mir gesagt. Er ist ihr Mitbewohner«, antwortet Milias im selben Moment, in dem ich mich erinnere, wie ich Valeria beim Brunch einen kleinen Versöhnungshinweis geben wollte, den sie völlig falsch interpretiert hat, weil sie scheinbar immer einen Grund braucht, um mich zu hassen. Offenbar hat sie am Ende doch nachgerechnet. Wenigstens etwas. »Und falls es dich interessiert: Seit sie es herausgefunden hat, ist sie ziemlich am Boden zerstört«, schließt Milias.

Ich schnaube. »Valeria wird nicht zerstört. Sie *ist* die Zerstörung.«

»Na ja«, mischt sich Nicole mitfühlend ein, »Scheinbar passt ihr doch besser zueinander, als ihr denkt.«

Mir reißt der Geduldsfaden. »Warum ist sie dann so verdammt stur?! – Und bringt einen *Freund* zur Tarnung mit!« Ich zeige mir selbst einen Vogel, weiche Nicoles verstörend verständnisvollem Blick aus und hefte ihn wieder auf meinen besten Freund. »Sorry, deine Schwester hat sie einfach nicht mehr alle.«

Milias' Blick spricht Bände, während er erwidert: »Genauso wie mein bester Freund, der seine Affäre pausiert, um Sex mit meiner Schwester zu haben, und vier Wochen später mit der Affäre zusammenkommt?«

Es ist vollkommen still, während ich diese Worte in meinem Kopf hin und her drehe, damit sie weniger bescheuert klingen. Tun sie aber nicht. Ich starre Milias an, bis die Tür aufgeht und Maike zurückkommt, ein Babyfon in der Hand.

»Leute, ihr seid doch alle gestört«, kommentiert sie entgeistert.

Milias wirft ihr ein gewinnendes Grinsen zu, dann tritt er noch einmal zum Handschlag auf mich zu. »Wir müssen jetzt ehrlich los«, sagt er leise. »Überleg dir, ob du ihr nicht doch nachgehen willst. Du hast mir mal gesagt, du hättest dich für Valeria entscheiden sollen und nicht für Cat. Was, wenn du jetzt eine zweite Chance kriegst?«

Ich verdränge den Gedanken an damals und schüttle entschieden den Kopf. »Das war etwas völlig anderes. Und ich werde nicht noch mal denselben Fehler machen.«

»Liebst du Aaliyah?«

»Wie bitte?«

Milias' dunkle Augen sehen mich lange an und für einen Moment habe ich das Gefühl, in ihren Tiefen zu versinken. Verdammt, selbst, wenn ich nur meinen besten Freund anschaue, sehe ich Valerias Augen.

»Ich weiß nicht, ob du das überhaupt mitgekriegt hast, aber Valeria hat damals wirklich um dich gekämpft. Monatelang, während du dich nicht zwischen ihr und Cat entscheiden konntest.«

Ich schnaube. Nicht entscheiden können, dass ich nicht lache. »Sorry, aber du hast überhaupt keine Ahnung, Milias.«

Jetzt werden seine Augen hart. »Weil du mir bis heute nichts davon erzählt hast!«

Ich höre an seiner Stimme, wie sehr ihn dieses einzige Geheimnis zwischen uns verletzt. Aber ich kann nicht anders. Und bevor ich es ihm sagen könnte, würde ich es tatsächlich erst Valeria sagen.

Milias atmet tief durch, schüttelt resignierend den Kopf.

»Egal, was du tust, brich ihr einfach nicht noch mal das Herz, okay?«

26 Das Herz voll ungesagter Dinge

❖

Valeria

Ich hasse Milias. Oh Gott, ich hasse mich selbst.

Kaum dass mich der kühle Herbstwind umfängt, dämmert es mir wie der Abend am Horizont, und augenblicklich komme ich mir lächerlich vor. Wie konnte ich mir nur einreden, dass es irgendetwas besser oder leichter machen würde, wenn ich Flavio als meinen Freund ausgebe? Und noch viel schlimmer, warum kann ich Raphael nicht einfach endlich vergessen und akzeptieren, dass wir nur noch Freunde sind?

Sind wir denn auf ewig dazu verdammt, unserer großen Jugendliebe mit all ihren Höhen und Freuden nachzutrauern und uns ihre Tiefen und Fehler ein Leben lang vorzuwerfen?

Die kühle Hauswand schneidet kalt durch meinen Mantel und der Wind durch meine dünne Strumpfhose, aber ich bin noch nicht bereit, wieder reinzugehen. Gleich werde ich es tun, werde mich bei Milias entschuldigen und Raphael reinen Wein einschenken. Aber noch nicht. Ich brauche noch einen Moment.

Die ersten Häuser haben schon angefangen zu heizen, ich kann den Kaminrauch in der kalten Luft riechen und werde augenblicklich in das Landhaus meiner Großeltern in der Toskana versetzt, in dem wir traditionell Weihnachten feiern und die Abende am offenen Kamin mit dem wohligen Holzduft verbringen. Kein Jahr ist mir so in Erinnerung geblieben wie das, in dem ich mit Raphael zusammen war. Er war der einzige meiner drei festen Freunde, den ich gebeten habe mitzukommen. Und der einzige, der abgesagt hat.

Valeria

früher

»Das ist keine gute Idee.«

Raphaels Worte fraßen sich durch meine Brust, aber ich ließ nicht zu, dass sie mir das Herz brachen. Stattdessen umfasste ich die Kaffeetasse fester, die ich gerade aus dem Vollautomaten seiner Eltern gezogen und zur Hälfte mit Milch aufgefüllt hatte.

Es war der Morgen des vierten Adventssamstags, zwei Tage vor Weihnachten, und wir hatten sein Haus für uns allein, weil seine Eltern einkaufen waren. Deswegen trug ich auch bloß eine offene Strickjacke über der Unterwäsche und dicke Socken, damit meine Füße nicht auf den Fliesen erfroren. Raphael hatte sich immerhin Jeans und Sweatjacke übergezogen. Ich ließ den Blick über die polierte Anrichte der hellen Küche gleiten und atmete tief durch. Ich liebte den ganz eigenen Duft dieses Hauses, eine wundervolle Mischung aus Zimtgewürz, frischer Wäsche und Holzduft.

Raphael wartete, bis auch sein Kaffee durchgelaufen war, dann fügte er hinzu: »Ich bin einfach nicht der Typ, der Familienfeste feiert, schon gar nicht eine Woche lang.«

Jetzt musste ich gegen meinen Willen kichern. Das war er in der Tat nicht. Wenn ich recht darüber nachdachte, fiel es mir sogar außerordentlich schwer, mir Raphael besinnlich unter dem Weihnachtsbaum vorzustellen. Trotzdem war ich traurig, immerhin hieß das, dass ich ihn sechs Tage lang nicht sehen würde, einschließlich Weihnachten, das für mich und meine Familie quasi das Heiligtum aller Familienfeste war.

»Wegen Cat?«

Ich erwartete, dass er schnauben und meinem Blick ausweichen würde, aber er tat das exakte Gegenteil: Er zog mich eng an sich und sah mir tief in die Augen.

»Nein«, sagte er ernst.

Vielleicht war es der Ausdruck in seinen Augen, vielleicht die beinahe zärtliche Berührung seiner Hände an meinen Hüften, aber ich glaubte ihm aufs Wort. Vielleicht wollte ich es auch einfach nur glauben. Wie zur Bestätigung schlang ich die Arme um seinen Hals und küsste ihn. Er erwiderte den Kuss, unendlich liebevoll zunächst, dann in endloser Leidenschaft.

Sein Griff um meine Hüften wurde stärker, seine Lippen fordernder, während er mich gegen die Küchenzeile schob. Ich verschränkte meine Arme in seinem Nacken, um mich vom Boden abzustoßen, und Raphael jagte augenblicklich ein Prickeln durch meinen Körper, indem er mich hochhob und auf die Anrichte setzte. Die Arbeitsplatte war kalt unter meiner nackten Haut, aber ich ignorierte den Schreck und überkreuzte die Beine hinter seinen Hüften, um ihn enger gegen mich zu ziehen. Seine Nähe raubte mir den Atem und seine Hände den Verstand, als sie unter meinen Wollmantel glitten und meine Brüste umfassten. Ich stöhnte leise, woraufhin sein Kuss umso heftiger wurde und noch mehr Hitze durch meine Glieder schoss. Meine Finger fanden wie von selbst zum Zipper seiner Jacke, zogen sie auf und stahlen sich hinein, strichen begehrlich über seine Bauchmuskeln und zogen ihn enger an mich.

In dem Augenblick drehte sich der Schlüssel in der Haustür.

Raphael nahm die Hände von meinen Brüsten und richtete meine Wolljacke, aber es war zu spät: Als Claudia keine zwei Sekunden später vollbeladen in die Küche kam, drehte Raphael sich gerade um und zog den Reißverschluss seiner Sportjacke zu. Was folgte, war ein langer Blickwechsel, der für mich ziemlich peinlich war und für Raphaels Mutter ziemlich amüsant.

»Solange ihr verhütet …«, war ihr einziger Kommentar, gepaart mit einem süffisanten Grinsen, das Raphaels hätte sein können.

Ich versteckte mein Erröten hinter einem großen Schluck aus meiner Kaffeetasse und schlug die nackten Beine übereinander, blieb jedoch auf der Anrichte sitzen. Wenn es eine Mutter auf der Welt gab, die das tolerierte, dann seine.

»Mom ...«, stöhnte Raphael.

»Ich sag's nur! Ich will nicht mit sechsunddreißig Großmutter werden«, erwiderte sie gut gelaunt. Oh Gott, ich vergaß immer wieder, wie jung Claudia war – wie jung sie gewesen war, als sie Raphael bekommen hatte!

»Glaub mir, ich lege selbst sehr großen Wert darauf, dass das nicht passiert, okay? Können wir es dabei belassen?«, fragte Raphael und räumte seine leere Tasse in die Spülmaschine.

Claudia lachte bloß leise, während sie sich aus der Jacke schälte und die Einkäufe auszupacken begann. Jetzt rutschte ich doch von der Arbeitsplatte, um ihr zu helfen.

»Wann fahrt ihr?«, fragte sie mich im Plauderton.

»Heute irgendwann ...« Ich zog mein Handy aus der wollenen Jackentasche und sah nach, ob ich schon eine Nachricht von Mama oder Milias erhalten hatte. Wie durch Gedankenübertragung begann es in meiner Hand zu klingeln.

»Hi, Mama«, meldete ich mich sofort.

»Oh, du bist schon wach!«, antwortete sie fröhlich. »Wann kommst du nach Hause?«

Ich warf einen Blick auf die Küchenuhr. »So in zwei Stunden?«, versuchte ich mein Glück, obwohl ich wusste, dass ich keine Chance hatte.

Sie lachte. »Wohl eher so in zwanzig Minuten«, konterte sie, wie immer mit sonnigem Lachen in der Stimme, aber darunter lag unerbittliche Bestimmtheit. Mama war ein liebevoller, fürsorglicher Mensch, aber wenn sie etwas sagte, dann meinte sie es auch so, und wenn sie etwas wollte, dann bekam sie es meistens, weil alles andere unliebsame Folgen für alle Beteiligten hatte, wahlweise in Form von stumm demonstrierter Empörung oder – seltener, aber umso gefürchteter – in höchst temperamentvoll geäußertem Missfallen. Lange Zeit war ich davon genervt und frustriert gewesen, bis Raphael mir irgendwann eröffnet hatte, wie ähnlich wir uns waren. Seitdem liebte ich das liebevolle Temperament meiner Mama umso mehr.

Schicksalsergeben seufzte ich. »Vierzig?«

»Mach vierzig draus«, wiederholte Raphael laut neben meinem Ohr.

»Guten Morgen, Raphael«, antwortete sie ebenfalls ein wenig lauter. »Dreißig, und das ist mein letztes Wort. Bis gleich, *topolina*!« Dann legte sie auf.

Ich rollte mit den Augen, Raphael gluckste. »Das ist nicht witzig!«, beschwerte ich mich, nachdem ich aufgelegt hatte.

»Doch ist es«, grinste Raphael.

»Das sagst du nur, weil du das nicht jeden Tag ertragen musst«, schmollte ich.

Wieder lachte er, inniger diesmal, und zog mich an sich. »Doch, muss ich. Denn du bist ganz genauso wie deine Mama. Und ich liebe es.«

Valeria

heute

Ich liebe dich auch, habe ich damals gesagt. Und als ich mich jetzt daran erinnere, zieht sich mein Innerstes so eng zusammen, dass ich kaum noch Luft bekomme.

Ich liebe dich immer noch, denke ich und verschließe die Augen vor dem Schmerz, versiegele die Tränen, bevor sie mir über die Wangen laufen können.

Plötzlich geht die Haustür hinter mir auf. Ich zucke so heftig zusammen, dass ich mir beim Aufsehen beinahe den Nacken verrenke. Raphael kann sich mitten in der Bewegung fangen, um nicht über mich zu stürzen, während ich vollkommen neben der Spur zu ihm hochstarre, unfähig, auch nur einen Laut in meiner Kehle zu bilden. Er bringt ebenfalls kein Wort heraus, also blinzeln wir uns bloß stumm in die Augen, weil keiner von uns es schafft, aus der Situation auszubrechen.

Er fasst sich früher als ich, zieht leise die Tür hinter sich zu und blickt mit zusammengekniffenen Augen auf den gold-lila Streifen, den die untergehende Sonne auf den dunklen Horizont malt.

»Ist das ein Fall für ›Frag nach Tequila, wenn dir das Leben Zitronen gibt‹?«, fragt er mit schiefem Grinsen, bevor seine Augen zurück zu mir wandern. »Wie heißt das? ›*Ordina la sale*‹?«

Il Sale. Meine Autokorrektur ist schneller als der Rest meines Hirns. Dann begreife ich die Bedeutung seiner Worte, und die Belehrung in meinem Hals verwandelt sich in ein heiseres Krächzen.

»Du ... du hast meine Instagram-Story gesehen?« Das ist doch mindestens zwei Wochen her.

Wieder dieses entwaffnende Halblächeln, wie der nette Zwilling des unwiderstehlichen Grinsens, das er normalerweise hat. Aber seine Augen sind vollkommen ernst, als er antwortet: »Ich habe jede einzelne deiner Stories gesehen.« Ein Glucksen. »Mittlerweile spreche ich besser Italienisch, als ich jemals Französisch konnte.«

Seine Worte sind selbstironisch und unbeschwert, geradezu perfekt, um bei einem ersten Flirt das Eis zu brechen und die Anspannung zu lösen. Aber das hier ist kein erster Flirt, und bei mir löst sich etwas vollkommen anderes. Ich spüre die Tränen alarmierend heiß hinter meinen Augen und springe auf. Oh Gott, nein! Nicht jetzt, nicht hier.

»Sorry«, presse ich hervor, drehe den Kopf weg und drücke mir eine Hand vor den Mund. Als würde das irgendwie verhindern, dass er mich weinen sieht. »Ich muss ...«

Raphael zieht mich vollends auf die Beine und – nein, bitte nicht! – in seine Arme. Ich wehre mich nicht, aber seine Nähe und sein Duft schnüren mir die Luft ab. Hilflos klammere ich mich an ihn, kralle die Finger in seine Jacke und vergrabe das Gesicht an seiner Schulter. Ersticke fast an den unterdrückten Tränen, als ungebetene Erinnerungen zurückkehren, die ich längst begraben hatte, Gefühle, die ich für immer wegschließen wollte.

Ich drehe den Kopf an seinem Hals und fühle mich schlagartig wieder wie sechzehn. Die Mischung aus Gefühlschaos, seinem Duft und seiner Umarmung staut sich in meinem Körper, bis ich sicher bin, dass ich gleich vor Schmerz auseinanderbrechen werde. Wie oft habe ich an dieses Gefühl gedacht, mich zurück in seine Arme gewünscht? Erst jetzt stelle ich fest, wie gnädig meine Erinnerung mit mir war. Wie sie mir all die feinen Details erspart hat, die mir jetzt buchstäblich das Herz aus der Brust reißen. Das gleichmäßige Heben und Senken seiner Brust unter seinen ruhigen Atemzügen. Die Hitze seiner Haut, selbst in der kühlen Luft. Und vor allem das angenehm schwere Gewicht seiner Arme um meinen Körper, gleichzeitig verlockende Selbstsicherheit und verheißendes Besitzergreifen ...

Aber über alledem liegt die Gewissheit, dass er nicht mehr mir gehört, und sie drückt mir mit so eiserner Hand die Brust zu, dass mir die Luft wegbleibt. Solange ich mich nicht bewege, bleiben wir hier stehen. Solange ich nicht atme, geht dieser Moment nie vorbei.

Einen endlosen Herzschlag lang gebe ich mich der Illusion hin. Dann gewinnt mein Überlebensinstinkt die Oberhand und zwingt meine Lungen dazu, sich mit Luft zu füllen. Entschlossen löse ich mich von Raphael und trete einen Schritt zurück, blicke auf meine schwarzen Pumps, weil ich es nicht ertragen kann, ihn anzusehen.

»Ich«, beginne ich noch mal krächzend, muss mich räuspern. »Ich muss gehen, wirklich. Ich dachte nicht, dass wir so lange bleiben würden und –« Alles, was ich jetzt über meine ursprünglichen Tagespläne sagen will, darüber, zu lernen, Mama zu besuchen und Vanessa zu treffen, klingt wie eine Ausrede, also beende ich den Satz nicht. Stattdessen hebe ich vorsichtig die Lider und zwinge ein Lächeln auf meine Lippen. »Es war toll, dich heute wiederzusehen.«

Er hebt ebenfalls die Mundwinkel, aber das Lächeln erreicht seine Augen nicht. Dann nickt er roboterhaft. »Ich fahre dich nach Hause.«

Ich schüttle den Kopf, trete automatisiert noch einen Schritt zurück. »Ich glaube nicht, dass ich jetzt neben dir im Auto sitzen kann.«

Er stößt einen glucksenden Laut aus. »Tja, das tut mir leid, aber ich lasse dich in diesem Kleid nicht alleine durch die Straßen laufen.«

Wir blicken beide an meinem auffällig roten Kleid unter dem dicken Mantel herab, und trotz all der ungeweinten Tränen muss ich lachen.

Den Weg zum Parkplatz vor der Kirche legen wir schweigend zurück. Millionen Gedanken wirbeln durch meinen Kopf und tausend Gefühle durch meinen Bauch, aber ich bringe kein einziges Wort heraus. Ich weiß nur, dass sich seine Nähe gut anfühlt, und ich genieße sie, solange ich kann.

»Willst du fahren?« Er meint es nicht wirklich ernst, aber sein Angebot lässt dennoch meine Mundwinkel zucken und mein Herz flattern. Ich schüttle den Kopf und steige freiwillig auf der Beifahrerseite ein, sehe dabei zu, wie Raphael langsam den Schlüssel dreht und das Display erneut hochfährt. Seine Finger wechseln blind die Musikquelle und ersetzen Kid Rock durch Nachrichten, deren Lautstärke er herunterregelt.

Ich schnalle mich an, während er im Navigationssystem zu *Favoriten* wechselt. Meine Augen bleiben auf *Heimatadresse* haften, bevor er den Cursor weiterbewegt und *Milias* bestätigt. Die Fahrt dauert wieder knapp dreißig Minuten.

Dann durchfährt mich ein heißer Schauer, als er den Oberkörper in meine Richtung dreht und die Hand ausstreckt. Es dauert einen Moment, bis ich realisiere, dass er bloß die Lehne des Beifahrersitzes umfasst, um besser rückwärts ausparken zu können.

Um meine Gefühle wieder unter Kontrolle zu bringen, blicke ich aus dem Fenster, während Raphael in Fahrtrichtung der blauen Linie im Navigationssystem einlenkt. Die Stille wird immer lauter, aber ich weiß einfach nicht, was ich sagen soll.

»Milias hat recht, wir sollten reden«, sagt Raphael jetzt, als hätte er meine Gedanken gelesen. Oder weil er einfach nur dasselbe fühlt wie ich. Ich schlucke gegen meine brennende Kehle an, Raphael atmet tief durch. »Und wenn ich dir das jetzt nicht sage, werde ich es niemals tun.«

In seinen Worten liegt eine solche Anziehungskraft, in seiner Stimme eine solche Dringlichkeit, dass ich aufblicke. Und in seinen Augen sehe ich eine Entschlossenheit wie selten zuvor. Ich schlucke noch mal, will nicken und gleichzeitig flüchten und bringe kein Wort heraus.

Wir stehen an einer roten Ampel. Und während Raphael regungslos die rote Lichtkugel über uns beobachtet, starre ich die blaue Linie auf dem Display an, drehe testweise an dem Einstellrad in der Mittelkonsole wie Raphael zuvor. Nur um zu sehen, was passiert. Das Straßennetz wird winzig, die blaue Ziellinie bleibt gleich dick. Auf kleinster Stufe sehe ich die Zielflagge oben und das Haus-Icon rechts. Mein Bauch meldet sich mit leisem Kribbeln zurück, tastet sich genauso behutsam vorwärts wie meine Finger auf dem Auswahlrad.

Während Raphael weiter in Richtung Milias' Wohnung fährt, drücke ich den *Zurück*-Knopf, wähle mit zunehmend klopfendem Herzen erneut den Zielbildschirm aus wie er zuvor. Manövriere zu *Heimatadresse*. Ich verhake meinen Blick in Raphaels, während ich die Auswahl bestätige. Er hat recht. Wir müssen einfach reden. Jetzt.

Raphael deutet ein überwältigtes Kopfschütteln an, sagt aber nichts, sondern hebt nur einen Mundwinkel. Er setzt den Blinker nach links, noch bevor die Route neu berechnet worden ist. Jetzt zeigt sie nur noch sechs Minuten Fahrtzeit an.

»Warte mal, du wohnst eine halbe Stunde von Milias weg?«, erkenne ich einigermaßen schockiert. »Ist das nicht viel zu weit für euch zwei?«

Raphaels Halbgrinsen wird größer. »Wenn man jemanden wirklich gernhat, kommt es nicht auf die Entfernung an, oder?« Er wirft mir einen kurzen Seitenblick zu, der mich ebenso gerührt wie gebrochen lächeln lässt. Wie schön, wenn das wahr wäre.

»Hast du deswegen nie aufgehört, Cat zu lieben, auch wenn sie am anderen Ende der Welt war?«

Ich höre ihn gequält ausatmen. »Lass uns nicht hier im Auto darüber reden, okay?«

»Okay.« Jetzt, wo die ganze Wahrheit so nah ist, kann ich es zwar kaum noch erwarten, aber ich respektiere seinen Wunsch. Und seine Gefühle.

Wir fahren schweigend weiter, doch nicht einmal zwei Radiosongs später rollen wir auf den Parkplatz eines ziemlich modern aussehenden Mehrfamilienhauses. Während Raphael seinen Schlüsselbund an die Schranke zur Tiefgarage hält, lehne ich mich vor, um an der anthrazitfarbenen Fassade mit dem gläsernen Treppenhaus hinaufzusehen.

»Wie viele Stockwerke sind das, zwölf?«, frage ich ehrfürchtig.

»Acht«, korrigiert Raphael und fährt an, als die Schranke aufgeht. Unten öffnet sich ein Rolltor, hinter dem sich automatisches Licht einschaltet, als wir hindurchgefahren sind.

»Und in welchem wohnst du?«, frage ich unwillkürlich nervös, weil mir plötzlich klar wird, dass ich im Begriff bin, Raphaels Wohnung zu betreten. Er manövriert spielend leicht in eine Parklücke, betätigt die Handbremse und zieht den Schlüssel ab. Das Standlicht beleuchtet sein kantiges Profil.

»Sieben.«

Ich ächze beim Abschnallen. Er lacht. »Das hält fit. Und der Ausblick ist es wert.«

Wir verlassen die Tiefgarage über ein Treppenhaus, in dem es nach frisch gewaschener Wäsche riecht, und befinden uns wenig später im hellen Hausflur, auf dessen polierten Fliesen meine Absätze laut widerhallen.

»Gleich gegenüber ist eine kleine Bar, wenn du möchtest«, erklärt Raphael und nimmt die Linke aus der Manteltasche, um aus der Eingangstür hinaus über die Straße zu deuten. Ich stelle mir kurz vor, wie wir uns in eine Bar setzen und inmitten von Partygruppen, Dates und Barkeepern über unsere gescheiterte Beziehung reden.

»Und wenn ich nicht möchte?«

Er fährt sich mit einer Hand durch die Haare, hebt dann aber einen Mundwinkel zu einem schiefen Grinsen und dreht sich um, um den Aufzug zu rufen. »Dann habe ich bestimmt noch irgendwas in meiner Minibar.«

Ich gluckse. Klingt, als bewohnte er ein Hotelzimmer. Aber ich sage es nicht, weil er wirklich aussieht, als bräuchte er jetzt etwas Hochprozentiges.

Raphaels Apartment gleicht tatsächlich mehr einer teuren Hotelsuite als dem, was ich bisher unter einer ersten Bude verstanden habe. Wenn das hier eine Wohnung ist, dann hause ich in einer Abstellkammer. Vom Fußboden über die Wandfarbe bis zu den Möbeln ist alles aufeinander abgestimmt in elegantem Anthrazit und Weiß mit Elementen aus hellem Holz. Alles außer dem schweren Tisch im Wohn-Esszimmer, dessen dunkles Walnussholz einen markanten Akzent setzt. Ich streiche kurz mit der Handfläche darüber, bevor ich mich vorsichtig auf die ausladende Couch fallen lasse, die unser Wohnzimmer in Mailand vollständig ausfüllen würde.

Irgendwo höre ich Raphael mit Glas hantieren, aber bevor ich meine Hilfe anbieten kann, taucht er schon wieder in meinem Blickfeld auf. Einen Moment lang bleibt mein Blick auf seiner hochgewachsenen Statur hängen und abermals bewundere ich, wie unfassbar gut er aussieht und wie verdammt großartig ihm Hemden stehen, ganz besonders in diesen kühlen Blau- und Grautönen. Vermutlich weiß er das, sonst würde er sie nicht tragen. Raphael war schon immer ein Mann, der genau wusste, welche Wirkung er auf andere hat und wie er das meiste aus dem herausholen kann, womit Mutter Natur ihn ohnehin schon großzügig ausgestattet hat.

»Das Hemd steht dir wirklich gut«, sage ich trotzdem.

Ich erwarte und sehe schon förmlich, dass dieser wissend-selbstzufriedene Ausdruck auf sein Gesicht tritt. Aber stattdessen wirft er mir einen überraschten Blick und ein geradezu entwaffnend ehrliches Lächeln zu, während er drei Flaschen und zwei geschliffene Gläser aus seinen Armen auf dem Wohnzimmertisch ablädt.

»Danke. Ich glaube, ich muss nicht noch mal sagen, wie unfassbar heiß dieses Kleid ist, oder?«

Ich will nicht eitel wirken, aber ich komme einfach nicht gegen das glückliche Kribbeln in meiner Brust an. »Du kannst es versuchen?«, antworte ich, rutsche jedoch vorsorglich ein Stück zur Seite, als er sich ebenfalls auf die Couch setzt. Ich will nicht, dass die Nähe zu eng wird.

Raphael, der sich schon vorgelehnt hat, um unsere Gläser mit weißem Rum zu füllen, hält inne und sieht mir so fest in die Augen, dass die Welt kurz stehen bleibt. »Dieses Kleid ist unglaublich. Und dein Körper darin ist die reinste Folter.«

Meine Wangen werden warm, als ich seinem Blick folge. »Aber man sieht doch gar nichts!«, wehre ich mich. »Von vorne sieht es sogar beinahe langweilig aus.«

»Langweilig?« Raphael gluckst, während seine Augen zurück zu meinem Gesicht finden und mehr als deutlich machen, dass er das Gegenteil denkt. »Es geht auch nicht darum, was man sieht. Es geht darum, was man *nicht* sieht. Du hast ja keine Ahnung, wie viel Selbstbeherrschung es mich kostet, nicht permanent deinen nackten Rücken zu berühren.« Mir wird noch heißer, aber da fährt er schon fort: »Oder nicht jedem Mann alle Knochen brechen zu wollen, der dir darin zu nahe kommt.«

Das ist zu viel für mich. Erneut wollen die Tränen sturzflutartig über mich hereinbrechen, aber ich verstecke mein Schluchzen in einem Lachen, drehe das Gesicht weg und betrachte stattdessen die Bilder an den Wänden, stilvolle Schwarz-Weiß-Fotografien mit jeweils einem einzelnen bunten Detail. Aber ich kann sie gar nicht gebührend bewundern, weil meine Gedanken unablässig um ein einziges Gefühl kreisen, das danach drängt, ausgesprochen zu werden.

Schuld.

Ich bringe es nicht über die Lippen. Aber sind wir nicht gerade hier, um uns auszusprechen?

»Danke«, murmele ich, als er mir ein Glas reicht, das nach Cola aussieht, aber nach Rum riecht. Schüttle den Kopf, gebe mir dann doch einen Ruck. Das Herz schlägt mir bis zum Hals und mein Bauch verkrampft sich, aber wenn wir jetzt nicht all unsere Karten auf den Tisch legen, dann werden wir es niemals tun.

»Ich hätte nie mit dir Schluss machen sollen.«

Stille, in der mein Herz laut hämmert. Lange Stille. Ich komme mir fast dumm vor, weil ich ihm gerade ziemlich deutlich meine Gefühle offenbart habe und er einfach überhaupt nichts darauf antwortet. Aber dann sehe ich seinen umwölkten Blick, aufgewühlt wie selten zuvor. Zuletzt als ...

Jetzt hebt Raphael den Blick, seine blauen Augen immer noch sturmverhangen, aber seine Stimme ist fest und klar. »Doch, es war richtig. Ich ...« Seine Stimme versagt und sein Blick bricht, als sähe er durch mich hindurch in eine andere Zeit. Eine neue, qualvoll lange Pause entsteht, die mich fast zerreißt, weil ich weiß, was er mir gleich – endlich – gestehen wird. Und weil ich es eigentlich gar nicht mehr hören will. Dennoch lasse ich ihm die Zeit, die er braucht, und nehme einen tiefen Schluck aus dem Glas, um mich zu wappnen.

»Erinnerst du dich noch an die Weihnachtsferien, in denen du in Italien warst?«

»Ja.« Ich antworte so schnell, dass ich ihm fast ins Wort falle. Genau genommen war ich jedes Jahr in Italien, aber ich weiß genau, von welchem Jahr er spricht. Denn als ich wegging, waren wir zusammen unbesiegbar. Und als ich zurückkam, reichte der kleinste Windhauch, um uns zu zerstören.

27 Bad Boys & Good Girls

Raphael

früher

»Ich bin ein braves Mädchen!«, empörte sich Valeria spielerisch an meinem Ohr.

Ich gluckste und hob vielsagend eine Augenbraue, auch wenn sie das durch das Telefon nicht sehen konnte. »Ach wirklich?«, hakte ich nach. »Welche Farbe hat die Unterwäsche, die du gerade trägst?«

Ich lag auf der Couch in meinem Zimmer und starrte durch meine Decke hindurch auf das geistige Bild meiner Freundin, weil mich das Videospiel langweilte und ich an nichts anderes denken konnte als an ihren verführerischen Körper, ihre lachenden Augen und ihre quirlige Lebensfreude. Ich hätte mir nicht vorstellen können, dass ich sie nach nur vier Tagen schon so sehr vermissen würde. Vielleicht hätte ich doch mitfahren sollen.

Meine Nackenhaare stellten sich auf und meine Gedanken drifteten ab, als Valeria an meinem Ohr in eine tiefere, sinnlichere Tonlage wechselte. Ging sie etwa doch auf meine fernsexuellen Avancen ein?

»Um ehrlich zu sein«, antwortete sie genüsslich, »trage ich gerade gar keine Unterwäsche.«

Ich stöhnte leidend. Und glaubte, Wasser tröpfeln zu hören. Schlagartig saß ich aufrecht, so plötzlich, dass ich Sternchen sah.

»Bist du etwa gerade in der Badewanne?!« Sie kicherte und ich fuhr mir fassungslos mit der Hand über das Gesicht. Diese Frau machte mich fertig. »Das ist nicht dein Ernst ...« Wir hatten noch nie zusammen gebadet, denn ich hasste Badewannen. Aber ich konnte mich nicht den Erinnerungen an Schwimmbäder und Duschen entziehen.

»Weißt du«, säuselte Valeria indes und planschte absichtlich noch ein bisschen lauter. Ich konnte sie so plastisch vor mir sehen, ihre braune Haut inmitten von weißen Schaumbergen, dass es beinahe körperlich wehtat. Meine Jeans war eindeutig zu eng. »Ich bin mir ziemlich sicher, dass ich dich gefragt habe, ob du mitkommen willst. Mehrfach«, erinnerte sie mich, mehr hauchend als sprechend. »Dann könntest du jetzt mit mir zusammen hier sitzen. In dieser großen ... heißen ... nassen ...«

»Okay, stopp!«, rief ich, bevor meine Fantasie mit mir durchgehen konnte oder meine Hose platzen würde.

Valeria lachte. Ich fuhr mir mit der freien Hand mehrfach über das Gesicht, schüttelte den Kopf, bemitleidete mich selbst, konnte aber gleichzeitig nicht aufhören zu grinsen. Valeria war höllisch heiß und teuflisch gefährlich. Aber ich liebte es. Ich liebte alles an ihr, von ihren schokoladenbraunen Haaren über ihre vollen Lippen bis zu ihren sinnlichen Kurven. Von ihren blitzenden Augen über ihr verschmitztes Grinsen bis zu ihrem losen Mundwerk. Und vor allem liebte ich *sie*, ihren Witz und Charme, ihr Temperament und ihren Ehrgeiz, all ihre Ecken und Kanten. Sie war die perfekte Frau, und zwar in jeder Hinsicht.

Aber ich war eben nicht der Typ Mann, der Familienurlaube machte und den perfekten Schwiegersohn spielte. Ich wusste, dass ihre Großeltern mich liebten, ihre Eltern sowieso. Aber so ein kompletter Urlaub, eine ganze Woche auf engstem Raum – das hatte ich noch nie gemacht. Das konnte völlig nach hinten losgehen und unsere Beziehung belasten, und das wollte ich nicht. Deswegen hatte ich abgesagt. Und deswegen musste ich jetzt die Konsequenzen ertragen.

»Schatz?« Valerias Tonlage war immer noch intim, verheißungsvoll und voll freudiger Erwartung. Wie die der Ehefrau im Film, die dem Helden gleich berichtet, dass sie ein Kind erwartet. Diese Vorstellung erlöste mich von meinem körperlichen Leiden.

»Mh?«, machte ich, während ich aufstand, um mir am Fenster eine Zigarette anzuzünden.

»Ich wollte nur wissen, ob du noch da bist«, frohlockte sie, und erneut hörte ich Wasser tröpfeln. »Und was machen wir jetzt?«

Ich konnte nicht gegen das Grinsen ankämpfen. Von wegen braves Mädchen. Valeria war der Teufel in Person.

Nachdem wir diese völlig neue Ebene unserer Beziehung freigeschaltet hatten, überstand ich die vorübergehende räumliche Trennung deutlich besser und konnte mich sogar fast wieder konzentrieren, als ich am Samstagnachmittag bei Chris ankam.

Chris und Angelina feierten meistens am letzten Samstag des Jahres eine kleine vorgezogene Silvesterparty, denn die Neujahrsnacht selbst war seit jeher für René reserviert, der eines jener Knallerkinder war, die am 31. Dezember das Licht der Welt erblicken. Weswegen praktisch jede Silvesterparty automatisch eine Geburtstagsfeier war.

Dieses Jahr fiel die Party der beiden etwas kleiner aus – was hieß, dass nur zwanzig anstatt vierzig Gäste kamen, aber bei Angelinas Organisationstalent und Chris' Zugang zu Spirituosen über den Getränkemarkt seiner Eltern versprach es trotzdem eine steile Party zu werden. Dennoch fühlte es sich ohne Milias und Valeria leer an. Sogar Nicole hatte ich schon so fest in meinem Leben verankert, dass es mir seltsam vorkam, ihre hellblonden ein Meter sechzig nicht irgendwo herumwuseln zu sehen. Stattdessen belagerte mich ihre beste Freundin Lucy, die mit René zusammen war, fast den ganzen Abend.

»Sag mal, willst du eigentlich dich oder mich abfüllen?«, gluckste ich, als sie mit der mittlerweile sechsten oder siebten Fuhre Shots zu mir kam. Zwei Mädchen gingen an uns vorbei und zogen kurz meine Aufmerksamkeit auf sich, aber ich stellte schnell fest, dass ich mich eigentlich gar nicht für sie interessierte.

Lucy schob ihr Grinsen in mein Blickfeld und hob auffordernd ihr

Glas. Ich tat ihr den Gefallen und trank noch einen Kurzen mit ihr. Dann wanderten ihre blaugrauen Augen zu einem Punkt hinter mir und weiteten sich kurz überrascht.

»Was machst du jetzt eigentlich den ganzen Tag? So ganz ohne Milias und Valeria?«, plapperte sie fröhlich drauf los und nahm meinen Arm, aber ich fiel nicht auf ihr Ablenkungsmanöver herein. Misstrauisch drehte ich mich um – und hätte um ein Haar das Shotglas fallen lassen.

Am anderen Ende des Wohnzimmers stand Cat. Sie hatte mich noch nicht gesehen, aber ich konnte meinen Blick nicht von ihr lösen, wie sie sich mit der ihr eigenen eleganten Unbeholfenheit aus ihrem Mantel schälte. Sie war der einzige Mensch, den ich kannte, der gleichzeitig grazil und tollpatschig wirken konnte. Wie eine aristokratische Siamkatze, die alle paar Meter taumelte.

Lucy zog erneut an meinem Arm, aber ich machte mich in reflexartiger Aufregung los. »Deswegen all die Shots?«, erkannte ich, wollte die Antwort aber eigentlich gar nicht wissen. Stattdessen lenkte ich meine Schritte zu Angelina.

»Du hast sie ernsthaft eingeladen?«

Sie wusste sofort, wen ich meinte. Ihre Augen huschten zu Cat, und sie hob zu einer Antwort an, aber ich ließ sie gar nicht zu Wort kommen: »Hast du sie noch alle? Du weißt schon, was passiert, wenn Valeria rauskriegt, dass wir zwei auf derselben Party waren?!«

»Hey, es ist nur eine Party!«, rechtfertigte sich Angelina. »Was du darauf machst oder nicht machst, dafür bist du ganz allein selbst verantwortlich, Raphael.«

»Ey …!«, fuhr ich auf. Was genau unterstellte sie mir jetzt?

»Außerdem fand ich es unfair, sie nicht einzuladen, jetzt, wo sie wieder da ist. Früher war sie auch immer dabei.«

»Früher war sie aber auch noch nicht spurlos verschwunden gewesen!«, erinnerte ich sie mit Nachdruck.

Angelina funkelte mich zornig an, mit diesem Blick, der eigentlich nur für Milias oder Chris reserviert war, wenn sie besonders viel Mist gebaut hatten. »Glaubst du, dass Leute einfach so aus einer Laune heraus abhauen?! Vielleicht lag ihre Oma im Sterben oder ihr Onkel im Krankenhaus? Hast du schon mal darüber nachgedacht, oder warst du zu sehr damit beschäftigt, dich selbst zu bemitleiden?«

Meine impulsive Erwiderung verpuffte in meinen Lungen, weil ich mich plötzlich fühlte, als wäre ich frontal gegen eine Wand gekracht. Scheiße! Darüber hatte ich wirklich noch niemals nachgedacht. Ich war so ein Idiot. Nein, ich war ein richtiges Arschloch. Was, wenn wirklich etwas Schlimmes mit ihrer Familie passiert war? Das war eine Erklärung. Oh Gott, das war sogar die *einzige* Erklärung.

»Hast du sie gefragt?« Meine Stimme klang atemlos.

Angelinas Augen schossen immer noch Blitze auf mich ab. »Nein!«, blaffte sie, als wäre das gefälligst meine eigene Aufgabe. Was es auch verdammt noch mal war. »Also, ja«, schob sie dann nach und mein Herz schoss mir in den Hals, wofür ich es verfluchte. »Aber sie wollte es mir nicht erzählen.«

Scheiße, Scheiße, Scheiße! Das Verlangen, Catarinas zierlichen Körper in die Arme zu nehmen und sie zu trösten, für all das, was auch immer mit ihrer Familie geschehen war, war plötzlich übermächtig. Aber ich konnte nicht. Ich *durfte* nicht, denn Valeria würde wieder an sich selbst und unserer Beziehung zweifeln, wenn sie es erfuhr.

»Drink?«, fragte ich meine Ex-Freundin trotzdem eine halbe Stunde später und hielt ihr ein Glas süßen Sekt hin. Den trank sie am liebsten. Ich würde in Erfahrung bringen, warum Catarina damals gegangen war, dann würde ich ihr vergeben und mit ihr abschließen. Und dann würde ich es Valeria erzählen und ihr endgültig die Zweifel nehmen.

Cat erstarrte mitten im Satz zu Angelina, beäugte erst das Glas in meiner Hand, dann mich, senkte die Lider. Endlich hoben sich ihre Mundwinkel zu diesem feinen Lächeln, das mich früher so angezogen hatte.

»Danke.« Sie nahm das Glas entgegen und ließ sogar zu, dass ich mein Wodka-Gemisch zum Prosit dagegenstieß. Angelina fing meinen Blick mit einem zufriedenen Lächeln auf.

»Ich lasse euch zwei dann mal allein«, erklärte sie zufrieden und tätschelte Cats Arm. »Wenn er dir zu nah kommt, schrei einfach laut. Ich bin gleich da hinten beim Buffet –«

»Und was, gehst mit der Fleischgabel auf mich los?«, gluckste ich und sah aus dem Augenwinkel, wie Catarina in ihr Glas lächelte.

»Keine Sorge, ich bin ein großes Mädchen«, beruhigte Catarina sie mit keck erhobenem Kinn. Eine Geste, die ich immer noch attraktiv fand. Nein, befahl ich mir. Es war Zeit, dass ich abschloss. Aber vorher musste ich wissen, was passiert war. Das schuldete ich ihr. Das schuldete sie mir.

»Ich verspreche, dass ich mich nicht auf sie stürzen werde«, verkündete ich also, damit Angelina uns endlich allein ließ. Sie tat es, nicht ohne uns beide noch einmal eindringlich zu mustern.

»Sehr nett von dir. Ich wusste immer, dass ein Ritter in dir steckt«, erwiderte Catarina, als Angelina weg war, und da war er wieder: dieser mit Zuckerguss überzogene Sarkasmus ihres scharfen Verstandes, den man nur zu deuten wusste, wenn man sie kannte. Stille Wasser sind tief, und Catarina Fischer war ein bodenloser Brunnen mit schwarzen Augen, spiegelglatten Haaren und ebenmäßiger Oberfläche.

Ich lehnte mich neben sie gegen die Fensterbank. »Ja, manchmal bin ich nett«, bestätigte ich selbstgefällig. »Was du wüsstest, wenn du im letzten Jahr mal da gewesen wärst.«

Ich sagte es im Scherz, um mich vorsichtig vorzutasten. Erwartungsgemäß verstummte sie und senkte abermals den Blick. Ich ging leicht in die Knie, um ihr in die Augen sehen zu können, wie ich es schon unzählige Male getan hatte. Catarina hatte ungefähr die Statur und Größe von Nicole, war also knapp zwei Köpfe kleiner als ich. Es dauerte eine gefühlte Ewigkeit, bis ihre fast schwarzen Mandelaugen zu mir zurückkehrten.

»Sorry, ich ...« Sie wandte sich ab, aber ich hielt ihre Hand fest.

»Hey ... Was auch immer es ist. Du kannst es mir sagen.«

Sie hob den Blick erneut, sah mich einen Moment lang an, wirkte innerlich zerrissen. Schüttelte dann den Kopf. »Nein.«

»Doch.«

»Nein«, beharrte sie. »Du hast eine Freundin und …«

Mein Lachen unterbrach sie. »Und deswegen darf ich nicht für dich da sein? Komm schon, du glaubst doch nicht im Ernst, dass die letzten zwölf Monate das Jahr davor komplett ausgelöscht haben.«

Catarina atmete tief ein und ich sah dabei zu, wie sich ihre Brust in dem dunkelblauen Oberteil hob und senkte. Dann schüttelte sie erneut den Kopf. Ich beschloss, sie aus der Reserve zu locken:

»Ich meine, gut, du hättest was sagen können – oder mal schreiben.« Sie schnaubte belustigt, warf mir diesen tadelnden Blick zu, weil ich sie gegen ihren Willen zum Lachen brachte. »Zugegeben, in den ersten Wochen hätte ich jeden Brief sofort verbrannt und in den Monaten danach hätte ich wohl eher nicht geantwortet. Okay, ich war ziemlich sauer, und ja, du hast mir das Herz gebrochen, aber hey, ich bin …«

»Ich war schwanger.«

Meine Gedanken machten eine Vollbremsung. Nein, mein ganzes Leben machte eine Vollbremsung.

»Was?«

Catarina scheiterte an einem Lächeln, hob die Schultern, aber sie wich meinem Blick nicht aus, als sie wiederholte:

»Ich war schwanger.«

Die Party um mich herum, das Wohnzimmer, die ganze verdammte Welt wurde in ein Vakuum gesaugt, in dem die Zeit stehen blieb. Ich erkannte, wie ich mit eiserner Kraft versuchte, die letzten Sekunden zurückzudrehen, aber es ging nicht. Also lief mein Leben unerbittlich weiter, während ich Catarina nur hilflos anstarren konnte. Selbst als irgendwo hinter uns Jubelrufe und ein Sprechgesang laut wurden, weil die Party nun einmal weiterging, konnte ich nicht blinzeln, nicht einmal atmen.

»Das ist nicht dein Ernst.« Ich fixierte die feinen Linien ihrer Lippen, um das kleinste Zucken zu erkennen, das mir verraten würde, dass das nur einer ihrer Scherze war. Es wäre ein grausamer Scherz, aber vielleicht hatte ich ihn auch verdient. Als sie sich nicht regte, lief irgendwas in mir Amok. »Willst du mich verarschen?!« Ich war achtzehn, und jetzt sollte ich Vater sein?!

Die fassungslose Leere in meiner Brust war unerträglich. Aber noch schlimmer war die Leere in ihren Augen, als ihre Lider flatterten. Ihr Blick brach, wanderte unstet umher, verhärtete sich dann. »Ich wusste es«, japste sie, ihre Stimme so hoch und dünn, dass sie fast versagte, ihre Augen voller Schmerz. »Ich wusste einfach, dass du so reagieren würdest. Deswegen wusste ich, dass es am besten wäre, wenn du es überhaupt nicht erfährst.«

»Indem du einfach abhaust?!«, rief ich aus. Ich konnte es einfach nicht glauben. Das war ein schlechter Witz. Mein ganzes Leben war ein Witz. Und dieser Moment war wie ein Autounfall. Ich konnte nicht aufhören in ihr Gesicht zu starren, um jedes einzelne Wort aufzusaugen. Aber gleichzeitig wollte ich nichts von alledem hören, und alles, was sie sagte, machte es nur noch schlimmer.

»Raphael.« Ihre Stimme klang fest, aber ihre Augen waren voller Schmerz. »Machen wir uns doch nichts vor. Du hättest es nicht ertragen. Du erträgst es doch jetzt kaum.« Sie schüttelte traurig den Kopf. »Ich konnte dir das nicht antun. Und deswegen bin ich gegangen. Eine Woche, nachdem ich es erfahren hatte.«

Ihre Stimme war kaum mehr als ein Flüstern, aber ohrenbetäubend laut in meinem Kopf. Ich konnte nichts tun, als sie anzustarren. Ich konnte nicht blinzeln, nicht schlucken, ich konnte nicht einmal atmen.

Schlucken war das Erste, was wieder funktionierte. Weil plötzlich mein Magen rebellierte. Es war lange her, dass ich mich zuletzt übergeben hatte. Aber mein Körper erinnerte sich so schnell an das unruhige Gurgeln im Magen, an das enge Pulsieren in der Kehle und den verzweifelten Schluckreflex, dass ich augenblicklich ins Gästebad stürzte.

Valeria

heute

Ich fühle mich, als hätte jemand mein Blut durch gefrorenen Beton ersetzt. Meine Glieder sind schwer wie Blei, all meine Organe scheinen ihre Funktion eingestellt zu haben. Selbst meine Lunge arbeitet nicht mehr. Nur ein Gedanke kreist unablässig in meinem Kopf, schreit mich geradezu an: Er ist nicht fremdgegangen!

Raphaels blaue Augen kehren aus der Vergangenheit zurück, seine Brauen heben sich machtlos. Sein Glas ist leer.

»Oh Gott«, zwinge ich meinen Mund endlich zu sprechen.

»Tja ...«, macht Raphael.

Mit tellergroßen Augen sehe ich ihm dabei zu, wie er sich noch mal nachschenkt, stelle wortlos mein Glas daneben. Stille, in der der Rum laut plätschert, während eine Stimme in meinem Kopf kreischt.

»Du hast ein Kind.«

Wieso habe ich das nie bemerkt? Wieso gibt es keine Fotos? Gibt es Fotos? Verstohlen werfe ich einen Blick über die Wände und Ablageflächen, während Raphael das Glas in einem Zug leert.

»Nein«, antwortet er dann und holt tief Luft. »Sie hat es verloren. Es wäre ein Mädchen geworden.«

»Oh Gott ...« Meine Stimme klingt wie die einer Sterbenden, und genauso fühle ich mich. Etwas in mir verlischt gerade und ich kann mir nicht einmal vorstellen, wie es sich für Raphael anfühlt – oder für Catarina. Ich will noch so viel mehr sagen, aber ich bringe kein einziges Wort heraus. Die letzten fünfeinhalb Jahre habe ich damit verbracht, Catarina zu hassen. Jetzt würde ich sie am liebsten in die Arme nehmen für alles, was sie durchmachen musste. Und jetzt begreife ich, warum Raphael heute vor und in der Kirche so apathisch war.

Ich blinzle, als er sich plötzlich regt und den linken Hemdsärmel weiter über den Ellenbogen nach oben schiebt. Mein Blick fällt auf die tintenschwarzen Buchstaben, die sich tatsächlich als römische Schriftzeichen herausstellen. Aber jetzt erkenne ich, dass es Zahlen sind.

XVI · II · MMXV

»Das wäre das Geburtsdatum gewesen«, sagt er rau.

Mich überkommt ein Schauer, der alles Leben aus mir herauszuschwemmen versucht, während ich mein Gedächtnis nach der Bedeutung der Ziffern durchforste. Der 16. Februar 2015. Das V hat nichts mit mir zu tun, nicht einmal annähernd.

Und mit dieser Erkenntnis spüre ich, wie etwas in mir zerbricht. Ich fühle meine Seele nicht nur bersten, ich höre die Splitter geradezu auf den Boden meines Bewusstseins hageln, schneide mich an ihren scharfen Kanten und schnappe reflexartig nach Luft.

Ich bin der allerschrecklichste Mensch auf der Welt. Mein ganzes Leben lang war ich eine Dramaqueen, wollte um jeden Preis, dass mich jeder auf Händen trägt, und war so fixiert auf mich selbst, dass ich den einzigen Mann von mir gestoßen habe, der mich mehr gebraucht hat als ich ihn.

»Es tut mir so leid, Raphael …« Ich flehe ihn beinahe an, suche nach den richtigen Worten, aber er schüttelt bereits den Kopf, apathisch, als könnte er es auch nach fünf Jahren immer noch nicht glauben, während er den Hemdsärmel wieder herunterzieht.

»Das muss es nicht. Und darum geht es auch nicht. Ich meine, klar, ich …« Er bricht ab, schüttelt wieder den Kopf. Als sein Blick bei mir ankommt, fühle ich seine Verzweiflung in meiner eigenen Brust. »Es geht darum, dass dieses süße, unschuldige Mädchen vor der schwierigsten Zeit ihres Lebens stand und ganz allein ich daran schuld war. Aber anstatt es mir zu sagen, ist sie lieber ans andere Ende der Welt gezogen, weil sie wusste, dass ich ausrasten würde. Schlimmer noch, weil sie wusste, dass sie sich nicht auf mich verlassen konnte.«

Er reibt die Handflächen über seine Jeans, fährt sich durch die Haare und sieht so verloren aus, dass ich ihn schützend in meine Arme ziehen und nie wieder loslassen will. Einzig sein zerbrechlicher Blick hindert mich an jeder Bewegung, als er mich eindringlich, ja geradezu verzweifelt ansieht.

»Verstehst du? Sie hat sich dafür entschieden, das alleine durchzumachen, weil ich die meiste Zeit meines Lebens ein egoistisches Arschloch war. Sie hätte eher ihr eigenes Leben zerstört als meines.«

Seine Finger sind kalt, geradezu eisig, und erst da bemerke ich, dass ich seine Hand ergriffen habe. Aber ich lasse nicht los, ganz im Gegenteil, ich halte sie umso fester, streichle behutsam über seinen Handrücken, lege all meine Gefühle in diese Berührung. Er dreht die Handfläche nach oben, erwidert den Druck meiner Fingerspitzen.

Ein sanftes Vibrieren geht durch unsere Körper und Raphael holt beinahe roboterhaft sein Handy aus der Hosentasche, um es stummzuschalten und mit dem Display nach unten auf den Wohnzimmertisch neben unsere Gläser zu legen.

Ich versuche nicht an Milias oder Aaliyah zu denken – oder wer auch immer Raphael um diese Uhrzeit anrufen könnte, und betrachte stattdessen wehmütig das Bild unserer ineinander verschränkten Hände. Es ist ein schönes Bild, und es sieht aus wie früher: Meine gebräunte Haut in seinen langen Fingern, meine vielen Ringe gegen den einzelnen an seinem Daumen und das kaffeebraune Lederarmband, das –

Mein Herz setzt einen kurzen Schlag aus.

»Du ... trägst es immer noch?«

Ich spüre, wie er mich ansieht, aber ich kann meinen Blick kaum von dem geflochtenen Leder lösen. Es gefällt mir immer noch so sehr wie an dem Tag, an dem ich es im Schaufenster des Juweliers gesehen habe, und es steht ihm noch genauso gut wie an unserem ersten Monatstag, zu dem ich es ihm geschenkt habe. Vor mehr als fünf Jahren.

»Ich könnte sagen, dass es mir ziemlich gut gefällt«, antwortet er amüsiert, bevor seine Stimme eine tiefere Färbung bekommt. »Aber um ehrlich zu sein, erinnert es mich an eine tolle Frau, die mich mal hat sitzen lassen.«

Plötzlich ersticke ich an meinem schlechten Gewissen. Ich kann nicht mehr denken, will nicht mehr atmen, als die schreckliche Wahrheit mit voller Wucht über mich hereinbricht und meine Seele, ja, mein ganzes Dasein unter sich begräbt.

Raphael war nie der Bad Boy. Ich bin die Böse in dieser Geschichte. Ich war es von Anfang an.

28 Spiegel der Vergangenheit

Raphael

Ich fahre aus meiner Lethargie hoch, als Valeria plötzlich in Tränen ausbricht.

»Oh Gott, Raphael …«

Einen schrecklichen Herzschlag lang bin ich mit der Situation hoffnungslos überfordert, also übernimmt mein Instinkt: »Schhht, hey …«, lässt er mich behutsam raunen und meine Hand aus ihrer lösen, um ihre karamellfarbenen Finger fest zu umschließen. Keine Reaktion. Endlich zieht mein Bewusstsein nach, versucht die Situation mit Humor aufzulösen: »Ich hatte eigentlich darauf gesetzt, dass du dich entweder auf mich stürzen oder mir um den Hals fallen würdest – was ungefähr auf dasselbe herausgekommen wäre.«

Valeria reagiert immer noch nicht, und langsam mache ich mir Sorgen. »Hey …«, raune ich erneut, will sie in meine Arme ziehen, aber sie bleibt wie zu Fels erstarrt sitzen. Ich seufze. »Bitte entschuldige, ich hätte dir das nicht sagen sollen. Nein, ich hätte dir das alles schon viel früher sagen sollen«, widerspreche ich mir augenblicklich selbst, während Valeria immer noch schmerzverkrümmt vor mir sitzt und mit zusammengekniffenen Augen das Kinn auf die Brust drückt, ohne einen Laut von sich zu geben. Ja, ohne überhaupt zu atmen. Ich schiebe den Kopf vor, um ihr ins Gesicht sehen zu können. »Komm schon, rede mit mir, Valeria«, flehe ich sie an.

Keine Reaktion.

»Könntest du wenigstens atmen?«, bitte ich vorsichtig.

Sie holt zitternd Luft, schluchzt gleich darauf nochmals auf. »Ich kann nicht, ich bin ein zu furchtbarer Mensch.«

Ich ziehe sanft an ihren Händen, aber sie weigert sich immer noch, sich gegen mich sinken zu lassen. »Du bist überhaupt nicht furchtbar«, tröste ich sie also mit meiner Stimme statt mit meinen Armen.

»Doch!«, platzt sie heraus. »Du denkst, *du* wärst ein egoistisches Arschloch? Ich bin kein Stück besser als du, ich bin sogar viel schlimmer! Du hattest die beschissenste Zeit deines Lebens, und ich habe einfach mit dir Schluss gemacht.«

Ich halte kurz inne, blinzle. Jetzt, wo sie es ausspricht, kann ich mich nicht gegen die Logik wehren. Aber in all den Jahren hatte ich kein einziges Mal einen solchen Gedanken, hätte ihr das niemals vorwerfen können. Ich war es, der wie paralysiert war, ich habe sie aus meinem Gefühlschaos ausgeschlossen.

»Oh Gott, wer hat eigentlich je das Gerücht in die Welt gesetzt, dass du ein gefühlloser Arsch wärst?« Valeria schüttelt heftig den Kopf und ich spüre wehmütig, wie sich meine Mundwinkel heben wollen, aber nicht gegen die bleierne Schwere meiner Glieder ankommen. »Wie kommt es, dass du nicht sofort mit mir Schluss gemacht hast und zu ihr zurückgegangen bist?«

Mein Blick gleitet kurz ab. »Ich weiß nicht, wie oft ich darüber nachgedacht habe«, gestehe ich und zwinge mich, ihr in die Augen zu sehen. »Ich hatte das Gefühl, ich wäre es Cat irgendwie schuldig, und dachte, ich müsste meinen Fehler wiedergutmachen. Andererseits wollte ich unsere Beziehung nicht aufgeben, weil sie mir … weil *du* mir wirklich viel bedeutest.« Ich hebe machtlos die Schultern. »Tja, das Ergebnis kennst du. Ich hab einfach gar nichts gemacht.«

Valeria stürzt den Rest ihres zweiten Glases hinunter. »Auf jeden Fall besser, als einfach Schluss zu machen«, ohrfeigt sie sich selbst verbal.

»Nein«, bestimme ich. Rudere dann leicht zurück, als sie ungläubig eine dunkle Braue hebt. »Okay, toll war anders, aber …« Ich bemerke, dass ich ihrem Blick ausgewichen bin, und sehe ihr wieder fest in die

Augen, »aber ich hatte so verdammt viel Respekt vor dir, weil du das getan hast, wozu ich nicht in der Lage war. Weil du dein Leben selbst in die Hand genommen hast. Schon immer. Weißt du noch, wie das mit uns angefangen hat? Weil du es dir in den Kopf gesetzt hast! Und wann wir zusammengekommen sind? Als du verdammt noch mal beschlossen hattest, dass wir es sind!«

»Oh Gott«, ächzt sie beschämt und versteckt das Gesicht in der Hand, die nicht in meiner liegt. »Du hast recht. Ich bin ein noch viel schrecklicherer Mensch, als ich dachte.«

Ich schüttle den Kopf. »Du bist ein sehr viel besserer Mensch, als du denkst. Weißt du, dass du der Grund dafür bist, dass ich bei Santeon gekündigt habe? Als ich immer unzufriedener wurde, habe ich mich gefragt: ›Was würde Valeria wohl an meiner Stelle tun?‹ – kein Scheiß!« Ich hebe ehrenhaft die freie Hand, während sie mich aus tellergroßen Kulleraugen ansieht. »Und ich dachte mir: Valeria würde einfach kündigen und gucken, was passiert.«

»Ja«, höhnt sie, »weil Valeria kopflos ist und überstürzt und …«

»… selbstbestimmt und willensstark«, korrigiere ich.

Sie krächzt im Versuch eines Lachens. »Wohl eher impulsiv.«

»Ich nenne das leidenschaftlich«, antworte ich und beende damit die Diskussion. »Wenn jemand sein Leben selbst in die Hand nimmt, dann du.«

Ihre dunklen Brauen ziehen sich verständnislos zusammen, während in ihren Augen endlich wieder Leben blitzt. Ich hatte schon Angst, dieser Teil von ihr wäre an meinen früheren Fehlern ebenso zerbrochen wie mein eigener. »Sagt ausgerechnet der Typ, der im Penthouse wohnt und einen Sportwagen fährt!«

»Das hier ist kein Penthouse und ein S3 ist kein Sportwagen«, gluckse ich, aber sie ignoriert mich einfach.

»Raphael!« Ich kann mich nicht gegen das Prickeln wehren, das der ärgerliche Klang meines Namens von ihren Lippen auslöst, woraufhin sie mich sofort ertappt: »Hör auf so zu grinsen! Ich habe mein Leben überhaupt nicht im Griff. Ich bin kurz davor, mein Studium zu vermasseln; ich teile mir eine Dreißig-Quadratmeter-Wohnung mit einem Mitbewohner, den ich als meinen Freund ausgegeben habe, weil ich wusste, dass ich den selbstverliebten, perfekten Arsch wiedersehen würde, von dem ich immer noch dreihundert Fotos auf meinem Handy habe; und ich komme entgegen aller guten Vorsätze nicht mal ansatzweise damit klar, dass er jetzt –«

Weiter kommt sie nicht, denn ich ersticke jedes weitere Wort unter meinen Lippen.

Valeria

Alle Luft weicht aus meinen Lungen, alle Worte verlieren ihren Sinn. Einen Sekundenbruchteil treibe ich ohne Atem und Orientierung im Nichts, bis mein Kopf realisiert, dass seine Lippen auf meinen liegen. Bis mein Herz erkennt, dass Raphael mich küsst.

Ich will gleichzeitig vor Freude weinen und vor Reue zerfließen, während mein Bauch so übermütige Saltos schlägt, dass eine Verletzung geradezu vorprogrammiert ist. Doch Raphaels Lippen sind weich, seine Hand in meinem Nacken ist warm und sein Kuss so vollkommen, dass meine Brust vor Glück schier überläuft.

Ich gehe auf in diesem Kuss, verliere mich darin und finde gleichzeitig zu mir zurück. Ich zerspringe in meine Einzelteile und füge mich neu zusammen. Und ich kann nicht anders: Augenblicklich erwidere ich seinen Kuss, dränge mich verzweifelt gegen seinen Körper, lasse keinen Zentimeter zwischen uns zu.

Sein Griff in meinem Nacken verstärkt sich und lässt den warmen Strom in meinem Innersten zu einem heißen Strudel anschwellen, während er den linken Arm um meine Taille schlingt und meinen nackten Rücken streichelt. Ich höre ihn leise in unseren Kuss stöhnen und kann mich nicht gegen das heftige Kribbeln wehren, mit dem sich mein Unterleib zusammenzieht.

Oh Gott, ich liebe diesen Mann, genauso sehr wie früher und noch mehr. Und noch stärker als früher will ich alles von ihm. Ich will seine fordernden Lippen, seine hungrigen Küsse und seine besitzergreifenden Hände. Ich will seinen selbstgefälligen Humor, seine warmherzige Intelligenz, und vor allem will ich den unendlich tiefen, sanften, allumfassenden Ausdruck in seinen blauen Augen, der mir mit jedem Blick stumm verspricht, dass ich die einzige Frau in seiner Welt bin.

Aber das bin ich nicht.

Das war ich nie. Und das werde ich nie sein.

Behutsam umfasse ich sein Gesicht und stelle meinen herumturnenden Bauch wieder auf den Boden der Tatsachen. Ich will mich nicht länger belügen, und ich kann nicht ertragen, dass wir *uns* belügen. Es kostet mich all meine Willenskraft, meine Lippen von seinen zu lösen.

»Was machen wir hier?« Meine Worte sind nicht mehr als ein Flüstern, aber die Stille zwischen uns ist so vollkommen, dass sie darin fast dröhnen. Endlich schaffe ich es, Raphael in die Augen zu sehen, löse meine Hand aus seinen Haaren und streichle sein Gesicht. »Wir hatten die beste Zeit unseres Lebens, und es wird kein Tag vergehen, an dem ich nicht daran denken werde. Aber wir sind nicht mehr siebzehn, und es wird nie mehr so werden, wie es war. Wir sollten uns nicht einreden, dass wir einfach da weitermachen können, wo wir aufgehört haben. Und vor allem sollten wir uns nicht einreden, dass wir uns irgendetwas schuldig sind. Du schuldest mir nichts und ich verlange nichts von dir.« Ich muss schlucken, weil mein Mund so trocken geworden ist, spüre dann, wie meine Lippen lächeln und sich meine Augen mit Tränen füllen. »Wir sollten erwachsen werden. Und Erwachsenwerden heißt loslassen ... und dankbar sein.«

Raphael schüttelt den Kopf, aber ich versiegele seine Erwiderung mit einem sanften Kuss.

»Ich bin dankbar, Raphael Thomas, für die beste Zeit meines Lebens. Aber ich kann nicht zulassen, dass du aus falschen Schuldgefühlen Entscheidungen triffst, die du bereuen wirst.«

Widerwille regt sich in seinem Blick. »Die einzigen Dinge, die ich bereuen werde, sind die, die ich nicht getan habe.«

Das schmerzliche Lächeln auf meinen Lippen zerreißt mir fast die Brust. »Das ist mein Spruch«, tadele ich ihn wohlwollend. Dann sehe ich ihm fest in die Augen und spreche meine Gedanken aus, so weh sie mir auch tun: »Merkst du nicht, dass wir dabei sind, die Fehler unserer Vergangenheit zu wiederholen? Ich berausche mich selbst an dem Gefühl, von dir geliebt zu werden, um mich über meine eigenen Unzulänglichkeiten hinwegzutrösten. Und du opferst eine neue, wunderbare Beziehung für eine alte. Das kann ich nicht zulassen.«

»Valeria«, will Raphael dazwischen gehen, aber ich unterbreche ihn.

»Nein, hör mir zu, Raphael. Ich habe euch heute beobachtet, dich und Aaliyah. Und ihr ...« Mir entschlüpft ein verzweifelter Laut. »... ihr seid einfach perfekt füreinander. Ihr versteht euch ohne Worte, ihr seid absolut auf einer Wellenlänge, ihr gebt einander Halt. Ihr habt wirklich die perfekte Beziehung.«

Er schnaubt. Vielleicht sehe ich durch den leichten Film auf meinen Augen nicht mehr ganz scharf, aber es sieht so aus, als würde etwas in seinem Blick brechen. »Das kannst du nicht ernst meinen.«

Ich schaffe es, ein Lächeln auf meine Lippen zu zaubern, kann aber nicht die einzelnen Tränen aufhalten, die dabei überlaufen. »Doch. Das meine ich völlig ernst. Es macht mich fertig, aber ich weiß, dass es das Richtige für dich ist.« Ich lache verzweifelt, als ich die nächsten Worte ausstoße: »Ein Teil von mir wird es immer lieben, dich zu hassen, Raphael Thomas. Aber ich will einfach nur, dass du glücklich bist, und seit heute weiß ich, dass ich dich nicht glücklich machen kann. Und dafür hasse ich mich.«

Raphael starrt mich immer noch an, beschwört mich beinahe mit seinem Blick, schüttelt unablässig den Kopf.

»Valeria.« Er hält mich an beiden Schultern fest, lässt aber sofort los, als ich die Arme leicht bewege. Wieder schüttelt er den Kopf. »Ich weiß nicht, wie deutlich ich es noch sagen kann, aber ...«

Ein schabendes Geräusch lässt uns beide innehalten. Einen Sekundenbruchteil später erkenne ich, dass es ein sich drehender Wohnungstürschlüssel ist. Mein Blick schnellt ebenso entsetzt zur Tür wie mein

Herz in meinen Hals. Raphael gibt ein leises Ächzen von sich und dreht das Display seines Handys auf dem Tisch nach oben. Ein entgangener Anruf und eine Nachricht leuchten gemeinsam mit der Uhrzeit auf.

Währenddessen geht das Licht im Flur an, kurz darauf höre ich ein verwundertes »Oh«. Aaliyah besitzt einen Schlüssel zu Raphaels Wohnung?!

Zwischen Fassungslosigkeit, endloser Qual und ergebener Demut angesichts meiner allzu schnell bestätigten Worte rutsche ich von Raphaels Schoß und glätte mein Kleid, lausche eine letzte Sekunde lang den Schritten im Flur, High Heels auf Parkett, bevor ihre hübsche Gestalt im Durchgang erscheint.

»Oh«, macht sie noch mal. »Ich wusste nicht, dass ... ihr zwei hier seid. Ich wollte nicht stören.«

Bevor jemand reagieren kann, bin ich auf den Beinen. »Du störst nicht. Ich wollte sowieso gerade gehen.« Ich bin überrascht, wie ehrlich sich das Lächeln auf meinen Lippen anfühlt. Wie gut. Ich lege noch eine Spur Wärme hinein, als ich mich Raphael zuwende. »Danke«, sage ich von ganzem Herzen. *Leb wohl*, denke ich dann, aber das kann ich nicht aussprechen. »Mach's gut, Raphael.«

Raphael

Mach's gut?!

Ich starre fassungslos in den illuminierten Durchgang zum Flur, in dem Valeria gerade verschwunden ist, das Handy am Ohr, um ein Taxi zu rufen. Ich starre ihr nach und tue einfach gar nichts. Blinzle nicht, als die Wohnungstür ins Schloss fällt. Rege mich nicht, als die Kante der Couch leicht einsinkt, weil Aaliyah sich setzt. Ich atme nicht einmal, bis sie behutsam den Mund öffnet:

»Ist alles in Ordnung? Soll ich wieder gehen?«

Meine Augen wandern zu Aaliyahs ebenmäßigem Gesicht, aber meine Gedanken kreisen noch um Valeria. Wir waren nicht zusammen, aber es fühlt sich an, als hätte sie gerade zum dritten Mal mit mir Schluss gemacht. Schlimmer noch, es fühlt sich an, als hätte sie endgültig mit uns abgeschlossen.

Langsam schüttle ich den Kopf.

»Nein, nichts ist in Ordnung, oder nein, ich soll bleiben?«, fragt Aaliyah nach, in ihren Augen erneut die unausgesprochene Frage, ob ich darüber sprechen möchte. Ich antworte nicht. Mein Kopf ist Sperrgebiet. Aaliyah legt den Kopf schief und ihre kühle Hand auf meine. Stumme Unterstützung, offenes Angebot.

Was soll's! Schlimmer kann der Abend eh nicht mehr werden. »Also schön, frag mich, was du willst.«

Während ich mich vorlehne, um mir das dritte Glas des Abends einzuschenken, schält sich Aaliyah amüsiert aus ihrem Mantel. Das cremefarbene Kleid steht ihr wirklich gut.

»So funktioniert das nicht, Raphael.«

»Ach nein? Läuft das nicht, indem ich dir sage, was ich denke, und du mir sagst, wer ich bin?«

Sie lacht. »Nein. Eher: Du erzählst mir, was dich bewegt. Ich sage dir, was *ich* denke. Und du erkennst, wer du bist. Oder entscheidest, wer du sein willst, je nachdem.«

Ich nehme einen Schluck aus meinem Glas, ohne den Blick von ihr zu nehmen. Von mir aus. Andere würden einem Therapeuten hierfür eine Menge Geld bezahlen.

»Willst du was trinken?«, frage ich noch. »Könnte etwas länger dauern.«

Als Antwort lehnt sie sich vor und schenkt sich Cola in Valerias leeres Glas. Ich beginne also zum zweiten Mal an diesem Abend ganz von vorn, erzähle ihr von Cats Abreise und Rückkehr, von Valeria – und von der Tochter, die ich nie hatte. Ich lasse nicht aus, wie zerrissen und unentschlossen ich damals war, und auch nicht, wie sehr mich das Wiedersehen dieses Jahr mit Valeria mitnimmt.

Aaliyah hebt die Augenbrauen, als ich bei dem ankomme, was heute Abend auf dieser Couch passiert ist, und ich hebe augenblicklich die

Hände, bereit, Abbitte dafür zu leisten, dass ich eine andere geküsst habe.

Da fragt sie: »Warum bist du noch hier?«

Ich blinzle. »Hä?«

»Warum hast du sie nicht aufgehalten, als sie gegangen ist?«

Mir fällt auf, dass mir der Mund offen steht, und ich schließe ihn wieder. »Weil ich eine Beziehung habe?« frage ich rhetorisch. Ist Aaliyah im Augenblick überhaupt meine Freundin oder doch eher meine Therapeutin? Dann verschiebe ich diese Frage auf später und schüttle den Kopf. »Und weil Valeria recht hat. Jetzt weiterzumachen ist, als würden wir unsere alten Fehler wiederholen.«

Aaliyah lächelt kurz in das Glas in ihrem Schoß, sieht mich dann wieder offen an. »Die Gesellschaft trichtert uns von Kindesbeinen auf ein, dass es schlecht ist, Fehler zu machen, und noch viel schlechter, Fehler zu wiederholen. Dabei liegt es im Lauf der Natur, Fehler zu wiederholen. Generationen wiederholen die Fehler ihrer Eltern, die gesamte Menschheit, selbst die Natur wiederholt Fehler. Das ist Evolution.«

»Das ist Schwachsinn«, entgegne ich. »Wenn sich ein Kind einmal an einer heißen Herdplatte verbrennt, ist das ein Fehler. Aber wenn es sich zweimal verbrennt, ist es einfach bloß dumm.«

»Oder zielstrebig«, hält Aaliyah dagegen. »Was glaubst du passiert, wenn Kinder anfangen zu laufen?« Ich setze zu einer Antwort an, verschließe aber die Lippen, weil ich ahne, worauf sie hinauswill. »Genau, sie fallen hin. Wieder und wieder und wieder. Man könnte sagen, sie lernen nicht aus ihren Fehlern. Man könnte auch sagen, sie wachsen daran.«

In einem Anflug von Verzweiflung werfe ich die Arme in die Luft. »Und was soll ich deiner Meinung nach jetzt tun?«

Zum ersten Mal weicht sie meinem Blick aus und betrachtet stattdessen das leere Glas in ihren Händen. »Du kannst so weitermachen wie bisher: Liegen bleiben und andere für dich entscheiden lassen.« Ich will gerade zum Protest ansetzen, dass ich das nicht tue und nie getan habe – bis auf zwei Ausnahmen vielleicht – aber da hebt sie den Blick und sieht mir direkt in die Augen. »Oder du stehst auf und machst den nächsten Schritt.«

Volle zehn Sekunden lang kann ich nichts anderes tun, als in ihre dunkelbraunen Augen zu starren und die widerstrebenden Gefühle darin zu beobachten, während meine Gedanken rotieren und mein Herz rast.

Sie hat recht. Sie hat verdammt noch mal recht. Ich liebe meine Freiheit und die Frauen in meinem Umfeld, das habe ich schon immer getan. Aber ich kann mein Leben nicht weiterhin von beidem bestimmen lassen. Es wird Zeit, dass ich selbst bestimme. Es wird Zeit, meine Beziehung zu Valeria selbst in die Hand zu nehmen.

Aber vorher muss ich noch einen anderen Schritt machen. Den längst überfälligen zu meinem besten Freund.

29 Schwimmen oder ertrinken

Raphael

Milias sieht fast noch verstörter aus als seine Schwester vor drei Tagen. Vielleicht, weil es für ihn an meiner Stelle genauso ein Schock gewesen wäre, vielleicht auch, weil er mit allem gerechnet hat, aber nicht damit, dass Cat schwanger war.

»Ich dachte wirklich, du hättest was mit ihr gehabt«, gesteht er nach geschlagenen zwei Minuten Stille, und hebt den Blick endlich von meinem Couchtisch, um mir in die Augen zu sehen. »Tut mir so leid, Raphael.«

»Dass du dachtest, ich gehe deiner Schwester fremd, oder dass ich mit achtzehn fast ein Kind gehabt hätte?«, frage ich in einem kläglichen Versuch von Humor.

Eine Sekunde lang starrt er mich an, dann erwidert er mein Grinsen und wir beide brechen in erleichtertes Lachen aus.

»Beides!«, gesteht er, wird dann wieder ernst. Erneut fährt sich Milias mit beiden Händen durch die Haare, stützt die Ellenbogen auf die Oberschenkel und die Handflächen wie im Gebet gegen die Nase. Schüttelt abermals den Kopf. »Ich kann nicht glauben, dass du so locker darüber reden kannst.«

Ich gluckse, lehne mich ebenfalls vor und folge seinem Blick aus dem Fenster. »Ich habe mittlerweile ganz gute Übung darin.« Tatsächlich kam mir die Geschichte beim dritten Mal erstaunlich leicht über die

Lippen, wie eine lebendige Erinnerung, wie ein ... nun ja, eben wie ein Teil von mir.

»Du hast es Valeria gesagt?«, vergewissert er sich noch mal. Ich nicke. Er schüttelt den Kopf. »Wie hat sie reagiert?«

Ich erlaube mir, an den Abend zurückzudenken, und spüre ein Ziehen in der Brust. »Nicht so gut. Ich glaube, sie gibt sich die Schuld daran, dass das mit uns kaputtgegangen ist.«

Milias zieht die dunklen Brauen zusammen. »Bullshit.«

Ich bringe es fertig, gleichzeitig zu nicken und den Kopf zu schütteln. Ich stimme ihm zu, aber ich habe Valerias Schmerz zu deutlich gespürt, um ihn einfach so abzutun.

»Ich meine, nimm's mir nicht übel, aber du warst so verdammt ... *unverbindlich*! Aus damaliger Sicht hätte jeder mit ein wenig Selbstachtung Schluss gemacht. Ich meine, jetzt verstehe ich dich –«, schiebt er schnell nach, aber ich winke bereits ab.

»Ich weiß, was du meinst. Oh Mann ...« Ich reibe mir stöhnend über das Gesicht und stehe auf, um meine Glieder zu strecken. Ich habe das Verlangen nach einer Zigarette, aber damit habe ich aufgehört. Milias sieht zu mir hoch und hat dabei denselben sanften Gesichtsausdruck wie Valeria.

»Was machst du jetzt?«, fragt er.

Ich zucke mit den Schultern, obwohl ich schon eine Idee habe. Ich zweifle noch, ob ich sie wirklich in die Tat umsetzen soll. Da klingelt Milias' Handy.

»Hi, Schatz!«, geht er dran. Ich bin jedes Mal fasziniert, wie sich seine Stimme aufwärmt, wenn er mit Nicole spricht. War das bei mir auch so? Sein Blick wandert zu mir. »Ich frag mal.« Er hält sich das Handy an die Brust und fragt: »Hast du was vor? Nicole will gleich ein Trauzeugen-Treffen bei uns machen.«

Aus Reflex sehe ich auf die Uhr, obwohl ich weiß, dass ich nichts vorhabe. »Klar, warum nicht. Ich wusste gar nicht, dass Lucy gerade im Lande ist.«

Aber Milias spricht schon wieder mit seiner Verlobten. »Ja, ich sag nichts, versprochen. Bis später, Kleines!«

»Oh Gott«, stöhne ich, »bitte keine Überraschungen.« Obwohl der Gedanke, dass Valeria bei ihnen sein könnte, geradezu elektrisierend ist. Ist sie dort? Nach allem, was ich weiß, ist sie vorgestern Morgen wieder nach Mailand geflogen. Aber Milias hebt bloß stumm die Schultern zum Zeichen seines Schweigegelübdes.

Ich steigere mich also zwanzig Minuten lang in die Vorstellung hinein, gleich Valeria zu sehen, bloß um in Milias' Wohnung enttäuscht zu werden. Von seiner Schwester oder ihrem Parfüm keine Spur, auf der Couch sitzen nur Nicole, Lucy und ein dunkelhaariger, hochgewachsener Typ. Ich wusste gar nicht, dass Lucy einen Freund hat! Gar kein schlechter Fang, ist mein erster Gedanke, als ich flüchtig seine große Statur und geerdete Körpersprache erhasche. Aber bei Lucy auch kein Wunder.

»Da kommt der zweite Mann der Stunde!«, ruft sie und springt auf, um mich überschwänglich zu umarmen, während Milias Nicole mit einem Kuss begrüßt.

Ich ringe mir mit einiger Mühe das selbstgefällige Lächeln ab, das Lucy von mir erwartet, obwohl ich mich nicht danach fühle. Nicole hingegen braucht nur einen Blick in Milias' Augen, um alarmiert zu sein. »Was ist passiert?«

Er lächelt matt. »Erzähl ich dir später.«

»Oh Gott, aber nichts Schlimmes, oder?«

Milias zögert noch, aber ich gehe schon dazwischen und umarme sie ebenfalls zur Begrüßung. »Nein, nichts Schlimmes, mach dir keine Gedanken. Hi, ich bin Raphael, freut mich«, begrüße ich dann nahtlos den geduldig auf der Couch wartenden Typen und strecke ihm die Hand hin.

Nicole blinzelt, Milias hebt eine Augenbraue und Lucy prustet los.

»Äh ... ich bin Daniel, wir kennen uns?«, antwortet der fremde Typ zwischen Irritation und Humor, schlägt aber in meine dargebotene Hand ein. »Aber freut mich auch, dich nochmal kennenzulernen.«

Fünf Sekunden lang stehe ich tatsächlich völlig auf dem Schlauch. Dann klingelt es bei mir, weil er seinen Namen englisch ausgesprochen hat, und die Reaktion der anderen bestätigt meine Annahme.

»*Daniel*?!«, wiederhole ich ungläubig. »Danny Rothe?« Auf gar keinen Fall ist der sehnige junge Mann mit dem aufmerksamen Blick vor mir Nicoles drogenabhängiger bester Freund von damals!

»Wow! Respekt, Mann, du siehst gut aus.« Und damit meine ich nicht nur sein Äußeres, sondern vor allem sein Auftreten. Er sieht … *gesund* aus. Immer noch verblüfft setze ich mich auf die Couch. »Krass! Was ist aus dem –«

Ich unterbreche mich, aber Daniel nimmt die fast ausgesprochene Beleidigung mit Humor: »*Loser* geworden?«, fragt er selbstironisch.

Ich beobachte den Gefühlswechsel auf seinem glatten Gesicht. »Tja, der hatte die Wahl, entweder zu ertrinken oder sich endlich aufzuraffen und ans Ufer zu schwimmen«, antwortet Daniel dann und plättet meine erst kürzlich neu definierte Selbstwahrnehmung. Krass, sogar der Typ hat's schneller begriffen als ich. Einen Moment der Stille lang betrachte ich ihn, überrascht darüber, wie wenig Abneigung ich jetzt gegen ihn verspüre. Gemessen daran, dass ich ihm bei unserem letzten Treffen ins Gesicht geschlagen habe …

Lucy legt feierlich den Arm auf sein Bein. »Ich weiß, ich wiederhole mich, aber bin verdammt stolz auf dich, Danny.«

»Und ich erst!«, jauchzt Nicole, als Daniel dankbar nickt.

»Danke. Es geht mal besser, mal schlechter, aber ich halte den Kopf über Wasser. Alles ist besser, als zu ertrinken.«

Ich werfe einen unwillkürlichen Blick zu meinem besten Freund, der zwar nicht so überrascht wie ich ist – bestimmt sitzt Daniel nicht zum ersten Mal auf seiner Couch –, aber genauso viel Respekt vor ihm hat wie ich seit fünf Minuten. Trotzdem, das reicht jetzt.

»Das ist echt krass und ich bin wirklich beeindruckt«, sage ich ehrlich und sehe ihm fest in die Augen, um meine Ernsthaftigkeit zu unterstreichen, bevor ich Nicole offen ansehe: »Aber was hat das mit Lucy und mir zu tun?«

Jetzt zieht Milias die Nase kraus, wie er und seine Schwester es immer tun, bevor irgendeine Bombe hochgeht, und ich beginne den Kopf zu schütteln, noch bevor Nicole strahlend verkündet: »Danny ist mein Trauzeuge!«

Ich glotze Nicole an, streife Daniel mit einem Blick und hefte ihn dann geradezu anklagend auf Lucy. Wie konnte sie mir das antun?

»Und was bist du?«

Lucy wirft sich in die Brust. »Ich halte die Traurede!«, verkündet sie stolz, bevor Nicole sich glückselig gegen sie lehnt und ergänzt:

»Ich will ja nicht kirchlich heiraten, und wir haben einfach keinen gefunden ...«

»... Und da hab ich gesagt: Ich mach's! So muss Nicole sich auch nicht entscheiden, welcher ihrer drei Lieblingsmenschen mit ihr am Altar steht. Jetzt stehen wir alle da!« Sie schlingt einen liebevollen Arm um Nicoles Schultern und schmiegt die Wange gegen ihre.

Ich sehe Lucy immer noch entgeistert an. »Und ich hab mir schon ausgemalt, wie wir zwei den ganzen Tag zusammen tanzen, Cocktails trinken und irgendwann –«

»Okay, das reicht!«, geht Lucy lachend dazwischen, als Nicole schon das Gesicht zu verziehen beginnt. Ich grinse beide an, insgeheim froh darüber, dass sie meiner falschen Fährte gefolgt sind, denn ich will gerade nicht über das sprechen, was mich wirklich beschäftigt.

»Ihr wisst doch gar nicht, was ich sagen wollte!«, schließe ich das Thema selbstironisch ab.

»Glaub mir, wir wissen sehr genau, was du sagen wolltest«, beteuert Nicole und Lucy ergänzt:

»Ich kann es mir sehr detailliert vorstellen.«

»Oh ja, das glaube ich«, erwidere ich mit wissender Stimme, bevor ich mich daran hindern kann. Manche Angewohnheiten legt man einfach nie ab, oder? Okay, jetzt denke ich an dieselbe Nacht.

»Leute, könnt ihr aufhören, euch auf meiner Couch anzusexen?«, lacht Nicole.

»Ich sexe hier überhaupt niemanden an – ich bin vergeben, ja?«, rechtfertige ich mich. »Lucy ist diejenige, die –«

»Seit wann bist du denn vergeben?«, fällt die mir interessiert ins Wort.

Milias schüttelt den Kopf, als wäre er der einzig Normale umgeben von einem Haufen Irrer, während Nicole mich aus großen Augen anschmachtet. Ich kann ihr förmlich ansehen, dass sie fragen will, ob ich Aaliyah etwa einen Heiratsantrag gemacht habe oder so was, als ausgerechnet Daniel Lucys Frage beantwortet: »Ich würde mal schätzen, seit ungefähr fünf Jahren ...«

Er sagt es nüchtern, geradezu mit der unschuldigen Überzeugung eines Kindes, mit der sanften Zuversicht eines guten Freundes. Und er hat vollkommen recht.

Ich antworte nicht, aber mein beeindruckter Blick muss Bände sprechen. Denn während ich noch völlig überrumpelt von seiner Auffassungsgabe bin, ruft Lucy: »Valeria?!«, während Milias' Augen auf Halbmast fallen.

»Tatsächlich«, sagt er kühl. Ich kenne diesen Gesichtsausdruck, denn es ist derselbe wie vor fünf Jahren. Kapitulierend werfe ich den Kopf auf die Sofalehne und stöhne zur Decke, während er weiterbohrt: »Und wann hast du vor, ihr das mitzuteilen?«

»Alter! Dienstag in drei Wochen, okay?«

Nicole rutscht aufgeregt nach vorne. »Kommt sie etwa zu deinem Geburtstag?«

»Nein, der ist an dem Montag«, teile ich ihr mit, während mein bester Freund immer noch versucht, mich in die Sofakissen zu starren. »Ich habe in der Woche Urlaub und fliege am Dienstag hin.«

»Du machst was?!«, ruft Lucy. »Nach Mailand?«

»Du fliegst nach Mailand«, vergewissert sich Milias immer noch tonlos. »Und sie hat keine Ahnung? Viel Glück, Mann! Du wirst es brauchen.«

Endlich schleicht sich ein Grinsen auf sein Gesicht, während Nicole die Finger in seinen Pullover krallt. »Oh Gott, ist das romantisch!«

»Jaaa«, mache ich. »Ich hoffe nur, dass sie das auch denkt. – Und wenn du ihr etwas sagst«, wechsle ich den Ton und hebe drohend den Zeigefinger, »dann ... komme ich nicht zu eurer Hochzeit, klar?«

»Ey!«, protestiert Lucy, aber jetzt schaltet sich auch Daniel ein.

»Moment ... Valeria und du seid nicht zusammen.« Ich nicke. »Und du fliegst einfach so zu ihr nach Mailand?« Ich nicke wieder und frage mich zum wiederholten Mal, ob das nicht die blödeste Idee ist, die ich jemals hatte, während Daniel durch die Zähne pfeift und sich zurücksinken lässt. »Okay, das nenn ich Mumm.«

Jetzt kann ich mir nicht verkneifen, meinem besten Freund einen besserwisserischen Blick zuzuwerfen, bevor ich wieder Daniel ansehe und machtlos die Schultern hebe.

»Na ja, alles ist besser, als zu ertrinken, oder?«

Valeria

Stefano und Flavio sind endlich ein Paar!

Das heißt zwar, dass ich die letzten Wochen hauptsächlich in der Unibibliothek verbracht habe, aber das war vielleicht auch ganz gut so. Immerhin ist eine bevorstehende Klausur der beste Anlass dafür, mein Herz hinter Bücherstapeln zu verschanzen und meine Sehnsucht in Lernstoff zu ertränken. Leider kann ich sowohl in der einen Sache als auch in der anderen nichts weniger brauchen als ein frisch verliebtes Pärchen.

Trotzdem freue ich mich für die beiden, weswegen ich ihnen auch erlaube, mich während der Arbeit im *La Volpe* zu besuchen, wo ich zurzeit neben dem Studium quasi eine Vollzeitstelle ableiste. Versonnen beobachte ich sie, wie sie zusammen Sambucca trinken und sich dann küssen. Ich muss an Raphael denken, der mir so oft auf diese Weise seinen Drink eingeflößt hat.

»Mach Schluss, Valeria«, sagt Michele sanft.

Ich starre weiter ins Leere, kann mich nicht von dem geistigen Bild trennen. »Schlussmachen war der größte Fehler meines Lebens«, antworte ich wie paralysiert.

»Hä?«

Ich blinzle, kehre endlich zurück in die Gegenwart. »Hä?«, frage jetzt auch ich, schüttle den Kopf. »*Scusa*, was sagst du?«

Er setzt diesen Gesichtsausdruck auf, mit dem er immer seine Tochter ansieht, wenn er sie tadeln will, aber vor Liebe nicht kann.

»Wieder Raphael? Ein paar Tage lang sah es so aus, als wärst du über ihn hinweg.«

Ich lehne mich kapitulierend gegen die Theke, ohne mich an der nassen Oberfläche zu stören. Eine grell gefärbte Blondine bestellt zwei Campari, aber Michele kümmert sich darum, bevor ich reagieren kann. Dankbar sehe ich ihm zu, wie er die Eiswürfel aufgießt und mit je einer Orangenspalte garniert, bevor er die Gläser routiniert auf dem Tresen gegen zwei Verzehrchips tauscht.

»Also«, ermutigt er mich dann, zieht das Handtuch von seiner Schulter und wischt über die Theke, bevor er sich neben mich lehnt.

Ich zucke mit den Schultern. »Heute ist einer der Scheißtage.« Raphael zu vermissen kommt in Wellen. Normalerweise schwappen sie nur leise gegen mich, manchmal schlagen sie auch über mir zusammen und tauchen mich kurz unter. Aber heute ertrinke ich in der Sehnsucht. »Ich weiß, das klingt albern, aber seit wir uns ausgesprochen haben, vermisse ich ihn noch mehr als damals.« Und jetzt, wo ich seine Beweggründe vollends verstehe, fühle ich mich schuldiger als jemals zuvor.

»Das klingt überhaupt nicht albern«, antwortet Michele. »Um ehrlich zu sein, ist das das Erwachsenste, was ich jemals von dir gehört habe.«

Ich lächle schwach, kann mich aber nicht wirklich freuen. Wenn das hier das Erwachsensein ist, dann will ich lieber wieder jung, kindisch und sorglos sein. Es dauert einen Augenblick, bis ich Micheles Blick auf mir spüre.

»Warum fliegst du nicht einfach hin?«

Wie oft ich mir in den letzten Wochen diese Frage gestellt habe!

Aber wie immer schüttle ich auch jetzt den Kopf. Das geht nicht. Raphael hat die perfekte Freundin, die perfekte Wohnung und das perfekte Auto. Und alles, was ich habe ... sind zweihundert Euro Restschulden und zwanzigtausend Instagram-Follower. Aber wie immer spreche ich nur den rationalen Grund aus: »Ich muss zwei Klausuren und eine Bachelorarbeit bestehen, sonst habe ich nicht nur meine große Liebe, sondern auch mein Studium in den Sand gesetzt.«

Zugegeben, das weiß ich nicht erst seit der verpatzten Statistik-Klausur. Aber anders als früher bin ich jetzt fest entschlossen, und ich meine es verdammt ernst: Montag bis Mittwoch pauke ich Statistik und BWL, Donnerstag bis Sonntag arbeite ich von acht bis sechs Uhr morgens. Michele kann die zusätzliche Hilfe gut brauchen und ich das Geld. Und nächste Woche wird sich entscheiden, wie gut ich das hingekriegt habe, wenn wir die Statistik-Noten bekommen.

»Studium«, höhnt Michele. »Glaub mir, in fünf Jahren interessiert sich niemand mehr für deine Abschlussnote – und in zehn Jahren interessiert sich niemand mehr dafür, ob du überhaupt studiert hast. Ein Studium wird sowieso überbewertet.«

Ich lächle schwach. »Derselben Meinung ist Raphael auch.«

»Kluger Typ«, meint Michele, wirft mir dann einen eindeutigen Seitenblick zu. »Er ist sicherlich auch klug genug, eine Frau wie dich nicht einfach gehen zu lassen.«

Mir entfährt ein Schnauben, das genauso gut ein Schluckauf sein könnte, und ich löse mich von der Anrichte, um den jungen Mann fragend anzusehen, der gerade an die andere Seite der Bar getreten ist. Er gestikuliert, dass er vier Tequila möchte, die ich mit meinem strahlendsten Lächeln einfülle und mich danach mit den Chips wieder zu Michele umdrehe. Dessen Blick lässt mein Lächeln verblassen.

»Wenn er dich liebt, wird er um dich kämpfen.«

Plötzlich ringen Hoffnung und Vernunft in meiner Brust miteinander und drohen dabei, mein Herz zu zerquetschen. Ich glaube nicht, dass ich es noch einmal überlebe, mir Hoffnungen zu machen.

»Und wenn nicht?«

»Dann musst du eben um ihn kämpfen.«

30 Manchmal muss man kämpfen

Valeria

Ich kämpfe.

Mit dem Korken der Champagnerflasche, die Flavio, Michele und Stefano mir zur bestandenen Statistik-Klausur geschenkt haben. Die komplett golden verspiegelte Flasche ist eigentlich viel zu schade, um sie zu trinken, und ich war auch nie ein großer Fan von überteuertem Schaumwein, aber jetzt fülle ich die kleine Glaspyramide begeistert auf, bevor wir alle anstoßen. Das *La Volpe* wird erst in zwei Stunden offiziell öffnen, aber die drei fanden, das sei der beste Ort zum Feiern.

»Oje, Vale ... Ich dachte, du wärst jetzt besser in Mathe«, lacht Flavio, während er das oberste Glas wegnehmen will. »Wir sind nur vier Leute.«

»Lass das stehen!«, lache ich, weil ich die Glaspyramide erst noch in meiner Insta-Story posten will. »Und geh gefälligst aus dem Bild!«

Zur Antwort lehnt er sich extra weit vor und streckt meiner Handykamera die Zunge heraus. Stefano zieht ebenfalls eine Grimasse, Michele schaut wie ein Schaf.

Ich stöhne. »Okay, könnt ihr wenigstens so tun, als würdet ihr euch freuen?«

Wie auf Knopfdruck übertreibt Stefano maßlos, legt Flavio beide Hände an die Wangen für einen enthusiastisch gemimten Schrei, und hebt Michele zwei Finger vor die Brust. Okay, das muss ausreichen.

»Dürfen wir jetzt? Sonst wird der Champagner warm.« Flavio wartet meine Erlaubnis gar nicht ab, sondern verteilt mit spitzen Fingern die nassen Gläser, bis nur noch ein einziges dort steht.

»Erwartest du noch jemanden?«, fragt jetzt auch Michele.

»Oder kannst du wirklich nicht zählen?«, feixt Flavio.

Ich schneide meinem Mitbewohner eine Grimasse, während wir alle anstoßen. »Das ist für Raphael.«

Flavio verschluckt sich, sieht auf die Uhr, beginnt zu stottern. Ich kann förmlich sehen, wie es hinter seiner Stirn arbeitet, und muss lachen. »Er hat heute Geburtstag.«

»Oh!« Seine Anspannung wechselt binnen einer Sekunde von Erleichterung zu Begeisterung. »Cool!«

»Ruf ihn an.« Micheles Vorschlag klingt beinahe wie ein Befehl.

Zwei Herzschläge lang schaue ich unentschlossen zwischen seiner ernsten Miene und dem Handy in meiner Hand hin und her. Dann nehme ich einen großen Schluck und wähle Raphaels Nummer.

Mit klopfendem Herzen halte ich mir ein Ohr zu, um den Moment nicht zu verpassen, in dem er abnimmt. Falls er abnimmt. Oh Gott! Je länger es klingelt, desto mehr beginnt der Champagner in meinem Bauch zu blubbern. Was, wenn er gerade Sex mit Aaliyah hat? Oder eine fette Party feiert, die Anlage bis zum Anschlag aufgedreht? Oder ist er gar noch auf der Arbeit? Oh Gott, was tue ich hier eigentlich? Um mich daran zu hindern, wieder aufzulegen, nehme ich noch einen großen Schluck.

»Hey«, sagt Raphaels Stimme am anderen Ende, so angenehm überrascht, dass ich mich verschlucke. Statt dröhnender Partymusik höre ich nur eine entfernte Geräuschkulisse im Hintergrund. »Valeria?«

Ich muss husten, halte mir den brennenden Hals und brauche einen Moment, bis ich ein »Ja« krächzen kann.

Raphaels Lachen ist die schönste Musik der Welt. »Alles in Ordnung?«

Ich räuspere das letzte Krächzen weg. »Ja«, wiederhole ich. »Ich habe mich nur verschluckt.«

»An überteuertem Champagner?«, gluckst er.

Mein Herz flattert aufgeregt. »Du hast meine Story gesehen?«

»Du hast mich getaggt«, antwortet er trocken.

Jetzt grinse ich scheinheilig, auch wenn er das nicht sehen kann. Einen Herzschlag lang ist es still. Dann hole ich tief Luft und sage: »Happy Birthday, Raphael!«

Das leise Geräusch, das er beim Lächeln macht, lässt die Härchen in meinem Nacken wohlig erschaudern. »Danke«, sagt er.

»Bitte«, strahle ich zurück. Wieder entsteht eine Pause, in der ich nicht weiß, was ich sagen soll. Ich weiß nur, dass ich weiter seine Stimme hören will. »Was machst du gerade?«

»Abgesehen davon, dass ich mit dir telefoniere?«, fragt er zurück und ich kann förmlich seine Augen vor Schalk blitzen sehen. »Leider absolut unspektakulär: Ich war gerade am Staubsaugen. Gleich kommen ein paar Leute, aber es wird nur eine kleine Party.«

»Klein für normale Leute oder für Raphael Thomas?«, spotte ich, während ich mir vorstelle, wie er in seinem ausladenden Wohnzimmer steht und aus dem Panoramafenster sieht.

Seine Stimme bekommt diesen bassigen Unterton, den ich so liebe, als er dieselben Worte sagt, die mir schon damals ein heißes Kribbeln durch den Körper gejagt haben: »Ich sage nur: Was auf meinen Partys passiert, bleibt auf meinen Partys.«

Mir fällt auf, dass ich grinsend eine Strähne um meinen Finger wickle, während ich auf den asymmetrischen Fliesen des *La Volpe* balanciere, darauf bedacht, mit keinem Schritt eine Fuge zu berühren. Die kleinen Ticks, die wir nie ablegen.

Jetzt schiebe ich die Hüfte zur Seite und hebe den Blick, um durch den leeren Club hindurch in die Vergangenheit zu sehen.

»Und was muss ich tun, um auf eine deiner Partys zu kommen?«, frage ich ebenso kokett wie damals.

Seine Reaktion schickt den nächsten wohligen Schauer durch meine Glieder. Doch bevor wir diese Konversation unserer Jugend weiter nachspielen können wie eine Szene aus einem Theaterstück, geht seine Türklingel. Ich höre Stoff rascheln und stelle mir vor, wie er auf seine Armbanduhr sieht.

»Zwanzig Minuten zu früh, das kann nur Angelina sein. Ich geh mal aufmachen. Leg ja nicht auf!«

»Ich lege nicht auf, ich habe schließlich angerufen. Wenn du das Gespräch beenden willst, musst du schon selber auflegen«, ziehe ich ihn auf.

»Ich werde ganz sicher nicht auflegen«, bekräftigt er, während ich hören kann, wie er durch seine Wohnung geht. »Es war in den letzten Wochen hart genug, nicht mit dir zu sprechen.«

Einen winzigen Moment lang bin ich sprachlos ob dieser Offenbarung, dann erlaube ich meinem Herzen, vor Freude zu tanzen.

»Du hättest jederzeit anrufen können?«

Er seufzt. »Du ahnst nicht, wie oft ich kurz davor war.«

Diese unverblümte Ehrlichkeit weicht meine Kniegelenke auf. Ich lasse mich auf eine der leeren Polsterbänke sinken, während ich im Hintergrund seinem Türsummer lausche und mir in allen Farben ausmale, wie es wäre, gerade neben ihm zu stehen. Sein vertrautes Parfüm aus Zitrus und Sandelholz zu riechen. Ich muss mich dringend ablenken.

»Warum hast du es nicht getan?«, frage ich endlich, unsicher, ob ich die Antwort überhaupt wissen will.

Am anderen Ende ist es so lange still, dass ich mich kurz vergewissern muss, ob die Verbindung noch steht. Dann sagt Raphael: »Ich hatte Angst, du würdest auflegen.«

Ich halte das Handy an meinem Ohr ganz fest, während mein Gesicht strahlt und mein Herz weint. »Es tut mir so leid«, seufze ich erneut, entmutigt von meinen Fehlern und Schwächen, aber gleichzeitig verärgert über ihn und seine.

»Wenn du jetzt wieder sagst, dass du ein schlechter Mensch bist, lege ich sofort auf«, warnt Raphael. Das weckt meinen Kampfgeist.

»Eigentlich dachte ich gerade eher, dass du ruhig öfter für das kämpfen könntest, was du wirklich willst.«

Ganze zehn Sekunden lang sagt Raphael gar nichts. Sekunden, in denen ich mich innerlich selbst ohrfeige, weil ich schon wieder alles aufs Spiel setze. Es stimmt, wir hätten uns viel Ärger ersparen können und wären vielleicht noch genauso glücklich wie Milias und Nicole, wenn ich nicht so stur und egoistisch gewesen wäre. Aber es hätte auch klappen können, wenn Raphael ein bisschen mehr Eigeninitiative zeigen würde.

»Du hast recht«, nimmt Raphael mir allen Wind aus den Segeln.

»Was?«

»Du hast recht«, wiederholt er. »Wenn du nicht angerufen hättest, würden wir vielleicht erst wieder auf Milias' Hochzeit miteinander reden ...«

Meine Brust zieht sich noch enger zusammen, während ich gleichzeitig lächle und innerlich zerbreche. Ich habe selten gehört, dass Raphael Thomas einen Fehler eingesteht. »Wenn heute *mein* Geburtstag wäre, hättest du auch angerufen«, mache ich meinerseits einen Schritt auf ihn zu.

Er schnaubt kurz. »Oder mich betrunken und eine Affäre begonnen.«

Ich verziehe das Gesicht. Kein Grund, mich so brutal an seine perfekte Freundin zu erinnern. »Wie geht's Aaliyah?«, frage ich trotzdem, zwischen masochistischer Neugierde und irrsinniger Hoffnung, dass er jetzt sagt, sie seien nicht mehr zusammen.

»Ganz gut eigentlich.« Ich blinzle, als mein Herz einen Schlag aussetzt, aber ich bringe kein Wort heraus. »Wir haben vor drei Wochen Schluss gemacht.«

»Was?«, stottere ich, völlig überrumpelt davon, dass er es tatsächlich gesagt hat.

»Ja«, wiederholt er. »Zwei Tage, nachdem du weg warst. Es war einfach –« Eine abrupte Pause, gefolgt von einem geraunten »Valeria«.

»Ja?«, frage ich mit klopfendem Herzen, aber da höre ich schon eine aufgeregte Frauenstimme fragen: »Oh, wow, liebe Grüße! Seid ihr wieder zusammen?«

Mein herumspringendes Herz und ich halten den Atem an.

»Nein, sind wir nicht.«

Das Scheppern in meiner Brust ist lauter als das Rascheln in der Leitung, als er sein Handy wieder ans Ohr hält. »Wieder da, sorry! Angelina ist da.« Kaum dass er den Satz beendet hat, klingelt es schon wieder.

Ich zwinge ein Lächeln auf mein Gesicht, um meinen Seelenschmerz zu überspielen. »Ich glaube, ich gebe dich dann mal wieder für deine Party frei.«

»Ich dachte, ich bin der, der auflegen muss«, gluckst er, aber als ich keine hörbare Reaktion zustande bringe, wird er augenblicklich wieder ernst. »Danke, dass du angerufen hast, Valeria. Bis bald.«

»Danke, dass du drangegangen bist«, erwidere ich und wärme mich einen Moment lang an seinem leisen Lachen. »Ich wünsche dir einen tollen Abend.«

»Er wäre toller, wenn du hier wärst.«

Diese einfachen Worte entwaffnen mich im Bruchteil einer Sekunde und durchbohren meine Brust wie ein bittersüßer Dolch. Ich verschließe die Augen vor den Tränen und muss eine Hand vor den Mund pressen, um nicht aufzuschluchzen. Flavio nähert sich mir und legt den Kopf schief, um mir zu zeigen, dass er da ist, wenn ich ihn brauche. Ich fuchtle mit der freien Hand, um ihm zu bedeuten, dass alles in Ordnung ist, auch wenn in Wahrheit gar nichts in Ordnung ist. Raphael und ich haben es irgendwie geschafft, uns in all dem Hin und Her aus Feuer und Eis gegenseitig zu versteinern, und jetzt sind wir beide voreinander erstarrt und können weder vor noch zurück.

Flavio nimmt mir sanft das Handy aus der Hand und führt mich in Stefanos und Micheles Obhut, während ich immer noch mit feuchten Augen und tauber Brust ins Leere starre.

Mir fällt erst auf, dass ich mein Handy nicht mehr bei mir habe, als ich die Reaktionen auf meine Instagram-Story durchscrollen will, um mich aufzumuntern. Wie durch Gedankenübertragung legt Flavio es vor mir auf den Tisch, setzt sich neben mich und berührt sanft meine Schulter.

»War es so schlimm?«

Langsam schüttle ich den Kopf. »Nein, ganz im Gegenteil, es war ...« Anstatt den Satz zu beenden, breche ich unvermittelt in Tränen aus. »Was ist bloß los mit mir? Früher hat es nie so wehgetan!«

Flavio reibt lächelnd über meinen Rücken. »Du liebst ihn. Vielleicht zum ersten Mal so richtig.«

Der Gedanke ist ebenso tröstlich wie schrecklich, und ich schüttle erneut den Kopf. »Wie kann es Liebe sein, wenn ich mehr weine als lache?«

»Weil weinen das Ventil ist, wenn unser Herz keinen anderen Weg findet, seine Gefühle zu zeigen.« Das ist Stefanos Stimme, der mitfühlend vor mir in die Hocke geht. »Es ist hart, dabei zuzusehen, wie jemand, den du liebst, jemand anders liebt.«

»Aber die beiden sind gar nicht mehr zusammen!«, widerspreche ich.

Stefano blinzelt, Flavio hebt den Kopf. Michele kommt dazu: »Was machst du dann noch hier?«

Neben mir gestikuliert Flavio wild, aber ich ignoriere es, weil ich einen geradezu irrsinnigen Entschluss gefasst habe: »Ich buche einen Flug.«

»Was?!«, ruft Flavio, während ich mir die Tränen wegtupfe. »Findest du das nicht ein bisschen ...«

»Kopflos, impulsiv und völlig überstürzt?«, frage ich. »Ja, genau das ist es. Und genau das bin ich!«

Um ehrlich zu sein, war ich mir noch nie einer Sache so sicher. Ich habe damals um Raphael gekämpft, und ich werde es wieder tun – oder es bis an mein Lebensende bereuen. Schon habe ich mein Handy in der Hand und checke die Flüge. »Der nächste Flug geht morgen Nachmittag um 16:50 Uhr.«

»Den kannst du nicht nehmen!«, ruft Flavio.

Einhundertfünfunddreißig Euro. Mein Finger schwebt über dem Buchungs-Button. »Und warum?«

Er bläst die Wangen auf, lässt dann alle Luft entweichen und geschlagen die Schultern hängen. »Weil ich den schon heute Morgen für dich gebucht habe ... Es sollte eine Überraschung sein, zur bestandenen Klausur.«

»Im Ernst?« Das kann ich nicht glauben. Aber Flavios Miene ist so schuldbewusst und voller Wärme, dass mein Herz die Wahrheit erkennt. Mir klappt der Mund auf. »Oh mein Gott, Flavio! Danke!«

Ich falle ihm so überschwänglich um den Hals, dass ich ihn beinahe umwerfe, und er drückt meinen Kopf fest gegen seine Brust.

»Dank mir später, kleine Vale.«

In dieser Nacht schlafe ich kaum, aber am nächsten Morgen bin ich so wach wie lange nicht mehr. Zum dritten Mal innerhalb weniger Monate packe ich meinen Handgepäckskoffer – zur Hälfte mit Unterwäsche und zur anderen mit den dicksten Winterpullis, die ich besitze. Bei Mama ist die Temperatur gerade immerhin zehn Grad niedriger und die regenreiche Wolkendecke zehnmal dicker.

Flavio fährt mich zum Flughafen, und die ganze Autofahrt über bin ich so aufgeregt wie schon lange nicht mehr. Mein Körper ist wieder wie ein Magnet, und mit jedem Kilometer, den ich mich Raphael nähere, drängt es ihn umso stärker zu ihm. Während wir auf einen der Parkplätze des Milano Malpensa fahren, des größten internationalen Flughafens in Norditalien, sehe ich auf die Uhr – und erstarre. Shit!

»Flavio, wir kommen viel zu spät!« Kaum dass der Wagen steht, reiße ich meinen Rucksack aus dem Fußraum, sprinte zum Kofferraum und ziehe meinen Koffer heraus. »Hast du mich schon eingecheckt?«

»Was?«

Ich erstarre innerlich. »Online Check-in?!« Meine Stimme klingt schriller, als ich dachte. Schon habe ich mein Handy in der Hand, öffne die App der Fluggesellschaft. »Gib mir einfach die Buchungsnummer.«

»Ja, Sekunde«, macht Flavio, nimmt mir meinen Koffer aus der Hand und wischt energisch durch sein Handy, von meiner Hektik angesteckt. In der Halle herrscht das übliche Chaos aus überforderten Familien, routinierten Geschäftsleuten und einem Haufen ankommender Reisender. Moment mal – ankommend?

»Flavio, du Idiot! Das hier ist das Ankunfts-Terminal!«, rufe ich. Er hebt den Blick, erbleicht sichtlich.

»*Cazzo*. Weil ich dich sonst immer hier abhole …«, stammelt er, aber ich höre gar nicht hin, werfe einen gehetzten Blick auf die Anzeigetafel. In dreißig Minuten muss ich in diesem Flieger sitzen.

»Egal. Ich schaff das schon! Schick mir das Ticket bitte einfach an meine E-Mail-Adresse, und zwar innerhalb der nächsten fünf Minuten, okay? Ich stelle mich schon mal an.« Ich drücke ihm einen Kuss auf die Wange. »Danke! Wünsch mir Glück!«

Er ruft mir nach, aber da eile ich schon los, nehme meinen Koffer in die Hand und hoffe auf ein Wunder. Schlängle mich mit jahrelanger Flugerfahrung durch die Gäste bis zur Zollkontrolle, checke mein Handy nach Flavios E-Mail und denke dabei die ganze Zeit über an Raphael.

Was er wohl gerade macht? Bestimmt ist er noch in der Firma, fährt vielleicht gerade mit dem Aufzug in die Tiefgarage. Ich kann es kaum erwarten, sein Gesicht zu sehen. Hoffentlich endet das nicht in einer weiteren Katastrophe. Und hoffentlich kommt diese verdammte Mail bald, sonst muss ich nämlich vor der Zollkontrolle wieder umdrehen und noch mal zu Flavio zurück.

Raphael

Ding.

Ich hebe den Blick zur Anzeigetafel über meinem Kopf und stecke mein Handy weg, lasse aber den anderen den Vortritt, die es deutlich eiliger zu haben scheinen als ich. Ich habe nie verstanden, warum jedes Mal hektische Unruhe ausbricht, sobald sich die Kabine nicht mehr bewegt.

Fünf Minuten später folge ich dem Pulk ins Freie und blinzle in die untergehende Sonne, die den Horizont in ein geradezu unwirkliches

Orange taucht, wie man es sonst nur auf Gemälden findet. Ich muss an Claude Monet denken: Sonnenuntergang in Venedig.

Dabei ist es ein Sonnenuntergang in Mailand.

Während ich das Rollfeld überquere und das verglaste Flughafengebäude betrete, an den stillstehenden Gepäckbändern und unbesetzten Zollschaltern vorbeigehe, stelle ich mir Valerias Gesicht vor. Ich kann es kaum erwarten, die Verblüffung in ihren Augen zu sehen und ihre Körpersprache zu deuten, wenn ich plötzlich zwei Tequila bestelle – in der Bar, in der sie gerade arbeitet.

Trotzdem höre ich geradezu ihr temperamentvolles italienisches Stakkato aus allen anderen Stimmen heraus, als ich die weitläufige Ankunftshalle betrete. Das ist natürlich albern, weil so ziemlich jede italienische Frau so spricht – und Valeria gerade ihre Schicht hat.

Dennoch folge ich dem melodischen Geschnatter in Richtung einer der Anzeigetafeln und halte einen Moment inne. Wenn ich nicht wüsste, dass Valeria gerade fünfundvierzig Kilometer von hier hinter einem Tresen steht, könnte ich schwören, dass sie dieser kleine Teufel mit peitschendem Pferdeschwanz und schwarzen Leggins ist, der gerade den armen Kerl zusammenstaucht, der hilflos auf zwei Handys scrollt – und ziemliche Ähnlichkeit mit Flavio di Simone hat.

Während ich mich ihnen nähere, formt sich allmählich ein Szenario in meinem Kopf, das ein ausgewachsenes Grinsen auf mein Gesicht gepflanzt hat, als ich ankomme: Sie dachte, *sie* nimmt einen Flug.

»Kann ich helfen?«, frage ich amüsiert.

Valeria wechselt nahtlos ins Deutsche, vermutlich ohne es zu merken, und ohne den Blick von Flavios Handy zu nehmen: »Nein, können Sie nicht, wenn Sie nicht gerade –«

Endlich löst sie die Augen von den Handys. Ich kann den Ruck sehen, der durch ihren Körper geht, als sie mich erkennt. Und einen Atemzug lang komme ich in den seltenen Genuss, Valeria vollkommen sprachlos zu erleben.

31 Fehler sind für Anfänger

Valeria

Ich schlage die Hände vor dem Gesicht zusammen, während mir mit so überraschender Heftigkeit Tränen in die Augen schießen, dass ich nicht gegen das Schluchzen in meiner Brust ankomme.

Ich war noch nie so glücklich wie in diesem Augenblick, in dem Raphael so unerwartet vor mir steht. Und mein Herz, als es diesen seltenen Moment des puren Glücks realisiert, zieht sich so sehr zusammen, dass sich mein Körper krümmen will – obwohl ich doch jubeln und tanzen sollte. Erst da wird mir bewusst, wie tief meine Sehnsucht nach diesem Augenblick saß. Und wie schmerzvoll die Erleichterung meiner Seele ist, dass dieser Moment endlich da ist.

»Valeria ...«, sagt Raphael mitfühlend, lässt den Griff seines Koffers los und nimmt mich so fest in die Arme, dass ich gleich noch heftiger weinen muss. Ich kralle die Finger in seinen Mantel, presse meinen Körper so fest gegen seinen, dass ich fast ersticke, und drücke das Gesicht in seinen Kragen, um meine Tränen zu verstecken. Was völlig sinnlos ist, weil mich vermutlich der ganze Flughafen hören kann. Raphael hält mich fest und lässt mich nicht los, bis mein Schluchzen zu einem leisen Beben verebbt ist und ich es schaffe, mich von ihm zu lösen.

»Was machst du hier?«, frage ich überwältigt, während ich mir die Tränen abwische und ein Taschentuch aus meinem Rucksack krame. Raphael wartet, bis ich mir die Nase geputzt und die letzten Tränen weggetupft habe.

Dann sagt er: »Du hast gesagt, ich soll für das kämpfen, was ich will.« Sein Blick verhakt sich mit meinem. »Das bist du.«

Einen luftleeren Herzschlag lang drohen die Tränen mich erneut zu übermannen. Stattdessen falle ich ihm um den Hals und küsse ihn mit einer verzweifelten Heftigkeit, die uns beide ins Taumeln bringt.

Raphael fängt uns auf, legt eine Hand in meinen Nacken und die andere um meine Taille, zieht mich an sich, während seine Lippen meinen Kuss erwidern, als hinge unser beider Leben davon ab. Ich dränge mich enger gegen ihn, verstärke mein Gewicht um seinen Hals, um mich vom Boden abzustoßen und die Beine fest um seine Mitte zu schlingen, genau wie früher. Er hebt mich mit derselben Leichtigkeit wie damals hoch und hält mich fest, während sich unsere Lippen nicht einmal für den Bruchteil einer Sekunde voneinander lösen. Ich vergesse die Welt um mich herum, vergrabe die Finger in seinem Haar und halte seinen Kopf fest, während unsere Lippen sich unaufhörlich liebkosen, hungrig, verzweifelt und doch vollkommen harmonisch.

Etwas in meinem Innersten vibriert. Dann noch mal. Und dann noch mal.

Raphael lockert den Griff um meinen Po, bis ich wieder auf meinen eigenen Beinen stehe, und stöhnt unwillig. Als wir uns voneinander lösen, zieht er sein Handy aus der Hosentasche.

»Was zum Teufel …?«

Ich lehne mich gegen seine Brust und drehe den Kopf, um das Display ebenfalls sehen zu können. In unregelmäßigem Sekundentakt ploppen Instagram-Meldungen auf seinem Sperrbildschirm auf.

»Ist das eine Bot-Attacke?«, frage ich mehr mich als ihn, da sehe ich aus dem Augenwinkel, wie sich Flavio vor Verzückung krümmt. »Warte mal, ist das mein Handy?!«, erkenne ich dann.

Während ich noch irritiert den Kopf schief lege, hat Raphael sein Handy entsperrt und die App geöffnet, klickt auf das Mitteilungs-Symbol – und öffnet ein Hochkant-Video, in dem ein schluchzendes Meerschweinchen (oh Gott, so klang ich wirklich?) einem unfassbar attraktiven Blondschopf in die Arme springt und in einem stürmischen Kuss versinkt, der mir ein Kribbeln durch die Glieder und Hitze auf die Wangen treibt. Ungläubig sehe ich uns dabei zu, wie wir zu einem leidenschaftlichen Knoten verschmelzen, dann wandert mein Blick zu dem Profilbild.

»Das habe *ich* gerade gepostet?!«, entfährt es mir. »Flavio!«

Jetzt kann er nicht mehr an sich halten. »*Scusa*, das musste ich einfach für die Nachwelt festhalten! Ich hab mir erlaubt, dich zu verlinken. Falls du jetzt also ein paar Follower mehr hast, dank mir später«, grinst er Raphael auf Englisch an, bevor er näher kommt und mit ihm einschlägt. »*Ciao ragazzo*! schön, dich zu sehen.«

Raphael lässt mich nicht los, während er den Handschlag erwidert. »Hey, Mann! Danke, ich freu mich auch.«

»Moment mal«, erkenne ich da, blicke von Raphael zu Flavio, »Du wusstest davon?« Sein strahlendes Grinsen sagt alles, was ich wissen muss. Unwirsch stoße ich ihm gegen die Brust. »Du hast mich mit Absicht viel zu spät und zum falschen Terminal gefahren!«

»Unter Einsatz meines Lebens, wie ich hier anmerken möchte«, ergänzt Flavio mit erhobenem Finger.

Ich will protestieren, aber als ich Raphaels warmes Lachen höre und seine vertraute Hand spüre, rückt aller Zorn und Tadel in den Hintergrund. Glücklich lehne ich den Kopf gegen seine Brust. Es fühlt sich immer noch an, als wäre meine Taille für seine Arme erschaffen worden und seine Halsbeuge für mein Gesicht.

»Alter …«, macht Raphael jetzt, entsperrt sein Handy erneut. »Kann man das irgendwie ausstellen? Deinen Fans ist schon klar, dass ich nie etwas poste?«

Ich muss kichern, nehme ihm aber das Handy ab, um die Mitteilungen zu deaktivieren. »Willkommen in der Welt der Instagram-Stars! Dann musst du das ab jetzt wohl ändern.« Mir kommt ein elektrisierender Gedanke und ich wechsle die App. »Weißt du, was wir lange nicht mehr gemacht haben?«, raune ich an seinem Ohr, dann stelle ich mich auf die Zehenspitzen, um ihn sinnlich auf die Wange zu küssen, während ich den Arm ausstrecke und den Auslöser der Selfie-Cam betätige.

Flavio bugsiert uns in Richtung Ausgang, während ich begeistert das Bild überprüfe. Raphael blickt direkt in die Kamera, eine Augenbraue hochgezogen und den Anflug seines selbstsicheren Lächelns in den Mundwinkeln, während ich meine vollen Lippen auf seine kantige Kinnlinie drücke. Es ist sexy, es ist verspielt, es ist perfekt!

»Das kannst du als erstes Bild posten!«, frohlocke ich und gebe ihm sein Handy zurück, während wir durch die breiten Türen ins Freie treten.

Raphael, der mittlerweile den Arm um meine Schulter gelegt hat, drückt das Gesicht in meine Haare. »Später«, raunt er, streicht mit der Nase über meine Schläfe, streift mein Ohr und jagt einen feurigen Schauer durch meinen Körper. »Ich weiß nämlich noch was anderes, das wir lange nicht mehr gemacht haben.«

Während der Fahrt zurück können wir nicht eine Sekunde lang voneinander lassen. Unsere Zungen bleiben keusch und unsere Hände über der Kleidung, schließlich sitzen wir immer noch auf Flavios Rücksitz, aber kaum dass wir unsere Wohnung betreten haben, falle ich vollends über Raphael her wie eine Verhungernde.

»Ähm ... okay!«, macht Flavio irgendwo hinter, über, neben uns. »Ich überlasse dir dann mal die Wohnung. Ruf mich an, ja?«

»Warte!«, rufe ich atemlos, löse mich von Raphael und falle meinem Mitbewohner um den Hals, vergrabe das Gesicht für einen innigen Moment an seiner Schulter und küsse ihn dann inbrünstig auf die Wange. »Danke, Flavio!«

Er streicht mir die Haare aus dem Gesicht, drückt dann einen Kuss auf meinen Scheitel. »*Sempre.*« Sein lachender Blick streift ein letztes Mal Raphael, der sich in der Zwischenzeit in der kleinen Wohnküche umgesehen hat: vor uns die Küchenzeile und der Ausblick auf die bepflanzten Balkone gegenüber, rechts von uns Sofa und Fernseher, und links zwei Türen zu unseren jeweiligen Zimmern. Flavio lächelt, dann zieht er die Wohnungstür von außen zu.

Raphael tritt von hinten an mich heran, streicht mir die Haare über die Schulter und küsst meinen Nacken. Sofort erwacht meine Leidenschaft, entfacht durch das heiße Kribbeln, das mein Rückgrat hinabfährt und sich in meinem Unterleib sammelt. Ich drehe mich zu ihm um und er hebt mich hoch, setzt mich auf die Anrichte und lässt seine Hände langsam von meinen Oberschenkeln an meinen Seiten entlang über meine Schultern wandern, umfasst zärtlich mein Gesicht und sieht mich mit einer Wärme an, die ich noch nie in seinen Augen gesehen habe.

»Glaubst du an zweite Chancen?«

Ich wachse schier um zwei Zentimeter, als sich meine Brust vor Glück zusammenzieht, und lege beide Arme um seinen Hals, ziehe ihn sanft zu mir, bis unsere Gesichter nur noch wenige Millimeter voneinander entfernt sind.

»Ich glaube sogar an dritte Chancen«, wispere ich und sehe ihm fest in die Augen, lege all meine Gefühle in meinen Blick. »Denn egal wie viele Fehler wir gemacht haben oder noch machen werden, eine Sache wird immer bestehen bleiben: dass ich dich liebe, Raphael Thomas.«

Ein Lächeln tritt auf sein Gesicht, dessen ehrliche Freude mir geradezu den Atem verschlägt. »Nicht so sehr, wie ich dich liebe, Valeria Schwarzer. Und kein Fehler könnte so groß sein wie der, das weiterhin zu leugnen.«

Einen überschwänglichen Herzschlag lang sehen wir uns so tief in die Augen, dass ich glaube, vor Glück vergehen zu müssen. Dann überwinde ich endlich die letzte Distanz zwischen uns und küsse ihn. Raphael hebt die Hände an meine Wangen, greift in mein Haar und küsst mich wie noch niemals zuvor. Warm und sanft, beinahe vorsichtig, als könnte ich jeden Augenblick unter seiner Berührung zerbrechen. Ich genieße das grenzenlose Glück, das mich durchströmt, und wärme mich eine himmlische Sekunde Ewigkeit an seiner Liebe.

Dann verstärke ich den Druck in sein Haar, dränge mich ihm entgegen und öffne die Lippen gegen seine. Augenblicklich reißt er mich an sich und schickt eine Woge der Verzückung durch meinen Körper, die mich in Flammen setzt und selbst dann nicht aufhört zu brennen, als ich mich Stunden später in meinem zerwühlten Bett an seine Brust schmiege.

Schon am nächsten Morgen ist es, als wären wir nie getrennt gewesen, wenngleich wir uns früher niemals so nah hätten sein können. Zweieinhalb Wochen lang leben wir mit der Sorglosigkeit von Teenagern, aber allen Freiheiten von Erwachsenen. Neunzehn Tage lang ist das Leben perfekt. Dann kommt der Tag von Raphaels Rückflug und das echte Leben kehrt zurück, in dem ich in Mailand drei Angebote als Bachelorandin mit möglicher Übernahme habe, und Raphael in Deutschland eine steile Karriere vor sich.

Das Verrückte an der Liebe ist, dass der Abschied umso leichter fällt, je unglücklicher sie ist, und umso schwerer, je glücklicher sie ist. Wenn ich bei unseren letzten Abschieden dachte, dass mein Herz daran verbluten und sterben würde, so verbrennt es mich gerade bei lebendigem Leib, wenn ich an unseren drohenden Abschied denke.

»Wann sehen wir uns wieder?«, frage ich, drücke die Nase in seine warme Halsbeuge und inhaliere seinen Duft so tief, dass ich ihn bis zu unserem Wiedersehen nicht vergessen werde. »Weihnachten?«

Er kneift die Augen zusammen. »Ich fürchte, ich muss zwischen den Feiertagen in die Firma. Jahresabschluss.«

Das kann ich nicht akzeptieren. Nein, erkenne ich im selben Moment: Ich will einfach keine Fernbeziehung! Ich weiß, dass wir nicht mehr sorglose Siebzehn sind, aber ich weiß auch, dass ich es auf keinen Fall überleben werde, ihn dieses Jahr nicht mehr zu sehen. Schon taste ich blind auf dem Boden neben meinem Bett nach meinem Handy. »Ich muss ein ernstes Wörtchen mit Lee reden.«

Er gluckst. Aber als er sieht, dass ich tatsächlich einen WhatsApp-Chat mit seinem Marketing-Chef öffne, zieht er seinen Arm unter meinem Kopf hervor und will nach meinem Handy greifen. Ich bin schneller, halte es von ihm weg. »Was denn? Wir schreiben nur darüber, bei welchem Unternehmen ich meine Bachelorarbeit schreiben sollte und zu welchem Thema.«

Raphaels Augen fixieren mich misstrauisch, aber da kommt mir eine völlig neue Idee. Ich will keine Fernbeziehung, aber wieso muss Raphael dafür bei mir sein?

»Ich ruf ihn an.«

»Untersteh dich!« Seine Miene warnt mich, keine falsche Bewegung zu machen, aber da habe ich schon gewählt und halte ihn mit der Linken auf Abstand.

»Valeria!«, meldet sich Lee überrascht. »Was verschafft mir die Ehre? Hast du dich entschieden? Für wen?«

»Hi, Lee! Ich glaube schon: Sag mal, *ihr* braucht nicht zufällig eine Bachelorandin?«

Eine kurze Stille entsteht, in der ich liebreizend grinse, auch wenn er das nicht sehen kann. Meine Augen fliegen zu Raphael, der beschwörend den Kopf schüttelt.

»Was schwebt dir so vor?«, fragt Lee schließlich aufgeschlossen.

Ich jubele innerlich darüber, dass er tatsächlich darüber nachdenkt, und überlege nur kurz: »Virales Eventmarketing mit Influencern am Beispiel von Hauck?«, schlage ich vor. »Ich kann sofort anfangen und muss im April abgeben.«

Raphael fährt sich mit der Hand übers Gesicht. Lee lässt sich den Vorschlag noch einen qualvollen Moment lang durch den Kopf gehen.

»Ich kläre das ab.«

»Cool!«, rufe ich. Wir smalltalken noch ein bisschen, verabreden uns für ein weiteres Telefonat später, spätestens morgen, und legen auf.

»Ich will nicht, dass du in derselben Firma arbeitest wie ich«, sagt Raphael, als ich ihn angrinse. Ich rolle mich auf die Seite und schmiege mich gewinnend gegen seine Brust.

»Ich auch nicht«, bestätige ich, denn das gäbe vermutlich nur Mord und Totschlag. »Aber ich will noch weniger eine Fernbeziehung über tausend Kilometer.« Er hebt den Kopf, als er begreift, und ich lächle, in Gedanken schon bei dem Moment, in dem ich meine Klamotten in seinen Kleiderschrank hänge. »Ich muss bestimmt nicht jeden Tag da sein – wenn überhaupt.«

Raphael lässt den Kopf wieder in die Kissen sinken, während seine Finger begehrlich die Linie meines Körpers entlangstreichen.

»Gut«, sagt er. »Ich werde da schließlich bezahlt, um mich zu konzentrieren.«

Ich grinse ihn an, stolz auf mich und meinen Wagemut, dann küsse ich ihn. Das ist zwar nur ein Übergang und ich habe noch keine Ahnung, was ich danach machen werde, aber es ist ein Anfang. Der Anfang vom Rest unseres Lebens.

32 Die einzige Frau auf der Welt

Valeria

sieben Monate später

Nicole ist die hübscheste Braut der Welt.

Zwischen Freudentränen und Jubelrufen folgen meine Augen dem zartweißen Traum aus Tüll und Chiffon, der sie wie eine Disneyprinzessin aussehen lässt. Die anmutige A-Linie betont ihre schmale Taille, während ihr der elegante Ausschnitt mit den zarten Schulterstickereien ein traumhaftes Dekolleté zaubert. Vom Saum aus ziehen sich unzählige aufgestickte blassrosa Blüten und Schmetterlinge über den Rockteil, die aussehen, als wollten sie jeden Moment in die verzauberte Umgebung des Landhofs flattern, auf dessen ausladender Wiese sich die beiden gerade unter den Blumenbogen hindurchgeduckt haben.

Meine Hände prickeln vom Klatschen und meine Augen brennen von verlaufenem Make-up in der Sonne, aber das ist mir egal. Dieser Tag ist perfekt, diese Hochzeit ist perfekt. Und ich bin unfassbar stolz, dass ausgerechnet mein Freund dafür der Hauptverantwortliche ist – auch wenn ich ihn deshalb in den letzten Wochen und besonders in den letzten Tagen mehr entbehren musste, als mir lieb war. Um ehrlich zu sein, habe ich heute noch nicht einmal zwei zusammenhängende Sätze mit ihm gewechselt, denn Raphael steckt seit gestern Abend bis über beide Ohren in seiner Rolle als Trauzeuge.

Er, Lucy und Danny haben alles perfekt aufeinander abgestimmt:

Von der Musik, die beim Eintreffen der Gäste unter dem Baldachin lief, über den mit Staffeleien gesäumten Weg zum Trauort, auf denen liebevolle Anekdoten aus Milias' und Nicoles Beziehung stehen, bis zur Blumendeko, Möblierung und Kleiderordnung. Danny hat eine komplette Playlist auf Lucys wundervolle Traurede abgestimmt, die uns abwechselnd Glückstränen, herzhaftes Lachen und seliges Lächeln beschert hat. Und Raphael hat mit akribischer Präzision dafür gesorgt, dass alles zur richtigen Zeit am richtigen Ort passiert.

Als Nicoles Mutter als Erste vorstürmt, um erst ihre Tochter und dann ihren frischgebackenen Schwiegersohn zu herzen, kommt Bewegung in die über hundert Gäste, und alle reihen sich in zwei schier endlose Schlangen. Ich lasse ihnen gerne den Vortritt, denn ich werde schließlich noch genügend Zeit mit meinem Bruder und meiner neuen Schwägerin haben, um ihnen in Ruhe zu gratulieren.

Ein Arm legt sich in vertrauter Geste um meine Taille, und ich drehe den Kopf, um Raphael anzusehen, der einen zufriedenen Blick über die Gäste schweifen lässt. Die meisten wenden sich nach der Gratulation den aufgebauten Do-it-yourself-Getränkestationen zu oder verstreuen sich auf den weitläufigen Wiesen des Landhofs und zwischen den Bäumen. Die verträumt schlichte Location ist wirklich perfekt. Ich hingegen habe nur Augen für den attraktiven blonden Mann im dunkelblauen Anzug neben mir. Es ist fast dasselbe Modell, das auch Milias trägt, bloß mit anderem Hemd und ohne Weste.

»Na?«, begrüße ich ihn stolz und strecke eine Hand aus, um über die satinierte Oberfläche seines Sakkos zu streichen und das Röschen an seinem Revers zu richten.

Seine Augen wandern zu mir, und der Blick darin lässt mein Herz flattern. Er sagt mir, dass ich die einzige Frau in seiner Welt bin. »Na«, antwortet er, ein leises Lächeln auf den Lippen.

Dann führt er mich zu dem gigantischen Pavillon, in dem schon vereinzelte Gäste ihre Plätze gefunden haben, miteinander lachen, anstoßen und erzählen. Auch hier läuft dezente Musik aus Lautsprechern. Auf Liveband und DJ haben die zwei aus Kostengründen verzichtet, aber ich habe das starke Gefühl, dass wir beides heute nicht vermissen werden.

»Ich hab noch was für dich«, sagt Raphael, als wir an unseren Plätzen ankommen, im Herzen der mittleren Tafel, gleich neben Milias und Nicole. Uns gegenüber sitzen unsere und Nicoles Eltern, und auf meiner anderen Seite Angelina und Chris gegenüber von René und Maike.

»Heyyy!«, begrüßt uns Letztere aus dem Sitzen, weil Leonie gerade ihr Mittagsgläschen bekommt. »Ihr seht so super aus, ehrlich«, wiederholt sie ihre Worte von vor zwei Stunden.

»Ja, das denke ich auch den ganzen Tag schon!«, bestätigt Angelina inbrünstig und streckt die Hand nach meinem Kleid aus. »Dieses Kleid ist einfach der Hammer. Ist das Seide? Nein, Chiffon!«

Ich nicke glücklich und streiche ebenfalls über das kanariengelbe Abendkleid, das vorne und hinten denselben tiefen V-Ausschnitt hat, in der Taille eng zusammenläuft und dann über einen hohen Beinschlitz weich zu Boden fällt. Der Schlitz wird breiter, als Raphael es ein Stück zurückrafft.

»Ich sage euch, dieses Kleid bringt mich heute noch um.«

René verschränkt glucksend die Hände hinter dem Kopf. »Bestimmt nicht nur dich.« Maike gibt ihm einen Klaps gegen die Brust, woraufhin er sie angrinst und sich zu einem Kuss herüberlehnt. Die zwei sehen ausgeglichener aus als noch vor acht Monaten. Und ihre kleine Tochter kann sogar schon laufen!

»Danke! Ihr seht aber auch klasse aus«, gebe ich zurück.

Dann hält Raphael plötzlich eine flache Schachtel in der Hand, und mein Herz springt mir in den Hals. »Was …?«, höre ich mich fragen, während ich behutsam den Deckel anhebe – und eine Hand vor den Mund schlage. In der Schachtel liegt ein goldenes Armband, dessen zwei hauchdünne Kettchen ein Unendlichkeitssymbol festhalten. »Aber … wofür?«

Er hält meinen Blick fest. »Für zwölf Monate.«

Ich blinzle, dann falle ich ihm um den Hals und küsse ihn inbrünstig, während René die Stirn runzelt. »Warte mal, November …« Er fängt an, an den Fingern abzuzählen, zieht dann eine Grimasse.

Raphael ignoriert ihn, bis wir unsere Lippen wieder voneinander gelöst haben. Nach einem endlosen Blick in meine Augen hilft er mir, das Armband um mein Handgelenk zu schließen. Und während ich das filigrane Gold auf meiner Haut bewundere, wendet er sich René zu und stützt sich dabei so lässig auf die Lehne seines weißen Holzstuhls, als gehörte er ihm.

»Ich sage nicht, dass heute unser Jahrestag ist. Ich sage, dass wir heute genau zwölf Monate zusammen sind.« Abermals legt er den Arm um mich, lässt seine Hand wie zufällig in meinen tiefen Rückenausschnitt gleiten und liebkost meine Haut. Wir tauschen einen langen Blick, in den Angelina hineinruft:

»Stimmt! Zuerst zwei Monate und ein bisschen was, dann fast drei und jetzt sieben.«

Raphael nickt.

»Ich glaube nicht, dass das so funktioniert«, sinniert Chris amüsiert.

»Wir haben doch auch immer weitergezählt«, erinnert ihn Angelina, während Raphael sich jetzt auf seinen Stuhl setzt und mich auf seinen Schoß zieht.

»Angie hat recht, zwölf Monate bleiben zwölf Monate«, erklärt mein Freund, »Das ist genauso, wie wenn du eine Ein-Liter-Flasche füllst. Am Ende ist immer ein Liter drin, egal, wie oft du eingeschenkt hast.«

»Ja, aber wenn du das Wasser zwischendrin fünf Jahre stehen lässt, willst du das auch nicht mehr trinken«, lacht René, und diesmal müssen wir mitlachen.

»Sorry, Raph, aber wo er recht hat, hat er recht.« Das ist Milias' Stimme!

Sofort stehe ich von Raphaels Knie auf, um meinem großen Bruder um den Hals zu fallen, gleich danach Nicole. »Herzlichen Glückwunsch, euch beiden! Ihr seht einfach so toll aus, *du* siehst so wunderwunderschön aus!«, betone ich verliebt an Nicole gewandt, die mit glücklichem

Lächeln den Blick senkt und mir dann schon wieder in die Arme fällt. Ihr Kleid raschelt, als der Tüll zwischen uns zusammengedrückt wird. Ihre Engelslocken duften nach Haarspray vom Friseur.

»Danke! Ich kann gar nicht in Worte fassen, wie glücklich ich bin! Oh, was ist das?«, fällt ihr Blick auf mein Handgelenk und schon hält sie es sich vors Gesicht, um das neue Armband zu betrachten.

»Das ist von Raphael«, erkläre ich selig. »Wir sind heute zwölf Monate zusammen.«

»Wie toll!«, schwärmt Nicole und hüpft sogar ein wenig, sodass ihre wunderschön drapierten Locken springen. Ich fange Milias' Lächeln auf. Seine Augen strahlen so viel wärmer als sonst, aber nur wir beide wissen, dass es nicht allein daran liegt, dass er heute seine Traumfrau geheiratet hat. Ich bin machtlos gegen das Lächeln auf meinen Lippen.

»Ach, und du und Nicole habt nach eurer Trennung auch wieder bei null zu zählen angefangen, ja?«, nimmt Raphael mit überlegener Miene wieder den Gesprächsfaden auf.

Bevor Milias antworten kann, ruft Maike entsetzt: »Ihr zwei wart mal getrennt?! Das kann ich nicht glauben.«

Nicole schlägt schuldbewusst kichernd eine Hand vors Gesicht, denn sie hat damals kurzzeitig Schluss gemacht, aber Milias zieht sie an sich. »Ich glaube, man muss einfach mindestens einmal getrennt gewesen sein. Nur so weiß man, wie perfekt der andere für einen ist.«

Er schaut stolz zu seiner neuen Ehefrau herunter und die schlingt die Arme um seinen Hals, um ihn hingebungsvoll zu küssen.

Raphael und ich tauschen einen innigen Blick, der uns bestätigt: Auch Raphael und ich sind perfekt füreinander. Weil keiner von uns besser ist als der andere. Aber gegenseitig machen wir uns zu besseren Menschen. Zusammen sind wir unbesiegbar. Gerade will ich mich zum Kuss vorlehnen, als sein Handywecker vibriert.

»Okay!«, ruft er nach einem kurzen Blick darauf, augenblicklich wieder Vollblut-Organisator für den besten Tag im Leben seines besten Freundes, und pfeift in die Richtung, in der Danny und Lucy stehen.

»Milias und Nicole können sich echt glücklich schätzen, dich zu haben«, meint Chris ehrlich.

Raphael hebt vielsagend die Brauen in Richtung des Brautpaars. »Sorgt einfach dafür, dass ihr euch nicht scheiden lasst. Noch mal mache ich den Spaß nicht mit. Ehrlich, ich hab so viel Zeit in diese Hochzeit investiert, dass ich kaum noch weiß, wie meine Freundin aussieht.«

Wir müssen lachen, aber ganz unrecht hat er nicht. Wieder fange ich Milias' Blick auf, deute ein unschuldiges Schulterzucken an.

In dieser Sekunde schallt Beyoncés »Single Ladies« durch den Pavillon und augenblicklich ertönt eine Mischung aus Jubel der verheirateten Paare und Ächzen der Unverheirateten. Es gibt niemanden, der schon einmal auf einer Hochzeit war und nicht weiß, was dieses Lied bedeutet.

»Los, Leute, wir haben nicht den ganzen Tag Zeit! Alle Single Ladies mir nach!«, ruft Lucy in lachendem Militärton und platziert die beachtliche Traube unverheirateter Frauen – ich hätte fast vergessen, dass wir alle erst Anfang zwanzig sind – in der Mitte der ausladenden Rasenfläche.

Als ich mich anschließen will, zieht mich Raphael an der Taille zurück und schickt damit ein wohliges Kribbeln durch meinen Körper, zumal er jetzt die Lippen nah an mein Ohr bringt.

»Fang bloß nicht den Strauß«, raunt er, dann drückt er mir einen Kuss auf die Schläfe und lässt mich los.

René, der jetzt Leonie auf dem Arm hat, weil seine Freundin auch draußen in der Traube steht, lacht. »Warum?«

Raphael schiebt die Hände in die Hosentaschen. »Sagen wir, ich will nicht, dass Milias eine Wette gewinnt, okay?«

Ich grinse breit, als ich mich am Rand des Pavillons noch einmal zu ihm umdrehe, und lege die Hände geradezu aufreizend auf seine Brust. »Na gut, ich verspreche, dass ich mir nicht besonders viel Mühe geben werde, ihn zu fangen.« Sein Blick wandert von der Frauentraube zu mir, seine Mundwinkel heben sich. Ich grinse noch breiter. »Aber ich werde mir auch nicht besonders viel Mühe geben, ihn *nicht* zu fangen«, erkläre ich, drücke noch einen Kuss auf seinen Mund und schiebe mich zwischen die aufgeregten Mädels.

Raphael

Valeria fängt den Strauß.

Ich fahre mir mit der Hand übers Gesicht und weiche dem Grinsen meines besten Freundes aus, während die farbenfrohe Frauenschar in Jubel ausbricht.

Eine Zeit lang hatte ich befürchtet, Nicoles Hochzeit würde fünfzig Schattierungen von Pink haben, aber da habe ich mich getäuscht, denn Nicole ist alles andere als ein »Bridezilla«-Kontrollfreak – ja, ich habe mich verdammt tief in diesen ganzen Hochzeitskram eingearbeitet. Im Gegenteil, sie hatte nur zwei Anforderungen für ihre Brautjungfern aka engsten Freundinnen: farbenfroh und bodenlang. Da Nicole ein Mensch ist, der viele Freundinnen hat, ist die Traube voller hübscher Kleider in allen Formen und Farben. Ich sehe viel Rosa, Grün und Hellblau, aber niemand sticht so heraus wie Lucy in ihrem korallenfarbenem Kleid im römischen Empire-Stil und Valeria in ihrem gelben Kleid mit Beinschlitz.

Und niemand ist so elegant wie Vanessa in dem weinroten Kleid mit schulterfreien Kurzärmeln wie Prinzessin Jasmin. Sie begegnet meinem Blick, als sie meiner Freundin glücklich nachsieht, und ich hebe die Hand zum Gruß. Wir lächeln uns zu, und die Freude in ihrem Gesicht erinnert mich an unsere alte Freundschaft. *Sie* hätte es verdient, diesen Strauß zu fangen. Vanessa verdient es, glücklich zu sein. Sie wird den Richtigen finden.

Vanessa erwidert mein Lächeln, dann fällt mein Blick wieder auf Valeria. Ihr volles Dekolleté macht mich schier wahnsinnig.

»Du hattest genau *eine* Aufgabe«, necke ich sie, als sie mit einem Strahlen zurückkommt, das selbst den farbenfrohen Strauß in ihren Händen in den Schatten stellt. Trotzdem ziehe ich sie an mich und küsse sie, während sich die Gäste allmählich wieder verteilen und Daniel neue Musik einspielt. Wir gesellen uns in eine der Lounge-Ecken, die wir überall im Landgarten eingerichtet haben, mit bequemen Outdoor-Sofas, Klappstühlen und Decken für die kühleren Abendstunden. Milias und Nicole haben wirklich das perfekte Juniwetter erwischt: warm und sonnig, aber nicht zu heiß.

»Na ja, jeder macht mal Fehler«, kichert Lucy und stupst mich an.

»Ha!«, lacht Flavio und zieht seine frühere Mitbewohnerin, die seit Januar bei mir wohnt, in die Arme. »Fehler sind was für Anfänger. Könner produzieren Katastrophen.« Die beiden grinsen um die Wette.

»*Allora, basta!*«, drängt sich sein italienischer Freund Stefano dazwischen und balanciert ein voll beladenes Tablett über dem Kopf wie ein Starkellner. »Lasst uns feiern!«

Augenblicklich greifen alle zu und verteilen Gläser im Uhrzeigersinn. Ich beäuge das Sektglas in meiner Hand widerwillig, aber wie gesagt: Heute tue ich mir das alles gerne an. Flavio nimmt die letzten zwei Gläser vom Tablett und reicht eines davon Valeria.

Doch die schüttelt den Kopf. »Danke, ich hol mir gleich Orangensaft.«

»Wie, musst du etwa noch fahren?«, fragt Angelina bestürzt, während ich plötzlich deutlich Milias' Blick auf mir spüre.

Valeria verneint wieder, lächelt geradezu schüchtern. Und als ihre Augen meine finden, setzt mein Herz einen Schlag aus. Ich blinzle, deute ihren Blick, suche dann den von Milias, dessen Grinsen plötzlich eine völlig neue Dimension bekommt.

Mit einem Mal ist mein Herzschlag lauter als die Umgebung, der Sommertag bunter als alle bisherigen. Meine Augen wandern zurück zu Valeria, sehen ihr Strahlen, spiegeln meine Überwältigung.

Und während alle anderen auf meinen besten Freund anstoßen, habe ich nur Augen für seine kleine Schwester. Ich erwidere ihren Blick, halte ihn fest, und ich sehe die Welt darin. Unsere Welt, die wir uns erbauen. Denn wir haben es selbst in der Hand – und wir werden nur die Dinge bereuen, die wir nicht getan haben.

Danksagung

Früher haben meine Eltern immer gesagt, dass ich ihre stille Zufriedenheit verstehen würde, wenn ich älter bin. Sie hatten recht:

Je älter ich werde, desto dankbarer bin ich. Für die kleinen Dinge des Lebens. Für die großen Freuden. Und für die Menschen darin.

Als ich anfing, die Geschichte von Valeria und Raphael aufzuschreiben, hatte ich noch keine Ahnung, welche Höhen und Tiefen ich damit erleben würde – und wie viel ich dabei über mich selbst lernen würde. Ich wollte die Geschichte für mich und meine Leser schreiben. Aber als ich fertig war, wusste ich, dass ich sie vor allem für meine kleine Schwester geschrieben hatte.

Ein Geschwisterkind ist ein Geschenk, das dir deine Eltern hinterlassen, um dich dein Leben lang zu begleiten.

Ich bin unendlich dankbar für dieses Geschenk. Ich bin unendlich dankbar für dich, SARAH. Für deinen Freigeist, deinen Starrsinn und deine vielen Lehren. Für die tollste Nichte der Welt. Und für die Kindheit, die ich mit dir teilen durfte.

Genauso dankbar bin ich meinen Eltern BARBARA und PETER, die ihr uns von Anfang an Flügel und Wurzeln gegeben habt und das Selbstvertrauen, um unsere eigenen Wege zu gehen.

Und der Liebe meines Lebens THOMAS, der du mein Anker und Ansporn bist, mein Kompass und Ziel. Zusammen sind wir unbesiegbar – seit meinem sechzehnten Lebensjahr.

Ich danke VANESSA (the.reading.mermaid) für stundenlange Sprachnachrichten, einfühlsame Analysen und deinen kühlen Kopf, wenn ich meinen zu verlieren drohte; und INKA (inka.leseliebe) für das erwachsenste Fangirling der Welt, italienische Liebe und liebevolle Arschtritte, wenn ich in Selbstzweifeln ertrank. Ohne euch wäre diese Geschichte vielleicht nie entstanden, und ich bin unendlich dankbar, euch zu kennen und zu haben.

JENNY Jancke. Einfach dafür, dass du immer da bist. STEFFI (steffis_bookworld), ALEX (_eat.read.love_), ALEX M., FIONA und NICOLE Obermeier für eure Freundschaft und euren endlosen Support. NIKLAS für Augenbrauen und Blinzeln. And STEPHEN, for your never-ending support across the globe.

Ich danke meiner Lektorin und dem Verlagsteam von FOREVER für das große Vertrauen in mich, für eure Liebe zu dieser Geschichte und die erneut wundervolle Zusammenarbeit.

Und vor allem danke ich DIR, der/die du das hier gerade liest. Du bist der Grund, aus dem ich schreibe. Ohne dich gäbe es dieses Buch nicht, und ohne dich wäre diese Geschichte nur eine Aneinanderreihung von Worten. Höre niemals auf zu träumen, zu lieben und für das zu kämpfen, was dir wichtig ist.

Ich freue mich darauf, mehr für dich zu schreiben, und vielleicht sogar von dir zu hören oder zu lesen.

Deine Yvonne